经济管理类核心课程系列规划教材

浙江省普通高校"十三五"新形态教材

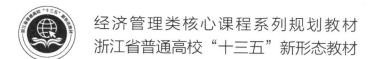

# APPLIED STATISTICS

# 应用统计学

## （第二版）

莫生红　◎编著

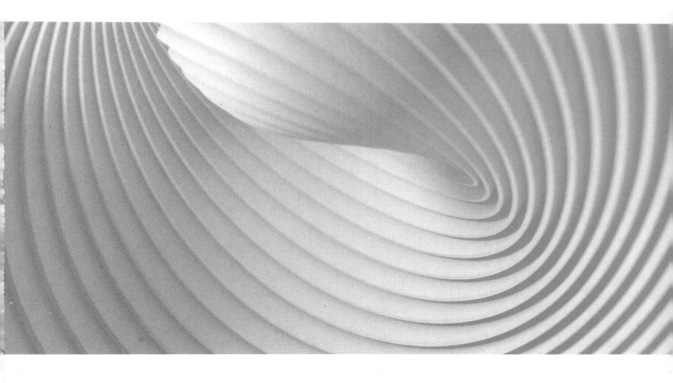

ZHEJIANG UNIVERSITY PRESS

浙江大学出版社

# 前　言

　　统计学是研究客观事物数量方面的方法论科学,是认识社会的有力武器,也是我们进行经济管理的基础和工具。

　　中国加入 WTO 以后,随着社会主义市场经济体制的进一步完善,迫切需要作为认识客观世界数量规律的有力工具的统计发挥更大的作用。经济管理工作者和企业管理人员迫切需要运用统计手段和统计方法来解决大量的理论和实际问题。

　　高等院校经济管理类专业的本、专科学生,在校期间都必须学习统计学的基本理论和基本方法。统计学课程是教育部规定的高等院校经济管理类专业大学本科教育的核心基础课程之一。高等院校经济管理类专业统计学课程教学的目的是:使学生具备基本的统计思想,掌握基本的统计方法,培养学生应用统计方法分析和解决经济管理中实际问题的能力。据此我们组织编写了《应用统计学》一书,并作为本课程的专用教材。

　　本书力求反映我国改革开放以来统计学界一些新的、比较成熟的研究成果,倡导"大统计"的思想,即将作为社会科学的"统计学"和作为自然科学的"数理统计学"结合起来,以增强本书的可读性和课程的实用性。

　　在本书编写过程中,我们根据高等院校经济管理类专业的特点,努力贯彻"少而精"和"学以致用"的原则,注意把理论体系的严密性与教学上由浅入深、循序渐进的连贯性统一起来。对教学内容进行了适当的取舍,尽可能做到结构合理,概念明确,条理清楚,深入浅出。本书对有关公式和命题一般不作烦琐的数学推导和证明,着重通过实例讲述统计思想,培养和提高学生应用统计方法的能力。

　　在本书编写过程中,我们一方面借鉴了国内外已有的成果,另一方面也做了一些探索,力求使本书有一些特色和新意,从而更加适合新时期高等院校经济管理类专业的统计教学要求。本书设计课时为每周 4 课时,一学期 16～18 周为课堂讲授时间,主要适用于经济管理类专业(统计学及相关专业除外)全日制本科学生和成人教育本科学生;教学学时少或专科院校学生,在教学内容上可作适当删减。本书也可作为统计工作者和企业管理人员的自学参

课程介绍

考读物。

　　本书由浙江工业大学之江学院莫生红编著。浙江工业大学经贸学院祝锡萍担任主审，他在百忙之中抽出宝贵时间，对书稿进行了全面、细致的审阅，并提出不少指导性的修改意见。

　　应当指出，我们为提高教材的质量作了不少努力，但由于我们水平有限，加上时间仓促，书中难免存在不足和错误，恳请同行和读者批评指正！

编著者

2019 年 5 月于杭州

# 目　录

|第一章|

# 绪　论

 学习目标

通过本章的学习,学生能够:

1. 明确统计的概念,了解统计的产生和发展。

2. 熟悉统计学的研究对象和研究方法。

3. 了解统计学的基本内容和统计工作的基本过程。

4. 掌握统计学的基本概念:总体和样本、标志和指标、变量等。

本章
讲课视频

人们每天都会从各种媒体上获得此类信息:上证指数上涨 43 点,恒生指数下挫 102 点;今年国内生产总值比去年增长 8％;我国出口创汇增加了二成;某国的居民失业率达到 6％等。所有这些信息都涉及统计问题。此类统计数据也仅仅是统计在国民经济和其他各个领域的大量应用中的冰山一角而已。在人类社会已进入信息时代的今天,统计已进入了政治、经济、军事、文化、教育等各社会领域。可以说,统计无时不在,无处不有。人们社会生活的方方面面都离不开统计。统计在人类社会活动中起着极其重要的作用。

文档
统计的 A～Z

学习应用统计学,首先要理解它的基本内容和基本理论,明确它在社会经济发展中的地位和重要作用,掌握统计学的基本概念和研究方法。

## 第一节　统计的产生和发展

回顾统计的产生和发展过程,对于我们更好地了解统计的含义和性质,学习统计学的理论和方法,提高我们的统计理论和实践水平,都是十分必要的。

链接
"统计"词语的
产生

## 一、统计的概念

随着社会的发展，"统计"一词已经成为人们现实生活中的一个常用词了。但是，统计究竟是什么？做实际工作的人很自然地把它理解为调查、整理资料和计算分析的整个工作过程，而做理论研究的人则往往把它理解为一门科学。但这些理解都不全面。对统计的正确认识和理解应当是一种对客观现象在数量方面进行的调查研究活动，是搜集、整理、分析、推断和判别等认识活动的总称。这些活动包括统计工作、统计资料和统计学三个方面。由于统计工作、统计资料和统计学三者具有如此密切的联系，所以人们习惯上就把这三者统称为统计。因此，通常所说的统计就具有三种含义，即统计工作、统计资料和统计学。

统计工作是统计的实践和基础，是统计活动的具体过程，是利用各种科学的统计方法，搜集、整理、分析和提供统计资料的工作过程的总称。

统计资料即统计信息，是反映社会经济现象的数字及文字资料，也是统计工作的成果，通常有统计公报、统计年鉴、资料汇编、统计报告等形式。它集中、全面、综合地反映国民经济和社会发展的现象和过程，也是国家制定政策法规，科学地管理国民经济的主要依据。

统计学即统计理论，是指系统论述统计工作原理和方法的科学，即系统地论述如何搜集、整理和分析统计资料的理论和方法的科学。

统计的这三个含义并不是相互独立、相互排斥的，而是有联系的。统计资料是统计工作的成果，而它们之间的关系是"劳动"和"产品"的关系。统计学与统计工作则是理论和实践的关系。统计学来源于统计实践，是统计活动经验的总结和概括。反过来，统计学又是指导统计活动的原理、原则和方法。统计工作要靠统计理论的指导，才能顺利完成和取得准确的统计资料。总之，统计的上述三种含义是相互密切联系的，也是理论与实践的辩证统一。

统计是一门处理数据的科学，人们给统计学下过许多定义，比较有代表性的是《不列颠百科全书》的定义："统计学是收集、分析、表述和解释数据的科学。"这一定义揭示了统计学是一套处理数据的方法和技术。

据《统计科学百科全书》(13卷)介绍，统计在40多个学科领域中都有广泛的应用，几乎覆盖人类社会、经济生活和科技活动的所有重要的方面。随着人类经济活动的日益发展，迫切需要应用统计理论和方法来提高社会发展和现代经济管理的水平，应用统计分析方法来解决这些问题。另外，社会发展和经济管理对统计的客观需求也促进了统计理论和方法的发展，丰富了统计科学的内容。应用统计已经成为发展最迅速的一个领域，正在逐步形成一门独立的统计学科。这门学科的产生和发展将提高经济管理的科学化水平，促进整个社会经济健康稳定地发展和增长。本书主要是研究统计在社会发展和经济管理中应用的理论和方法，因此，称作《应用统计学》。

## 二、统计的产生和发展

"统计"一词是由英语 statistics 翻译过来的，它与"国家"一词 state 来自同一词源。因此，一般认为有了国家就有了统计的实践活动。统计是社会生产力发展的必然产物，是为适应人类社会生活和经济活动的需要而产生的，并随着社会生产力和经济发展而发展。最早的统计活动可追溯到原始社会末期。我国早在公元前 2000 多年的夏代就有了人口和土地的数字记载。之后的周王朝不仅制定了定期的报表制度,在统计方法上还应用了专门调查、统计图示及账册,并运用了统计分组、平均数、相对数等近代统计方法。在古埃及、古希腊和罗马的历史中也有关于国情国力的记载,如公元前 3050 年,埃及为了建造金字塔,举行全国人口和财产普查;罗马帝国时代,居民出生、死亡均需到寺院登记等。以后,随着社会经济的发展,统计的范围已由人口、土地和财产等扩大到社会经济生活的各个方面,逐渐成为管理国民经济、组织和指挥生产的重要手段和工具。

资本主义的产生和发展,使社会分工日益精细。工业、商业、海外贸易、交通运输、银行和保险等行业的兴起产生了对统计的新需求,而企业的经营管理、市场供求状况分析、价格变动测定等也对统计提出了更高的要求。与此相适应,资本主义国家普遍设立了各种形式的专业统计部门和统计研究机构。统计成为社会分工中一个专门的分支,形成了独立的统计工作。各国政府开始注意对国情国力的基本情况作大规模的调查统计,包括人口调查、国民财产调查、工商调查、物价调查等,逐步形成了包括调查、资料整理和分析在内的整套数据搜集和处理的特殊的工作程序与方法。

到了现代社会,统计工作水平不断提高,各种统计理论也逐步形成和发展。计算机技术的发展也为统计的发展和应用提供了先进的工具和手段。统计工作已经渗透到人们社会生活的各个方面,并应用于经济管理的各个领域。

## 三、统计学的发展阶段

统计实践活动的历史源远流长,但是,能使人类的统计实践上升到理论予以概括总结的程度,即成为一门系统的科学——统计学,却是近代的事情,距今只有 300 多年的短暂历史。从 17 世纪中叶开始,欧洲出现了一些统计理论著述,并在学术争鸣中逐步奠定了统计学的科学基础。随着社会政治和经济的需要,统计方法初步得到发展,直到概率论被引进之后,统计学才逐渐成为一门成熟的科学。由于对统计学科的内涵和外延的界定和理解不同,各国经济学者研究统计理论和方法的出发点及知识结构有所差异,形成了多种统计学的学派,同时形成了社会经济统计学与数理统计学这两大体系。20 世纪初至今,统计学在广采博纳、兼收并蓄中逐步发展成为现代的统计科学体系。从统计学的产生和发展来看,可以大致分为古典统计学、近代统计学和现代统计学三个发展时期。

(一)古典统计学时期

古典统计学时期是指 17 世纪中叶至 18 世纪中、末叶统计学的萌芽时期。当时主要有政治算术学派和国势学派这两大学派。

1. 政治算术学派

政治算术学派产生于 17 世纪中叶,发源于英国,代表人物是威廉·配第(William Petty,(1623—1687)。威廉·配第在他的代表作《政治算术》一书中,首创了用数量分析比较的方法论证问题,改变了以往抽象的定性分析的方法。这里的"政治"是指政治经济学,"算术"是指统计方法。这本书运用大量的实际统计资料,对英国、法国、荷兰三国的政治、经济、军事等方面的实力进行了系统的数量对比分析,并对三国的整体实力进行排序。这种利用实际资料依靠数量对比的方法来分析问题的统计思想，为统计学的创始奠定了方法论基础。实际上，配第并没有使用"统计学"这一名词，但他使用的社会宏观数量对比和分析的方法揭示了统计学要研究的内容。因此，人们将《政治算术》为代表的学派看作"有实无名"学派，即"无统计学之名而有统计学之实"，认为他开创了统计学学派。正是在这种意义上，马克思认为配第既是政治经济学之父，在某种程度上也可以说是统计学的创始人，给他以极高的评价。

2. 国势学派

国势学派亦产生于17世纪，发源地是德国，该学派的创始人是海尔曼·康令（H. Conring，1606—1681），他在大学里开设了一门新课程，最初叫"国势学"，后正式命名为"统计学"。国势学派的重要继承人是高特弗瑞德·阿亨瓦尔（G. Achenwall，1719—1772）。他被当时的德国誉为"统计学之父"。在他的著作《近代欧洲各国国势学概论》一书中，阿亨瓦尔采用了对比分析的方法，研究了欧洲各国的政体、人口、财产、军事等基本国情国力，作了强弱比较。但以定性论述为主，即用大量实际资料，采用论述的方法，用文字罗列各国的状况，所以亦称"记述学派"，缺乏数量分析，始终没有把数量对比分析作为这门科学的基本特征。但他提出了"统计学"的名称，此名称源于意大利语 stato，含有国情、国势的意思。故这一学派一直以统计学命名。但由于缺乏数量分析的结论和方法，所以是"有名无实"，即"有统计学之名而无统计学之实"的学派。

以上两派分别在英国和德国几乎同时产生。由于两国的社会背景、经济发展和思想渊源不同，统计理论亦各具特色。两派的共同特点均以社会经济现象作为研究对象，以社会经济的实际调查资料作为基础。不同之处就在于是否把数量方面的研究作为这一门科学的基本特征。两个学派争论了很久。1787年英国的齐麦曼博士把德语 Statistik 译成英语 statistics。"统计学"一词逐渐被国际社会所接受，并作为一门对社会经济现象进行对比分析的方法论科学为人们所公认，两派之间的争论开始平息。

（二）近代统计学时期

18世纪末到19世纪末的100多年中，统计学有了很大的发展，又形成了许多学派，其中主要是数理统计学派和社会统计学派。

1. 数理统计学派

随着资本主义经济的发展，统计被应用于社会经济的各个方面，统计学逐步走向昌盛。19世纪中叶，比利时统计学家、数学家、天文学家凯特勒（A. Quetelet，1796—1874）完成了统计学和概率论的结合，开辟了统计学的新领域。他在《统计学的研究》和《社会物理学》等著作中，把原本属于数学的概率论引入统计学的研究方法中，使统计学的研究对象、研究方法、学科性质发生了质的飞跃和根本性的变化，形成并确立了统计学是一门对客观现象数量方面进行研究的通用方法论的观点，也对解决政治算术学派、国势学派以及其他学术派别在统计学科属性上的纷争产生了重大影响。他最先运用大数定律作为分析社会经济现象的一种工具。他提出社会现象的发展并非偶然，而是有其内在规律性的。同时，他与他的学生还开创了推断统计的先河。概率论等数学方法的应用，使统计学的内容得到了极大的丰富和提高，并逐步形成了一门独立的科学，叫作数理统计学。可以说，凯特勒是古典统计学的完成者，又是近代统计学的先驱者，他的研究在统计学发展史上具有承前启后、继往开来的作用。

凯特勒也因此被国际统计学界称为"近代统计学之父"。

2.社会统计学派

自凯特勒后,统计学的发展开始变得丰富和复杂起来。在社会领域与自然领域,由于统计学被运用的对象不同,因此统计学的发展呈现出不同的方向和特色。19世纪后半叶,正当致力于自然领域研究的数理统计学派刚开始发展的时候,与之迥然异趣的社会统计学派异军突起,在德国兴起了。这个学派是近代各种统计学派中比较独特的一派。它在理论上比政治算术学派更加完善,在时间上比数理统计学派提前成熟,因此它很快占领"市场",对国际统计学影响较大,流传甚广,直至今日。

社会统计学派由德国大学教授克尼斯(K.G.A.Knise,1821—1898)首创,主要代表人物有恩格尔(GH.L.E.Engel,1821—1896)和梅尔(G.V.Mayr,1841—1925)等人。他们认为统计学是一门独立的社会科学,是研究社会现象变动原因和规律性的实质性科学;统计学所研究的是大量社会现象的总体而不是个别的社会现象。由于社会现象的复杂性和整体性,必须对其进行大量观察和分析,研究其内在联系,才能揭示出社会现象的规律性。他们认为,在社会统计中,全面调查,包括人口普查和工农业调查居于重要地位;以概率论为理论基础的抽样调查,在一定的范围内具有实际意义和作用。

(三)现代统计学时期

现代统计学时期是指自20世纪初至今的统计学发展时期。早期的政治算术学派和国势学派都属于社会经济统计学的体系,而近代的数理统计学派则属于数理统计学的体系。两大统计学体系在许多根本性的问题上有分歧。社会经济统计学专门研究社会现象,而数理统计学既研究社会现象,也研究自然现象。这就发生了统计学研究领域的争论。另外,社会经济统计学原是一门实质性的学科,而数理统计学是一门方法论的学科。这就又发生了统计到底是一门什么性质的学科的争论。几百年来,这两大统计学体系既相互争论,又互相影响、互相渗透,推动了统计学的发展,逐步形成了现代统计学的丰富内容。由此,社会经济统计学逐渐由原来的实质性学科向方法论学科转变;而数理统计学中的部分内容,则逐渐向社会经济统计学靠拢。

我国的统计工作,在计划经济时期,是从无到有逐步建立和发展起来的,并在经济建设中发挥了重大的作用。党的十一届三中全会以后,以社会经济统计学、数理统计学为代表的各统计学派相互独立、并存,促使统计学进入蓬勃发展时期。随着经济改革的不断深入,我国的统计体制也不断深化改革,大量引进世界各国先进的统计科学理论与方法技术,加强与国际统计体制接轨,贯彻执行新的国民经济核算体系,大力推广抽样技术,逐步实现统计指标体系科学化、统计分类标准化、统计工作现代化、统计计算技术和数据传输技术先进化、统计服务优质化的统计现代化目标。1992年11月,国家技术监督局发布的《中华人民共和国学科分类与代码国家标准》,将统计学与数学、哲学、经济学、管理学一起,列为一级学科。

从世界范围看,自20世纪60年代以来,统计学的发展有三个明显的趋势:第一,随着数学的发展,统计学依赖和吸收数学方法越来越多;第二,向其他学科领域不断渗透,或者说,以统计学为基础的边缘学科不断形成;第三,随着统计学应用的日益广泛和深入,特别是借助电子计算机后,统计学所发挥的功效日益增强。

由统计发展史表明,统计学是从设置指标研究社会经济现象的数量开始的,随着社会的发展和实践的需要,统计学家对统计方法的不断丰富和完善,统计学也在不断发展和演变。从当前世界各国统计研究的状况来看,统计学已不仅为研究社会经济现象的数量方面,也为研究自然技术现象的数量方面提供了各种统计方法;它既为研究事物确定现象的数量,又为研究事物随机现象的数量方面提供各种统计方法。从统计学的发展趋势分析,它的作用与功能已从描述事物现状、反映事物规律,向进行样本推断、预测未来变化的方向发展。它已从一门实质性的社会性学科,发展成为方法论的综合性学科。

应用统计学则同时吸收和运用两大统计学体系的精华和有用的部分,为研究社会发展和经济管理现象的数量方面提供各种统计方法。

# 第二节　应用统计学的研究对象和方法

## 一、应用统计学的研究对象

应用统计学是运用统计学的理论和方法来研究和解决社会发展和经济管理中的各种实际问题。其研究对象就是社会发展和经济管理现象的数量方面。

统计学的研究对象是指统计所要认识的客体,它决定着统计科学的研究方向以及相应的研究方法。一般来说,统计学的研究对象为大量现象的数量方面,即客观事物的总体数量特征和数量关系。

人们要认识客观事物,必须通过调查或试验来搜集各种数据,并加以整理和分析,也就是通过统计活动过程来实现。要使统计活动过程能有效进行,就离不开正确的统计理论和方法的指导。

从国家治理到企业管理,社会各个方面都离不开作为实践研究最重要的方法——统计方法的应用。例如,政府要治理国家,就必须要以准确、及时的国民经济和社会发展的统计资料为基础。所以,各国都建立了健全的统计制度和完备的统计信息网络。企业开发产品、市场营销、生产管理、质量控制、资金运用等都需要各种统计资料和统计方法的支持。因此,各种信息咨询公司、统计事务所、统计协会等应运而生。几乎所有的科学试验都把统计方法作为有效的手段。例如,在试验前依靠统计方法做出科学安排;在试验过程中依靠统计,分析事物的相互关系,研究其规律性;并对试验结果做出解释,进而验证其正确性。

## 二、统计研究对象的特点

### (一)数量性

数量性是统计研究对象的基本特点,常言道:"数字是统计的语言""数据是统计的原料",指的就是这个意思。离开了数量,统计工作就成了无米之炊。但是并不是任何一种数量都可以作为统计对象的。统计不同于抽象的数学运算。统计数据是客观事物量的反映,通过数量来测度事物的类型,量的顺序、大小及关系,质量互变的数量界限,从而认识客观事物的规律性。而且统计定量认识必须建立在对客观事物定性认识的基础上。如要给工厂设计一套统计指标,就必须对该工厂生产经营活动有全面的了解和认识。统计研究是通过密切联系现象的质来研究它的量,并通过量来反映现象的质,这一点和数学研究抽象的数量关系是不同的,所以统计数据总是客观且具体的。

（二）总体性

统计研究虽然从个别入手,对个别单位的具体事实进行观察研究,但目的却在于认识总体数量特征,即统计的数量研究是对现象总体中各单位普遍存在的事实进行大量观察和综合分析,进而得出反映现象总体的数量特征。例如,进行城镇居民家庭调查,需要对每一个具体的居民家庭进行调查,但是其目的并不在于了解个别居民家庭的基本状况,而是要反映一座城市、一个国家的居民收入水平、收入分配消费水平、消费结构等。客观事物的个别现象通常有其特殊性、偶然性,而总体现象则具有相对的普遍性、稳定性,是有规律可循的。统计就是通过对个别单位进行深入具体的研究分析,从而有效地掌握总体现象的规律性。

（三）变异性

统计研究的是同质总体的数量特征,它的前提是总体各单位的特征表现存在着差异,而且这些差异不是由某些特定原因事先给定的,也不是事先可以预知的。统计上把总体各单位由于随机因素而引起的某一标志表现的差异称为变异。例如,一个企业的职工,其工龄、文化程度、技术等级、工资水平都存在着差异,因此,就有必要研究其平均水平及其各层次的结构等状况。再例如,各种股票的价格和成交量每天不同,这才需要对其进行统计、编制股票指数等指标。如果不存在差异,也就不需进行统计。如果各单位之间的差异是按已知条件事先可以推定的,也不需要进行统计。例如,昼夜时间长短因季节变化而有所不同,这与统计无关;而江河水位高低随时间变化而变化,则是统计研究的对象。总体各单位的变异表现出个别现象的特殊性和偶然性,而对现象总体的数量研究,则是通过大量观察,从各单位的变异中归纳概括出它们的共同特征,显示出现象的普遍性和必然性。

## 三、统计学的性质

关于统计学的性质问题历来众说纷纭,目前国内大多数人认为统计学是研究大量数据的方法论科学,或者如《不列颠百科全书》所说的是"收集和分析数据的科学和艺术"。

统计学和数学都是研究数量关系的,但它们有着不同的性质特点。数学撇开具体的对象,以最一般的形式研究数量的联系和空间形式。而统计学则总是与客观的对象联系在一起的。统计的过程就是从客观对象中抽出其数量表现,得到有关的数据,然后加以适当的运算,获得一定的结果。在此基础上,它还要把这些结果返回到客观对象中去,寻求解释这些结果的意义,提供决策的事实依据。从研究方法看,数学的分析方法主要是逻辑推理和演绎论证的方法,从严格的定义、假设、命题和给定的条件去推证有关的结论。而统计分析的方法本质上是归纳的方法,即根据试验或调查观察到大量的个别情况,加以归纳,从而判断总体的情况。

同时,统计学与数学有着密切关系,它们都是研究数量规律的,都是利用各种公式进行运算。数学分析方法适用于一切数量分析，也包括统计的数量分析，数学为统计学提供了数学分析的方法论基础，特别是数学中的概率论。它研究随机现象的数量关系和变化规律，从数量方面体现了偶然与必然、个别与一般、局部与总体的辩证关系，为统计科学的现代化奠定了基础。

统计学和相关的实质性学科，如经济学、管理学、社会学、物理学、生物学等也有十分密切的联系，有共同的研究对象，但不能认为统计学是一门实质性的科学。实质性科学是研究该领域现象的本质关系和发展变化规律的。而统计学则是为研究认识这些关系和规律提供合适的方法，特别是数量分析方法，是专门的方法和工具。如经济学对经济现象及其发展变化规律进行研究时，除了要做规范性的理论分析和定性分析外，还要进行实证的数量分析，这就要通过统计观察去进行。无论是宏观经济研究还是微观经济研究，都需要运用大量的统计方法。通过统计的实证研究，可以帮助人们认识有关的数量规律，同时证明经济学理论的真实性和完善程度。

综上所述，统计学是一门方法论的学科，而应用统计学是研究社会发展和经济管理中的统计问题，其学科性质主要是一门方法论的学科，但也具有一定的实质性学科的特征。

## 四、应用统计学的研究方法

应用统计学的研究对象和性质决定着它的研究方法。这些方法概括起来有三种，即大量观察法、综合指标法和统计推断法。

### （一）大量观察法

大量观察法是指对所研究事物的全部或足够多的个体单位加以观察的方法。事物的现象受各种因素相互交错作用的影响，反映出来的个别事物表现常有差异，由个别事物或少数事物得到的观察结果带有一定的片面性，其结果不足以代表总体的一般特征。只有对事物总体的全部或者足够多的个体进行观察，并加以综合分析，才能使个体事物由于非本质的偶然因素的影响而产生的差异互相抵消，反映出事物总体的本质特征和一般规律。

数理统计学派的凯特勒把概率论引进了统计学，并从随机现象变量分布差异的概率角度论证了大量观察法的理论依据，即大数定律。并且将统计的推断理论建立在大数定律的基础上，不仅确立了大量观察法的理论基础，还大大丰富了大量观察法的理论体系和应用范围。大数定律的本质意义在于经过大量观察，把个别的、偶然的差异抵消，使必然的、集体的规律显现出来。

### （二）综合指标法

综合指标法是指对于大量观察所得到的资料运用各种统计指标的方法，来反映总体一般的数量特征，并对综合指标进行分解和对比分析，以研究总体的差异和数量关系。个别事物的数值标志必须汇总成总体指标，才能使人们清楚地认识事物总体的客观表现。对大量原始数据进行整理汇总，计算各种综合指标，就可以反映整个社会经济现象在一定时间、地点、条件下的总规模、总水平以及结构、比例和效益等。通常使用的具有描述功能的综合指标有总量指标、相对指标、平均指标、变异指标、动态指标和统计指数等。

所谓综合指标法,就是运用各种综合指标对现象的数量关系进行对比分析的方法。统计分析的方法很多,有综合指标法、时间序列法、指数法、回归和相关法、抽样法、统计预测和决策法等,其中综合指标法是统计分析的基本方法,其他各种统计分析方法均离不开综合指标的对比分析。

指标和分组,就如综合和分析一样,是密切联系、相互依存的,共同反映社会经济现象的质与量。统计指标如果没有科学的分组,往往就会掩盖矛盾,失去价值观。所以,在研究社会经济现象的数量关系时必须科学地进行分组,合理地设置指标,指标要与分组相适应,从而正确反映现象与数量之间的联系。因此,分组方法也是综合指标法的一种方法(分组也可单独作为一种研究方法)。

### (三)统计推断法

统计推断法是指以点到面、从个别到整体、从特殊到一般的数据处理方法。

统计在研究事物现象的总体数量关系时,常会遇到需要了解的总体对象范围非常大,有时甚至是无限的情况,而由于时间、经费和精力等各方面的原因,以致在客观上只能从中观察部分个体单位或对有限单位进行计算和分析,根据部分观察结果去推断总体的数量表现和关系。例如,对流水线生产的产品作质量检验,产品接连不断生产出来,无法全部观察,只能抽查部分产品,并据此推测这批产品质量是否存在问题。这种根据部分观察数据来推断事物现象总体数量表现的方法称为统计推断法。统计推断法是现代统计学的基本方法,在统计研究中得到了极为广泛的应用。统计推断一般由抽样、估计和检验三个部分组成。抽样就是确定怎样进行部分观察,观察哪些个体单位等。估计就是对部分观察得到的样本数据进行归纳整理,得到反映共性的特征值,按照一定的置信程度,推断总体特征值的可能范围。检验则是将样本统计量的结果与总体某种假设的状况作比较,得出两者之间的差异是否能被接受的结论。从这种意义上来说,统计学是在不确定条件下做出决策或推断的一种方法。

# 第三节　应用统计学的内容和统计职能

## 一、应用统计学的基本内容

社会经济管理领域内存在并表现出大量的有关事物运行、发展和变化的有用信息。这些信息能反映事物的个体或整体的性质和特征,蕴含了事物与事物之间的种种联系,主导着社会事物遵循一定的规律运动。统计学作为一门方法论的科学,就是指导人们如何认识、掌握和开发利用这些信息,包括使信息成为便于认识的数据资料,客观反映事物的数量表现,说明事物数量的特征和性质,揭示事物数量之间的联系,分析研究事物数量变动的规律等,最终达到使事物主体和客体在和谐、协调的系统环境中得到发展的目的。

从统计学作用的角度看,统计学研究的基本内容大致可以分为三部分,即描述统计、推断统计和统计分析。

描述统计是指如何搜集、整理、研究并提供统计资料的理论和方法，用于说明总体的情况和特征。其基本思想是对某项研究中所搜集的数量信息进行整理和表述。描述统计的主要作用是通过对现象进行调查或观察，然后将所得到的大量数据加以整理、简缩，制成统计图表，并就这些数据的分布特征（如集中趋势、离散趋势等）计算出一些概括性的数字（如平均数、标准差等）。借助于这些概括性的数字，使人们从杂乱无章的资料中取得有意义的信息，便于对不同的总体进行比较，从而得出结论。同时，描述统计也有助于节省提供数据所花费的时间和篇幅，使反映客观现象的统计数据一目了然、条理清晰、使用方便。

推断统计是指依据样本资料推断总体特征的技术和方法，即采用抽样方法，从总体中收集样本的数量资料，加以整理加工，然后依据样本资料的数据，运用数理统计的方法来估计和推断总体的特征和性质，使人们有可能从数量上由部分到整体地认识事物和掌握事物。由于推断统计节约时间、人力和物力，因而备受人们的重视和欢迎。例如，在管理日益复杂、市场情况瞬息万变的环境中，有许多事情要求对不确定事物做出科学的决断，因而就要求必须在不完全观察资料的基础上，对所关心的数量关系做出可靠的估计。推断统计主要有参数估计和假设检验两种类型。如果所做的推断是对整个总体的某个数值做出估计，就属于参数估计这一类型；如果所做的推断是在几个可供选择的行动方案中进行选择，就属于假设检验这一类型。

统计分析是指运用各种统计研究的方法和工具，包括运用时间数列分析、相关与回归分析、指数分析、决策分析等，研究统计数据显示的事物内涵、事物间的数量关系、事物发展变化的数量变动规律等，使人们有可能从本质上深入地认识事物和掌握事物。

从理论上讲，描述统计、推断统计和统计分析各有特殊的含义，但在实际应用中，它们是密切相关的。描述统计是推断统计的前提，推断统计是描述统计的发展，统计分析则是贯穿在描述统计和推断统计过程中的，三者是有机地结合在一起研究问题的。统计学所包括的上述三方面的基本内容也说明统计学的理论和方法是多学科的，是多种知识交叉应用的结果。

## 二、统计的职能

经过修订的《中华人民共和国统计法》第二条规定："统计的基本任务是对经济社会发展情况进行统计调查、统计分析，提供统计资料和统计咨询意见，实行统计监督。"

要完成以上任务必须强化统计的整体功能，即统计的信息、咨询和监督三者的协调和统一。它表示统计工作要从简单的信息提供向深层次的统计服务的方向发展，统计部门除了要向各级党政领导和社会各界提供大量统计信息外，还必须充分利用所掌握的统计信息，深入开展综合分析和专题研究，为进行科学决策、加强和改善宏观调控提供一大批质量较高的统计分析资料。这就拓宽了统计的服务范围和内容，使统计的职能发生了根本性的转变，统计部门不再是单纯的信息汇总机构，而是具有如下三大职能的统计信息管理机构。

链接
统计数据的
产生和普查

（一）信息职能

信息职能是统计的最基本的职能。它是指用科学的方法，搜集经济、科技、社会等方面信息，并向全社会提供各方面所需信息的功效或作用。统计的研究对象是重要的信息源。

统计的研究方法是重要的搜集、加工和提供信息的手段。在现实的经济和管理活动中,统计信息是社会经济信息的重要部分。21世纪是信息时代,人们将生活在信息的海洋之中。统计部门和统计工作者要通过统计调查和综合分析,为各级领导制定政策、了解情况、指导工作提供信息,为广大公众服务。这要求统计部门尽快成为发展经济、科技、社会事业的信息中心和国民经济的核算中心。

### (二)咨询职能

咨询职能是指利用已经掌握的统计信息资源,运用科学的分析方法和先进的技术手段深入开展综合分析和专题研究,为科学决策和管理提供各种可供选择的咨询建议和对策方案。

统计咨询水平的高低是衡量统计工作水平的重要标志之一。改革开放以来,统计部门逐步成为国家重要咨询机构。统计部门有提供咨询的优势,它有广阔的信息源,可以利用各种方法采集到丰富的资料,并利用各种方法对这些资料进行全面加工和综合分析,不仅能为党政领导加强宏观调控提供具有量化特点的咨询意见和决策建议,还能面向许多部门、研究机构、社会团体、基层企业、个人和国外多类用户,大力发展统计信息咨询业务,建立公共统计信息咨询服务机构,培育统计信息市场,使统计工作不仅发挥数据库、信息库的作用,而且发挥思想库、智慧库的作用。

### (三)监督职能

监督职能是指通过信息反馈来检验决策方案是否科学、可行,并对决策过程中出现的偏差提出矫正的意见。统计部门应充分发挥统计监督职能的作用,通过统计调查和统计分析,充分运用各种统计手段,及时、准确、全面地从总体上反映经济、社会和科技运行状态,并对其实行全面、系统的定量检查和监测,及时发出预警;对政策、计划、措施的执行情况进行跟踪、监督,使其不偏离目标;对违纪现象进行揭露,维护统计数字的真实性,实事求是地反映实施效果,以促进国民经济按照客观规律的要求持续、稳定、协调地发展。总之,统计监督应为国民经济的宏观控制和微观管理提供优质服务,使统计成为观测社会、经济、科技发展的仪表,并通过有效的监督,把统计部门建设成为多功能的智力型机构。

统计的信息职能、咨询职能和监督职能是一个相互联系、相辅相成的有机整体。收集和提供统计信息是统计的最基本职能。信息职能是保证咨询职能和监督职能有效发挥的基础。咨询职能是信息职能的深化。而监督职能则是信息、咨询职能基础上的进一步拓展,并促进信息职能和咨询职能的优化。进一步优化统计信息职能,提高统计咨询水平,强化统计监督职能,充分有效地发挥统计信息、咨询、监督的整体功能,才能充分体现统计在社会经济管理中的重要地位和作用。

## 三、统计工作过程

作为人类认识客观世界的一种活动,统计工作的全过程包括以下几个基本环节。

（一）统计设计

统计设计是根据统计研究目的和统计对象的特点,对统计工作各个方面和各个环节的通盘考虑和安排。如统计指标和指标体系的设计、统计分组和分类设计、收集统计资料的方法和步骤设计、统计力量的组织和工作进度安排以及经费使用等。统计设计的结果表现为各种设计方案,如指标体系、分类目录、调查方案、整理方案以及数字提供和保管制度等。统计设计是整个统计工作过程的前期工程,其完成质量直接关系到整个统计工作的质量。只有在高质量的统计设计方案指导下,才能科学有效地开展后几个阶段的各项工作。同时,搞好统计设计不仅要以统计科学的一般理论和方法为指导,而且还要求设计者对所研究的问题本身具有深刻的认识和相关的学科知识。

（二）统计调查

统计调查就是根据统计设计所规定的任务要求,有计划有组织地向调查单位搜集各种统计资料。统计调查是搜集客观资料的具体过程。它既要搜集丰富的原始资料,也要搜集加工整理过的次级资料;既要搜集统计资料,也要搜集相关的业务资料、会计资料;既要搜集数字资料,也要深入了解有关的活动情况,便于全面分析事物。统计调查是实现统计设计的第一步,又是统计整理和统计分析的基础,也是决定统计工作质量好坏的关键。

（三）统计整理

统计整理就是根据统计的要求,将搜集到的各种资料进行审核、分组、汇总,编制统计表等科学加工处理,使资料系统化、条理化,成为能够说明总体特征的综合资料。统计整理包括数字整理和文字整理两个方面。数字整理主要是依据事先设计的表格和要求进行;文字整理主要是依据事先拟定的调查提纲归类。两者不能割裂开来,而应该相互联系、相互补充,共同服务于统计研究的目的。统计整理是统计调查的继续,又是统计分析的前提,它是统计工作的中间环节。

（四）统计分析

统计分析就是根据统计研究的目的,以统计数据为基础,结合具体情况,综合运用各种分析方法和统计指标,对取得的统计资料和具体情况进行定量和定性分析的过程。通过分析过程,肯定成绩,发现问题,找出原因,探究事物的本质及其规律性,提出解决问题的方法,更好地为国家现代化建设服务。统计分析是理性认识阶段,是统计研究发挥作用的决定性阶段,也是整个统计工作过程的最终环节。所以,应当积极地开展统计分析,提出有数据、有建议的分析资料,便于领导和管理者深入地了解问题,进一步加强管理工作,从而充分发挥统计的信息、咨询和监督的职能作用。

综上所述,统计工作是一个由设计、调查、整理、分析四个阶段组成的紧密联系的过程,而不宜将四个阶段截然分开。除此之外,还应该在统计整理和分析的基础上,将系统的统计资料、分析结论和预测结果等提供给全社会以满足社会各方面对统计信息的需求,并广泛开展灵活多样的统计咨询服务,为各级部门决策服务,同时搞好统计监督。这就是统计资料的提供与开发利用。

## 第四节　应用统计学中的几个基本概念

### 一、统计总体和总体单位

统计总体简称总体,是指统计所要研究对象的全体。它是由客观存在的具有某种共同性质的许多个别单位组成的集合体。而构成总体的每一个单位就是总体单位,也称个体。例如,如果统计研究的目的在于了解全国大中型工业企业的情况,那么全国全部的大中型工业企业就构成了统计总体,而其中的每一个工业企业,就是总体单位。

统计总体同时具备三个性质,即同质性、变异性和大量性。

同质性是指总体各单位在某一标志上有共同性。例如,全部大中型工业企业是总体,是因为每个企业都是从事工业生产经营活动的大型或中型规模的企业,其经济职能和规模是相同的,这就是同质性。

变异性是指结合为总体的各个单位在某些性质上又是有区别的,即至少要有一个以上的可变品质标志或数量标志。例如,各大中型工业企业在职工人数、生产品种、产品产量等方面是有差异的。正因为具有这种差异性才需要统计。

大量性是指统计总体中的单位应有足够的数量。如果总体单位数量很少,统计就失去了意义。

总体按其包括范围大小可以分为无限总体和有限总体。无限总体是指属于总体范围内的单位数很多,以至于无法点清总体单位数。例如,水库中的鱼、天上的星星、连续生产的流水线上的产品等。有限总体是指属于总体范围内的单位数是有限的。例如,某市的工业企业,某学校的学生等。

以上三个特征必须同时具备,才能形成统计总体。需要注意的是,总体与总体单位是相对而言的,随着研究目的的不同,同样一个单位在某种情况下可以作为总体,在另一种情况下也可以作为总体单位。例如,在某一工业部门所有工业企业的统计总体中,每一个工业企业是一个总体单位,但在研究其中一个典型企业的内部问题时,则这一企业又可作为一个统计总体来研究。

统计总体与总体单位之间的关系是总体和个体的关系,是通过对总体单位具体数量的记载、汇总来反映总体特征,以实现统计研究的目的。

### 二、样本

所谓样本,就是从总体中随机抽取的若干单位构成的集合体。当总体单位数量很多甚至是无限总体时,不可能或不必要对构成总体的所有单位都进行调查,就需要采用一定的方式,从由作为研究对象的事物全体构成的总体中,抽取一部分单位,作为总体的代表加以研究。这种由总体的部分单位组成的集合就称为样本。例如,从某社区有投票资格的选民中抽出 50 人的选民样本;从停在各仓库前准备卸车的拖拉机中,取出一小勺稻谷的样本,都是从总体中抽取样本的例子。样本也是由一定数量的单位构成的,样本所包含的总体单位数称为样本容量。

样本具有以下四个显著的特点:

(1)样本单位必须取自总体内部,不允许总体外部单位参加(同一总体)。

(2)一个总体中可以抽取许多个样本,样本个数的多少和样本所包含的单位数量与抽样方法有关,但在实际应用中,只用一个样本来推断总体。

(3)样本必须具有代表性。样本的代表性直接影响到对总体推断的准确性。

(4)样本必须具有客观性。从总体中抽取样本,必须排除主观因素的影响。

## 三、标志

标志是指总体单位所具有的属性或特征,它是说明总体单位共同具有的属性和特征的名称。每个总体单位从不同方面考察都具有许多属性和特征。例如,每个学生都有性别、年龄、专业、籍贯、身高、体重等属性和特征。这些就是学生作为总体单位的标志。

### (一)按表现形式分类

标志按表现形式可分为品质标志和数量标志。

品质标志是表明总体单位属性方面特征的名称,不能直接用数值来表示,只能用文字、语言来描述,如学生的性别、籍贯、民族等。

数量标志是表明总体单位数量方面特征的名称,可以直接用数字来表示,如学生的年龄、年级、身高、体重等。

品质标志和数量标志的区别是很明显的。品质标志是用文字对个体作定性描述,数量标志是用数字对个体作定量描述,但在某种情况下也是可以转化的。如学生成绩用优、良、中、及格与不及格表示为品质标志,用百分制表示则是数量标志。

### (二)按有无差异分类

标志按有无差异可分为不变标志和可变标志。

如果某一标志的具体表现在总体各单位都相同,则称该标志为不变标志。如管理专业每个学生的专业;在工人这一总体中,职业这一标志的具体表现都是工人,这些便是不变标志。不变标志是总体同质性的基础,如果没有不变标志,那么总体也就不存在了。所以,在一个总体中至少有一个不变标志,即把总体单位结成同质总体的那个标志。

如果某一标志的具体表现在总体各单位不尽相同,则称该标志为可变标志。如在工人这一总体中,各人的工资、工龄可能表现不同,所以工资、工龄便是可变标志。可变标志则是需要进行统计研究的前提。如果总体中工人的工资、工龄都相同,就没有必要去统计工资,也不需要用统计方法去测定平均工资等指标了。

## 四、统计指标和指标体系

### (一)统计指标

统计指标是综合反映统计总体数量特征的概念和数值。例如,2012 年中国国内生产总值 519322 亿元。它包括统计指标的名称(概念和范畴)及统计指标的数值两个组成部分,共有六个构成要素,即:指标名称——国内生产总值;计量单位——亿元;计算方法——国内生产总值规定的计算方法;时间限制——2012 年;空间限制——中国;指标数值——519322。

链接
统计数据是如何
产生的——国内
生产总值(GDP)

**1.统计指标的特点**

统计指标具有可量性、综合性和具体性三个特点。

(1)可量性。它是指统计指标是说明社会经济现象总体的量的特征,并且都可以用数值表现,不存在不能用数值表现的统计指标。统计指标数量性特点是以其可量性为前提的。统计指标的可量性前提使统计工作利用现代计算技术有了巨大的可能性。

(2)综合性。它是指统计指标说明的对象是总体而不是个体,统计指标的形成都必须经过从个别到一般的过程,即通过个别单位数量差异抽样化来体现总体的综合数量特征。因此,统计指标也称综合指标。如一个人的年龄、工资、成绩都不能叫统计指标,而许多人的平均年龄、工资总额和平均成绩才能叫统计指标。

(3)具体性。它是指统计指标不是抽象的概念和数字,而是客观存在的某种现象的反映,即总体某一方面质和量的具体统一,说明总体在具体时间、地点、条件下的数量特征。统计指标是客观存在的事实的反映。

**2.统计指标与统计标志的关系**

统计指标和统计标志是一对既有明显区别又有密切联系的概念。

(1)两者的主要区别是:统计指标是说明总体特征的;统计标志是说明总体单位特征的。统计指标都可量化,即指标数值是指标的重要构成部分,没有不能用数值表示的指标;而统计标志则不同,有不能用数值表示的品质标志与能用数值表示的数量标志两种。

(2)两者的主要联系表现在两个方面:一是许多统计指标的数值是从总体单位的数量标志值汇总而来的,没有总体单位的数量标志值,也就不可能有总体的指标值;二是有些统计指标与数量标志之间在一定条件下存在着总体和总体单位之间的位置变换关系。根据研究的任务与目的不同,原来的统计总体可以变成总体单位了,则相对应的统计指标就变成了数量标志。反之亦然。例如,我们研究某高校的情况时,该高校作为统计总体,则全校教师数、工资总额、学生数等都是统计指标;如果研究该地区整个高等教育情况时,则该高校就成为总体单位了,而全校教师数、工资总额、学生数则成了数量标志。

**3.统计指标的分类**

(1)统计指标按其反映的数量特征不同,可分为数量指标和质量指标。

数量指标是指反映现象总规模、总水平或工作总量的统计指标,也称作总量指标,用绝对数表示。如总人口数、国内生产总值、工资总额、工业企业数、投资总额等。数量指标有两种表现形式:一种为总体单位总量,即表明构成总体的单位数,如学校数、商店数等;另一种为总体标志总量，即反映总体中各单位标志值的总和，如商品销售额、利润总额等。数量指标是计算质量指标和进行分析研究的基础。

质量指标是反映现象总体相对水平和工作质量的统计指标，包括相对指标和平均指标，分别用相对数和平均数表示。它们通常是由两个总量指标对比派生出来的，反映了现象之间内在联系和对比关系。如单位产品成本、平均工资和第三产业在国民经济中的比重等。

（2）统计指标按表现形式不同，可分为总量指标、相对指标和平均指标。

总量指标即数量指标，是反映现象总体规模和总水平的统计指标，说明总体的广度、发展结果、工作成果等，是制定政策、编制计划的依据，如国民收入、土地面积等。

相对指标是两个有联系的统计指标相比较的比率，说明总体内部的结构、比例、强度、发展变化程度、密度等，如人口密度、结构指数等。

平均指标是按某个数量标志说明总体一般水平的统计指标，如平均工资、平均年龄等。

这三种指标中，总量指标是基本指标，相对指标和平均指标是总量指标的派生指标。

（3）统计指标按计量单位不同，可分为实物指标、价值指标和劳动指标。

实物指标是以实物单位计量的反映事物使用价值量的指标。其特点是具体明了，可直观地反映事物发展的规模和水平，是计算其他指标的基础，如自然单位、度量衡单位，但不同事物现象不能直接相加，缺乏综合概括能力。

价值指标又称货币指标，是以货币计算的统计指标，反映事物的价值量。其特点是综合性和概括能力强，但比较抽象，同时受价格变化的制约。

劳动指标是以劳动时间表示的劳动消耗量的统计指标，如工时、工日等。

（4）统计指标按作用或功能不同，可分为描述指标、评价指标和预警指标。

描述指标是用于反映社会经济资源条件和基本情况的指标，如社会劳动力资源总数、国有资产总量、国民生产总值等。通过这类指标来说明国民经济和社会发展的基本状况。

评价指标是用于对社会经济活动的结果进行评估和考核的指标，如对工业企业经济效益的评价考核指标有资金利润率、流动资金周转速度等。

预警指标是用于宏观经济运行的监测，并根据指标数据对可能出现的总量失衡、结构性矛盾、突变事件等异常情况进行预报的指标，如国民生产总值和国民收入增长率、通货膨胀率、失业率等。

（二）统计指标体系

统计指标体系是由若干个相互联系的统计指标组成的有机整体，它们从不同方面反映总体现象的状况和发展变化，以满足认识世界和改造世界的需要。如为了反映企业生产经营的全貌，需要设立产量、产值、品种、质量、职工人数、工资总额、劳动生产率、原材料、设备、财务成本等多项指标，以构成企业统计指标体系。

统计指标体系的表现形式有两大类型：一是数学式联系的指标体系，有指标体系数值等于各个相关指标数值之和与指标体系数值等于各个相关指标数值之积两种。如期初库存量＋本期购进量＝本期销售量＋期末库存量；商品销售额＝商品销售量×商品销售价格。二是框架式联系的指标体系，如由国家统计局与原国家计委联合制定的"全国人民小康生活水平"的指标体系就包括经济水平、物质生活、人口素质、精神生活和生活环境5个一级指标，其包括人均国内生产总值、人均收入水平等13个二级指标。

统计指标体系大致可分为基本统计指标体系和专题统计指标体系。

基本统计指标体系是反映国民经济和社会发展及其各组成部分的基本指标体系。它可以分为三个层次：反映整个国民经济和社会发展的最高层次的统计指标体系；各个地区和各个部门的中间层次的统计指标体系；基层企事业单位的统计指标体系。

专题统计指标体系是针对某项重大问题研究而设置制定的统计指标体系。如企业经济效益指标体系、人口指标体系、价格指标体系等。

## 五、变异和变量

### （一）变异

变异是指统计中的标志和指标都是可变的，也就是标志和指标的具体表现存在着差别。如人的性别有男女之分，同一班级学生的年龄有 17、18、19 岁之别，各乡镇的耕田面积不同等。这些差别就称为变异。

变异又分为属性的变异和数值的变异，前者如性别标志，表现为男、女，后者如年龄标志，表现为 17、18、19 岁等。变异是统计的前提，如果没有变异也就用不着统计了。

### （二）变量

变量就是可变的数量标志和所有的统计指标，变量的数值表现就是变量值，即标志值或指标值。

(1)变量按其值是否连续出现，可分为连续变量和离散变量。

连续变量是指相邻两个变量值之间可以无限分割，也就是可取无限多个数值。如身高、体重、粮食亩产量等，其数值必须用测量或计算的方法取得。

离散变量的数值都是以整数断开的，如人数、工厂数、设备台数等，只能取整数，不能取小数，其数值必须用计数的方法取得。

(2)变量按其性质不同可分为确定性变量和随机性变量。

确定性变量是指变量值的变化受某种或某几种确定性因素的影响，其变化是沿着一定的方向呈上升或下降的变动。如随着医疗卫生条件的改善，人们的寿命普遍延长，一些传染病的流行受到控制。寿命长短变量肯定沿上升趋势发展，这就是确定性变量。

随机性变量是指变量值的变化受某种或某几种不确定因素的影响，其变化不是沿着一定方向发展，而是带有很大的偶然性。如同一个人，用同一台机器加工出的零件的尺寸，测量结果不完全相同，带有一定的偶然性。零件的尺寸就是随机变量。

## 【思考与练习】

### 一、选择题

1.应用统计学的研究对象是　　　　　　　　　　（　　）

A.社会发展和经济管理现象的数量方面

B.统计工作

选择题

C. 统计方法

D. 经济管理的内在规律

2. 一个统计总体 　　　　　　　　　　　　　　　　　　　（　　）

　　A. 只能有一个标志　　　　　　　B. 只能有一个指标

　　C. 可以有多个标志　　　　　　　D. 可以有多个指标

3. 对 50 名职工的工资收入情况进行调查，则总体单位是 　　　（　　）

　　A. 50 名职工　　　　　　　　　　B. 每一名职工

　　C. 50 名职工的工资总额　　　　　D. 每一名职工的工资

4. 下列属于品质标志的是 　　　　　　　　　　　　　　　　（　　）

　　A. 工人年龄　　　　　　　　　　B. 工人性别

　　C. 工人体重　　　　　　　　　　D. 工人工资

5. 下列属于数量标志的是 　　　　　　　　　　　　　　　　（　　）

　　A. 性别　　　　　　　　　　　　B. 工种

　　C. 工资　　　　　　　　　　　　D. 民族

　　E. 年龄

6. 在全市科技人员调查中 　　　　　　　　　　　　　　　　（　　）

　　A. 全市所有的科技人员是总体

　　B. 每一位科技人员是总体单位

　　C. 具有高级职称的人数是数量指标

　　D. 具有高级职称的人数是质量指标

　　E. 每一位科技人员的"性别"是标志

7. 下列属于质量指标的有 　　　　　　　　　　　　　　　　（　　）

　　A. 劳动生产率　　　　　　　　　B. 废品量

　　C. 单位产品成本　　　　　　　　D. 资金利润率

　　E. 上缴利税额

8. 下列属于数量指标的有 　　　　　　　　　　　　　　　　（　　）

　　A. 工资总额　　　　　　　　　　B. 平均工资

　　C. 销售总量　　　　　　　　　　D. 利润总额

　　E. 单位能耗

**二、判断题**

判断题

1. 政治算术学派注重对事物性质的解释，而国势学派注重数量分析。（　　）

2. 品质标志是以文字来表达的，如"男性"就是品质标志。（　　）

3. 标志是说明总体特征的，指标是说明总体单位特征的。（　　）

4. 质量指标是反映总体质的特征，因此可以用文字来表述。（　　）

5. 数量指标由数量标志计算而来，质量指标则由品质标志计算而来。（　　）

6. 总体具有同质性、大量性、数量性的基本特征。（　　）

7. 数量指标的表现形式是绝对数，质量指标的表现形式是相对数和平均数。（　　）

8. 变量值是由标志值汇总得来的。（　　）

9.构成统计总体的前提条件,是各单位的差异性。(　　)

10.变量是指可变的数量标志和所有的统计指标。(　　)

### 三、问答题

1.请举一个实例说明标志与指标之间的联系与区别。

2.请用经济管理中的实践来谈谈你对统计含义的理解。

3.请举一个实例说明统计总体、总体单位、样本的含义及三者之间的联系。

# |第二章|
# 数据的搜集

 **学习目标**

**本章
讲课视频**

通过本章的学习,学生能够:

1. 了解数据搜集的方式和基本要求,掌握数据的计量和类型。
2. 熟悉调查方案的设计和各种调查的组织形式。
3. 掌握数据搜集的主要方法:询问法、观察法和实验法。
4. 根据研究目的和任务,进行调查问卷设计。

    人们购买住房时是喜欢大户型还是小户型? 新房还是二手房? 在购买保险的时候,是选择国内的保险公司,还是选择国外的保险公司? 对父母的孝顺程度与子女的性别有关系吗? 大学毕业时是就业还是继续深造? 这些都是我们感兴趣却又没有明确答案的问题。为了回答这些问题,需要搜集相关的数据进行分析。这就是说,当研究问题确定之后,我们就要考虑搜集研究所需要的数据,包括:我们从哪里获得数据? 如果需要调查,我们应该向谁进行调查? 采用何种组织形式? 用什么方法获得数据? 这些都是需要解决的问题。

**链接
数据的重要作用**

    统计离不开数据,搜集数据是取得统计数据的过程,它是进行统计分析的基础。离开了统计数据,统计方法就失去了用武之地。

    搜集数据是指根据统计研究的目的和任务,运用科学的调查方法,对调查单位搜集统计资料的活动过程。数据搜集是数据整理、数据分析和统计推断的基础和前提,它在很大程度上直接影响着统计工作任务完成的好坏,决定着整个统计工作质量的优劣。

# 第一节 搜集数据概述

## 一、数据的来源

　　统计数据的搜集是根据统计研究的目的和要求,运用科学的调查方法,搜集各种统计资料的活动过程。它包括明确调查对象、选择调查方法和设计调查方案等内容。

　　所有统计数据追踪其初始来源,都是来自于调查或实验。但是,从使用者的角度看,统计数据主要来自于两条渠道:一条是通过自己的调查或实验活动,直接获得的第一手数据(一般称为原始资料),对此我们称为数据的直接来源;另一条是由别人通过调查或实验的方式搜集的数据(一般称为二手资料),使用者只是找到它们并加以使用,对此我们称为数据的间接来源。

文档
如何获得统计
数据

　　数据间接来源的主要渠道有:统计部门和各级政府部门公布的有关资料,如统计公报、各类统计年鉴;各类经济信息中心、信息咨询机构、调查机构、各行业协会提供的市场信息和行业发展的数据情报;各类专业期刊、报纸、书籍所提供的文献资料;各种会议,如博览会、展销会及专业研讨会上交流的有关资料;从互联网或图书馆查阅到的相关资料;等等。

　　相对而言,这种二手资料的搜集比较容易,采集的成本低,能较快得到,其作用也非常广泛。但是,二手资料也有很大的局限性,如资料的相关性不够,口径可能不一致,数据也许不准确,也许已经过时了,等等。因此,使用二手资料时必须考虑:资料是谁搜集的? 为什么而搜集? 数据是用什么方法搜集的? 什么时候搜集的?

　　同时,使用二手数据,还要注意数据的含义、计算口径和计算方法,避免错用、误用、滥用。在引用二手数据时,应注明数据的来源,以尊重他人的劳动成果。

　　数据的直接来源是指使用者通过调查的方法和实验的方法直接获得的第一手资料。我们把通过调查方法获得的数据称为调查数据,把通过实验方法得到的数据称为实验数据。

　　调查通常是对社会现象而言的。例如,经济学家通过搜集经济现象的数据来分析经济形势和发展趋势;社会学家通过搜集有关人的数据以了解人类行为;管理学家通过搜集生产、经营活动有关的数据来分析生产过程的现状和效率。

　　实验大多是对自然现象而言的。例如,医学家通过实验验证新药的疗效;农学家通过实验了解水分、温度对农作物产量的影响。但实验作为搜集数据的一种科学的方法也被广泛应用于社会科学中。社会学、经济学、管理学、心理学的研究中也有许多使用实验方法获得研究数据的案例。

　　如何通过调查和实验来搜集数据有许多具体的方法,我们将在后面进行更为详细的讨论。

## 二、搜集数据的基本要求

统计数据搜集是统计工作的基础环节，整理、分析及预测决策都离不开可靠的统计数据，如果调查得不好，搜集到的数据不准确或残缺不全，则依据这些数据进行整理和分析得到的结果，必定不能如实反映客观事物的真相，甚至还会得出相反的结论。这表明，统计中如果采集的数据有问题，处理技术再高明也不可能得到好的研究结果。

统计数据搜集必须遵循实事求是的基本原则。这一原则是统计工作的生命线。为此就要求统计所搜集的资料必须准确、及时、全面，这也是统计数据搜集的基本要求。

准确性是指统计数据来源要可靠，数据资料要准确无误，能真实地反映客观情况。这是保证统计资料质量的首要环节，是统计工作的生命。没有准确的数字资料，统计就失去了认识社会的作用。

及时性是指统计数据必须按规定的时限搜集。数据资料具有时效特征，只有在规定时限内搜集到的数据资料，才能及时反映情况，满足各方面的需要。及时性关系到统计资料的使用价值，如果统计资料提供得不及时，即使统计资料准确可靠，也会失去应有的作用。

全面性是指统计数据应完整、系统，调查单位不重复、不遗漏。只有所列调查项目的资料都搜集齐全，才能全面地反映情况。如果统计资料残缺不全，就不可能反映所研究对象的全貌，也就难以对社会经济现象的规律性做出正确的判断。

准确性、及时性和全面性之间存在着有机的联系。准确性是统计数据搜集工作的基础，应努力做到准中求快、准中求全。

## 三、统计数据的计量尺度

统计数据是对客观现象进行计量的结果，是统计总体单位标志或统计指标的具体数量表现，也是构成统计资料的基本要素。

美国社会学家、统计学家史蒂文斯（S. S. Stevens）1951年根据计量学的一般分类方法，按照对事物计量的精确程度，将所采用的计量尺度由低级到高级、由粗略到精确分为四个层次，即定类尺度、定序尺度、定距尺度和定比尺度。采用不同计量尺度可以得到不同类型的统计数据，而不同类型的统计数据又适用于不同的统计分析方法。

（一）定类尺度

定类尺度也称类别尺度或名义尺度，它是最粗略、计量层次最低的计量尺度，是按照客观现象的某种属性即品质标志对其进行平行的分类或分组。定类尺度的数值只是作为各种分类的代码，并不反映各类的优劣、量的大小或顺序。例如，按性别分为男、女两类，用"1"表示男性，用"0"表示女性。这些数字只是不同类别的一个代码，并不意味着这些数字可以区分大小或进行任何数学运算。定类尺度的主要数学特征是"＝"或"≠"。

在使用定类尺度对事物进行分类时，必须符合穷尽原则和互斥原则。穷尽原则是指所有的总体单位都可以归到相应的类型中去；互斥原则是指每个总体单位都属于一种类型且只属于一种类型。比如,一个人要么是男性,要么是女性,总有所归属,且只能属于其中的一个类别。定类尺度是对事物最基本的测度,它是其他计量尺度的基础。

## (二)定序尺度

定序尺度也称有序尺度,它是对事物之间等级差别或顺序差别的一种测度。利用定序尺度不仅可以将事物分成不同的类别,而且还可以确定这些类别的顺序或优劣。例如,将产品分为一等品、二等品、三等品、等外品等;学生成绩可以分为优、良、中、及格和不及格等五类。定序尺度虽然无法表示一个优可以等于几个良,但却能确切地表明优高于良,良又高于中。定序尺度的主要数学特征是">"或"<",当然也包括了定类尺度的特性,其计量结果不仅能对事物分门别类,还可以比较大小,但不能进行加减乘除等数学运算。

## (三)定距尺度

定距尺度是对现象类别或次序之间间距的测度,又称间隔尺度。定距尺度不但可以用数字表示现象各类别的不同和顺序大小的差异,而且可以用确切的数值反映现象之间在量方面的差异。它所使用的计量单位一般为实物单位(自然或物理)或者价值单位。如考试成绩用"分",人民币用"元",重量用"克"等,定距尺度计量结果表现为数值。由于这种尺度的每一间隔都是相等的,只要给出一个度量单位,就可以准确地指出两个计数之间的差值。例如,甲学生考试成绩得 80 分,乙学生得 50 分,我们可以说,甲比乙多得 30 分,这就是定距尺度。其可以进行加减运算,但不能进行乘除运算。这是因为在等级序列中没有固定的有确定意义的"零"位。如学生 A 得 70 分,B 得 0 分,可以说 A 比 B 多得 70 分,但不能说 A 的成绩是 B 的 70 倍或无穷大。因为"0"在这里不是一个绝对的标准,并不能说学生 B 毫无知识。定距尺度的显著特点就是没有确定的标准的"零"位,但有基本的测量单位,如学生成绩测量单位是 1 分。

## (四)定比尺度

定比尺度也称为比率尺度,它是在定距尺度的基础上还存在可以作为比较的共同起点或基数。它除了上述三种计量尺度的全部特征外,还具有一个可计算两个测度值之间比值的特性,即不仅可以进行加减运算,而且可以进行乘除运算。定比尺度与定距尺度的区别就在于它有一个绝对固定的、非任意的零点,即在数值序列中,零值是有实际意义的,它表示"没有"或"不存在"。例如一个人的身高为"0",表示这个人不存在;一个人的收入为"0",表示这个人没有收入。在统计的对比分析中,定比尺度的运用相当广泛,在现实生活中的大多数情况下,我们使用的都是定比尺度。

上述四种测量尺度,高层次的计量尺度具有低层次计量尺度的全部特征,但不能反过来。我们可以很容易地将高层次计量尺度的测量结果转化为低层次计量尺度的测量结果,如将考试成绩的百分制转化为五等级制。表 2-1 对上述四种计量尺度进行了比较。

表 2-1　统计数据计量尺度一览表

| 测定层次 | 特　征 | 运算功能 | 举　例 |
|---|---|---|---|
| 定类尺度 | 分类 | 计数 | 产业分类 |
| 定序尺度 | 分类、排序 | 计数、排序 | 企业等级 |
| 定距尺度 | 分类、排序、有基本测量单位 | 计数、排序、加减 | 学生考试成绩 |
| 定比尺度 | 分类、排序、有基本测量单位、有绝对零点 | 计数、排序、加减乘除 | 商品销售额 |

## 四、统计数据的类型

统计数据按照所采用的计量尺度不同即按照数据取得方式的不同，可以分为分类数据、排序数据和数值型数据。

### （一）分类数据

分类数据是对事物进行分类的结果，数据则表现为类别，是用文字来表述的。它是由定类尺度计量形成的。例如，反映人口特征的性别、民族和文化程度等数据就是通过对人口按不同的类别加以分类所获得的数据。这类数据的特点是：虽然可以将类别用数字符号来表示，如"1"表示男性，"2"表示女性，但这些数字仅仅是一个符号，并不意味着这些数字可以区分大小或进行任何数学运算。

### （二）排序数据

排序数据也是对事物进行分类的结果，但这些类别是有顺序的。它是由定序尺度计量形成的。通过排序获得的这类数据称为排序数据。如评定茶叶味道好坏时，只能评出一个顺序，但无法具体量化。这些数据的特点是可以进行排序，但无法知道不同顺序数据的差距究竟有多大。再如一个人对某一事物的态度可以分为非常同意、同意、保持中立、不同意、非常不同意等。

### （三）数值型数据

数值型数据是使用自然或度量衡单位对事物进行计量的结果，其结果表现为具体的数值。我们可以再细分为间隔数据和比率数据，它们分别由定距尺度和定比尺度计量形成。其中凡用量具测量得出的数据就称为计量值数据，例如，人的身高和体重，物体的长度、重量和容积，气象上的温度等。这一类数据的特点是：计量值可以细分至任何程度，因此又称为连续型的数据。而以点计得出的数据就称为计数值数据，例如，某班级的学生人数，一个居民区拥有的空调台数等。这一类数据的特点是：计量值是有间隔的，并且为整数，因此又称为离散型数据。

分类数据和排序数据说明的是事物的品质特征，通常是用文字来表述的，其结果均表现为类别，因而也可统称为定性数据或品质数据；数值型数据说明的是现象数量特征，通常是用数值来表现的，因此也可称为定量数据或数量数据。表 2-2 是用不同类型的统计数据来描述同一研究对象的例子。

表 2-2　某公司销售部经理候选人的调查资料

| 姓　名 | 性　别<br>（分类数据） | 身　高<br>（计量值数据） | 接受培训次数<br>（计数值数据） | 选拔委员会偏好排序<br>（排序数据） |
|---|---|---|---|---|
| 张三 | 女 | 1.62 | 5 | 1 |
| 李四 | 男 | 1.70 | 4 | 2 |
| 王五 | 男 | 1.78 | 3 | 3 |

## 五、统计调查的分类

统计调查是收集统计数据的主要方式，也是统计工作的重要内容。统计调查按不同的标志有多种不同的分类方法。

### （一）按调查对象的范围分类

统计调查按调查对象范围的不同，可分为全面调查和非全面调查。

全面调查就是对调查对象所包括的全部单位无一例外地进行调查登记。其目的主要在于取得总体现象的全面、系统的总量资料。例如，要了解全国钢产量就要对所有炼钢企业的钢产量进行调查。全面调查主要包括普查和全面统计报表。

非全面调查则是对调查对象中的一部分单位进行调查，包括非全面统计报表、重点调查、典型调查、抽样调查等。例如，要了解职工的生活水平，可以对一定数量的职工家庭进行调查，然后据以研究全体职工的收入和消费水平等。

统计调查必须考虑实际需要和客观可能，把全面调查和非全面调查有机地结合起来。

### （二）按统计调查登记时间是否连续分类

统计调查按登记时间是否连续，可分为经常性调查和一次性调查。

经常性调查是连续性登记的调查，它是随着被研究对象在时间上的发展变化，连续不断地进行登记。如要了解某公司的生产经营情况就要对该公司某时期的经营进行连续性调查，如产量、产值等，其目的在于取得事物全部发展变化过程及其结果的统计资料。

一次性调查则是不连续登记的调查，是间隔一定时间对事物或现象在一定时点上的状态进行登记。它的目的是获得事物在某一时点上的水平、状况的资料，如年末职工人数、固定资产总值等。一般在一定时期内这些现象和数值变化不大且都是时点指标，采用一次性调查即可掌握其变动的情况，如工业普查、设备普查等。

### （三）按统计调查组织方式分类

统计调查按组织方式，可分为统计报表和专门调查。

统计报表是指基层单位根据一定的原始记录和核算资料，按照国家有关法规的规定和上级部门的统一规定的表格形式、指标、内容、上报时间和程序，自上而下地统一布置，自下而上地逐级向上级统计机关提供统计资料的一种组织调查方式。统计报表通常以定期报表的形式出现，目的在于掌握经常变动、对国民经济有重要意义的统计资料。它是取得国民经济基本统计资料的主要形式。

专门调查是为了某一特定的研究目的而专门组织的一种搜集资料的调查方式。这种调查多属于一次性调查，如普查、重点调查、抽样调查、典型调查等。

上述各种分类并不是相互排斥的，而是从不同的角度对同一调查进行不同的分类，它们是相互联系、交叉融合的。例如，普查是一种专门组织的调查，又是一次性的调查，也是全面调查。

# 第二节　统计调查方案设计

统计调查是搜集数据的主要方法，也是一项复杂细致而又严密的工作。为了保证统计数据的质量，在统计调查实施前，必须进行调查方案的设计。统计调查方案是指在开始调查之前对整个统计调查工作的通盘安排和周密计划，是保证调查工作顺利开展的指导性文件。只有事先制订一个比较完整、科学合理、切实可行的调查方案，才能使调查工作顺利进行，进而得到高质量的数据资料。一个完整可行的统计调查方案应当包括以下几个方面的内容。

## 一、确定调查目的

文档
第六次全国人口
普查方案

调查目的是指为什么要进行本次调查，调查要搜集哪些资料，要解决哪些问题。这些在调查设计时必须首先确定。有了明确的目的，才能做到有的放矢，正确地确定调查对象、内容和方法；才能根据调查目的，搜集与之有关的资料，而舍弃与之无关的资料。这样，可以节省人力、物力、财力，缩短调查时间，提高调查资料的时效性。

文档
第三次全国农业
普查方案

我国 2010 年第六次全国人口普查的目的明确规定为：为了查清 2000 年第五次人口普查以来我国人口在数量、结构、分布和居住环境等方面的变化情况，以便为科学制订国民经济和社会发展规划，统筹安排人民的物质和文化生活，实现可持续发展战略，构建社会主义和谐社会，提供科学准确的统计信息支持。

2004 年开展的第一次全国经济普查主要是为了全面掌握中国第二产业和第三产业的发展规模、结构和效益等信息，建立健全覆盖国民经济各个行业的基本单位名录库及其数据库系统。

链接
第四次全国
经济普查方案

## 二、确定调查对象和调查单位

这个阶段的目的是明确向谁调查，由谁来提供所需统计数据的问题。调查对象就是根据调查目的所确定的调查范围，也就是需要调查的那些社会经济管理现象的总体，它是由性质相同的许多调查单位所组成的。调查单位是指构成调查对象中的每一个单位,即可提供统计数据的个体,是调查项目的承担者,是我们搜集数据、分析数据的基本单位。例如,第六次全国人口普查的调查对象是具有中华人民共和国国籍并在中华人民共和国境内常住的人,调查单位是构成调查对象的每一个人。又例如,2004年经济普查的对象是在中国境内从事第二产业和第三产业的全部法人单位、产业活动单位和个体工商户。经济普查的调查单位则是上述研究单位中的每个个体。

在实际调查中,调查单位可以是调查对象的全部单位,也可以是部分单位。如果采取全面调查方式,如普查,调查对象中的每一个单位都是调查单位;若采用非全面调查,如抽样调查,调查单位只是调查对象中的一部分单位。

需要指出的是:调查单位与填报单位有区别。填报单位是负责向上报告调查内容、提交统计资料的单位。调查单位是调查项目的承担者,可以是人、企事业单位,也可以是物。如调查工业企业设备,则每台工业设备便是调查单位,而填报单位则是设备所属的工业企业。

### 三、确定调查项目、设计调查表

这里所要解决的是"调查什么"的问题。调查项目是调查的具体内容,它是由调查对象的性质、调查目的和任务所决定的。它可以是调查单位的数量特征,如一个人的年龄、收入,一个企业的产品产量、产值等;也可以是调查单位的某种属性或品质特征,如一个人的性别、职业,一个企业的所有制性质、产业类别等。它包括调查单位所须登记的标志及其他有关情况。例如,第六次人口普查根据调查目的拟定了姓名、性别、年龄、民族、文化程度、职业、行业、婚姻状况等多个调查项目。

文档
第六次人口普查
调查短表

调查项目要"少而精";本着需要和可能的原则,只列入能够得到确定答案的项目;项目之间尽可能保持联系,以便相互核对起到校验作用;有的调查项目可拟定为"选择式",由被调查者根据实际情况进行圈划。

调查表是指将调查项目按照一定顺序编制而成的统计表格,是统计调查的核心。

调查表有单一表和一览表两种形式。单一表是在一份调查表中只登记一个调查单位,可以容纳较多的项目;一览表是在一份调查表中登记若干个调查单位,调查项目比较简单,便于合计和相互核对。

文档
第六次人口普查
调查长表

调查表的内容一般由表头、表体和表外附加三部分组成。

表头包括调查表的名称及调查单位(填报单位)的名称、性质、隶属关系等。

表体是调查表的主要部分,包括统计调查目的所确定的具体调查项目和这些项目的具体表现。

表外附加通常由调查者(填报人)的签名和调查日期、填表说明等内容组成,目的是明确责任,一旦发现问题便于查询。

文档
2015年全国1%
人口抽样调查表

文档
2015 年全国 1‰
人口抽样调查
死亡人口调查表

## 四、确定调查的组织形式和搜集数据的方法

在统计调查中，首先要明确是全面调查还是非全面调查。如果是非全面调查，应明确是抽样调查、重点调查还是典型调查。如果是抽样调查，还应明确抽样框、具体的抽样方法、数据的推断方法等。数据采集的方法要明确是采用访问调查、邮寄问卷调查、电话调查还是其他方式等。

当前，调查的组织形式和数据的采集方法很多，究竟采用哪一种方法，完全取决于调查的目的，调查对象的特点，人力、物力和财力资源的限制。

## 五、确定调查时间和调查期限

调查时间是指调查资料所属的时间。如果所要调查的是时期现象，就要明确规定搜集调查对象从何时起到何时止的资料。例如，调查某公司 2012 年第三季度的零售商品销售额，则调查时间是从 7 月 1 日起至 9 月 30 日止的 3 个月。如果所要调查的是时点现象，调查时间就是规定的统一标准时点。例如，我国第六次人口普查规定"2010 年 11 月 1 日零时"为普查登记的标准时点。又例如，全国第一次经济普查的标准时点是 2004 年 12 月 31 日，而时期指标为 2004 年度即从 2004 年 1 月 1 日至 2004 年 12 月 31 日止的资料。

调查期限是进行调查工作的起止时限，包括搜集资料和报送资料的整个工作所需的时间。规定期限的长短主要考虑项目的复杂性和调查资料的时效性，应尽可能缩短调查期限。例如，我国第六次人口普查规定 2010 年 11 月 1 日至 11 月 10 日登记完毕，则普查工作的调查期限为 10 天。

## 六、确定调查的组织实施计划

要使统计调查工作顺利进行，必须做好各项组织工作，制订出实施计划。其主要内容包括以下几方面。

### （一）建立调查工作的办事机构和领导机构

建立调查工作的办事机构和领导机构是实施统计调查工作的组织保证，是准备和进行统计调查并对该项调查工作负责的组织、机关或单位。在实施计划中应明确规定各级调查机构的权利、职责和相互之间的关系。

### （二）配备调查人员

调查人员是调查工作的直接执行者。每一次调查资料的搜集，都离不开调查人员的努力。所以，调查人员必须具有良好的专业素质，熟悉自己的工作。对于一些专门调查如人口普查等，需要对调查人员进行调查前的培训，使其了解调查的各个环节。

（三）做好调查前的准备工作

调查前的准备工作包括调查工作地点的确定、调查文件的准备、宣传教育的途径及宣传费用预算、调查员的培训、文件印刷、调查资料报送办法、调查经费的预算和开支办法以及提供或公布调查成果的时间。这些均应有具体规定。

（四）进行调查试点

对于规模较大的统计调查所制订的方案往往需要做试点调查，即选择合适的调查单位进行小范围的试点调查，以检验整个调查方案是否切实可行，以便加以修改和补充。同时，让调查人员积累实施调查方案的经验，提高其业务技能，以圆满完成调查任务。

# 第三节　统计调查的组织形式

统计调查的组织形式多种多样，概括起来有：普查、统计报表制度、抽样调查、重点调查、典型调查等，现分别叙述如下。

## 一、普查

链接
第四次全国经济
普查宣传片

### （一）普查的概念及作用

普查是为了某种特定目的而专门组织的一次性的全面调查，是收集反映重大国情国力数据的主要方式，是国家宏观管理部门用于了解国民经济整体运行状况不可缺少的主要手段。通过掌握特定社会经济现象的基本全貌，为国家制定有关政策或措施提供依据。如全国人口普查、工业普查、经济普查等。

普查是一种很重要的调查方式，是其他方式不可替代的。它主要用来搜集那些不能够或不适宜定期进行全面统计报表搜集的统计资料，以摸清重大的有关国情国力的重要情况。

链接
马建堂解读
第六次人口普查

### （二）普查的特点

（1）普查通常是一次性的或周期性的。由于普查涉及面广，调查单位多，耗费大量的人力、物力、财力和时间，一般较长时间进行一次。1994年国务院批转了国家统计局《关于建立国家普查制度改革统计调查体系的请示》，确立了普查在整个统计调查体系中的基础地位，要求实行周期性普查制度，并规定普查项目包括人口普查、农业普查、工业普查、第三产业普查和基本统计单位普查等。其中人口普查、第三产业普查、工业普查、农业普查每10年各进行一次，分别在逢0、3、5、7的年份实施；基本统计单位普查每10年进行两次，在逢1和逢6的年份实施。从数十年来的普查工作实践看，中国实行周期性普查制度是十分必要、很有用处的，但也暴露出一些问题。为了更好地发挥普查的作用，国务院于2003年7月批准了调整意见，即于2004年进行全国第一次经济普查，将工业、第三产业、基本统计单位三项普查合在一起，再加上建筑业普查，每5年进行一次，今后在逢3和逢8的年份进行；保留人口普查和农业普查，只是将农业普查的实施年份由逢7调整为逢6。

（2）普查需要规定统一的标准调查时间，以避免调查数据的重复或遗漏，保证普查结果的准确性。

（3）由于普查的数据一般比较准确，规范化程度也较高，因此它们能为抽样调查或其他调查提供基本的依据。

（4）普查的适用对象比较狭窄，只能调查一些最基本、最一般的记录。

## （三）普查的组织方式

普查的组织方式基本上有两种：一种是组织专门的普查机构，配备一定数量的普查工作人员，对调查单位直接进行登记。如新中国成立后组织的历次人口普查都属于这种形式。另一种是利用基层单位的原始记录和核算资料，颁发一定的调查表格，由调查单位进行填报，如清产核资调查即属于此种。即使是第二种形式，也需要组织普查的领导机构，配备一定的专门人员，对整个普查工作进行组织领导。

## （四）普查应遵循的原则

### 1.标准时间原则

统一规定普查对象有关项目资料的统一时间，这样才能避免所搜集的资料由于自然变动或机械变动而产生重复和遗漏现象。标准时间的选择要根据研究对象和实际条件来决定。

### 2.项目统一原则

普查项目要有统一规定，不能任意改变或增减，以免影响汇总综合。同一种普查，各次项目尽可能保持相同，以便对历次资料进行动态对比分析，研究现象的发展变化及规律。

### 3.短期完成原则

在普查范围内各调查单位应尽可能同时进行调查，在方法上、步骤上保持一致，要在最短期限内完成，以保证资料的准确性和时效性。

### 4.周期调查原则

为了方便调查资料对比分析，最好定期进行普查。例如，全国人口普查每10年进行一次，在逢0的年份实施；全国经济普查每10年进行两次，分别在逢3、逢8的年份实施。

# 二、统计报表制度

## （一）统计报表制度的概念和特点

统计报表制度是由各级政府主管部门根据各自的目的制定的，依据有关统计法规，以统一的表式、统一的指标项目、统一的报送时间和报送程序，靠行政手段自上而下地布置，而后由调查单位自下而上地逐级报送的统计报告制度。统计报表主要用于全面调查，但也有一些是用于非全面调查。我国目前有关国计民生的重要统计资料绝大部分是依靠统计报表取得的。它的主要特点如下：

（1）由于表式、指标、报送时间、报送程序的统一，保证了报表资料的一致性，便于各级政府部门汇总和综合统计数据。

（2）报表资料以原始记录为依据，因而在各单位严格遵守统计口径的条件下具有相当的可靠性。

（3）报表中的各项指标都规定了明确的统计内容和计算办法，所以报表所提供的资料便于综合汇总。

（4）它是依靠行政手段执行的报表制度，因此具备100%的高回收率。而且填报的项目和指标具有相对的稳定性，便于形成时间序列的资料，便于进行历史对比和系统分析。

（5）它既可以逐级汇总，也可以层层上报、逐级汇总，以便满足各级管理部门对主管系统和区域统计资料的需要。各级领导可以利用报表资料经常了解社会和经济发展变化的基本情况。

### （二）统计报表的种类

统计报表可以从不同的角度进行分类。

（1）按调查范围不同，可分为全面统计报表和非全面统计报表。全面统计报表要求调查对象中每个单位都填报。非全面统计报表只要求调查对象中部分单位填报。

（2）按报表的内容和实施范围不同，可分为国家、部门和地方报表。国家统计报表主要满足国家和省一级政府宏观决策和调控的基本需要，并为国民经济核算提供基础资料，属于反映国情国力和宏观经济运行情况的基本统计。部门和地方报表属于国家报表的补充，主要是满足部门和地方的特殊需要，通过地方统计调查和部门统计调查解决。

（3）按报送周期不同，可分为定期报表和年报。定期报表包括：日报、旬报、月报、季报和半年报等。而日报、旬报由于时效性强，也称为进度报表。年报是带有总结性的报表，资料详尽，主要用来检查当年的计划执行情况和作为制订下一年度计划的依据。

文档
地区生产总值
核算制度

（4）按填报单位不同，可分为基层报表和综合报表。基层报表是指由基层企事业单位填报的报表，反映基层单位的各项活动情况。综合报表是由主管部门或统计部门根据基层报表逐级汇总填报的报表。

（5）按报送方式不同，可分为电信报表和邮寄报表。电信报表包括电报、电话、图文传真、计算机联网等方式，一般时效性强的日报、旬报等常采用此方法。邮寄报表是指采用书面形式邮寄或投递，一般半年报、年报均采用此种方式报送。

文档
工业统计报表制度

### （三）统计报表制度的内容

统计报表制度是对统计报表内容进行一系列规定，从而形成的一项必须遵守的制度，是我国重要的国家管理制度之一。按照法律规定，执行统计报表制度是各地区、各部门、各单位必须向国家履行的一种义务。统计报表制度包括如下内容：

（1）报表内容和指标体系的确定。要以反映国民经济和社会发展情况及生产经营活动的主要情况为出发点，并有充分的科学根据，做到精练适用。其指标体系应与会计核算、业务核算的指标体系相互衔接、互相通用。

（2）报表表式的设计。每张表都要把指标内容按一定规格形式进行安排，力求简明清晰，具体写明表名、表号、报告期别、填报单位、报送日期、报送方式、单位负责人及填表人签名等。

（3）报表的填报单位。必须指明每一张报表应由哪些单位来填报，又须指明汇总时应该包括哪些单位，以保证不同时期不同地区的统计资料具有可比性。

文档
流通和消费价格
统计制度

（4）报送程序和报送日期。报表的报送程序包括填报单位填报报表的份数、方式和交表单位，且要规定其报送日期。

（5）填报说明。其内容包括说明填表的方法、指标解释以及有关注意事项。指标解释是具体说明指标的概念、计算范围、计算方法以及其他有关问题，使填报单位对此有统一的认识和理解。指标的概念要简明清晰，计算范围要界限分明，计算方法要科学具体，以使统计人员能够正确理解、掌握和填报。

（6）统计目录。其是指设计报表中主栏项目的一览表，包括主栏中填报的统计分组用目录和主栏中填报的具体项目的目录，并应根据管理的需要适时地进行修订和补充。

### （四）统计报表的局限性

（1）统计报表涉及的面广，需花费较大的人力、物力和财力。

（2）在层层上报过程中，容易出现偏差，影响数字的准确性。

（3）统计报表中间环节多，取得资料的时效性较差。

（4）社会经济现象复杂多变，导致统计报表实际上并不能搜集到全部资料，缺乏灵活性。

## 三、抽样调查

### （一）抽样和抽样调查的概念

（1）抽样是人们从少量或局部的试验中体验和认识事物本质特性的有用方法。如工厂检验产品质量、厨师尝菜、医院为病人验血。

抽样方法有两种：一种是随机抽样，也叫概率抽样，即采用随机原则（等概率）抽取调查单位；另一种是非概率抽样，又叫鉴别抽样，即凭着人们的经验或主观判断选择调查单位。抽样调查是概率抽样，而重点调查、典型调查则是非概率抽样。

文档
2015年全国1%
人口抽样调查
方案

（2）抽样调查是一种非全面调查，它是按照随机的原则，从总体中抽取一部分单位组成样本进行调查，由样本单位调查得到的结果去推断测定总体的数量特征的一种调查方法，即用样本统计量来推断总体参数。

抽样调查是现代推断统计的核心，因为无论是对总体的参数估计还是假设检验，都是以测定样本得到的样本指标——统计量为依据的。

### (二)抽样调查的特点

(1)抽样调查按照随机原则从总体中抽取样本单位。所谓随机原则，就是机会均等原则。调查者不带任何主观倾向，完全凭偶然性抽取样本单位，使总体每个单位有均等机会被抽中。随机原则是抽样技术的基本原则，只有按照随机原则抽取样本单位，才能使样本的结构同总体结构相似，计算的样本指标才可以作为随机变量，并以概率论为基础对总体进行估计或检验。随机原则不等于随意性，更不排斥调查者的主观能动性。恰恰相反，它要求调查者充分考虑现实条件，设计出最优的抽样方案，尽力避免各种可能的偏差，从技术上保证样本的代表性，即既能使调查结果符合预期的目的，又节省人力、财力和时间。

文档
人口变动情况
抽样调查制度

(2)以调查得到的样本指标即统计量为依据推断总体参数或检验总体的某种假设。与其他非全面调查不同，抽样调查的目的就是要对总体数量特征做出估计或某种判断，而且它是以概率论的有关分布规律为依据的估计，可以计算其可靠性和精确度。

(3)抽样调查的误差可以事先计算并加以控制。用样本指标推断总体，不可避免地会产生误差，即抽样误差。抽样误差是随机误差，它是抽样调查所固有的，是对抽样推断精确度的一种量度。抽样误差越大，抽样推断的精确度就越低；反之，则推断的精确度越高。由于样本的统计量是随机变量，其分布具有一定的规律性，可以依据这种分布的规律和具体的抽样条件计算抽样误差的大小。影响抽样误差大小的因素主要有三个方面：

①总体内部的差异程度。在其他条件固定时，总体内部差异越大，抽样误差就越大；反之，抽样误差就越小。

②样本容量的大小。在其他条件固定时，样本越大，抽样误差越小；反之，抽样误差就越大。

③抽样的方式方法。不同的抽样方式方法，产生的抽样误差也有差异。

以上三个因素除了第一个因素之外，其余两个都是人为决定的。因此，抽样误差可以创造条件加以控制，这就大大提高了抽样调查的应用价值，使它能够适应不同条件和不同精确度要求的调查研究。

### (三)抽样调查主要适用情况

(1)某些不可能也不适宜进行全面调查的情况。有些总体规模很大，或者是一个连续不断发生的过程，如对海洋生物的研究、连续生产线上产品质量的检验、人口流动的调查、经验周期波动的分析等，都不可能取得全面的资料，只能进行抽样推断。而对于产品的破坏性试验(如电脑的抗震动试验)、寿命试验(如电视机显像管的使用寿命试验)和可靠性试验(炮弹的射程试验)等，显然只能通过抽样调查做出判断。

(2)虽然可能取得全面资料，但要求精确程度不是很高的调查，没有必要进行全面调查。有些社会经济现象如果进行全面调查需要花费大量人力、财力，经济上不值得。采用抽样调查，则可取得事半功倍的效果。如对城市和农村居民的家庭收支情况调查、物价调查、民意调查以及一般的商情和市场调查(例如人们对某一品牌饮料口味的感觉)等。

链接
第四次全国经济
普查事后质量
抽查在全国
31个省份展开

链接
人口普查数据
质量抽查

链接
2020年幸福来
敲门——全国1‰
人口抽样调查

（3）对全面调查资料进行验证和修正。全面调查取得的资料是否准确，误差多大，怎样修正，这样的问题不能由全面调查本身来解决。只能采用抽样调查以取得准确数据，并据此验证全面调查资料的质量，并计算出可靠的修正系数来对全面调查资料进行修正。例如，人口普查之后，可以用抽样调查的数据来验证和修正。

（4）对于时效性要求较高的资料往往采用抽样调查的方法获取，如产品的验收检查、农作物收割前产量预计和其他应急的社会问题的调查等。

### （四）抽样调查的优越性

#### 1.经济性

由于抽样调查的单位少，大大减轻了调查的工作量，能节省人力、物力和财力，比全面调查更经济。

#### 2.时效性

抽样调查是专门组织的，调查人员可直接取样，也可现场观察，减少了中间环节，因而提高了时效。

#### 3.准确性

由于抽样是按照随机的原则，排除了主观因素的影响，使样本有较高的代表性，用样本数据推算总体结果一般是比较准确的。如秋收估产，就是对样本进行实割实测，由此推算总体的产量。

#### 4.灵活性

抽样调查组织方便灵活，调查项目可多可少，考察范围可大可小，既适用于专题的研究项目，也适用于经常性的调查项目。

### （五）抽样调查的组织方式

进行抽样调查时，必须事先根据研究对象的特点和具体条件，对抽取样本的程序和具体方法进行周密的设计，选择最合适的方式。基本的抽样方式有简单随机抽样、类型抽样、等距抽样、整群抽样和多阶段抽样五种。

#### 1.简单随机抽样

简单随机抽样又称纯随机抽样，是抽样调查中最基本的组织方式。它对总体单位不做任何分类或排序，完全按随机原则逐个地抽取样本单位，即每个单位都以相同的概率进入样本。

随机抽样并不是随意抽样，所谓随机是指抽选过程是受客观因素影响的，但与调查人员的任何主观行为均不相关。

实现纯随机抽样的方法有如下几种。

（1）抽签法。其先按自然数序号对总体各单位进行编号并制成签条或纸片，充分掺和均匀后用手摸取，按样本数目从中抽取预定的单位数。

（2）利用随机数骰子。随机数骰子是一种用均匀材料制成的正二十面体。面上分别刻有0~9的数字各两个。使用时，先将总体各单位进行编号，然后掷或者摇随机数骰子，产生若干个 0～9 的数,按先后顺序进行排列后可以得到一个任意大的随机数。

(3)使用随机数表。随机数表是一种利用特殊工艺制作出来的数字表,表中每一个数字出现的概率都是相等的,并且所有同一行、同一列中任意一个数字或一组数字结合出现的概率都是相同的。使用随机数表需事先确定按行使用还是按列使用,然后再确定从第几行或第几列开始使用。即使是这样的操作也不能保证严格的随机性,为避免重复起见,如果拥有若干张随机数表,则可以每次选择一张新表。如果只有一张随机数表,则每次应更换一种抽选方法。

如果选取出来的数大于总体的最大编号,可以舍弃,重新选抽。为节省时间也可减去最大编号的数,如选到 698,而总体最大编号为 400,则选 298 编号单位为样本单位,当选到数字为总体最大编号 2 倍时,如本例 800 时予以放弃。

(4)随机数码发生器。这是机械式的随机数码产生工具。只要输入总体单位数 $N$ 以及相应的样本容量 $n$ 后,按一次输出键后给出一个随机数码,重复按 $n$ 次后,即能得到各样本单位的代码。

(5)其他方法。如用一枚硬币进行反复投掷,正面为 1,反面为 0,将产生的数连续登记,然后将二进制数转换为十进制数就得到一个随机数。如 $111011=1\times2^0+1\times2^1+0\times2^2+1\times2^3+1\times2^4+1\times2^5=1+2+0+8+16+32=59$。

或用普通骰子进行反复投掷,产生一组六进制数作为随机数。

当总体单位数较小时,可用数字显示的手表作为随机数发生器。

目前,正在研究如何用计算机产生随机数。

简单随机抽样方式虽然最符合随机原则,但它也有一定的局限性。因为它要对总体单位一一编号或编制抽样框,当总体规模很大时就难以操作。另外,当总体内部差异较大时,简单随机抽样方法就不能保证抽中的样本单位在总体中有较均匀的分布,以致抽样误差偏大。因此,这种抽样方式适用于总体规模不大且总体分布离散程度较小的情况。

2.类型抽样

类型抽样又称分层抽样或分类抽样。它是先将总体全部单位按照某个标志(属性特征)分成若干个类型组,然后从各类型组中采用简单随机抽样方式或其他方式抽取样本单位。将总体分类后,各类型组内部的差异必定小于总体的差异,从各组中抽取的样本单位,其代表性较强;同时,各类型组都有一定的单位入选,就可能使样本的结构近似于总体的结构。因此,类型抽样的抽样误差比简单随机抽样要小,抽样推断的效果好。

类型抽样适宜于总体情况比较复杂,各类型或层次之间的差异较大,而总体单位数又较多的情况。

对设计确定的样本数在各类型中进行分配的原则是:某一类型总体单位数越多,相应抽选的样本量应当越大;某一类型内部的差异越大,相应抽选的样本量应当越大。具体有以下三种方法:

(1)等额分配。它是指在各类型组中分配相等的样本单位数。这种分配计算简单,只适用于各类型总体单位数相等或比较接近的情况。如果总体各类型单位数差异较大,则抽样误差亦会较大。而实践中各类型组规模相等或差不多的情况并不多见,等额分配法也就很少采用。

(2)等比例分配。它是指按各类型组在总体中所占的比例分配样本单位数,使各类型组中抽取的单位数占各类型组单位数的比例相等，即 $\frac{n_1}{N_1} = \frac{n_2}{N_2} = \cdots = \frac{n}{N}$。等比例分配使样本单位数在各类型中合理分配，大的类型组多抽，小的类型组少抽，有利于减少人为抽样偏差，且计算操作方便，因此实际工作中应用很普遍。

（3）适宜比例分配。它又称最优分配，即除了考虑各类型组单位数多少外，还结合各类型组内部差异程度大小来确定各类型组的抽样单位数。这种方法无疑能减少抽样误差。但在调查之前一般很难知道各类型组内部差异到底是多少，因此，这种方法实际上很少采用。

3. 等距抽样

等距抽样又称机械抽样或系统抽样。它是先将总体各单位按某一标志顺序排列，然后从总体中按照一定的间隔抽取样本单位。例如，总体共有 $N$ 个单位，从中抽取样本为 $n$ 个单位，将总体单位数 $N$ 除以样本单位数 $n$，即 $\frac{N}{n} = k$ 就是等距抽样的间隔距离，然后在第一组中先抽一个单位，再每隔 $k$ 个单位抽一个单位，直到抽满 $n$ 个单位。

等距抽样按总体单位排队依据的标志不同可分为无关标志排队和有关标志排队。无关标志是指用来排队的标志与调查研究的内容无关。如研究公司销售收入时按公司的门牌号码排队；研究职工工资收入时，按职工姓氏笔画顺序排队等。有关标志是指用来排队的标志与调查研究的内容有关。如研究某行业各单位的平均劳动生产率时，按各单位的总产值或职工人数多少顺序排队；研究职工收入时，按职工平均工资高低顺序排队等。

等距抽样中的一个重要问题是确定抽取第一个样本单位的位置，因为确定了第一个样本单位号码后，就能按照抽样距离依次抽取其他各样本单位。通常的做法是，按无关标志排队的，可从第一间隔内随机抽取；而按有关标志排队的，可从第一间隔内居中的那个单位开始抽取，以便使样本单位在总体内能均匀分布。

等距抽样方法简单、容易实施，能使样本单位均匀分布在总体中，使样本结构同总体结构相似。因此，抽样推断的精确性要比简单随机抽样好。实践还证明，按有关标志排队比按无关标志排队抽样推断的效果更好。

需要注意的是，等距抽样时应避免抽样间隔和现象本身的周期性或节奏间隔相同而引起的系统性误差。如调查工业产品质量、产品抽取时间不能和上下班的时间一致；对六层楼住户的调查抽样间隔不应为 6，因为现象本身的这种间隔带有规律性的变化。

4. 整群抽样

整群抽样是将总体按一定的标志或自然状态分为若干群，然后从总体中成群地抽取样本单位，将抽中的若干群组成样本，并对群内的单位进行全面调查。例如，要对自动流水线上大批量生产的产品进行质量检验，可以按时间间隔将产品分群，每隔一段时间（如几小时）抽 1 小时的产品，这 1 小时中生产的产品即一群；如对城市居民收入、消费情况进行调查，每个社区就可以为一群，抽中的社区对每户居民进行全面调查。

整群抽样的优点是抽取的单位比较集中，登记调查较为方便，可以节省人力、物力。但因抽取单位比较集中，影响了样本单位在总体中的均匀分布，与其他方式相比较，抽样误差较大，特别是当群间差异较大时，抽样误差会加大。所以要尽可能地多抽一些群，而且这些群是均匀分布于总体的，以减少抽样误差。

5.多阶段抽样

多阶段抽样又称多级抽样。经济管理问题的研究总体范围很大,包括的单位多、分布广,只用某一种抽样方式和通过一次抽样要选出样本是很困难的,甚至是不现实的。在这种情况下,可以将整个抽样过程分为几个阶段,将几种抽样方式结合起来分步实施。这种方式称为多阶段抽样。

多阶段抽样中每个阶段的抽样方式可用简单随机抽样或等距抽样方式,最后阶段抽取样本单位时还可采取分类抽样方式。因此,多阶段抽样实际上也是多种抽样方式的组合。例如,要从全省范围内抽取 1000 户家庭进行城镇居民收入情况调查。全省城镇居民户既多又分散,显然无法一户一户直接抽取。可行的办法是分阶段实施:第一阶段在全省所有县中随机抽取若干个县;第二阶段在抽中的县中随机抽取若干个区或镇;第三阶段在抽中的区或镇中随机抽取若干个社区或居委会;最后在抽中的社区或居委会中用等距抽样方式抽取居民户,并使居民户总数达到预定的样本数。

多阶段抽样的特点是:

(1)多阶段抽样对基本调查单位(即样本单位)抽选不是一步到位的,至少要两步。

(2)多阶段抽样是多种抽样方法的结合。

(3)多阶段抽样的最大优点是便于组织与实施。

(4)多阶段抽样与整群抽样相比,在样本容量 $n$ 固定不变的情况下,抽样精度前者要高于后者。

(5)多阶段抽样可以根据各级单位的不同情况,灵活采用不同的抽样方法与组织形式。

抽样调查的组织方式完全取决于调查研究的目的要求、调查对象的特点和客观条件。凡是能够最经济、最省时,而又能满足预期精确度和可靠性要求的组织方式,便是一种好的组织方式,这也是抽样设计的最根本的原则。

## 四、重点调查

重点调查是一种专门组织的非全面调查。它是在总体中选择一部分重点单位进行调查,借以了解总体的基本情况。所谓重点单位,是指单位数目虽少,但它们的标志值在总体标志总量中占有绝大比重,在总体各单位中属于举足轻重的那些单位,通过对这些单位的调查,就能掌握总体的基本情况。例如,要了解全国钢铁生产的基本情况,只要对鞍钢、武钢、包钢、京钢和宝钢等几个特大型钢铁企业进行调查即可。这是因为它们的产量占了全国钢铁产量的绝大比重。

重点调查主要应用在调查目的只是了解和掌握调查对象的基本情况,而且总体中确实存在着部分重点单位的情况。其优点是省时、省力、省钱,又能保证调查的时效性。缺点是只能了解总体的基本情况,而不能了解总体的详细情况。

根据调查的目的和内容不同,重点调查可以是经常性调查,也可以是一次性调查。通常情况下,可以与统计报表制度相结合,采用统计报表取得所需要的资料。

### 五、典型调查

典型调查也是一种专门组织的非全面调查。它是根据调查研究的目的和要求,在对总体进行全面分析的基础上,在调查对象中有意识地选择若干有代表性的典型单位进行深入细致的调查,借以认识事物的本质特征、因果关系和发展变化的趋势。所谓有代表性的典型单位,是指那些能最充分、最集中地体现总体某方面共性的单位。

（一）典型调查的方法

典型调查的中心问题是如何正确选择典型单位。根据不同的研究目的和要求,有以下三种选典方法。

1.“解剖麻雀”的方法

“解剖麻雀”的方法适用于总体内各单位差别不太大的情况。通过对个别代表性单位的调查,即可估计总体的一些情况。

2.“划类选典”的方法

总体内部差异明显,但可以划分为若干个类型组,使各类型组内部差异较小,然后分别从各类型组中抽选一两个具有代表性的单位进行调查,即称为“划类选典”。这种调查方法既可用于分析总体内部各类型特征以及它们的差异和联系,也能综合各种类型对总体情况作出大致的估计。

3.“抓两头”的方法

从社会经济组织管理和指导工作的需要出发,可以分别从先进单位和落后单位中选择典型,以便总结经验和教训,带动中间状态的单位,推动整体的发展,即称为“抓两头”。

（二）典型调查的作用

只要客观地、正确地选择典型单位,通过对典型单位进行深入细致的调查,既搜集详细的第一手数字资料,又掌握生动具体的情况,就可以获得对总体本质特征的深刻认识。特别是对一些复杂的社会经济问题的研究,典型调查可以了解得更深入、更具体、更详尽。典型调查具有以下两个突出的作用。

1.研究尚未充分发展,处于萌芽的新生事物或某种具有倾向性的社会问题

通过对典型单位进行深入细致的调查,可以及时发现新情况、新问题,探测事物发展变化的趋势,形成科学的预见。

2.分析事物的不同类型,研究它们之间的差别和相互关系

比如,通过调查可以区别先进事物与落后事物,分别总结它们的经验教训,进一步进行对策研究,促进事物的转化和发展。

# 第四节　统计数据搜集方法

搜集调查对象的原始资料,必须按照统计的目的、调查内容和调查对象的特点选用不同

的调查方法。常用的方法有询问调查法、直接观察法、实验调查法、报告法等。

## 一、询问调查法

询问调查法是调查人员以询问为手段,从调查对象的回答中获得信息资料的一种方法。具体包括访问调查、邮寄调查、电话调查、留置调查、座谈会、个别深访等。

### (一)访问调查

访问调查又称采访法或面谈调查。它是由调查人员向被调查者提问,根据对询问的答复搜集统计资料的一种调查方法。它有标准式访问和非标准式访问两种。

标准式访问又称结构性访问,它是按照调查人员事先设计好的、有固定格式的标准化问卷,有顺序地依次提问,并由被调查者做出回答的方法;非标准式访问又称非结构式访问,它事先不制作统一的问卷或表格,没有统一的提问顺序,调查人员只是给出一个题目或提纲,由调查人员和被调查者自由交谈,以获得所需资料的方法。

访问调查具有调查者和被调查者面对面的特点,所以有调查资料真实性强、偏差小、调查问卷回收率高、灵活性较强等优点,但其调查的成本高、时间长、调查的范围有限,对调查者的专业知识水平和面谈技巧有一定要求,特别是在非标准式访问的情况下。

### (二)邮寄调查

邮寄调查是将设计好的调查表或调查问卷,通过邮寄或其他方式送至被调查者手中,请被调查者填好后在规定的日期内将调查表寄回或投放到指定收集点的一种调查方法。邮寄调查是一种标准化调查,其特点是调查人员和被调查者没有直接的语言交流,信息的交流完全依赖于调查表或调查问卷。邮寄调查的问卷或表格的发放有邮寄、宣传媒介传送、专门场所分发三种。

邮寄调查的优点:调查面广、费用相对较低、调查结果客观,不受调查人员态度及主观因素诱导的影响,填写也比较灵活、自由、方便。

邮寄调查的缺点:调查表回收率低、回收时间长,调查结果的完整性往往不易控制。对某些较为复杂的问卷和心理活动情况也难以反映。

邮寄调查的关键在于科学完整地设计好调查问卷表格,它关系到被调查者答卷的难易,并影响其态度,直接关系到调查结果的准确性。

同时,为提高调查表格和问卷的回收率,应采取赠送礼品、购物优惠券或与有关行政部门联手调查的措施。

### (三)电话调查

电话调查是指调查人员利用电话与被调查者进行语言交流,从而获得信息的一种调查方法。电话调查具有时效快、费用低、回答率高等优点。随着电话的普及,这种方法的应用也越来越广泛。电话调查可以按照事先设计好的问卷进行,也可以针对某一专门问题进行电话采访。但电话调查只限于通电话的被调查者,调查范围受到限制,而且通话时间不宜太长,也无法显示照片、图表等,调查问题深度不及面对面的个别访谈和问卷调查,所以用于电话调查的问题要明确,问题数量不宜过多。

### (四)留置调查

留置调查是指调查人员将调查表或问卷留置给被调查者,由被调查者按要求如实填写,调查人员约定日期回收或由被调查者寄回的一种调查方法。这种调查方法是介于访问调查与邮寄调查之间的一种折中调查方法,其特点也介于两者之间。

留置调查的优点是调查者可以当面消除被调查者的思想顾虑,被调查者有充裕时间思考问题,能提高调查问卷的回收率和调查质量,但也存在着调查地域有限、调查时间长、调查费用高等不足之处。

### (五)座谈会

座谈会也称为集体访谈法,它是将一组被调查者集中在调查现场,让他们对调查的主题(如一种产品、一项服务或其他话题等)发表意见,从而获取调查资料的一种调查方法。通过座谈会,调查人员可以从一组被调查者那里获得所需的定性资料,大家围绕主题以一种非正式的、比较自由的方式进行讨论。这种方法适用于搜集与研究课题有密切关系的少数人员的倾向和意见。

参加座谈会的人数不宜太多,通常为 6～10 人,并且是有关调查问题的专家或有经验的人。讨论方式主要取决于主持人的习惯和爱好。通过讨论,能获得其他访问调查无法取得的资料,而且讨论中相互影响、相互启发、相互补充,有利于深入讨论问题。在市场调查中常采用这种方法。

### (六)个别深访

深访,即深度访问,是一种一次只有一名受访者参加的特殊的定性研究。深访这一技术也暗示着要不断深入受访者的思想当中,努力挖掘受访者行为的真实动机。深访是一种无结构式的个人访问,调查人员运用大量的追问技巧,尽可能让被调查者自由发挥,表达他的想法和感受。

深度访问常用于动机研究,如消费者购买某种产品的动机,以发掘受访者非表面化的深层意见。这一方法最宜于研究较隐秘的问题,如个人隐私问题、比较敏感的问题或是政治问题。对于一些不同人之间观念差异极大的问题,采用深度访问比较合适。

座谈会和个别深访属于定性方法,它通常围绕一个特定的主题取得有关定性资料。这种方法和定量方法是有区别的,定量方法是从总体中按随机方式抽取样本取得资料,其研究结果或结论可以推断。而定性研究着重于问题的性质和未来趋势的把握,而不是对研究总体数量特征的推断。座谈会和个别深访主要用于市场调查和研究。

## 二、直接观察法

直接观察法是指调查人员或利用仪器在调查现场,对调查单位的调查项目进行观察、清点、测定、计量,以取得第一手资料的调查方法。例如,在农产品产量抽样调查中,调查人员深入到生产现场——田间,亲自参加抽选样本、收割脱粒、晾晒、称量等工作过程,从而取得实际调查资料;为了加强城市交通管理,交通部门在主要街道十字路口安装电子摄像机,将那些违章行驶的车辆的车牌号都一一自动摄影下来,作为处罚教育的依据。

由于调查人员不直接向调查对象提问,被调查对象并未意识到自己已接受调查,所以调查结果较为客观,真实性高;调查双方并不正面接触,调查人员的主观意识不会影响被调查者。但是,该方法观察不到调查对象的心理动机等内在因素,而且由于受到时间、空间的限制,所获得的信息资料往往有一定的局限性;另外,调查人员亲自在现场调查,费用高,同时对调查人员的素质要求高。

具体运用直接观察法时,应尽量发挥其优点,克服其缺点,尽量选择那些具有代表性的环境及最合适的时间进行观察;全面深入地观察客观事物变化过程,对各种资料进行全面、动态的比较,从而了解事物变化的全貌;尽量借助记录工具,如各种记录信息的仪器设备,以取得真实的原始信息,以免事后追忆时发生误差。

### 三、实验调查法

实验调查法起源于自然科学的实验求证法。它是在给定的实验条件下,通过试验对比,对调查对象的某些因素之间的因果关系及其发展变化过程,加以实验观察和分析,以取得调查资料的一种方法。这种方法常用于市场调查中。例如,需要了解研究某种商品的包装因素对销售量的影响效果情况,就得选定某一个地区范围,将新旧两种包装的同一商品,投入市场试验对比,然后观察其销售量的变化和消费者的反映,作为决定新包装是否可以采用的依据,它是一种特殊的观察调查法。

实验法可分为在室内进行的室内实验法和在市场上或外部进行的市场实验法。它有实验结果的可对比性、实验事件的可靠性和实验条件的相同性三个特点。它能通过人的有意识控制,从影响调查对象的若干因素中选出一个或几个因素作为实验因素,在其余诸因素均不变化的条件下,了解实验因素变化对调查对象的影响,并能获得这种影响的定性或定量的实验结果,这是直接观察法和询问调查法无法做到的。

从其实验内容上看,实验调查法可分为分割实验和区域实验调查法。分割实验也就是从影响记录的诸多因素分割出一个或几个因素来考察。区域实验是将受同样因素影响的现象置于不分环境的地理区域中,了解受同样因素影响的现象在不同地域中产生的效果。例如,将新产品在不同地区进行销售。

实验调查法适用于对新政策、新产品、新价格、新包装等社会经济现象的实践效果进行调查研究。

### 四、报告法

报告法是调查单位向被调查单位制发统一的调查方案,由被调查单位根据一定的原始记录和台账,依据方案规定要求,按照行政隶属关系,逐级向有关部门提供统计资料的一种方法。我国的统计报表制度就属于这种方法。

这种资料的提供方法是各地区、各部门、各单位按照有关法规的规定,必须对国家履行的一种义务。报告法的特点是:有统一项目、统一表式、统一要求和统一上报程序;其资料来源于原始记录;可以同时进行大量的调查。如果报告系统健全,原始记录和核算工作完整,采用报告法能够取得比较精确的资料,并便于连续地、定期地进行观察对比。但其方法烦琐,需要花费大量的人力、物力和财力,因此主要适用于机关团体和企事业单位。

# 第五节　调查问卷设计

调查问卷是调查者根据调查目的和要求,按照一定的理论假设设计出来的,由一系列问题、调查项目、备选答案及说明组成的,向被调查者搜集资料的一种工具,属于调查表的一种形式。问卷设计的好坏直接关系到数据的质量和分析的结论。因此,下面专门介绍一下问卷设计中的有关问题。

## 一、问卷设计的原则

### (一)主题明确

根据调查主题,从实际出发拟题,目的明确,重点突出,没有可有可无的问题。

### (二)结构合理、逻辑性强

问题的排列应有一定的逻辑顺序,符合应答者的思维程序。一般是先易后难,先简后繁,先具体后抽象。

### (三)通俗易懂,便于回答

问卷应使应答者一目了然,并愿意如实回答。问卷中要语气亲切、文字通俗、容易理解,符合应答者的理解能力和认识能力,避免使用专业术语,对敏感性问题采取一定的调查技巧,使问卷具有合理性和可答性,避免主观性和暗示性。

### (四)控制问卷的长度

回答问卷的时间一般控制在 20 分钟左右,问卷中既不能浪费一个问句,也不能遗漏一个问句。

### (五)便于资料的校验、整理和统计

问卷是用来搜集数据的一种工具,是为调查目的服务的,问卷设计时必须考虑如何进行整理、汇总,以便于统计。

## 二、问卷的基本结构

调查者根据调查目的和要求所设计的不同的调查问卷,在具体结构、题型、措辞、版式等设计上虽会有所不同,但其基本结构一般均由题目(标题)、说明词、被调查者的基本情况、调

查内容、填写说明等部分构成。

### （一）问卷的题目

问卷的题目即问卷的标题，要能概括说明调查的研究主题，应准确、醒目、突出，在句式构成上要富于吸引力和感染力，以便被调查者对所要回答哪一方面的问题大致有个了解，并易于引起其回答的兴趣。例如，居民消费需求情况的调查、大学生就业状况调查等。

### （二）问卷的说明词

问卷的说明词它一般在问卷的开头，是调查问卷的一个组成部分，有时也可单独成为一封问卷的说明信。说明词旨在向被调查者说明调查的目的、意义和内容，消除被调查者的顾虑，引起被调查者的重视，激发他们的参与意识，争取得到他们的合作。

在说明词中，一般要说明调查组织者的身份、说明调查的目的和意义、表明对调查结果的保密原则、提出奖励措施等。

说明词必须做到文字简洁、准确，语气谦虚、诚恳，平易近人。在结尾要真诚地感谢被调查者的合作与帮助。

### （三）被调查者的基本情况

被调查者的基本情况是对调查资料进行分类研究的基本依据。一般而言，调查者包括两大类，一是个人，二是单位。个人的基本情况包括姓名、性别、民族、年龄、文化程度、工作单位、职业、职务或技术职称、个人或家庭收入等项目；单位则包括单位名称、经济类型、行业类别、职工人数、规模、资产等项目。若采用不记名调查，则被调查者姓名可在基本情况中省略。

### （四）问卷的调查内容

问卷的调查内容是调查问卷中最主要、最基本的组成部分，包括需要调查的问题和可能的回答结果。这部分内容在设计问卷时需要认真考虑推敲。

### （五）填写说明

填写说明是指填写问卷的要求和方法，通常包括调查项目的含义、问卷返回的通信地址、被调查者填写应注意的事项、调查的截止日期、调查人员应遵守的事项，如果要抽奖，还应提醒被调查者写明姓名和身份证号码，以及其他一些可能与调查有关的补充说明等。

## 三、问卷的设计程序

### （一）确定设计主题

根据调查的目的要求和问题的涉及面，要广泛征求有关人员的意见，进行深入讨论和研究，使问题主次明确、重点突出，清晰体现调查目的，从而确定设计主题。

### （二）设计问卷初稿

首先要对笼统、抽象的调查主题进行透彻了解和分析，编写成多个概念，界定清楚，以便被调查者回答；然后把自己放在被调查者的地位考虑这些问题，看看能否得到确切的资料，哪些能使被调查者方便回答，哪些难以回答。构想每项资料需要用什么样的句型来提问，尽量详尽地列出问题，再对问题进行检查、筛选，看它有无多余的问题，有无遗漏的问题，有无不恰当的问题，以便进行删除、补充、更换。

### （三）进行试问试答

站在调查者的立场进行试提问，看看问题是否清楚明白，是否便于资料的记录和整理；站在应答者的立场进行试回答，看看是否能答和愿答所问问题，问题的顺序是否符合逻辑思维。有必要的话，可以在小范围内进行实地试答，以检查问卷的质量。

### （四）设计正式问卷

根据试答情况，对发现的问题进行逐项汇总、分析研究，对问卷初稿进行必要的修改和补充，使其更趋准确、合理、完善。再试答，再修改，直到完全合格以后才定稿打印，制成正式问卷。

## 四、提问项目的设计

提问项目即问卷中的问题，其设计的好坏将对调查质量有重要影响。在设计提问项目时，需要注意以下几点。

### （一）提问的内容尽可能短

如果问题太长，不仅会给被调查者的理解带来一定的困难，也会使其感到厌烦，从而不利于对问题的回答。

### （二）用词要确切、通俗

问卷中的用词一定要保证问题清楚明了。"一般""经常""很多"等词都过于笼统，不同的人可能会有不同的理解，从而造成回答的偏差。由于被调查者文化程度不同，问卷中的用词要通俗，易被人理解，避免使用专业术语。

### （三）一项提问只包含一项内容

如果在一项提问中包含了两项及以上的内容，被调查者就很难回答。

### （四）避免诱导性提问

问卷中的问题不能带有倾向性，而应保持中立。词语中不应暗示调查者的观点，不要引导被调查者做出何种回答或如何选择。

（五）避免否定形式的提问

在日常生活中，人们往往习惯于肯定陈述的提问，而不习惯于否定陈述的提问。例如，对一种产品新包装的市场调查，采用否定的提问是：你觉得这种产品的新包装不美观吗？而采用肯定的提问则是：你觉得这种产品的新包装美观吗？否定提问会影响被调查者的思维，或者容易造成相反意愿的回答或选择，因此在问卷中尽量不要使用否定的形式提问。

（六）避免敏感性问题

敏感性问题是指被调查者不愿意让别人知道答案的问题，如个人收入问题、个人生活问题等。问卷中尽量避免提出敏感性问题，必须涉及的要在提问的方式上进行推敲，尽量采用间接询问的方式，用语也要特别婉转，以降低问题的敏感程度。

## 五、回答项目的设计

回答项目是针对提问项目所设计的答案。问卷中的问题类型有两类：一类是开放性问题，一类是封闭性问题。

（一）开放性问题

开放性问题是指对问题的回答未提供任何具体的答案，由被调查者根据自己的想法自由做出回答，属于自己回答型。例如：您认为我国目前的广告宣传中，存在的主要问题是什么？

开放性问题的优点是比较灵活，适合于收集更深层次的信息，特别适合于那些尚未弄清各种可能答案或潜在答案类型较多的问题。而且可以使被调查者充分表达自己的意见和想法，有利于被调查者发挥自己的创造性。其缺点是：由于会出现各种各样的答案，这会给调查者的资料整理带来一定的困难。

（二）封闭性问题

封闭性问题是指对问题事先设计出各种可能的答案，由被调查者从中选择。封闭性问题的答案是标准化的，有利于被调查者对问题的理解和回答，也有利于调查者的资料整理。如何设计好封闭性问题的答案，是问卷设计中的一项重要内容。封闭性问题的答案是选择回答型，所以设计出的答案一定要穷尽和互斥。穷尽即要求列出问题的所有答案，不能有遗漏。互斥即要求各答案间不能相互重叠或包容。

根据提问项目或内容的不同，封闭性问题回答方法主要有两项选择法、多项选择法、顺序选择法、评定尺度法、双向列联法五种。

（1）两项选择法。这种形式的问卷只让被调查者在两个可能答案中选择一个，如"是"与"不是"、"有"与"没有"等。此类方式易于发问，也易于回答，且方便统计汇总，但得到的信息量较少；当被调查者对两项答案均不满意时，很难做出回答。

（2）多项选择法。这种询问方式设置了多种答案供被调查者选择。根据要求选择答案的多少不同，可分为以下几种：

单项选择型:要求被调查者在所给出的问题中选择其中一项。

多项选择型:要求被调查者在所给出的问题中选出自己认为合适的答案,数量不受限制。

限制选择型:要求被调查者在所给出的问题中选出自己认为合适的答案,但数量受一定限制。

多项选择法能较全面地反映被调查者的看法,又较自由询问法易于统计和整理,但在设计时应注意供选择的答案不宜过多。

(3)顺序选择法。这是让被调查者依据自己的爱好和认识程度对所选答案定出先后次序,即按要求的顺序或重要程度加以排列。

(4)评定尺度法。该方法中的问题答案,由表示不同等级的形容词组成,按照一定的程度排序,由被调查者依次选择。如"满意、较满意、一般、较不满意、不满意"。

(5)双向列联法。这种方法将两类不同问题综合到一起,通常用表格来表示。表的横向是一类问题,纵向是另一类问题。这种问题结构可以反映两方面因素的综合作用,提供某一类型问题无法提供的信息。同时也可以节省问卷的篇幅。

【思考与练习】

选择题

一、选择题

1. 统计调查对象是 （　　）

  A. 总体各单位标志值　　　　　　B. 总体单位

  C. 现象总体　　　　　　　　　　D. 统计指标

2. 要对某企业生产设备的实际生产能力进行调查,则该企业的"生产设备"是 （　　）

  A. 调查对象　　　　　　　　　　B. 调查单位

  C. 调查项目　　　　　　　　　　D. 报告单位

3. 某市进行工业企业生产设备状况普查,要求在 7 月 1 日至 7 月 10 日全部调查完毕。规定的这一时间是 （　　）

  A. 调查时间　　　　B. 调查期限　　　　C. 标准时间　　　　D. 登记期限

4. 要了解城市居民家庭的收支情况,最适合的调查方式是 （　　）

  A. 普查　　　　　　B. 重点调查　　　　C. 典型调查　　　　D. 抽样调查

5. 下列调查中,不属于专门调查的是 （　　）

  A. 统计报表制度　　B. 重点调查　　　　C. 典型调查　　　　D. 抽样调查

6. 抽样调查的主要目的是 （　　）

  A. 随机抽取样本单位

  B. 对调查单位做深入研究

  C. 计算和控制抽样误差

  D. 用样本指标来推断或估计总体指标

7. 某工厂采用连续性生产线,为了检查产品质量,在 24 小时中每隔 1 小时取 5 分钟的产品进行全部检查,这是 （　　）

A. 纯随机抽样      B. 整群抽样      C. 两阶段抽样      D. 分类抽样

8. 在实际工作中,最常用的类型抽样是      (    )

A. 定额分配      B. 等额分配      C. 等比例分配      D. 最优分配

9. 非全面专门调查包括      (    )

A. 重点调查      B. 抽样调查      C. 快速调查      D. 典型调查

E. 统计年报

10. 问卷通常的组成部分有      (    )

A. 标题                   B. 说明词

C. 调查内容            D. 被调查者基本情况

E. 填写说明

11. 统计报表按内容和实施范围不同,可分为      (    )

A. 国家统计报表         B. 综合统计报表

C. 基层统计报表         D. 部门统计报表

E. 地方统计报表

12. 普查一般属于      (    )

A. 全面调查            B. 非全面调查

C. 经常性调查          D. 一次性调查

E. 专门组织的调查

**二、判断题**

1. 统计调查是统计工作的第一阶段。(    )

2. 调查单位就是填报单位。(    )

3. 调查对象是调查项目的承担者。(    )

4. 调查时间是指进行调查工作所需的时间。(    )

判断题

5. 全面调查和非全面调查是根据调查结果所得的资料是否全面来划分的。(    )

6. 经常性调查是调查时期现象,而一次性调查是调查时点现象。(    )

7. 普查属于经常性的全面调查。(    )

8. 重点调查中的重点单位是根据当前工作的重点来确定的。(    )

9. 制定统计调查方案的首要问题是确定调查对象。(    )

10. 对某地区银行职工基本情况进行调查时,银行的每个职工是调查对象。(    )

**三、问答题**

1. 试举例说明定类尺度、定序尺度、定距尺度和定比尺度有哪些不同。

2. 比较普查和抽样调查的特点、作用和适用场合。

3. 某家生产保健品的企业,想通过市场调查了解以下问题:企业产品的知名度,产品的市场占有率,用户对产品质量、价格、售后服务等方面的满意度和评价。

(1)请你为该企业设计一份调查方案。

(2)你认为此项调查采用哪种调查方法比较合适?

(3)设计出一份调查问卷。

# |第三章|
# 数据的整理

 学习目标

本章
讲课视频

通过本章学习,学生能够:

1. 掌握统计数据整理的基本方法。
2. 了解统计数列的种类。
3. 掌握统计分组的方法。
4. 掌握频数分布表的编制方法。
5. 了解统计表的结构,掌握统计图的绘制方法。

　　有同学对本校大学生的日常生活费支出情况进行了调查,按抽样调查方式发放并回收了几百份有效问卷。每一份问卷显示的只是具体某个同学的日常生活费支出情况,而我们通过调查首先想要知道的是这些被调查学生的日常生活费支出的总体情况。拿到这厚厚的一叠问卷后,该同学该怎样来描述被调查的大学生日常生活费支出的总体分布情况呢? 这就需要进行原始数据的整理,然后以表格或图形的方式来显示调查的结果。

　　我们通过统计调查收集到的原始统计数据是个体的、分散的,只能说明总体各单位的具体情况,而不能反映现象总体的综合数量特征和内在的规律性。只有通过统计数据整理,才能反映现象总体的综合特征,为进一步进行统计分析奠定基础。

# 第一节　数据整理概述

## 一、统计数据整理的概念和作用

　　统计数据整理是根据统计研究的任务与要求,对调查得到的各种原始资料,用科学的方法进行分类汇总,使其系统化、条理化,以得出反映事物总体综合特征的资料的工作过程。

有时,为了特定的目的,对已经整理过的统计资料(即次级资料)进行加工,以满足统计分析的要求,也属于统计数据整理工作的范围。

通过统计调查所搜集到的资料,只是一些个体的、分散的、不系统的原始资料,只能表明各个被调查单位的具体情况,反映事物的表面现象,不能说明事物的本质及总体情况,更不能从量的方面反映事物发展变化的规律性。因此,只有对这些资料进行加工整理,才能认识事物的总体特征及其内部联系。例如,工业普查的每个工业企业资料,只能说明每个企业的情况,诸如企业所有制类型、资金多少、设备状况、职工人数、销售收入与利润等。必须通过对所有被调查工业企业资料进行整理、汇总、分组等加工处理后,才能得到全国工业的综合情况,从而分析工业的构成、经营状况、规模水平的高低等,达到对全国工业的全面、系统的认识。

由此可见,统计数据整理是数据调查的继续和深入,也是统计分析的基础和前提条件,是统计工作中一个十分重要的中间环节,起着承前启后的作用,成为人们对社会经济现象从感性认识上升到理性认识的过渡阶段。统计数据整理工作的质量,直接影响对社会经济现象的准确的数量描述和数量分析。

## 二、统计数据整理的步骤

统计数据整理是一项系统性很强的工作,必须遵循一定的工作程序。统计数据整理的步骤大致可包括以下四个方面。

### (一)对搜集得到的原始数据进行审核

在对原始资料汇总前,必须对其进行审核,主要是对原始资料的完整性、及时性、准确性进行审核,以保证统计汇总的质量。检查资料的完整性和及时性,即检查被调查的单位资料是否齐全,数据有无缺漏,是否按规定的时间上报,属于一般性审核。检查资料的准确性,即主要检查调查过程中发生的登记性误差,调查资料的口径范围、所属时间,计算方法和结果,计量单位是否符合要求等,这是审核的重点。

### (二)对原始资料进行分组

根据统计研究的目的,选择合适的标志,对原始资料进行分组或分类。统计分组是统计数据整理的关键。

### (三)对各项指标进行汇总计算

选择适当的汇总组织形式和具体方法,在数据分组基础上,计算各组单位数和合计数,计算各组指标数值和综合指标数值。数据汇总是统计数据整理的中心内容。

### (四)编制统计表或绘制统计图

将汇总的结果用统计表或统计图的形式,简明清晰地表现出来。

# 第二节　统计分组

统计分组和统计指标是统计的两大支柱。统计分组是对统计数据进行加工处理的重要手段，也是统计整理的核心内容。

## 一、统计分组的概念和原则

统计分组是根据统计研究的需要，将统计总体按一个或几个标志划分为若干个组成部分的一种统计方法。统计分组的对象是总体。统计分组的标志可以是品质标志，也可以是数量标志。

从分组的性质来看，统计分组兼有"分"和"合"的双重含义。对现象总体而言，是"分"，即将总体分为性质相异的若干部分；对总体单位而言，是"合"，即将性质相同的许多单位结合在一起。统计分组的目的就是把同质总体中的具有不同性质的单位分开，把性质相同的单位合在一起，保持各组内统计资料的一致性和组与组之间资料的差异性，以便进一步运用各种统计方法，研究现象的数量表现和数量关系，从而正确地认识事物的本质及其规律性。例如，在工业企业这个同质总体中，就存在着所有制类型、生产规模、职工人数等方面的差别，为了研究问题的需要，就必须按一定的标志对总体进行各种分组，以便从数量方面深入了解和研究总体的特征。

进行统计分组，必须遵循两个原则，即穷尽原则和互斥原则。穷尽原则，是指使总体中的每一个单位都应有组可归，或者说各分组的空间足以容纳总体中的所有单位；互斥原则，是指在特定的分组下，总体中的任何一个单位只能归属于某一组，而不能同时归属于几个组。

## 二、统计分组的作用

统计分组是基本的统计方法之一，贯穿于整个统计工作过程。它的主要作用有以下三个方面。

### （一）划分社会经济现象的类型

社会经济现象存在着复杂多样的类型，各种不同的类型有着不同的性质特点和发展规律。利用统计分组，就能根据统计研究的目的，将现象区分为各种性质不同的类型，来研究各类现象的数量差异和特征以及相互关系。例如：经济类型可以划分为国有经济、集体经济、私有经济等；工业可以划分为重工业和轻工业；产业可以划分为第一产业、第二产业、第三产业等。

### （二）揭示社会经济现象的内部结构

在划分类型的基础上，计算各类型数值在总体中所占的比重，对现象内部结构进行研究,可以说明现象总体的基本性质和特征。同时,对现象内部结构的变化进行动态研究,还可以反映现象总体发展变化的过程、趋势和规律。

### (三)分析社会经济现象之间的依存关系

社会经济现象之间存在着广泛的相互联系和制约的关系。例如,施肥量和亩产量、原材料消耗量与单位产品成本、收入与消费之间都存在着一定的依存关系。利用统计分组,可以揭示现象之间的联系和依存关系。

用统计分组法确定现象之间的依存关系,通常把表现为事物变化发展原因的因素叫作影响因素,而把表现为事物发展结果的因素叫作结果因素。例如:某百货商店按商品销售额分组的流通费用率情况如表 3-1 所示。

表 3-1　商品销售额与流通费用率的关系

| 商店按商品销售额分组/万元 | 商品流通费用率/% |
| --- | --- |
| 100 以下 | 9.6 |
| 100~200 | 8.4 |
| 200~500 | 7.1 |
| 500~800 | 6.3 |
| 800~1000 | 5.6 |
| 1000 以上 | 5.0 |

从表 3-1 中可以看出,随着商品销售额的增加,其流通费用率相应降低,说明两者之间存在着负依存关系。

## 三、统计分组的方法

统计分组的关键在于选择分组标志和划分各组的界限。

标志是统计学中的一个基本概念,用来进行分组的标志叫作分组标志,它是将统计总体划分为各个不同性质的组所采用的标准或依据。总体单位有许多标志,分组标志选择得正确与否,关系到能否正确地反映总体的本质特征、完成统计研究的任务。对于同一统计资料,若采用的分组标志不同,就有可能得出不同的甚至相反的结果。因此,必须从统计研究任务的需要出发,选择能够反映现象本质特征的标志。例如:对某地区工业企业进行研究,目的是了解工业企业的规模,则应将工业企业的职工人数、固定资产占用额等作为分组标志;如果目的是了解工业企业生产计划完成情况,则应将生产计划完成程度作为分组标志。

划分各组的界限,就是要在分组标志的变异范围内,划分各相邻组间的性质界限和数量界限。任何标志下都包含着许多变异,都可以任意从中划定各组界限,如果划分不当,就会混淆各组的性质差别。因此,必须在广大的变异范围内,仔细划定能区分各组性质差别的界限。

统计分组根据分组标志的性质不同,有品质标志分组和数量标志分组两种。

## （一）按品质标志分组

按品质标志分组，就是按事物的品质特征进行分组。比如，人口按性别、民族分组，企业按所有制分组等。按品质标志分组能够直接反映总体单位之间性质上的差异，由于事物品质的差异相对稳定，因此这种分组也相对稳定。

按品质标志分组，有些比较简单，各组界限的划定比较明确，如人口按性别分为男女两组；有些则比较复杂，组与组之间的界限不十分明确，如产品按经济用途划分，国民经济按部门划分，劳动力按职业划分等。在实际工作中，这种比较复杂的品质标志分组，习惯上称为分类。为了方便和统一，各国都制定了适合一般情况的标准分类目录，如我国的《工业产品分类目录》《国民经济行业分类目录》《工业部门分类目录》《职业分类目录》等。

## （二）按数量标志分组

按数量标志分组，就是按事物的数量特征进行分组。如企业按职工人数、产值、产量等标志分组，商店按销售额分组，人口按年龄分组等。按数量标志分组能够直接反映总体单位之间数量上的差异，通过各组的数量差异也可以反映事物的质的不同。例如：人口按年龄分组，男性分为0～6岁、7～17岁、18～59岁、60岁以上，女性分为0～6岁、7～17岁、18～54岁、55岁以上。这是由于国家对男女职工退休年龄的不同而有所差别。因此，正确选择决定事物性质差别的数量界限是按数量标志分组中的一个关键问题。按数量标志分组的结果形成变量数列。

# 四、统计分组的形式

在进行统计分组时，由于采用的分组标志的多少不同，可以分为简单分组、复合分组和分组体系。

## （一）简单分组

简单分组又称单一分组，就是对被研究现象总体只按一个标志进行的分组。如人口按性别或按年龄分组，工业企业按所有制或按增加值分组，职工按平均工资分组等。简单分组的特点是：只能反映现象在某一标志特征方面的差异情况，而不能反映现象在其他标志特征方面的差异情况，说明的问题比较简单明了。

## （二）复合分组

复合分组就是对同一总体选择两个或两个以上的标志层叠起来进行的分组。如调查某地区企业在岗职工人数分布情况，可以按所有制和企业规模同时进行分组，见表3-2。

表 3-2  复合分组

| 按所有制分组 | 按企业规模分组 |
|---|---|
| 国有企业 | 大型企业<br>中型企业<br>小型企业 |
| 集体企业 | 大型企业<br>中型企业<br>小型企业 |
| 民营企业 | 大型企业<br>中型企业<br>小型企业 |
| 其他企业 | 大型企业<br>中型企业<br>小型企业 |

这样经过层层划分,有助于更加深入、具体地分析现象总体的内部关系。复合分组的特点是:第一,对总体选择两个以上的标志进行层叠分组,可以从几个不同的角度了解总体内部差别和关系,因而比简单分组能更全面、更深入地研究问题;第二,复合分组的组数随着分组标志的增加而成倍地增加,相应的各组的单位数减少。因而在采用复合分组时,选择的分组标志不宜太多,一般不应超过 3 个,并且要考虑到只有在总体包括的单位数较多的情况下,才宜于采用复合分组。

(三)分组体系

无论是简单分组还是复合分组,都只能从一个方面或几个方面对社会经济现象进行观察和分析研究,而社会现象是复杂的,需从各个方面进行观察和分析研究,才能获得对事物全貌的认识。通常需采用一系列相互联系、相互补充的标志对现象总体进行多种分组,这些分组结合起来构成一个体系,在统计上称为分组体系。分组体系有平行分组体系和复合分组体系两种。

对同一总体选择两个或两个以上的标志,分别进行简单分组,所构成的分组体系称为平行分组体系。例如,大学生分别按性别、年龄、身高、体重分组,得到如表 3-3 所示的平行分组体系。

表 3-3  平行分组体系示例表

| 按性别分组 | 按年龄分组/岁 | 按身高分组/厘米 | 按体重分组/千克 |
|---|---|---|---|
| 男生组<br>女生组 | 15 以下<br>15~20<br>20~25<br>25 以上 | 150 以下<br>150~155<br>155~160<br>160~165<br>165~170<br>170~180<br>180 以上 | 40 以下<br>40~50<br>50~60<br>60~70<br>70~80<br>80 以上 |

由多个复合分组组成的体系就是复合分组体系。例如，对工业企业按轻重工业、企业规模和盈亏情况进行复合分组，就形成表 3-4 所示的复合分组体系。

表 3-4　复合分组体系示例表

| 轻工业企业 | 重工业企业 |
|---|---|
| 大型 | 大型 |
| 　盈利 | 　盈利 |
| 　亏损 | 　亏损 |
| 中型 | 中型 |
| 　盈利 | 　盈利 |
| 　亏损 | 　亏损 |
| 小型 | 小型 |
| 　盈利 | 　盈利 |
| 　亏损 | 　亏损 |

# 第三节　分布数列及其编制

## 一、分布数列的概念

在统计分组基础上，将总体中的所有单位按组归类整理，并按一定的顺序排列，形成总体中各单位数在各组间的分布，称为次数分布，又称分布数列。分布数列由两个部分组成：一是各组的组别；二是各组的次数。分布在各组的总体单位数称次数，又叫频数。各组次数与总次数之比称比率，又叫频率。

根据分组标志的不同，分布数列可分为品质分布数列和变量分布数列。

### （一）品质分布数列

品质分布数列是指按品质标志分组所形成的分布数列，简称品质数列。例如，某企业职工按性别分组的品质数列，如表 3-5 所示。表中第一列为各组名称，第二列为次数或频数，第三列为比率或频率。

表 3-5　某企业职工人数统计

| 按性别分组 | 人数/人 | 比重/% |
|---|---|---|
| 男职工 | 360 | 67.16 |
| 女职工 | 176 | 32.84 |
| 合　计 | 536 | 100.00 |

对于品质数列来讲，只要根据统计研究目的，正确选择分组标志，确定分组标准，则事物性质的差异就可以明确地表现出来，也就容易划分总体中各组的性质界限。品质数列一般较稳定，通常能够较准确地反映总体各单位的分布状态和特征。

（二）变量分布数列

变量分布数列是指按数量标志分组形成的分布数列,简称变量数列。例如,某企业按工人日产量分组的变量数列及按月工资分组的变量数列,如表3-6、表3-7所示。表中第一列是各组变量值,第二列是次数或频数,第三列是比率或频率。

表 3-6  某企业第一季度工人平均日产量

| 工人平均日产量/件 | 工人数 | |
| --- | --- | --- |
| | 绝对数/人 | 比重/% |
| 5 | 5 | 6.25 |
| 6 | 15 | 18.75 |
| 7 | 30 | 37.5 |
| 8 | 20 | 25.0 |
| 9 | 10 | 12.5 |
| 合　计 | 80 | 100.0 |

表 3-7  某企业职工月工资情况

| 按月工资分组/元 | 职工人数/人 | 比重/% |
| --- | --- | --- |
| 5000 以下 | 3 | 6 |
| 5000～6000 | 15 | 30 |
| 6000～7000 | 20 | 40 |
| 7000～8000 | 10 | 20 |
| 8000 以上 | 2 | 4 |
| 合　计 | 50 | 100 |

对于变量数列来讲,因为事物性质的差异表现得不甚明确,决定事物性质的数量界限往往因人的主观认识而异,因此,按同一数量标志分组时有出现多种分布的可能。

变量数列按照用以分组的变量表现形式不同,可以分为单项式变量数列和组距式变量数列两种。

1.单项式变量数列

单项式变量数列简称单项数列,它是指数列中每个组的变量值都只有一个,即一个变量值就代表一组,如表 3-6 所示。对于离散型变量,如果变量值变动范围较小,总体单位数又不太多时,适宜采用单项式变量数列。连续型变量的分组不宜采用单项式变量数列。

2.组距式变量数列

组距式变量数列简称组距数列,它是指按一定的变化范围或距离进行分组,以一段变动区间为一个组的数列,如表 3-7 所示。连续型变量及变量值变动范围较大、总体单位数较多的离散型变量,通常采用组距式变量数列。

组距式变量数列中,每一组的最大变量值称为该组的上限,最小变量值称为该组的下限。上限与下限之间的距离就是该组的组距,即:组距＝上限－下限。组距式变量数列又有等距数列和不等距数列之分。如果各组组距都相等,称为等距数列;各组组距大小不等,称为不等距(或异距)数列。

变量数列的编制,特别是组距数列的编制是比较复杂的,下面就组距数列的编制方法专门加以介绍。

### 二、组距数列的编制

在编制组距数列的过程中,应根据统计研究的目的和现象的特征来确定是以等距分组编制等距数列,还是以异距分组编制异距数列。

等距数列一般在社会经济现象性质差异的变动比较均衡或标志变异比较均匀的条件下使用。例如,学生成绩 60 分以上者,每增加 10 分就进入高一级档次。人口按身高、体重的分组等,一般采用等距数列。异距数列是当在社会经济现象总体中存在一部分现象性质差异的变动不均衡时进行的分组,往往能比较准确地反映总体内部各组成部分的性质差异。例如,人口总体的年龄分布,考虑到 80 岁以上的高寿者在总人口中所占比重极小,故分组时 80 岁以下可按 10 岁组距分组,80 岁以上的组距就应扩大。

下面以等距数列的编制为例,来说明组距数列的编制方法。

例如,某工厂某月 40 名工人生产产品数量如下(单位:件):

79　93　87　51　88　98　84　81　76　94
79　77　90　82　64　73　74　77　98　65
60　80　67　66　78　97　55　83　58　78
72　63　89　95　84　80　75　92　85　70

（一）整理数据资料,确定全距

把上述杂乱无章的原始资料按标志值大小进行排序,排列结果如下:

51　55　58　60　63　64　65　66　67　70
72　73　74　75　76　77　77　78　78　79
79　80　80　81　82　83　84　84　85　87
88　89　90　92　93　94　95　97　98　98

上述排序结果显示,最大值为 98,最小值为 51,全距＝98－51＝47 件。

（二）确定组数和组距

编制组距数列必须要确定组距和组数,使分组的结果符合统计研究的目的,尽可能反映出总体分布的特点,保证组距能体现组内资料的同质性和组与组资料的差异性。组数的确定和组距有密切联系。组距大则组数少,组距小则组数多,两者成反比例的变化。组数和组距的确定,一般是先确定组数,再确定组距。组数的多少应适中,如组数太少,数据的分布就过于集中,组数太多,数据的分布就会过于分散,这都不便于观察数据分布的特征和规律。如例中工人生产产品的劳动效率可分为低、较低、中等、较高、高 5 个类型,即确定分为 5 组,则组距＝全距/组数,即组距＝47/5＝9.4,为了计算方便,组距宜取 5 或 10 的倍数,因此组距为 10。

（三）确定组限和组中值

1.组限

组距两端的数值称组限。组的上限、下限都齐全的组叫闭口组；有上限缺下限或有下限缺上限的组叫开口组。确定组限，应注意以下几点：

（1）最小组的下限必须包含数列中最小变量值，即可以是资料中的最小值或小于资料中的最小值，并取整数；最大组的上限必须包含数列中最大变量值，即应高于最大变量值。如上例中工人月产量，最低51件，最高98件，所以第一组下限取50件即可。

（2）组限的确定要表现出总体分布特点，反映现象质的变化。对于一些区分现象不同性质的关键值，如计划完成程度中的100%，成绩中的60分等均应列为组限。

（3）连续型变量与离散型变量其组限的表示方法不同。对于连续型变量，由于其在任意两个数之间可能有无限多个数值，因此连续型变量的组限必须重叠设置，即每一组的上限同时是下一组的下限。为了避免计算总体单位分配数值的混乱，一般原则是把到达上限值的单位数计入下一组内，即称为"上组限不在内"原则。例如，表3-7中的职工按月工资分组，有5000元以下、5000～6000元……如果达到6000元，则应计入下一组6000～7000元内。对于离散型变量，由于其可以一一列举，故相邻两组的上限与下限通常是以两个确定的不同整数来表示，故相邻两组上下限可以不重合。例如，本例按产品件数分组可确定为50～59件、60～69件、70～79件、80～89件、90～99件等5组，这是不重叠组限的表示方法。也可以按"上组限不在内"的原则写为重叠式组限，如上述的按产品件数分组，也可写成：50～60件、60～70件、70～80件、80～90件、90～100件等5组。

2.组中值

组距数列是按变量的一段区间来分组的，掩盖了分布在各组内的单位的实际变量值。为了反映分在各组中个体单位变量值的一般水平，统计工作中往往用组中值来代表它。组中值是各组变量范围的中间数值，通常可以根据各组上限、下限进行简单平均，即：

$$组中值 = \frac{上限+下限}{2} \tag{3-1}$$

用组中值代表各组变量值的一般水平有一个前提，即假定各单位在组内是均匀分布的，因此组中值只是一个近似值。如上例50～59件一组的组中值为54.5件，50～60件一组的组中值为55件。

对于开口组的组中值的确定，一般以其相邻组组距的一半来调整：

$$缺上限的开口组组中值 = 下限 + \frac{邻组组距}{2} \tag{3-2}$$

$$缺下限的开口组组中值 = 上限 - \frac{邻组组距}{2} \tag{3-3}$$

需注意的是，按公式（3-3）计算，有时是负数，与其经济意义不符，这时应当将下限定为0，再按公式（3-1）计算。

各组的组限确定后，根据资料汇总各组变量值所包含的总体单位数（频数），可编制成变量数列。现将40名工人月产量资料编制成变量数列，如表3-8所示。

表 3-8　某厂工人月产量分组

| 月产量/件 | 工人数/人 | 比重/% |
| --- | --- | --- |
| 50～60 | 3 | 7.5 |
| 60～70 | 6 | 15.0 |
| 70～80 | 12 | 30.0 |
| 80～90 | 11 | 27.5 |
| 90～100 | 8 | 20.0 |
| 合　计 | 40 | 100.0 |

对于单项数列和等距数列，都可以通过直接观察比较各组次数（或频率）的大小来反映总体单位的分布特征和规律。

对于异距数列因各组组距不同，各组次数的分布受组距大小不同的影响，因此不能通过直接比较各组的次数（或频率）的大小来判断总体单位在各组分布的状况。为消除组距不同对频数分布的影响，需要计算次数密度或频率密度，其计算公式为：

$$某组次数密度=\frac{某组次数}{该组组距} \tag{3-4}$$

$$某组频率密度=\frac{某组频率}{该组组距} \tag{3-5}$$

用次数密度或频率密度才能准确地反映频数分布的实际情况。

## 三、累计次数分布

分配数列本身即可反映总体现象的次数分布。在进行统计分析时，还可以在分配数列的基础上进一步加工，研究次数、比率的分布状况。这就需要编制累计次数表，分别就次数和比率加以累计。也就是说，将变量数列各组的次数和比率逐组累计相加而成累计次数分布，它表明总体在某一标志值的某一水平上下总共包含的总体次数和比率。累计次数有以下两种计算方法。

### （一）向上累计

向上累计又称较小制累计，是将各组次数和比率，由变量值低的组向变量值高的组逐组累计。组距数列中的向上累计，表明各组上限以下总共包含的总体次数和比率。

### （二）向下累计

向下累计又称较大制累计，是将各组次数和比率，由变量值高的组向变量值低的组逐组累计。组距数列中的向下累计，表明各组下限以上总共包含的总体次数和比率。

例如，前面所举工人月产量的累计次数分布，如表 3-9 所示。

表 3-9　某厂工人月产量累计次数分布

| 月产量/件 | 次数 | | 向上累计 | | 向下累计 | |
|---|---|---|---|---|---|---|
| | 人数/人 | 比率/% | 人数/人 | 比率/% | 人数/人 | 比率/% |
| 50～60 | 3 | 7.5 | 3 | 7.5 | 40 | 100.0 |
| 60～70 | 6 | 15.0 | 9 | 22.5 | 37 | 92.5 |
| 70～80 | 12 | 30.0 | 21 | 52.5 | 31 | 77.5 |
| 80～90 | 11 | 27.5 | 32 | 80.0 | 19 | 47.5 |
| 90～100 | 8 | 20.0 | 40 | 100.0 | 8 | 20.0 |
| 合　计 | 40 | 100.0 | — | — | — | — |

根据表 3-9 的资料还可绘制累计次数分布曲线,如图 3-1 所示。

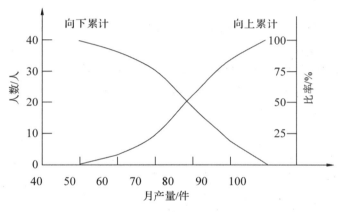

图 3-1　累计次数分布曲线

## 四、次数分布的主要类型

各种不同性质的社会经济现象都有着特殊的次数分布。比较常见的主要有以下三种类型。

### (一)钟形分布

钟形分布的特征是"中间大,两头小",即靠近中间的变量值分布的次数多,靠近两端的变量值分布的次数少。其分布曲线宛如一口古钟。钟形分布也有三种形式:正态分布(对称分布)、左偏分布和右偏分布,如图 3-2 所示。社会经济现象中有很多属于钟形分布,如人的身高及体重、学生的成绩、农作物亩产量、市场价格、职工的工资等。

链接
用机械诠释统计学中的正态分布

### (二)U 形分布

U 形分布特征正好与钟形分布相反,是"两头大,中间小",即靠近中间的变量值分布的次数少,靠近两端的变量值分布的次数多。其分布曲线图像英文字母"U"字,如图 3-3 所示。

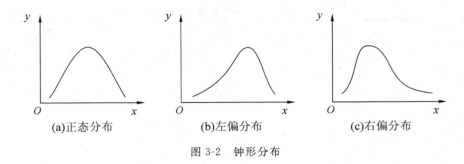

(a)正态分布　　　　　(b)左偏分布　　　　　(c)右偏分布

图 3-2　钟形分布

例如，人口死亡率按年龄分布，则婴儿死亡率较高，随着年龄的增长死亡率渐降，青壮年死亡率最低，到了老年死亡率又增高。

### （三）J 形分布

J 形分布的特征是"一边大，一边小"，即大部分变量值集中在某一端的分布。它有正 J 形和反 J 形两种分布形式，如图 3-4 所示。正 J 形分布表现为次数随变量值的增大而增多，犹如英文字母"J"。例如，投资额随利润率大小分布，一般呈正 J 形分布。反 J 形分布表现为次数随变量值的增大反而减少，如反写的英文字母"J"。例如，人口按年龄大小分布，即"金字塔式"的分配次数，表明年龄越大，人口越少。

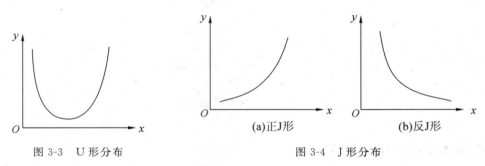

图 3-3　U 形分布　　　　　　图 3-4　J 形分布
　　　　　　　　　　　　　　　　　　　(a)正 J 形　　　(b)反 J 形

# 第四节　统计表和统计图

## 一、统计表的意义和结构

### （一）统计表的意义

统计表是表述统计资料的一种重要形式。把统计调查所获得的原始资料进行汇总整理，得到说明社会现象及其发展过程的统计资料，将其按一定的顺序填列在一定的表格内，这个表格就是统计表。广义的统计表包括统计工作各个阶段中所用的一切表格，如调查表、整理表、计算表等。狭义的统计表专指分析表和容纳各种统计资料的表格，也就是通常所说的统计表,它清楚地、有条理地显示统计资料,直观地反映统计分布特征,是统计分析的一种重要工具。

### (二)统计表的结构

统计表的结构,可以从内容和形式两个方面来认识。

(1)从内容上看,统计表由主词栏和宾词栏两个部分组成。主词是统计表所要说明的总体及其各个组成部分;宾词是统计表用来说明总体数量特征的各个统计指标。主词一般列在表的左方,宾词一般列在表的右方。必要时,主、宾词可以变换位置或合并排列。此外,统计表还有补充资料、注解、资料来源、填表单位、填表人等。

(2)从形式(构成要素)上看,统计表是由纵横交叉的线条组成的一种表格,包括总标题、横行标题、纵栏标题和指标数值四个部分。总标题是统计表的名称,概括说明全表的内容,一般都写在表的上端中央。横行标题是横行的名称,一般放在表格的左方。纵栏标题是纵栏的名称,一般放在表格的上方。横行标题和纵栏标题共同说明填入表格中的统计数字所指的内容。指标数值列在横行和纵栏的交叉处。任何一个具体数值都由横行标题和纵栏标题所限定。另外,必要时在表的下方也可以列出资料来源和附注说明等。统计表的一般格式如表 3-10 所示(以 2018 年全国国内生产总值为例)。

**表 3-10　2018 年全国国内生产总值**　{总标题}

| 国民经济部门 | 国内生产总值 | | 比上年增长/% |
|---|---|---|---|
| | GDP/亿元 | 比重/% | |
| 第一产业 | 64734.0 | 7.2 | 3.5 |
| 第二产业 | 366000.9 | 40.7 | 5.8 |
| 第三产业 | 469574.6 | 52.1 | 7.6 |
| 合　计 | 900309.5 | 100.0 | 6.6 |

纵栏标题 / 横行标题 / 指标数值 / 主词栏 / 宾词栏

资料来源:国家统计局网站,http://www.stats.gov.cn/。

## 二、统计表的种类

根据统计表的主词是否分组和分组的程度不同,统计表可分为简单表、分组表和复合表。

(1)简单表,是指主词未经过任何分组的统计表,也称一览表。主词只罗列各单位的名称,如表 3-11 所示。

表 3-11　2011—2018 年我国国内生产总值统计

| 年份 | 国内生产总值/亿元 |
|------|-------------------|
| 2011 | 487940.2 |
| 2012 | 538580.0 |
| 2013 | 592963.2 |
| 2014 | 641280.6 |
| 2015 | 685992.9 |
| 2016 | 740060.8 |
| 2017 | 820754.3 |
| 2018 | 900309.5 |

资料来源：国家统计局网站，http://www.stats.gov.cn/。

（2）分组表，是主词只按一个分组标志分组列示的表，也称简单分组表。如表 3-10 就是一个主词只按国民经济部门分组的简单分组表。

（3）复合表，是主词按两个或两个以上分组标志进行层叠分组形成的统计表，也称复合分组表。如表 3-12 所示。

表 3-12　某地区 2018 年工业企业基本情况

| 按经济类型、规模分组 | 增加值/万元 | 职工人数/人 |
|----------------------|-------------|-------------|
| 国有企业 | | |
| 　大型企业 | | |
| 　中型企业 | | |
| 　小型企业 | | |
| 集体企业 | | |
| 　大型企业 | | |
| 　中型企业 | | |
| 　小型企业 | | |
| 　⋮ | | |
| 合　计 | | |

### 三、编制统计表应注意的问题

编制统计表，应该遵循科学、实用、美观的原则。编制时总的要求是简单明晰，便于比较，并应注意以下事项：

（1）线条的绘制。表的上下端应以粗线绘制，表内纵、横线以细线绘制。表格的左右两端一般不画线，采用"开口式"。

（2）合计栏的设置。统计表各纵列若需合计时，一般应将合计列在最后一行，各横行若需要合计时，可将合计列在最前一栏或最后一栏。

（3）刊标题设计。统计表的总标题，横行、纵栏标题应简明扼要，以简练而又准确的文字表述统计资料的内容、资料所属的空间和时间范围。

（4）指标数值。表中数字应该填写整齐，对准位数。当数字小且可略而不计时，可写上"0"；当缺某项数字资料时，可用符号"⋯⋯"表示；不应有数字时用符号"—"表示。

(5)计量单位。统计表必须注明数字资料的计量单位。当全表只有一种计量单位时可以把它写在表头的右上方。如果表中各格的指标数值计量单位不同,可在横行标题后添一列计量单位。

(6)注解或资料来源。必要时,在统计表下应加注解或说明,以便查考。

## 四、统计图

统计图是利用几何图形(点、线、面、形)来反映统计指标间数量对比关系的图,是表示统计资料的一种特殊方法。其具有通俗易懂、鲜明醒目、便于比较等特点,可使人们一目了然地认识客观事物的状态、形成、相互关系及发展趋势,或在某地区上的分布状况等。所以,统计图也是一种表现统计资料的重要方法。

统计图的类型有很多,这里只介绍几种常用的统计图。

### (一)条形图(柱形图)

条形图(柱形图)是用宽度相同的条(柱)形的高度或长短来表示数据的频数分布,可以是平面的,也可以是立体的。此外,条(柱)形图根据表现资料的内容,可以分为单式条形图和复式条形图。

例如,某企业三个车间 2018 年第一至第四季度的产值如下(百万元):

| 第一车间: | 20.4 | 27.4 | 50 | 30.4 |
| 第二车间: | 30.6 | 38.6 | 34.6 | 45.6 |
| 第三车间: | 35.9 | 46.9 | 45 | 40.9 |

根据以上资料可作复式条形图,如图 3-5 所示。

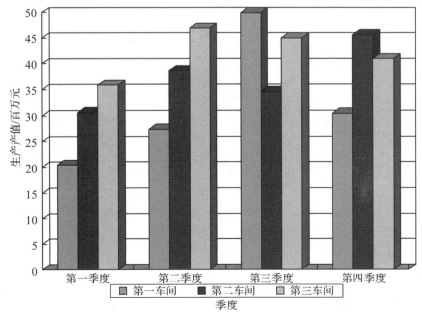

图 3-5　条形图

（二）圆形图

圆形图也称饼图，它是用圆形及圆内扇形的面积来表示数值大小的图形。圆形图可以是平面的，也可以是立体的，一般情况下不能将圆饼切成太多的部分，最常用的是只有两片或三片的情况。圆形图主要用于表示总体中各组成部分所占的比例，对于研究结构性问题十分有用。

例如，对某市居民怎么过国庆长假进行调查，有 53% 的居民选择在家休息或走亲访友，35% 的居民选择 2～3 天的短途旅游，12% 的居民选择 6～7 天的长途旅游。如图 3-6 所示。

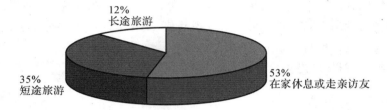

图 3-6　某市关于国庆假期怎么过的调查

（三）直方图

直方图是用矩形的宽度和高度来表示频数分布的图形。在平面直角坐标中，横轴表示各组组限，纵轴表示频数（一般标在左方）和频率（一般标在右方）。对于等距分组可以用矩形的高度直接表示频数的分布，如果是不等距分组，应根据矩形的面积来表示各组的频数分布，或可根据频数密度来绘制直方图，才能准确地表示各组数据分布的特征。

例如，利用表 3-8 的资料作直方图，如图 3-7 所示。

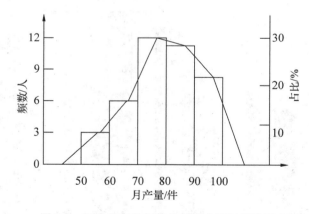

图 3-7　工人月产量频数分布直方图与折线图

（四）折线图

折线图可以在直方图的基础上，将每个矩形顶部的中点用直线连接起来，两端与横轴相交，起点通常放在距左边最低组半个组距的横轴上，终点放在距右边最高组半个组距的横轴上，如图 3-7 所示。

（五）茎叶图

对于未分组的原始数据,可以用茎叶图来显示其分布特征。茎叶图是将每个数据分成茎和叶两部分,一般取数据的最后一位数为叶,前几位数为茎,同茎的数据排成一列,然后按茎和叶的大小排成图列,其图形由数字组成,类似于横置的直方图,但同时保留了原始数据的信息。通过茎叶图能够看出数据的分布形状及数据的离散状况。如是否对称、是否集中、是否有极端值等。

例如,某班 30 名学生统计学的考试成绩从低分到高分排序如下:

41  42  51  53  55  60  62  65  67  68

71  73  76  77  78  78  81  83  85  86

86  88  88  89  90  91  93  93  95  96

根据上述资料编制成茎叶图,如图 3-8 所示。

```
树茎    树叶
 4    1  2
 5    1  3  5
 6    0  2  5  7  8
 7    1  3  6  7  8  8
 8    1  3  5  6  6  8  8  9
 9    0  1  3  3  5  6
```

图 3-8　茎叶图

## 【思考与练习】

一、选择题

1. 统计整理主要整理的是　　　　　　　　　　　　　　　　　　（　　）

　　A. 历史资料　　　　　　　　　　B. 分析资料

　　C. 原始资料　　　　　　　　　　D. 综合资料

2. 统计分组对总体而言　　　　　　　　　　　　　　　　　　　（　　）

　　A. 将总体区分为性质相同的若干部分

　　B. 将总体区分为性质相异的若干部分

　　C. 将总体单位区分为性质相同的若干部分

　　D. 将不同的总体划分为性质相异的若干部分

3. 将分布数列分为品质分布数列和变量分布数列的依据是　　　（　　）

　　A. 分组的方法　　　　　　　　　B. 分组的组限

　　C. 分组的组距　　　　　　　　　D. 分组标志的特征

4. 统计分组的关键是　　　　　　　　　　　　　　　　　　　　（　　）

　　A. 正确地计算组距　　　　　　　B. 正确地选择分组标志

　　C. 正确地计算组中值　　　　　　D. 正确地计算组限

5. 主词经简单分组而编制的统计表是　　　　　　　　　　　　（　　）

　　A. 简单表　　　　B. 调查表　　　　C. 分组表　　　　D. 复合表

6.当统计表中的某项数字缺乏时,应表示为 （    ）

  A."……"     B."0"      C."—"      D."无"

**二、判断题**

1.统计分组对统计总体是分,对总体单位是合。（    ）

2.统计分组的关键问题是确定组距和组数。（    ）

3.统计分组是统计调查的继续、统计分析的前提。（    ）

4.编制变量分配数列是否采用组限重叠分组,要依变量是否连续而定。（    ）

5.统计表可分为平行分组表和复合分组表两种。（    ）

6.在组距数列中,组数等于数量标志所包含的变量值的个数。（    ）

7.在编制变量数列中,连续型变量只能采用组距式方式。（    ）

8.横行标题一般写在表的右方。（    ）

9.纵栏标题一般写在表的左方。（    ）

10.主词是统计表用来说明总体数量特征的各个统计指标。（    ）

**三、问答题**

1.对足球赛观众按男、女、老、幼分为四组以分析观众的结构,这种分组方法合适吗?

2.以一个实例来说明统计分组应遵循的原则。

**四、计算题**

抽样调查某地区 40 户居民的月消费品支出额(单位:元)数据资料如下:

 887   1029   866   892   945   929   928   906   900   927

 999    978   955   800   896   946   816   895   938   967

 950   1000   1006  864   924   864   919   926   918   978

 1051  1040   900   862   821   927   854   999   984   651

要求:

(1)根据上述资料编制次数(频数)分布和频率分布数列。

(2)编制向上和向下累计频数数列。

|第四章|

# 数据的描述性分析

 **学习目标**

通过本章的学习,学生能够:

1.掌握各种对比分析指标的含义和计算方法。

2.掌握算术平均数、中位数和众数等反映分布数列集中趋势指标的含义和计算方法。

3.掌握全距、标准差等反映分布数列离散趋势指标的含义和计算方法。

4.掌握偏态和峰度的测度方法。

本章
讲课视频

期末考试成绩出来后,对于一个班级(或年级)总体来说,我们除了想知道每一门课程考试成绩为优秀、良好、中等、及格、不及格的人数信息外,更想知道以下这些信息:每一门课程的优秀率、不及格率分别是多少? 每一门课程的平均成绩是多少? 每一门课程同学之间考试成绩的差异情况怎样? 哪一门课程的平均成绩最具代表性? 每一门课程考试成绩的分布状态如何? 要回答以上这些问题,就需要对统计数据进行进一步的分析。

统计数据经过整理可以大体反映数据分布的状况,但就整个统计工作来说,这只是对数据的初步描述。为了进一步掌握数据分布的特征和规律,应该对数据进行进一步的描述性分析。描述性分析包括数据的对比分析、集中趋势测度、离散趋势测度以及偏态和峰度的测度等。

文档
您身边的统计知
识:平均数、绝对
数与相对数,基数
与基期,现价、可比
价与不变价

# 第一节　数据对比分析

## 一、数据对比分析的概念和作用

社会经济现象之间或其内部各方面总存在某种联系。要分析一个现象，仅停留在一个指标值上，很难反映该现象的相对水平或速度。如某省 2018 年的出口额是 40 亿美元，仅反映该省这一年出口的绝对水平。没有参照物进行对比，很难得出进一步的认识。但如果知道该省 2017 年的出口额是 35 亿美元，就可得出该省 2018 年的出口额较前期有大幅度增长的结论。或者，如果知道该省 2018 年出口额计划为 38 亿美元，就可认为该省超额完成了计划。在上述分析中，我们使用了统计学中一种最简单、最常用的分析方法——数据对比分析。

数据对比分析是利用相对数反映研究问题数量特征和数量关系的一种统计方法。相对数是两个有联系的数据对比的结果，说明现象发展变化的程度、强度和总体结构等。如人口的性别比例、失业率、资金利润率、人口密度等都是相对数。利用相对数进行分析可称为数据对比分析。

数据对比分析在统计分析中得到广泛的应用，其主要作用如下：

（1）说明总体内在的结构特征，为深入分析事物的性质提供依据。如计算一个地区不同经济类型的结构，可以说明该地区经济的根本性质；计算一个地区第一、第二、第三产业的比例，可以说明该地区社会经济现代化的程度；等等。

（2）能具体表明现象的发展过程及事物之间的相互关联程度，反映事物发展变化的趋势。如用产值计划完成程度就比实际产值完成数更能说明计划执行情况；用发展速度可以揭示经济发展变化的趋势和方向等。

（3）将现象的绝对差异抽象化，使原来不能直接相比的总量指标可以进行比较。由于不同企业的生产规模条件不同，直接用总产值或总产量比较，评价意义不大。但用各自的计划完成程度、资金利润率、资金产值率、发展速度等相对指标进行比较，便可对其生产经营的结果做出合理的评价。

数据对比分析形成的相对数，其表现形式有两种：一种是有名数，另一种是无名数。有名数是将对比的分子指标和分母指标的计量单位结合使用，以表明事物的密度、普遍程度和强度等。有名数主要用来表现某些强度相对指标的数值，如人口密度用"人/平方千米"表示，人均国民收入用"元/人"表示。

无名数是一种抽象化的数值，多以系数、倍数、成数、百分数和千分数表示。

系数和倍数是将对比的基数抽象化为 1 而计算的相对数，在两个数字对比时，其分子数值与分母数值的比值小于 1 时用系数表示。如工资等级系数、固定资产磨损系数等。当分子数值与分母数值的比值大于 1 时，用倍数表示。

成数是将对比的基数抽象化为 10 而计算出来的相对数。如今年的小麦亩产比去年增产一成，即增产十分之一。

百分数是将对比的基数抽象化为 100 而计算出来的相对数，其符号为％。它是相对指标中最常用的一种表现形式。当相对指标中的分子数值和分母数值较为接近时,采用百分数较合适。如企业今年的产值比去年增长 9%。

千分数是将对比基数抽象化为 1000 而计算出来的相对数。其符号为‰。它适用于对比的分子数值比分母数值小得多的情况。如人口出生率、人口自然增长率等多用千分数表示。

链接
"百分数"与
"百分点"

近年来,新闻媒体经常使用的词"百分点""千分点",它们与这里所讲的百分数、千分数是不同的,切不可混为一谈。在对比分析中,比较两个百分数或千分数时,有时用相减的方法求其差额,相差数为 1% 称为一个百分点,相差数为 1‰ 称为一个千分点。例如,中国人民银行决定将一年期的存款利率由原来的 3.5% 下调为 3.25%,即可以说年利率下降了 0.25 个百分点。

## 二、相对数的计算

数据对比分析的核心是计算相对数。根据对比基础和研究目的的不同,相对数可以分为计划完成相对数、结构相对数、比例相对数、比较相对数、强度相对数和动态相对数。现将各种相对数的计算方法介绍如下。

### (一)计划完成相对数

1.计划完成相对数的概念

计划完成相对数是通过将社会经济现象在一定时期内的实际完成数与计划完成数进行对比,来检查、监督计划执行情况的相对数,一般以百分数表示。其计算公式为:

$$计划完成相对数=\frac{实际完成数}{计划完成数}\times100\%\tag{4-1}$$

$$超额完成(或未完成)绝对数=实际完成数-计划完成数\tag{4-2}$$

2.计划完成相对数的计算方法

计划完成数是计算计划完成相对数的基数,在实际应用中,因计划指标既有可能是总量指标,也有可能是相对指标或平均指标,所以在具体计算时,要根据情况采用不同的方法。

(1)计划数为绝对数。其可直接将实际完成数和计划完成数对比,求得计划完成相对数。

例如,某企业 2019 年第二季度计划产量 70 万吨,实际完成 77 万吨,则:

$$计划完成相对数=\frac{77}{70}\times100\%=110\%$$

$$超额完成绝对数=77-70=7(万吨)$$

(2)计划数为相对数。在经济管理中,有些计划任务数是以本年计划数比上年实际数提高或降低多少的相对数表示的。如劳动生产率提高率、成本降低率、原材料利用率降低率等。其计算公式为:

$$计划完成相对数=\frac{实际完成百分数(\%)}{计划完成百分数(\%)}\tag{4-3}$$

例如,某企业劳动生产率计划要求比上年提高 10%,产品单位成本计划降低 5%,而实际执行结果为劳动生产率提高了 15%,产品单位成本降低了 8%,则:

$$劳动生产率提高计划完成相对数 = \frac{1+15\%}{1+10\%} = 104.5\%$$

$$超额完成绝对数 = 15\% - 10\% = 5\%$$

$$产品单位成本降低计划完成相对数 = \frac{1-8\%}{1-5\%} = 96.8\%$$

$$超额完成绝对数 = 8\% - 5\% = 3\%$$

计算结果表明，该企业劳动生产率实际比计划多提高了 4.5%，或者说多提高了 5 个百分点；产品单位成本实际比计划多降低了 3.2%，或者说多降低了 3 个百分点。

（3）计划数为平均数。其计算公式为：

$$计划完成相对数 = \frac{实际计划数}{计划平均数} \times 100\% \tag{4-4}$$

公式（4-4）可以用来检查单位成本、劳动生产率、平均工资等的计划完成情况。

例如，某企业某产品的单位成本计划为 50 元，实际为 55 元，则：

$$单位成本计划完成相对数 = \frac{55}{50} \times 100\% = 110\%$$

计算结果表明，该企业产品单位成本实际比计划高了 10%，未能完成计划。

从上述几个例子可以看出，对计划完成相对数进行评价时，要根据指标本身的性质和要求而定。对于数值愈大愈好的指标，如产量、产值、利润、劳动生产率等，计划完成相对数要大于 100% 才算超额完成计划；对于数值愈小愈好的指标，如原材料消耗量、产品单位成本、亏损额等，计划完成相对数要小于 100% 才算超额完成计划，而超过 100% 的部分，则表示未完成计划的差距。

3. 计划执行进度的考核

如果实际完成数所包含的时期只是计划期的一部分，这种情况被称为计划执行进度，它不是在计划期末，而是在计划执行的过程中来进行计算的。一般适用于检查计划的执行进度和计划执行的均衡性。其计算公式为：

$$计划执行进度 = \frac{累计完成数}{全期计划数} \times 100\% \tag{4-5}$$

以检查年度计划的进度为例，式（4-5）中累计完成数是指从年初至报告期止的逐日、逐月或逐季实际完成的累计数，全期计划数是指全年的计划任务数。

4. 长期计划的检查

长期计划的检查是指国民经济 5 年或 10 年计划完成情况的考核，其中主要是 5 年计划完成情况的考核。根据客观现象的性质不同，5 年计划指标数值的规定有两种：一种规定计划期末应达到的水平，另一种是规定全计划期应该完成的累计总数，因而有水平法和累计法两种不同的检查方法。

（1）水平法。水平法是在 5 年计划中只规定最后一年应达到的水平，如产品产量、社会商品零售额、人口数等。用水平法检查 5 年计划执行情况的计算公式为：

$$计划完成程度 = \frac{5 年计划末年实际达到的水平}{5 年计划规定的末年水平} \times 100\% \tag{4-6}$$

计算提前完成计划时间的方法：在 5 年计划中，从前往后考察，只要有连续一年时间（可以跨年度），实际完成的水平达到了计划规定的末年水平，就算完成了 5 年计划，所剩余时间即提前完成 5 年计划的时间。

**【例 4-1】** 某企业甲产品计划规定第 5 年产量 68 万台,实际执行的结果如表 4-1 所示,试计算 5 年计划完成程度和提前完成计划的时间。

表 4-1　甲产品第 4 年、第 5 年产量完成情况　　　　　单位:万台

| 月　份 | 1 | 2 | 3 | 4 | 5 | 6 | 7 | 8 | 9 | 10 | 11 | 12 | 合　计 |
|---|---|---|---|---|---|---|---|---|---|---|---|---|---|
| 第 4 年 | 4.5 | 4.5 | 5 | 4.5 | 5 | 4.8 | 5 | 5 | 5.5 | 5 | 6 | 6 | 60.8 |
| 第 5 年 | 5 | 5 | 6 | 6 | 6 | 6.5 | 6.5 | 7 | 7 | 7.2 | 7.5 | 7.3 | 77 |

**解**　5 年计划完成程度 $=\dfrac{77}{68}\times100\%=113.24\%$

那么,提前了多少时间完成计划?

由表 4-1 资料可知,从第 4 年 7 月至第 5 年 6 月,产量合计为 67 万台,而从第 4 年 8 月至第 5 年 7 月,产量合计为 68.5 万台,因此,当产量达到计划规定的 68 万台时,时间一定在第 4 年 7 月的某一天到第 5 年 7 月的某一天。而且满足连续 12 个月的要求。设第 4 年 7 月再生产 $x$ 天,第 5 年 7 月提前 $x$ 天(实际生产 $31-x$ 天),又假定用月资料计算平均数代替每日资料,列方程如下:

$$\frac{5}{31}x+62+\frac{6.5}{31}(31-x)=68(62\text{ 万台为第 4 年 8 月至第 5 年 6 月的产量合计})$$

解得:
$$x=10.33(\text{天})$$

计算结果表明,提前 5 个月又 10.33 天完成 5 年计划。

(2)累计法。累计法是在 5 年计划中规定 5 年累计完成量应达到的水平,如基本建设投资额、新增生产能力、新增固定资产等。用累计法检查 5 年计划执行情况的计算公式为:

$$\text{计划完成程度}=\frac{\text{5 年计划期间实际累计完成数}}{\text{5 年计划规定的累计数}}\times100\% \tag{4-7}$$

计算提前完成计划时间的方法:在 5 年计划中,从期初往后连续考察,只要实际累计完成数达到计划规定的累计任务数,即完成 5 年计划,所剩余的时间为提前完成 5 年计划的时间。

**【例 4-2】** 某地区 5 年计划规定累计完成基本建设投资额为 60 亿元,实际执行情况如表 4-2 所示,试计算计划完成程度和提前完成计划的时间。

表 4-2　某地区 5 年计划基建投资额　　　　　单位:亿元

| 时　间 | 第 1 年 | 第 2 年 | 第 3 年 | 第 4 年 | 第 5 年 | | | | 合　计 |
|---|---|---|---|---|---|---|---|---|---|
| | | | | | 第 1 季度 | 第 2 季度 | 第 3 季度 | 第 4 季度 | |
| 基本建设投资额 | 11 | 13 | 14 | 15 | 3 | 4 | 5 | 6 | 71 |

**解**　计划完成程度 $=\dfrac{71}{60}\times100\%=118.33\%$

由表 4-2 可知,至第 5 年第 2 季度止累计实际投资额已达 60 亿元,则提前半年完成计划。

**(二)结构相对数**

社会经济现象是一个有机联系的总体,它由许多部分组成,总体内部的组成状况称为结

构，人们对总体的认识不仅要了解总量，而且还要了解其内部的组成情况，为此，需要计算结构相对数。

结构相对数是总体某部分数值与总体全部数值之比，又叫比重或频率。一般用百分数表示。其计算公式为：

$$结构相对数 = \frac{总体某部分数值}{总体全部数值} \times 100\% \qquad (4-8)$$

统计分组是计算结构相对数的前提。结构相对数就是利用统计分组法，将总体区分为性质不同的部分，然后用总体各部分的数值与总体数值对比得到的相对数。

结构相对数的分子与分母数值不得互换。其分子和分母数值可以是总体单位总量（如性别构成），也可以是标志总量（如积累率、消费率等）。由于结构相对数是总体的各组成部分数值与全部数值之比，因此各部分所占比重之和应等于100%或1。

利用结构相对数可以研究总体内各组成部分的分配比重及其变化情况，从而深刻认识事物各个部分的特殊性质及其在总体中所占的地位。

例如，2018年我国国内生产总值构成资料如表4-3所示，从表中可以看出，目前我国国民经济中，第二产业还占有相当重要的地位。

表 4-3　2018 年我国国内生产总值构成

| 国民经济部门 | 增加值/亿元 | 结构相对数/% |
|---|---|---|
| 第一产业 | 64734.0 | 7.2 |
| 第二产业 | 366000.9 | 40.7 |
| 第三产业 | 469574.6 | 52.1 |
| 合　计 | 900309.5 | 100.0 |

资料来源：国家统计局网站，http://www.stats.gov.cn/。

### （三）比例相对数

比例相对数是同一总体内部各组成部分之间的指标对比，说明总体内部部分与部分之间的比例关系和协调平衡状况。可以用百分数表示，也可以用一比几或几比几形式表示。其计算公式为：

$$比例相对数 = \frac{总体中某一部分数值}{总体中另一部分数值} \qquad (4-9)$$

例如，2010年第六次人口普查的结果，全国总人口133972万人，其中男性68685万人，女性65287万人，则男性与女性的比例（通常简称为性比例）为105.20∶100，或者表示为1.05∶1。

在统计分析中，有时要用$1 : m : n$的连比形式反映总体中若干个组成部分之间的数量关系，如农业总产值中的农、林、牧、副、渔之间的比例，国内生产总值中的第一、二、三产业之间的比例，生产成本中的料、工、费之间的比例等，均可按上述基本公式计算其整数近似值。例如，根据表4-3中的数据，可以计算出2018年我国第一、二、三产业增加值的比例为1∶5.65∶7.24。

利用比例相对数，可以分析总体内各组成部分或各局部之间的数量关系是否协调一致。

按比例发展是事物发展的客观要求,如人口的性别比例,物质生产部门中两大部类生产之间的比例,国民经济中各产业之间的比例,国民收入使用额中消费和积累的比例,国民经济中的农业、轻工业、重工业之间的比例等,都可以运用比例相对数进行分析研究。

### (四)比较相对数

比较相对数是将两个不同单位的同类指标作静态对比得到的相对数,它表明某种现象在同一时间内各单位发展的不平衡程度,一般用百分数或倍数表示。其计算公式为:

$$比较相对数 = \frac{某一总体的某类指标值}{另一总体的同类指标值} \tag{4-10}$$

式中:分子与分母现象所属统计指标的含义、口径、计算方法和计量单位必须一致。例如,2018年中国大陆的粗钢产量为9.283亿吨,全球钢产量位居第二的印度粗钢产量为1.065亿吨,则:

$$比较相对数 = \frac{9.283}{1.065} = 871.64\% \approx 8.7 倍$$

计算结果表明我国的粗钢产量是印度的8.7倍。

计算比较相对数时,作为比较基数的分母可取不同的对象。一般有两种情况:①比较标准是一般对象。如果把分子与分母概括为甲、乙两个国家、地区、部门或单位,这时既可以用甲比乙,也可以用乙比甲,即分子、分母的位置可以互换。②比较标准(基数)典型化。例如,将本单位产品的质量、成本、单耗等各项技术经济指标都和国家规定的水平比较,和同行业的先进水平比较,和国外先进水平比较等,这时,分子与分母的位置不能互换。

比较相对数可以用总量指标进行对比,也可以用相对指标或平均指标进行对比。但由于总量指标易受总体范围大小的影响,因而,计算比较相对数时,更多地采用相对指标或平均指标。

比较相对数的作用主要是对事物发展在不同地区、不同部门、不同单位或不同个人之间进行比较分析,以反映现象之间的差别程度。另外,计算比较标准典型化的比较相对数,还可以找出工作中的差距,从而为提高企业的生产水平和管理水平提供依据。

### (五)强度相对数

强度相对数是两个性质不同但又有联系的总量指标之间对比,以说明现象的强度、密度和普遍程度。其计算公式为:

$$强度相对数 = \frac{某一总量指标数值}{另一性质不同但有联系的总量指标数值} \tag{4-11}$$

【例4-3】 2018年我国的平均人口数为139273万人,国土面积为960万平方公里,2018年国内生产总值为900309亿元,全国粗钢产量为92801万吨,试计算我国的人口密度、人均国内生产总值和人均钢产量。

**解** 人口密度 $= \dfrac{139273}{960} = 145.08$(人/平方公里)

人均国内生产总值 $= \dfrac{900309 \times 10^4}{139273} = 64643$(元/人)

人均钢产量 $= \dfrac{92801}{139273} \times 10^2 = 66.63$(吨/百人)

以上三项指标在统计学中都称为强度相对数。值得注意的是,强度相对数虽然有平均的意思,但它不是同质总体的标志总量与总体单位总量之比,所以不是平均指标。

链接
人口自然增长率

强度相对数的表现形式有两种:①一般用复名数,即分子与分母的计量单位同时表示,如"元/人""人/平方千米"等。②少数用无名数,如流通费用率用百分数表示,人口出生率、死亡率、自然增长率则用千分数表示。

强度相对数对比的两个数值,有时可以互为分子和分母,因而有正指标和逆指标之分。所谓正指标,是指指标数值越大时,表明强度越高或普及程度越好的强度相对数;所谓逆指标,是指指标数值越大时,表明强度越低或普及程度越差的强度相对数。例如,某城市人口为 100 万人,有零售商店 8000 个,则该城市零售商业网点密度的正、逆指标分别为:

$$零售商业网点密度 = \frac{8000}{1000000} = 8(个/千人) \qquad (正指标)$$

$$零售商业网点密度 = \frac{1000000}{8000} = 125(人/个) \qquad (逆指标)$$

上面的零售商业网点密度正指标的数值越大,表示零售商店越多,商业零售网点的密度也越高;而零售商业网点密度逆指标的数值越大,表示零售商店越少,商业零售网点的密度也越低。前者是从正方向说明现象的密度,后者是从反方向说明现象的密度。

强度相对数能够说明社会经济现象的强弱程度,因而被广泛地用于反映一个国家或地区经济发展水平的高低和经济实力的强弱,如按人口平均的主要产品产量或国内生产总值等经济水平指标。此外,强度相对数指标还被用于反映和考核社会经济效益。如流通费用率、资金利润率等经济指标的数值大小反映着企业管理工作的好坏。

### (六)动态相对数

动态相对数是同类指标在不同时期上的对比,说明事物在时间上的发展变化情况。一般情况下,把作为比较基础的时期叫作基期,而把用来与基期对比的时期叫作报告期,有时也称为计算期。动态相对数一般用百分数或倍数表示,其计算公式为:

$$动态相对数 = \frac{报告期某类指标数值}{基期同类指标数值} \times 100\% \qquad (4-12)$$

动态相对数实际上就是发展速度,在统计分析中应用广泛,详细内容见本书第五章时间数列。

## 三、应用对比分析应注意的问题

### (一)注意两个对比指标的可比性

相对数是将有联系的事物进行比较,反映事物间数量对比关系,因此要保证所对比的统计数据具有可比性。所谓可比性,主要是指对比的两个指标(分子与分母)在经济内容上要具有内在联系,在总体范围及指标口径上要求一致或相适应。另外,还要注意计算方法、计量单位的可比。

（二）相对数要和绝对数结合起来运用

相对数虽可以反映现象之间的差异程度,但把现象的绝对水平抽象化了,说明不了现象之间在绝对数量上的差异。因此,应用相对数进行统计分析时,必须与其背后的绝对水平以及两个对比指标的绝对差额结合起来,以全面、正确地认识客观事物。

（三）多种相对数结合使用

一种相对数只能说明一方面的情况。在分析研究复杂的现象时,应该将多种相对数结合起来使用,这样才能把从不同侧面反映的情况结合起来观察分析,从而能较全面地说明客观事物的情况及其发展的规律性。

# 第二节　集中趋势测度

集中趋势是数据描述性分析的重要内容。原始数据经过分组整理所形成的频数分布,直观和概略地反映出数据分布的基本特征,但缺乏对数据分布特征的综合测量。集中趋势是综合度量数据分布特征的一种重要统计方法。

链接
统计中的平均数

集中趋势是指一组数据向某一中心值靠拢的倾向。集中趋势的测度值反映的是数据一般水平的代表值或数据分布的中心值。根据不同的计算方法,集中趋势的测度值有算术平均数、调和平均数、几何平均数、众数、中位数和四分位数等,前三种称为数值平均数,后三种称为位置平均数。数值平均数就是根据分布数列中各个单位的标志值来计算的平均数,用以反映分布数列的所有各项数值的平均水平;位置平均数就是根据分布数列中某些单位标志值所处的特殊位置来确定的平均数。

## 一、算术平均数（arithmetic mean）

算术平均数也称均值（mean）,是数据集中趋势的最主要的测度值,是分析社会经济现象一般水平和典型特征的最基本指标。它主要适用于定距数据和定比数据,不适用于定类数据和定序数据。算术平均数的基本公式为:

$$算术平均数 = \frac{总体标志总量}{总体单位总数} \tag{4-13}$$

使用公式（4-13）应注意,算术平均数是对同质总体中各单位的标志值进行平均,它要求总体标志总量和总体单位总数严格地相对应,即总体标志总量必须是总体各单位标志值的总和,标志值和总体单位之间存在一一对应关系。这正是算术平均数与强度相对数的区别所在。强度相对数虽然也是两个有联系的总体指标之比,但它并不存在各标志值与总体单位的对应关系。例如,全国人均能源消费量指标,是全国能源消费总量与全国人口数的比率,因为每个人都有能源消费这个标志,所以人均能源消费量是个平均指标。又例如,人均能源生产量指标,是全国能源总产量与全国人口数之比,但是能源生产量并不是每人都具有的标志，所以人均能源生产量就不是平均指标，它是强度相对数。

算术平均数由于掌握的资料不同，可分为简单算术平均数和加权算术平均数两种。

## （一）简单算术平均数

简单算术平均数适用于未分组资料，用总体各单位的标志值简单加总得到的标志总量除以总体单位总量而得。其计算公式为：

$$\overline{X} = \frac{X_1 + X_2 + \cdots + X_n}{n} = \frac{\sum\limits_{i=1}^{n} X_i}{n} \qquad \text{简写为：} \overline{X} = \frac{\sum X}{n} \tag{4-14}$$

式中，$\overline{X}$ 代表算术平均数；$X_i$ 代表第 $i$ 个单位的标志值；$n$ 代表变量个数。

【例 4-4】 某组有 5 名工人，生产甲产品。日产量分别为 6 件、8 件、9 件、10 件、12 件，求平均每个工人的日产量。

**解** 对未分组的原始资料，采用简单算术平均法，计算如下：

$$\overline{X} = \frac{\sum X}{n} = \frac{6 + 8 + 9 + 10 + 12}{5} = 9（件）$$

## （二）加权算术平均数

加权算术平均数适用于原始资料已经经过分组，并整理编成了单项数列或组距数列，且每组次数不同的场合。计算各组的标志总量时，必须先将各组标志值乘以相应的次数，求得各组的标志总量。其计算公式为：

$$\overline{X} = \frac{X_1 f_1 + X_2 f_2 + \cdots + X_n f_n}{f_1 + f_2 + \cdots + f_n} = \frac{\sum\limits_{i=1}^{n} X_i f_i}{\sum\limits_{i=1}^{n} f_i} \qquad \text{简写为：} \overline{X} = \frac{\sum Xf}{\sum f} \tag{4-15}$$

式中，$f_i$ 代表第 $i$ 组变量值出现的次数，也称权数；$\sum\limits_{i=1}^{n} X_i f_i$ 代表总体标志总量；$\sum\limits_{i=1}^{n} f_i$ 代表总体单位总数。

1. 根据单项数列计算算术平均数

【例 4-5】 某企业工人日产量情况如表 4-4 所示，试计算工人平均日产量。

表 4-4　某企业工人日产量资料

| 日产量 $X$/件 | 工人数 $f$/人 | 总产量 $Xf$/件 |
| --- | --- | --- |
| 17 | 10 | 170 |
| 18 | 15 | 270 |
| 19 | 25 | 475 |
| 20 | 20 | 400 |
| 21 | 10 | 210 |
| 合　计 | 80 | 1525 |

**解** 工人平均日产量 $\overline{X} = \dfrac{\sum Xf}{\sum f} = \dfrac{1525}{80} = 19.06$（件）

2.根据组距数列计算算术平均数

如果掌握的资料是组距式数列,则要以各组的组中值为代表值计算加权算术平均数。

【例 4-6】 某班级 50 名学生统计学考试成绩情况如表 4-5 所示,试计算该班学生统计学考试的平均成绩。

表 4-5　50 名学生统计学考试成绩情况

| 组别/分 | 学生人数 $f$/人 | 组中值 $X$/分 | $Xf$ |
|---|---|---|---|
| 60 分以下 | 6 | 55 | 330 |
| 60～70 分 | 12 | 65 | 780 |
| 70～80 分 | 10 | 75 | 750 |
| 80～90 分 | 14 | 85 | 1190 |
| 90～100 分 | 8 | 95 | 760 |
| 合　计 | 50 | — | 3810 |

**解** 在本例中,已知的是组距式数列,须先计算各组的组中值,再用加权平均法计算 50 名学生的平均成绩。具体计算过程如表 4-5 所示。

$$\overline{X} = \dfrac{\sum X_i f_i}{\sum f_i} = \dfrac{3810}{50} = 76.2（分）$$

应该指出,这种计算方法具有一定的假定性,即假定各单位标志值在组内是均匀分配的,但实际上要分配得完全均匀是不可能的。这样,用组中值计算出来的算术平均数是一个近似值。还需指出,根据组距数列计算算术平均数时,有时往往会遇到开口组,如表 4-5 中,第一组的 60 分以下,这时我们一般就假定它们同邻组组限相仿来计算组中值。因此,根据开口组计算的算术平均数就更具有假定性。尽管如此,就整个数列来看,由于分组引起的影响变量数值高低的各种因素会起到相互抵消的作用,所以,由此计算的平均数仍然具有足够的代表性。

链接
权数

由加权算术平均数的计算公式可知,加权算术平均数不但受各组标志值大小的影响,而且也受各组次数多少的影响。出现次数多的标志值对平均数的影响要大些,而次数少的标志值对平均数的影响要小些。次数在这里起着权衡轻重的作用。所以,统计上把标志值出现的次数称为权数。权数对于算术平均数的影响作用,取决于权数本身数值大小的影响,更确切地说决定于作为权数的各组单位数占总体单位数的比重大小。哪一组单位数所占的比重大,哪一组变量值对平均数的影响就大。因此当各组单位数相等时,权数的作用也就消失了。这时加权算术平均数等于简单算术平均数。

即 $f_1 = f_2 = \cdots = f_n = f$ 时,

$$\overline{X} = \frac{\sum\limits_{i=1}^{n} X_i f_i}{\sum\limits_{i=1}^{n} f_i} = \frac{f \sum\limits_{i=1}^{n} X_i}{nf} = \frac{\sum\limits_{i=1}^{n} X_i}{n}$$

变量数列的权数有两种形式：一种是以绝对数表示，称次数或频数；另一种是以比重表示，称频率。同一总体资料，用这两种权数所计算的加权算术平均数完全相同。

权数采用频率的形式计算时，其公式为：

$$\overline{X} = \frac{\sum\limits_{i=1}^{n} X_i f_i}{\sum\limits_{i=1}^{n} f_i} = \sum\limits_{i=1}^{n} X_i \cdot \frac{f_i}{\sum\limits_{i=1}^{n} f_i} \qquad (4\text{-}16)$$

简写为：$\overline{X} = \sum X \cdot \dfrac{f}{\sum f}$

【例 4-7】 （续例 4-6)仍以表 4-5 的资料为例，具体如表 4-6 所示，要求用频率权数计算学生的平均成绩。

表 4-6　50 名学生统计学考试成绩情况

| 考试成绩/分 | 学生人数 $f$/人 | 频率 $\frac{f}{\sum f}$/% | 组中值 $X$/分 | $X_i \cdot \frac{f}{\sum f}$ |
|---|---|---|---|---|
| 60 以下 | 6 | 12 | 55 | 6.6 |
| 60～70 | 12 | 24 | 65 | 15.6 |
| 70～80 | 10 | 20 | 75 | 15.0 |
| 80～90 | 14 | 28 | 85 | 23.8 |
| 90～100 | 8 | 16 | 95 | 15.2 |
| 合　计 | 50 | 100 | — | 76.2 |

**解** 平均成绩 $\overline{X} = \sum X \cdot \dfrac{f}{\sum f} = 76.2$(分)

其计算结果与用 $\overline{X} = \dfrac{\sum Xf}{\sum f}$ 计算的结果完全相同。

3.算术平均数的数学性质

算术平均数是最常用的平均指标，是进行统计分析和统计推断的基础。算术平均数主要有以下两个重要的数学性质：

(1)各标志值与算术平均数的离差之和等于零。即

简单算术平均数：$\sum\limits_{i=1}^{n} (X_i - \overline{X}) = 0$

加权算术平均数：$\sum\limits_{i=1}^{n} (X_i - \overline{X}) f_i = 0$

（2）各个标志值与算术平均数的离差平方之和等于最小值，即对于给定的常数 C，必有：

简单算术平均数：$\sum\limits_{i=1}^{n}(X_i - \overline{X})^2 \leqslant \sum\limits_{i=1}^{n}(X_i - C)^2$

加权算术平均数：$\sum\limits_{i=1}^{n}(X_i - \overline{X})^2 f_i \leqslant \sum\limits_{i=1}^{n}(X_i - C)^2 f_i$

算术平均数的这一性质通常称为最小平方原理，此性质揭示了算术平均数作为变量一般水平的代表所反映的变量的误差最小、最精确，统计标准差和方差指标的确定就是鉴于这一性质。

链接
不留情面的两刀

算术平均数适合用代数方法运算，因此，在实践中应用很广，但存在以下两点不足：①算术平均数易受极端变量值的影响，使其代表性变差，而且受极大值的影响大于受极小值的影响。②当组距数列为开口组时，由于组中值不易确定，其代表性变得不可靠。

## 二、调和平均数（harmonic mean）

从数学的角度说，调和平均数是总体各单位标志值倒数的算术平均数的倒数，故也称"倒数平均数"，通常用 $\overline{X_h}$ 表示。即

$$\overline{X_h} = \frac{n}{\dfrac{1}{X_1} + \dfrac{1}{X_2} + \cdots + \dfrac{1}{X_n}} = \frac{n}{\sum\limits_{i=1}^{n}\dfrac{1}{X_i}} \qquad (4\text{-}17)$$

由于所得资料的具体内容不同，调和平均数也有简单调和平均数（如上式）和加权调和平均数两种。加权调和平均数形式为

$$\overline{X_h} = \frac{f_1 + f_2 + \cdots + f_n}{\dfrac{1}{X_1}f_1 + \dfrac{1}{X_2}f_2 + \cdots + \dfrac{1}{X_n}f_n} = \frac{\sum\limits_{i=1}^{n}f_i}{\sum\limits_{i=1}^{n}\dfrac{1}{X_i}f_i} \qquad (4\text{-}18)$$

从统计的角度说，统计所研究的对象都是具有一定经济意义的客观事物，所计算的数据都有其相应的经济内容，并非数学中抽象的数字。在统计分析中，无论是用算术平均数方法或用调和平均数方法计算，其结论都应该是一致的。也就是说，利用调和平均数方法计算，仍然应该保证总体标志总量与总体单位总量的比。在计算算术平均数时，通常所掌握的资料是变量值以及与其对应的单位数。如果所掌握的资料是变量值与其对应的标志总量时，显然已不能直接采用算术平均数的方法，必须另寻计算途径，恰好调和平均数计算公式为我们提供了解决这个问题的方法。

所以，在我们的统计工作中，直接用调和平均数的地方很少遇到，而是把调和平均数的计算形式，作为算术平均数的变形来使用的，其计算内容与结果都与算术平均数的相同，仅计算的过程不同而已。即有以下数学关系式成立：

$$\overline{X} = \frac{\sum Xf}{\sum f} = \frac{\sum Xf}{\sum \dfrac{1}{X}Xf} = \frac{\sum m}{\sum \dfrac{m}{X}} = \overline{X_h}$$

式中，$m = Xf$，$f = \dfrac{m}{X}$。$m$ 是一种特定权数，它不是各组变量值出现的次数，而是各组标志总量。但是 $m$ 具有加权算术平均数权数的数学性质，即各组权数 $m$ 同时扩大或缩小若干倍数，平均数的值不变。

### （一）简单调和平均数

简单调和平均数适用于未分组资料。

**【例 4-8】** 假设某市场有三种青菜，每 500 克的单价分别为 2 元、1.5 元、0.8 元，现在各买 1 元，求平均每 500 克的价格。

根据常识可知，平均价格＝总金额÷总重量。所以：

$$\overline{X_h} = \frac{n}{\sum \dfrac{1}{X}} = \frac{3}{\dfrac{1}{2} + \dfrac{1}{1.5} + \dfrac{1}{0.8}} = 1.24（元）$$

可见，上式的子项 $n$ 已不再是总体单位总量（即总重量），而是每 500 克青菜的价格总和（总金额），虽然用的是调和平均数的计算公式，但是它的计算内容仍然与算术平均数的完全相同，即总金额÷总重量。

### （二）加权调和平均数

当各种价格的青菜所购买的金额不是 1 元而是 $m$ 元，这时计算平均价格就应采用加权调和平均数的方法。

**【例 4-9】** 接例 4-8，假设某快餐店人员在某市场购买这三种青菜，购买金额分别为 25 元、20 元、15 元，求平均每 500 克的价格。

同样的，根据平均价格的计算内容（总金额÷总重量），显然，所掌握的资料是分子项——购买金额，而分母项则需要通过总金额除以价格后相加计算得到，所以平均价格为：

$$\overline{X_h} = \frac{\sum m}{\sum \dfrac{m}{X}} = \frac{25 + 20 + 15}{\dfrac{25}{2} + \dfrac{20}{1.5} + \dfrac{15}{0.8}} = 1.35（元）$$

**【例 4-10】** 某地区三个市场某日青菜的价格及销售资料分别如表 4-7 和表 4-8 所示，试分别计算商品的平均价格。

表 4-7　某地区三个市场某日青菜价格和销售额资料

| 市场名称 | 价格 $X$/（元/千克） | 销售额 $m$/元 | $\dfrac{m}{X}$ |
|---|---|---|---|
| 甲 | 2.8 | 4200 | 1500 |
| 乙 | 3.2 | 4000 | 1250 |
| 丙 | 3.4 | 3400 | 1000 |
| 合　计 | — | 11600 | 3750 |

**表 4-8　某地区三个市场某日青菜价格和销售量资料**

| 市场名称 | 价格 $X$(元/千克) | 销售量 $f$/千克 | $Xf$ |
|---|---|---|---|
| 甲 | 2.8 | 3000 | 8400 |
| 乙 | 3.2 | 2500 | 8000 |
| 丙 | 3.4 | 2000 | 6800 |
| 合　计 | — | 7500 | 23200 |

**解**　表 4-7 中,我们掌握的是商品单价和销售额的资料,则运用加权调和平均数公式计算得到:

$$商品平均价格\ \overline{X}_h = \frac{\sum m}{\sum \frac{m}{X}} = \frac{11600}{3750} = 3.09(元/千克)$$

从表 4-8 中,我们掌握的是商品单价和销售量的资料,故可直接采用加权算术平均数公式计算得到:

$$商品平均价格\ \overline{X} = \frac{\sum Xf}{\sum f} = \frac{23200}{7500} = 3.09(元/千克)$$

其计算结果同按加权调和平均数计算的结果完全一样。

需要说明的是,在计算相对指标的平均数时,应该注意其计算过程仍然要与相对指标的基本公式一致。当掌握相对指标的分母项而缺乏分子项时,可采用算术平均数方法进行计算;当掌握了相对指标的分子项而缺乏分母项时,则用调和平均数方法进行计算。

**【例 4-11】**　某公司下属 36 个企业的有关产值计划完成资料分别如表 4-9 和表 4-10 所示,试分别计算该公司 36 个企业的产值平均计划完成程度。

**表 4-9　某公司各企业产值计划完成情况**

| 计划完成程度/% | 企业数/个 | 组中值 $X$/% | 各组计划产值 $f$/万元 | $Xf$ |
|---|---|---|---|---|
| 90~100 | 6 | 95 | 800 | 768 |
| 100~110 | 20 | 105 | 2600 | 2730 |
| 110~120 | 10 | 115 | 1200 | 1344 |
| 合　计 | 36 | — | 4600 | 4842 |

**表 4-10　某公司各企业产值计划完成情况**

| 计划完成程度/% | 企业数/个 | 组中值 $X$/% | 各组实际产值 $m$/万元 | $\frac{m}{X}$ |
|---|---|---|---|---|
| 90~100 | 6 | 95 | 768 | 800 |
| 100~110 | 20 | 105 | 2730 | 2600 |
| 110~120 | 10 | 115 | 1344 | 1200 |
| 合　计 | 36 | — | 4842 | 4600 |

**解**　表 4-9、表 4-10 中给出的是按计划完成程度分组的企业数以及计划产值、实际产值资料。要计算 36 个企业的产值平均计划完成程度,实际上就是计算该公司的产值计划完成程度。根据计划完成程度的基本公式:

$$计划完成程度 = \frac{实际数}{计划数}$$

可知，表 4-9 中，我们掌握的是计划产值（分母项），而缺少实际产值（分子项），则应以计划产值（分母）为权数，采用加权算术平均数公式计算。即：

$$平均计划完成程度 \overline{X} = \frac{\sum Xf}{\sum f} = \frac{4842}{4600} = 105.26\%$$

表 4-10 中的资料与表 4-9 中的正好相反，我们所掌握的是实际产值（分子项），而缺少计划产值（分母项），这时则应以实际产值（分子）为权数，采用加权调和平均数的方法。即：

$$平均计划完成程度 \overline{X_h} = \frac{\sum m}{\sum \dfrac{m}{X}} = \frac{4842}{4600} = 105.26\%$$

从上述两例中可以看到，在社会经济领域中，调和平均数往往是作为算术平均数的变形使用，两者在本质上是一致的，唯一的区别是计算时使用了不同的数据。就如例 4-10，同样是计算平均价格，其结果均为 3.09 元/千克，但当已知各市场的商品销售额和销售单价时，应采用加权调和平均数进行计算；而当已知各市场的商品销售量和销售单价时，应采用加权算术平均数进行计算。可见，要判断在什么情况下可以采用算术平均数或调和平均数的问题，关键在于要以所计算的平均数的基本公式为依据，再根据所掌握的权数资料是基本公式的分子项还是分母项来确定。据此，我们可归纳出采用算术平均数与调和平均数的一般原则：

首先，确定平均数的基本公式中分子项与分母项的经济含义。例如：平均价格＝销售额÷销售量，平均计划完成程度＝实际数÷计划数，平均产值利润率＝利润总额÷产值。

其次，选择公式。当我们所掌握的数据是平均数基本公式的分母项数据及各标志值时，则直接采用算术平均数的方法计算；当我们所掌握的资料是平均数基本公式的分子项数据及各标志值时，则需采用调和平均数的方法计算。

调和平均数有如下特点：(1)如果数列中有一标志值等于零，则无法计算 $\overline{X_h}$；(2)它作为一种数值平均数，受所有标志值的影响，它受极小值的影响大于受极大值的影响，但较之算术平均数，$\overline{X_h}$ 受极端值的影响要小。

## 三、几何平均数(geometric mean)

几何平均数又称"对数平均数"，它是 $n$ 个变量值连乘积的 $n$ 次方根。当各项变量值的连乘积等于总比率或总速度时，适宜用几何平均数计算平均比率或平均速度。根据收集的资料不同，几何平均数有简单几何平均数和加权几何平均数两种形式。几何平均数通常用 $\overline{X_G}$ 表示。

### (一)简单几何平均数

简单几何平均数是 $n$ 个变量值连乘积的 $n$ 次方根，适用于计算未分组数据的平均比率和平均速度。其计算公式为：

$$\overline{X}_G = \sqrt[n]{X_1 \cdot X_2 \cdot X_3 \cdots X_n} = \sqrt[n]{\prod_{i=1}^{n} X_i} \qquad (4\text{-}19)$$

式中，$\overline{X}_G$ 表示几何平均数；$n$ 表示变量的个数；$\prod$ 表示连乘符号。

【例 4-12】 某流水作业的装配分 4 道工序，各道工序产品的合格率分别为 95％、93％、97％、96％，求各工序产品的平均合格率。

**解** 由于整条装配线的产品合格率和各道工序产品合格率存在乘积的关系，所以必须用简单几何平均数来计算：

$$\overline{X}_G = \sqrt[n]{X_1 \cdot X_2 \cdot X_3 \cdots X_n} = \sqrt[4]{95\% \times 93\% \times 97\% \times 96\%} = 95.23\%$$

**（二）加权几何平均数**

在资料已经分组的情况下，当各个变量值出现的次数不尽相同时，则需用次数加权计算加权几何平均数。其计算公式为：

$$\overline{X}_G = \sqrt[f_1+f_2+\cdots+f_n]{X_1^{f_1} \cdot X_2^{f_2} \cdot X_3^{f_3} \cdots X_n^{f_n}} = \sqrt[\sum_{i=1}^{n} f_i]{\prod_{i=1}^{n} X_i^{f_i}} \qquad (4\text{-}20)$$

【例 4-13】 某项投资，贷款 10 年，以复利计算。前 3 年的年利率为 5％，中间 3 年为 8％，后 4 年为 10％，求平均的年本利率和平均的年利率（年本利率＝1＋年利率）

**解** 由题意知，贷款期间，前 3 年的年本利率为 105％，中间 3 年为 108％，后 4 年为 110％，则平均的年本利率为：

$$\overline{X}_G = \sqrt[\sum_{i=1}^{n} f_i]{\prod_{i=1}^{n} X_i^{f_i}} = \sqrt[10]{1.05^3 \times 1.08^3 \times 1.10^4} = 1.0788 = 107.88\%$$

平均的年利率为：$107.88\% - 1 = 7.88\%$

几何平均数较之算术平均数，应用范围较窄，它有如下特点：① 如果数据中有一个标志值等于零或负值，就无法计算 $\overline{X}_G$②受极端值的影响较 $\overline{X}$ 和 $\overline{X}_h$ 小，故较稳健；③ 它适用于反映特定现象的平均水平，即现象的总标志值不是各单位标志值的总和，而是各单位标志值连乘积。对于这类社会经济现象，不能采用算术平均数反映其一般水平，而需采用几何平均数。

## 四、众数（mode）

众数是根据变量值所处的位置来确定的平均数，它是指总体中出现次数最多的标志值，用 $M_o$ 表示。众数能直观地说明次数分布的集中趋势。它最突出的优点是不受数据极端值的影响，从而在一定程度上提高了平均水平的代表性。在实际工作中，有时要利用众数代替算术平均数来说明社会经济现象的一般水平。例如，为掌握集市贸易中某种商品的价格水平，往往利用该商品最普遍成交的价格为代表。又例如，商店进货时，经常就某种商品销售量最多的尺码或规格大量进货。一般情况下，只有在数据量较大的情况下，众数才有意义。对于一组观察数据，众数可能没有，也可能不止一个。

由于众数是普遍出现的变量值，在未分组的资料中，难以看出哪个变量值的出现次数最多，所以，众数的确定通常仅对分组资料。

（一）单项式数列确定众数

单项式数列资料，通过直接观察就能确定众数。单项式数列中总体单位出现次数最多的变量值就是众数。

例如，某商店某月女式皮鞋销售量如表 4-11 所示，则尺码为 37 码就是众数。

表 4-11　女式皮鞋销售情况

| 尺码/码 | 销售量/双 |
|---|---|
| 35 | 3 |
| 36 | 16 |
| 37 | 26 |
| 38 | 10 |
| 39 | 5 |
| 合　计 | 60 |

（二）组距式数列确定众数

组距式数列求众数，应先根据定义确定众数所在组，然后用上、下限公式求出众数的近似值。

第一步：对组距数列进行分析，确定次数最多的一组为众数组。

第二步：用比例插值法计算众数的近似值。其计算公式为：

$$\text{下限公式：} M_o = X_l + \frac{\Delta_1}{\Delta_1 + \Delta_2} \cdot d \tag{4-21}$$

$$\text{上限公式：} M_o = X_u - \frac{\Delta_2}{\Delta_1 + \Delta_2} \cdot d \tag{4-22}$$

式中，$X_l$、$X_u$ 分别表示众数组的下限、上限；$\Delta_1$ 表示众数组次数与其前一组次数之差；$\Delta_2$ 表示众数组次数与其后一组次数之差；$d$ 表示众数组组距。

众数的下限公式和上限公式是等价的，用两个公式计算结果完全相同，但一般采用下限公式。

【例 4-14】　某企业职工月收入资料如表 4-12 所示，要求确定职工月收入的众数。

表 4-12　某企业职工月收入情况

| 月收入/元 | 职工数/人 |
|---|---|
| 3000 以下 | 10 |
| 3000～3500 | 20 |
| 3500～4000 | 45 |
| 4000～4500 | 16 |
| 4500 以上 | 9 |
| 合　计 | 100 |

**解** 先确定众数组，次数最多者是 45，对应的分组为 3500～4000，则 3500～4000 组就是众数所在组。然后，根据公式计算众数的近似值：

按下限公式：$M_o = X_l + \dfrac{\Delta_1}{\Delta_1 + \Delta_2} \cdot d$

$$= 3500 + \frac{45-20}{(45-20)+(45-16)} \times 500$$

$$= 3731.48(元)$$

按上限公式：$M_o = X_u - \dfrac{\Delta_2}{\Delta_1 + \Delta_2} \cdot d$

$$= 4000 - \frac{45-16}{(45-20)+(45-16)} \times 500$$

$$= 3731.48(元)$$

计算结果说明，职工月工资众数为 3731.48 元，无论用下限公式还是用上限公式都可以得到相同的结果。

众数有如下特点：

(1)众数是一种位置平均数，它不受两极端值和开口组数列的影响，从而增强了作为变量数列一般水平的代表性。

(2)当分布数列没有明显的集中趋势而趋向均匀分布时，不存在众数，而且当变量数列是不等距分组时，众数的位置也不容易确定。

(3)众数使用范围较广，对于品质数列，只要条件满足，也可以求众数。

## 五、中位数(median)

中位数是将总体各单位的某一数量标志的各个数值按大小顺序排列，处于中间位置的那个标志值，通常用 $M_e$ 表示。中位数将所有的标志值等分成两半，一半比它大，一半比它小，因此它也被称为二分位数。中位数的确定，仅仅取决于它在数列中的位置，不受极端值的影响。因此，用它表示现象总体的一般水平，比算术平均数具有更好的稳定性。例如，人口学中常常通过不同时期的人口年龄中位数的对比，来观察人口类型发展变化的趋势。又例如，在研究居民收入水平时，居民收入中位数比平均收入有时更能代表居民收入的一般水平。因为中位数是由数据的位置决定的，凡是可以排序的数据都可以确定中位数。

根据所掌握的资料不同，确定中位数的方法也会不同。

### (一)由未分组数据确定中位数

在数据未分组的情况下，首先将总体各单位的标志值按大小顺序排列，然后用下列公式确定中位数的位置，即：

$$中位数位置 = \frac{n+1}{2}(n\,代表总体单位数)$$

如果总体单位数 $n$ 是奇数，位于中间位置的标志值为中位数；若 $n$ 为偶数，位于中间位置的两项数值的算术平均数为中位数。

【例 4-15】 分别求下列两组日产量的中位数：

(1)有 5 个工人的日产量(件)分别为：16、12、17、14、15。

(2)有 6 个工人的日产量(件)分别为：14、12、15、17、16、19。

**解** (1)首先将已知数列顺序排列如下：12、14、15、16、17。

其次，确定中位数的位置。

$$中位数位置 = \frac{5+1}{2} = 3$$

表明第 3 位工人日产量 15 件为中位数。

(2)首先将已知数列顺序排列如下：12、14、15、16、17、19。

其次，确定中位数位置。

$$中位数位置 = \frac{6+1}{2} = 3.5$$

则中位数为第 3、4 项标志值的算术平均数，即：

$$M_e = \frac{15+16}{2} = 15.5(件)$$

**(二)由分组数据确定中位数**

根据分组数列的种类可分别按以下两种情况处理：

1. 由单项数列确定中位数

单项数列求中位数时，首先根据 $\dfrac{\sum f+1}{2}$ 确定中位数的位置，然后计算累计次数，从累计次数中确定中位数所在组，则该组的标志值为中位数。

【例 4-16】 某企业工人生产某种零件资料如表 4-13 所示，求工人月产零件的中位数。

表 4-13　某企业工人月产零件资料

| 月产量/件 | 工人数/人 | 向上累计次数 | 向下累计次数 |
| --- | --- | --- | --- |
| 20 | 3 | 3 | 60 |
| 22 | 10 | 13 | 57 |
| 25 | 26 | 39 | 47 |
| 26 | 16 | 55 | 21 |
| 28 | 5 | 60 | 5 |
| 合　计 | 60 | — | — |

**解** 首先，确定中位数的位置。

$$中位数位置 = \frac{\sum f+1}{2} = \frac{60+1}{2} = 30.5$$

其次，确定中位数所在组。

为此需进行向上累计或向下累计，从而找到中位数所在组。从表 4-13 中可以看出向上累计列中的 39 和向下累计列中的 47 分别包括 30.5，说明中位数在第 3 组，其数值为 25 件。

2.由组距数列确定中位数

对于组距数列,各组变量值在组内均匀分布的假定下,首先按 $\dfrac{\sum f + 1}{2}$ 确定中位数的位置,然后计算累计次数确定中位数所在组,再用比例插值法求出中位数的近似值。其计算公式为:

$$下限公式(向上累计时用):M_e = X_l + \dfrac{\dfrac{\sum f}{2} - S_{m-1}}{f_m} \cdot d \qquad (4\text{-}23)$$

$$上限公式(向下累计时用):M_e = X_u - \dfrac{\dfrac{\sum f}{2} - S_{m+1}}{f_m} \cdot d \qquad (4\text{-}24)$$

式中,$X_l$、$X_u$ 分别表示中位数所在组的下限、上限;$f_m$ 表示中位数所在组的次数;$S_{m-1}$ 表示中位数所在组前一组的累计次数;$S_{m+1}$ 表示中位数所在组后一组的累计次数;$d$ 表示中位数所在组的组距。

【例 4-17】 某班学生的身高资料如表 4-14 所示,要求计算学生身高的中位数。

表 4-14 某班学生身高资料

| 身高/厘米 | 人数/人 | 向上累计次数 | 向下累计次数 |
|---|---|---|---|
| 160 以下 | 5 | 5 | 50 |
| 160~165 | 10 | 15 | 45 |
| 165~170 | 20 | 35 | 30 |
| 170~175 | 11 | 46 | 15 |
| 175 以上 | 4 | 50 | 4 |
| 合 计 | 50 | — | — |

**解** 第一步:确定中位数位置 $= \dfrac{\sum f + 1}{2} = \dfrac{51}{2} = 25.5$

第二步:确定中位数所在组。根据向上累计或向下累计确定中位数在第三组,即在 165~170 组内。

第三步:用公式计算中位数。

$$按下限公式:M_e = X_l + \dfrac{\dfrac{\sum f}{2} - S_{m-1}}{f_m} \cdot d$$

$$= 165 + \dfrac{\dfrac{50}{2} - 15}{20} \times 5 = 167.5(厘米)$$

$$按上限公式:M_e = X_u - \dfrac{\dfrac{\sum f}{2} - S_{m+1}}{f_m} \cdot d$$

$$= 170 - \dfrac{\dfrac{50}{2} - 15}{20} \times 5 = 167.5(厘米)$$

计算结果说明学生身高的中位数为 167.5 厘米，无论用下限公式还是用上限公式都可以得到相同的结果。

从计算方法可以看出，中位数不是取决于所有标志值的大小，而只与处于中间位置附近标志值大小和数列项数直接有关。中位数具有如下特点：

(1)它是一种位置平均数，主要受数列中间标志值的影响，而不受两极端值和开口组的影响，比算术平均数更具有稳健性。

(2)有些离散型变量的单项式数列，当次数分布偏态时，中位数的代表性会受到影响。

(3)中位数有一个重要的数学性质，即各单位的标志值与中位数离差的绝对值之和为最小值。对于任意给定的一个常数 C，必有：

$$\sum_{i=1}^{n} |X_i - M_e| \leqslant \sum_{i=1}^{n} |X_i - C|$$

也就是说，如果用其他任何数值，如算术平均数、众数等代替中位数，其绝对值之和都大于标志值与中位数之差绝对值的和。利用中位数的这一性质，可以解决一些实际问题。例如，要在若干个连锁店间选择仓库或商品配送中心，使仓库或配送中心到各连锁店的距离总和为最短，等等。

(4)对一些不具有数学特点或不能用数字测定的现象，可以用中位数表示其一般水平。例如，印染企业生产中，将产品某色系颜色按不同深浅排列后，可以求出此颜色的中位数色泽。

从以上关于众数和中位数的计算说明，它们不像算术平均数那样，把总体各个单位标志值差异抵消，因而应该把它们看成对现象总体一般水平描述的重要补充指标。

众数和中位数也是平均指标之一，也能代表总体所达到的一般水平，经常与算术平均数同时使用。当现象总体包含有极大或极小标志值时，尤其适用于计算众数和中位数，因为这些极大或极小标志值对于总体不太有代表性，却极大地影响了算术平均数的数值，而对众数和中位数却不造成影响。所以，众数与中位数也就成为非常有价值的统计分析指标。

## 六、各种平均数之间的关系

以算术平均数为中心，各种平均数之间的相互关系体现在以下两方面。

### (一)算术平均数、调和平均数和几何平均数之间的关系

算术平均数是最严密、最可靠、最富有代表性且应用范围最广的平均数，它主要适用于作为数值型数据的集中趋势测度值。调和平均数主要用于不能直接计算算术平均数的情况，适用于数值型数据。几何平均数适用于各比率连乘积等于总比率的条件下计算比率的平均数，也适用于数值型数据。

对于同一数据资料，分别采用这三种平均数进行计算，结果是不同的。例如，有变量值 4、6、8、14，对其计算三种平均数，得 $\overline{X} = 8$，$\overline{X_h} = 6$，$\overline{X_G} = 7.2$。可见，算术平均数 $\overline{X}$、调和平均数 $\overline{X_h}$ 和几何平均数 $\overline{X_G}$ 这三者之间存在下列关系：$\overline{X_h} \leqslant \overline{X_G} \leqslant \overline{X}$。

（二）算术平均数、众数和中位数之间的关系

算术平均数、众数和中位数三者都是集中趋势的主要测度值,对于具有单峰分布的大多数数据而言,算术平均数($\overline{X}$)、众数($M_o$)和中位数($M_e$)之间具有下列关系:如果数据的分布是对称的,则有$\overline{X}=M_e=M_o$;如果数据是左偏分布,则数据中偏小的数比较多,有$\overline{X}<M_e<M_o$;如果数据是右偏分布,则数据中偏大的数比较多,有$M_o<M_e<\overline{X}$。如图4-1所示。

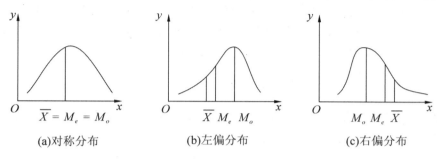

| (a)对称分布 | (b)左偏分布 | (c)右偏分布 |

图4-1　算术平均数、众数、中位数三者的关系

从以上三种情况看,当数据分布呈非对称状态时,三者之间就存在着差异,越不对称,差异越大。英国统计学家卡尔·皮尔生(Karl Pearson,1857—1936)研究后,得到如下的经验规则(即"皮尔生规则"):在钟形分布只存在适度或轻微偏斜的情形下,不论是左偏还是右偏,三者存在一定的比例关系,即中位数一般介于众数与算术平均数之间,并且,众数与中位数的距离约为算术平均数与中位数的距离的2倍,用公式表示为$|M_e-M_o|\approx 2|\overline{X}-M_e|$。

由此可以得到三个推导公式:

$$\overline{X}\approx\frac{3M_e-M_o}{2}$$

$$M_o\approx 3M_e-2\overline{X}$$

$$M_e\approx\frac{M_o+2\overline{X}}{3}$$

"皮尔生规则"在分析上有两种用途:一是判别分布的偏斜方向和程度,二是进行三种集中趋势测度值之间的相互推算。但作为一个经验规则,其作用毕竟是十分有限的,而且有着很严格的条件。通常,只有在总体单位数很多,形成轻微偏斜的钟形分布,且分布曲线十分光滑的情形下,才会近似地呈现出该规则所描述的各种关系。否则,完全有可能得出与该经验规则相悖的结果。实际上,"皮尔生规则"所反映的主要是一些连续型理论分布的近似关系,对于频数或频率分布则不一定适用。

# 第三节　离散趋势的测度

集中趋势的测度所反映的是各变量值向其中心值聚集的程度,但不能准确地反映各变量值之间的差异状况如何,因此对于统计数据,我们还需要分析其分散程度,即离散趋势的

测度。离散趋势是指各变量值之间的差异程度、分散程度或离中程度。用以测定离散趋势的指标称为标志变异指标。平均指标反映总体一般数量水平的同时，掩盖了总体各单位标志值的数量差异。变异指标弥补了这方面的不足，它综合反映了总体各单位标志值的差异性，从另一方面说明了总体的数量特征。

一般来讲，数据的离散程度越小，即标志变异指标越小，集中趋势的测度值对该组数据的代表性就越好；数据的离散程度越大，其集中趋势的测度值的代表性就越差。离散趋势测度的作用可归纳为两点：一是衡量集中趋势的代表性；二是反映现象发展均衡与否。

常用的标志变异指标有异众比率、全距、四分位差、平均差、标准差、方差和变异系数等几种。

## 一、异众比率（variation ratio）

异众比率又称离异比率或变差比，是指非众数组的频数占总频数的比率，通常用 $V_r$ 表示。异众比率的作用在于衡量众数对一组数据的代表程度。计算公式如下：

$$V_r = \frac{\sum_{i=1}^{n} f_i - f_m}{\sum_{i=1}^{n} f_i} = 1 - \frac{f_m}{\sum_{i=1}^{n} f_i} \tag{4-25}$$

式中，$\sum f_i$ 表示变量值的总频数；$f_m$ 表示众数组的频数。

异众比率是衡量众数对一组数据代表程度的测度指标。异众比率越大，说明非众数组的频数占总频数的比重越大，众数的代表性就越差。

【例 4-18】 一家市场调查公司为研究不同品牌饮料的市场占有率，对随机抽取的一家超市进行了调查。调查员在某天对 50 名顾客购买饮料的品牌进行了记录，如表 4-15 所示。试计算异众比率。

表 4-15 不同品牌饮料的频数分布

| 饮料品牌 | 频 数 |
| --- | --- |
| 可口可乐 | 15 |
| 雪 碧 | 11 |
| 百事可乐 | 9 |
| 汇源果汁 | 6 |
| 农夫果园 | 9 |
| 合 计 | 50 |

**解** 众数组频数为 15，根据公式有：

$$V_r = 1 - \frac{f_m}{\sum_{i=1}^{n} f_i} = 1 - \frac{15}{50} = 70\%$$

这说明在所调查的 50 人中，购买其他品牌饮料的人数占 70%。因此，用"可口可乐"来代表消费者购买饮料品牌的状况，其代表性不是很好。

## 二、全距(range)

全距,又称极差,是指一组数据中最大值与最小值的差值,用以说明总体标志值最大可能的变动范围,通常用 $R$ 表示。全距愈大,说明数据愈离散;反之,全距愈小,说明数据愈集中。全距的计算有如下两种情况。

(1)未分组资料或单项数列。其计算公式为:

全距＝最大标志值－最小标志值

用符号表示为:

$$R = X_{max} - X_{min} \tag{4-26}$$

【例 4-19】 假定某车间甲、乙两个班组 5 个工人某日的产量(单位:件)如下:

甲组: 9 16 28 35 42

乙组: 21 25 26 28 30

由此计算出甲、乙两个班组 5 个工人的平均日产量:

$$\overline{X}_甲 = \overline{X}_乙 = 26(件)$$

虽然这两个班组的平均日产量都是 26 件,但各班组工人日产量的差异程度却不同,甲组差异程度大,乙组差异程度小。

若计算全距,则:

$$R_甲 = 42 - 9 = 33(件)$$

$$R_乙 = 30 - 21 = 9(件)$$

由于甲班组的全距大于乙班组的全距,故乙班组的平均日产量代表性比甲组高。

(2)组距数列。其计算公式为:

全距＝最高组上限－最低组下限

用符号表示为:

$$R = U_{max} - L_{min} \tag{4-27}$$

全距的优点在于计算简便,易于理解,可以反映标志值在一定范围内的波动情况。全距的缺点在于方法粗略,由于它仅考虑数列两端数值差异,没有考虑中间数值差异的情况,也不受次数分配的影响,因而它是测定标志变异程度的一种粗略的方法,不能全面反映总体各单位标志值的实际差异程度。此外,若遇到开口组的组距数列,则计算结果的误差更大。全距只适宜在数据分布均匀时采用。

在实际工作中,全距可用于检查产品质量的稳定性和进行产品质量控制。在正常生产条件下,产品质量性能指标的差距总在一定范围内波动,如果超出了一定范围,就说明生产过程不正常,需要采取相应措施。

## 三、四分位差(quartile deviation)

四分位差是根据四分位数计算的。如前所述,将数列经过排序后,中位数是把全部单位分为两个相等的部分,因而又可称其为二分位数。同理,若用三个数值 $Q_1$、$Q_2$、$Q_3$ 把经过排序的变量数列中全部单位分为四个相等的部分,这三个数值即可称为四分位数。第一四分

位数 $Q_1$ 是比中位数小的那部分再求得的中位数，第二四分位数 $Q_2$ 即中位数 $M_e$，第三四分位数 $Q_3$ 是比中位数大的那部分再求得的中位数。

四分位差就是第三个四分位数 $Q_3$ 与第一个四分位数 $Q_1$ 之差，用 $Q \cdot D$ 表示。其计算公式表示为：

$$Q \cdot D = Q_3 - Q_1 \qquad (4\text{-}28)$$

对一个变量数列的资料，四分位差就是去掉数列中四分之一最小的部分和四分之一最大的部分，仅用中间那部分标志值的全距来充分反映集中于数列中间 50% 数据的变动范围，而不是所有数据的变动范围。

四分位差不受两端各 25% 数值的影响，因而能对开口组数列的差异程度进行测定，同时也避免了全距受数列中极端值影响的弱点。四分位差可以用以衡量中位数的代表性高低。四分位差 $Q \cdot D$ 数值越大，表明 $Q_1$ 与 $Q_3$ 之间变量值分布越远离它们的中点 $Q_2$，即远离中位数 $M_e$，则说明中位数的代表性越差；反之，四分位差 $Q \cdot D$ 数值越小，说明中位数的代表性越好。但四分位差不能反映所有标志值的差异程度，它所描述的只是分布数列中一半的最大差距。它和全距的计算方法一样，也是只由两个标志值确定的，不能充分利用数列的全部信息，因此，四分位差也是一个比较粗略的指标。

### 四、平均差（average deviation）

平均差是总体各单位标志值对其算术平均数的离差绝对值的算术平均数，用 $A \cdot D$ 表示。由于各标志值与其算术平均数的离差总和等于零，即 $\sum (X - \overline{X}) = 0$，因此，计算平均差采用离差的绝对值 $|X - \overline{X}|$。平均差越大，表示标志变异程度越大，各数据离均值越远，则平均数代表性就越低；反之，平均差越小，表示标志变异程度越小，各数据密集于均值周围，则平均数代表性就越高。所以，平均差可以计量数据的离中趋势或平均的差异程度。根据掌握的数据不同，平均差有简单和加权两种计量形式。

1. 简单平均差

简单平均差适用于未分组数据。其计算公式为：

$$A \cdot D = \frac{\sum |X - \overline{X}|}{n} \qquad (4\text{-}29)$$

【例 4-20】 仍利用例 4-19 数据，采用平均差方法分析甲、乙两个班组 5 个工人日产量的离散程度和平均日产量的代表性。

首先，计算简单算术平均数：

由前计算已知：$\overline{X}_甲 = \overline{X}_乙 = 26$（件）

其次，计算离差及其绝对值，如表 4-16 所示。

表 4-16　工人日产量平均差计算表

| 甲班组 | | | 乙班组 | | |
|---|---|---|---|---|---|
| 日产量／件 $X_i$ | 离差 $X-\overline{X}$ | 离差绝对值 $\lvert X-\overline{X}\rvert$ | 日产量／件 $X_i$ | 离差 $X-\overline{X}$ | 离差绝对值 $\lvert X-\overline{X}\rvert$ |
| 9 | −17 | 17 | 21 | −5 | 5 |
| 16 | −10 | 10 | 25 | −1 | 1 |
| 28 | 2 | 2 | 26 | 0 | 0 |
| 35 | 9 | 9 | 28 | 2 | 2 |
| 42 | 16 | 16 | 30 | 4 | 4 |
| 合　计 | — | 54 | 合计 | — | 12 |

最后,计算简单平均差:

$$A\cdot D_甲=\frac{\sum \lvert X-\overline{X}\rvert}{n}=\frac{54}{5}=10.8（件）$$

$$A\cdot D_乙=\frac{\sum \lvert X-\overline{X}\rvert}{n}=\frac{12}{5}=2.4（件）$$

这就是说,在甲、乙两个班组平均日产量相等的情况下,甲班组的平均差大于乙班组的平均差,故甲班组工人平均日产量的代表性比乙班组工人平均日产量的代表性差。

2.加权平均差

加权平均差适用于已分组的数据。其计算公式为:

$$A\cdot D=\frac{\sum \lvert X-\overline{X}\rvert f}{\sum f} \tag{4-30}$$

【例 4-21】 (续例 4-6)试根据表 4-5 中所示的数据,计算该班统计学期末成绩的平均差。

解　例 4-6 中已计算得 $\overline{X}=76.2$,根据公式(4-30)列表计算加权平均差的有关数据,结果如表 4-17 所示。

表 4-17　某班级学生统计学考试成绩及平均差计算表

| 按成绩分组/分 | 学生人数 $f$/人 | 组中值 $X$/分 | $X-\overline{X}$ | $\lvert X-\overline{X}\rvert f$ |
|---|---|---|---|---|
| 60 以下 | 6 | 55 | −21.2 | 127.2 |
| 60～70 | 12 | 65 | −11.2 | 134.4 |
| 70～80 | 10 | 75 | −1.2 | 12 |
| 80～90 | 14 | 85 | 8.8 | 123.2 |
| 90～100 | 8 | 95 | 18.8 | 150.4 |
| 合　计 | 50 | — | — | 547.2 |

将表 4-17 中的计算结果代入公式(4-30),即得:

$$A \cdot D = \frac{\sum |X - \overline{X}| f}{\sum f} = \frac{547.2}{50} = 10.944（分）$$

计算结果表明该班级 50 名学生统计学考试成绩的平均差为 10.944 分。

平均差的优点在于：它是根据全部标志值与平均数的绝对离差而计算出来的变异指标，因而能全面反映总体各单位标志值的差异程度，且含义简明，易于理解。但是，由于它是以绝对值的形式解决正负离差相互抵消的问题，计算中有诸多不便，使其在应用中受到一定的限制，因而在实际中使用得不多。

## 五、标准差(standard deviation)与方差(variance)

标准差，又称均方差，是各单位标志值与其算术平均数的离差平方的算术平均数的平方根，用 $\sigma$ 表示。标准差的平方即方差，用 $\sigma^2$ 表示。方差的计量单位和量纲不便于从经济意义上进行解释，所以实际统计工作中多用标准差来测度统计数据的差异程度。在此只介绍标准差。标准差的意义与平均差基本相同，也是根据各个标志值对其算术平均数求其平均离差后再来进行计算的。但由于采用离差平方的方法来消除正负号，在数学处理上比平均差更为合理和优越，因而是最常用、最重要的离散趋势量数。

标准差越大，表示标志变异程度越大，各数据离均值越远，则平均数代表性就越低；反之，标准差越小，表示标志变异程度越小，各数据密集分布于均值周围，则平均数代表性就越高。所以，标准差也可以计量数据的离中趋势或平均的差异程度。以下分别就变量总体和属性总体介绍标准差的计算。

### （一）变量总体的标准差

根据掌握的资料不同，变量总体的标准差有简单和加权两种计算形式。

1. 简单标准差

简单标准差适用于未分组的数据。其计算公式为：

$$\sigma = \sqrt{\frac{\sum (X - \overline{X})^2}{n}} \tag{4-31}$$

需要指出的是，公式(4-31)是总体标准差，而样本标准差为 $s = \sqrt{\dfrac{\sum (X - \overline{X})^2}{n-1}}$。当样本容量较大时，由于 $\sqrt{\dfrac{1}{n-1}}$ 几乎等于 $\sqrt{\dfrac{1}{n}}$，因此常用公式 $s = \sqrt{\dfrac{\sum (X - \overline{X})^2}{n}}$ 代替公式 $s = \sqrt{\dfrac{\sum (X - \overline{X})^2}{n-1}}$ 来计算样本标准差 $S$，并用于估计总体标准差 $\sigma$。但在小样本($n < 30$)的情况下，较 $s = \sqrt{\dfrac{\sum (X - \overline{X})^2}{n}}$，$s = \sqrt{\dfrac{\sum (X - \overline{X})^2}{n-1}}$ 为总体标准差 $\sigma$ 的更优良的估计量。

2. 加权标准差

加权标准差适用于已分组数据。其计算公式为：

$$\sigma = \sqrt{\frac{\sum (X - \overline{X})^2 f}{\sum f}} \qquad\qquad (4\text{-}32)$$

【例 4-22】 （续例 4-6）试根据表 4-5 中所示的数据，计算该班统计学期末成绩的标准差。

**解** 从例 4-6 可知，平均成绩 $\overline{X} = 76.2$ 分，根据公式（4-32）列表计算加权标准差的有关数据，结果如表 4-18 所示。

表 4-18 某班级学生统计学考试成绩及标准差计算表

| 按成绩分组 $X/$分 | 学生人数 $f/$人 | 组中值 $X/$分 | $(X - \overline{X})$ | $(X - \overline{X})^2$ | $(X - \overline{X})^2 f$ |
|---|---|---|---|---|---|
| 60 以下 | 6 | 55 | -21.2 | 449.44 | 2696.64 |
| 60～70 | 12 | 65 | -11.2 | 125.44 | 1505.28 |
| 70～80 | 10 | 75 | -1.2 | 1.44 | 14.40 |
| 80～90 | 14 | 85 | 8.8 | 77.44 | 1084.16 |
| 90～100 | 8 | 95 | 18.8 | 353.44 | 2827.52 |
| 合 计 | 50 | — | — | — | 8128 |

将表 4-18 中的计算结果代入公式（4-32）中，即可得到：

$$\sigma = \sqrt{\frac{\sum (X - \overline{X})^2 f}{\sum f}} = \sqrt{\frac{8128}{50}} = 12.75 （分）$$

**（二）属性总体的标准差（用 $\sigma_p$ 表示）**

社会经济统计分析，经常要研究现象总体的所有单位中，具有某种属性的单位占有多少比重，而不具有这种属性的单位又占有多少比重。比如，研究一批产品的质量问题，一般可以从两方面入手：一方面研究其平均使用寿命，以说明产品本身的质量；另一方面，则从这批产品中合格品数量占有多少比重，即计算合格率以说明这批产品生产过程中的工作质量。前者属于变量总体问题，而后者就是属性总体问题。对于后者，每一件产品要么是合格品，要么就是不合格品。是合格品那就不会是不合格品，是不合格品也就不会是合格品。再如，研究人口的性别，每一个人要么是男性，要么就是女性。是男性就不会是女性，是女性也就不会是男性。这种用"是"和"非"表示的属性，统计中称其为是非标志或交替标志。

社会经济现象错综复杂，统计所涉及的问题也是复杂多样的。当统计研究的是现象的是与否、有与无、属于或不属于、具备或不具备等这些问题时，均可按属性总体的是非标志进行处理。所以，对于这方面问题的研究，也是统计分析中重要的不可缺少的一个部分。

是非标志既然用"是""否"或"有""无"等文字来回答，统计分析中，显然要对其进行量化。用 1 表示"是""有"等，而用 0 表示"否""无"等是极好的选择。当然，这种选择是具有相当的统计意义的，并且，统计上称这种变量 $X$ 为 0—1 变量（其分布是离散随机变量的 0—1 分布，或叫二点分布）。在单位数为 $N$ 的总体中，记具有某种属性（即取值为 1）的单位数为 $N_1$，其所占比重 $p = \dfrac{N_1}{N}$；记不具有某种属性（即取值为 0）的单位数为 $N_0$，其所占比重 $q =$

$\frac{N_0}{N}$，$p$ 与 $q$ 称为成数，则 $p+q=1$。

量化后的是非标志，其算术平均数和标准差的计算成为可能。计算过程见表 4-19。

表 4-19　是非标志的平均数和标准差计算表

| 现　象 | 标志值<br>（变量值）<br>$X$ | 单位比重<br>（成数）<br>$\frac{f}{\sum f}$ | $X \cdot \frac{f}{\sum f}$ | $(\overline{X}=p)$<br>$X-\overline{X}$ | 离差平方<br>$(X-\overline{X})^2$ | 加权<br>$(X-\overline{X})^2\frac{f}{\sum f}$ |
|---|---|---|---|---|---|---|
| 合格 | 1 | $p$ | $p$ | $1-p$ | $(1-p)^2$ | $(1-p)^2 p$ |
| 不合格 | 0 | $q$ | 0 | $0-p$ | $(0-p)^2$ | $(0-p)^2 q$ |
| 合　计 | — | 1 | $p$ | — | — | $q^2 p + p^2 q$ |

得是非标志的平均数为：

$$\overline{X_p} = \sum X \cdot \frac{f}{\sum f} = p + 0 = p \tag{4-33}$$

是非标志的标准差为：

$$\sigma_p = \sqrt{\sum (X-\overline{X})^2 \cdot \frac{f}{\sum f}} = \sqrt{(1-p)^2 p + (0-p)^2 q}$$

$$= \sqrt{q^2 p + p^2 q} = \sqrt{pq(p+q)} = \sqrt{p(1-p)} = \sqrt{pq} \tag{4-34}$$

由上述公式可知，是非标志的平均数就是总体各单位所具有的 1 与 0 这两个变量值的平均数，也就是具有某种属性的单位数在总的单位数中所占的比重 $p$；是非标志的标准差则是具有某种属性的成数 $p$ 与不具有这种属性的成数 $q$ 的乘积的平方根，也就是以两个成数为变量值的几何平均数。而且，当 $p=q=0.5$ 时，0—1 变量分布的方差达到最大的可能值，即 0.25。这是该种分布所特有的一个重要性质。

标准差是有名数，其计量单位和变量原来单位一样。

标准差的优点在于：它充分地利用了每一个变量值提供的信息，因而可以全面地反映标志值的差异程度；采用离差平方的方法来消除正负号的问题，便于进一步的数学运算。正因为标准差与全距、平均差相比有这么多的优点，因而在实际中获得了广泛的应用。其中，常见的是用标准差来测定居民收入分配的差异程度、劳动生产率的变异程度以及平均收支、平均成绩、平均产量等经济变量的代表性等。

## 六、变异系数（coefficient variation）

以上所计算的各种变异指标，包括全距（极差）、四分位差、平均差、标准差，它们的一个共同特点就是：都是对总体中各单位标志值变异测定的绝对量指标，都具有与平均指标相同的计量单位（有量纲），因而都会受到对现象所采用的计量单位不同或计量单位变化的影响。计量单位对变异指标的影响，常常会给不同总体之间的对比分析带来极大的不便。譬如，两种场合的测量误差（标准差等）若分别用厘米和英寸来计量，则两者之间的变异程度不能直接比较,必须首先就计量单位进行换算。又如,两个国家的收入水平标准差若分别用美元和英镑计量,则两国的收入变异也不能互相比较,需要通过换算统一货币单位。而货币单位的换算又会涉及许多困难的理论和方法问题。

此外,上述各种变异指标数值的大小,不仅受离散程度的影响,而且还受数列水平(即标志本身的水平)高低的影响。因此,若两个总体的均值不等,就不能用上述变异指标直接比较变量值的离散程度及均值的代表性。

为了消除计量单位不同和标志值水平高低对离散程度测度值的影响,需要计算离散程度的相对指标,即变异系数。

变异系数,又称离散系数,是变异指标与相应的算术平均数相对比计算出来的相对数,一般用百分数表示。各种变异指标都可以计算变异系数,来反映总体各单位标志值的相对离散程度。变异系数有:

极差系数 $\qquad V_R = \dfrac{R}{\overline{X}} \times 100\%$ $\qquad\qquad\qquad$ (4-35)

平均差系数 $\qquad V_{AD} = \dfrac{A \cdot D}{\overline{X}} \times 100\%$ $\qquad\qquad\qquad$ (4-36)

标准差系数 $\qquad V_\sigma = \dfrac{\sigma}{\overline{X}} \times 100\%$ $\qquad\qquad\qquad$ (4-37)

从上面各种变异系数公式可以看出,由于算术平均数与标志变动度都有与标志值相同的计量单位,而且大小都与标志值成正比例,因此这些变异系数就是无量纲的,不受标志值大小的影响。一般来说,标准差系数使用最广泛。因而,在不加说明地提到"变异系数"时,通常指的就是标准差系数。

【例 4-23】 设有内地甲和沿海乙两个城市的居民人均年收入资料,如表 4-20 所示。试比较哪个城市的居民收入差距大。

表 4-20　甲、乙两城市的居民人均年收入情况

| 城市 | 人均年收入/元 | 收入标准差/元 | 收入极差/元 | 变异系数(%) | |
|---|---|---|---|---|---|
| | | | | 标准差系数 | 极差系数 |
| 甲 | 9000 | 320 | 3600 | 3.56 | 40 |
| 乙 | 17000 | 450 | 5400 | 2.65 | 31.76 |

就表 4-20 中前三栏的数据来看,乙城市不仅人均年收入远远高于甲城市,而且收入的差距(标准差和极差)似乎也显著大于甲城市。但是通过计算变异系数可以看出:乙城市居民的实际收入差距相对于它的平均收入来说,比甲城市要低得多。因此,用收入的变异系数来衡量和比较这两个城市收入分配状况的相对离散程度,才具有实际意义。换言之,只有当两个被比较城市的收入平均数相等或相近时,直接利用标准差等有量纲的变异指标来进行分析,才是合理的。

【例 4-24】 某车间有甲、乙两个班组,分别生产甲产品和乙产品。甲组 5 名工人的日产量分别为 40,45,50,55,60 件;乙组 5 名工人的日产量分别为 2,4,7,9,13 件。试比较哪个班组工人的日产量更均衡。

解 $\quad \overline{X}_{甲} = \dfrac{\sum X}{n} = \dfrac{40 + 45 + 50 + 55 + 60}{5} = 50$(件)

$$\sigma_甲 = \sqrt{\frac{\sum(X-\overline{X})^2}{n}} = 7.07(件)$$

$$\overline{X}_乙 = \frac{\sum X}{n} = \frac{2+4+7+9+13}{5} = 7(件)$$

$$\sigma_乙 = \sqrt{\frac{\sum(X-\overline{X})^2}{n}} = 3.85(件)$$

$$V_甲 = \frac{\sigma_甲}{\overline{X}_甲} \times 100\% = \frac{7.07}{50} \times 100\% = 14.14\%$$

$$V_乙 = \frac{\sigma_乙}{\overline{X}_乙} \times 100\% = \frac{3.85}{7} \times 100\% = 55\%$$

从标准差看，甲组的标准差比乙组的大，但两组的平均日产量相差悬殊，所以不能直接根据标准差来判断哪个班组工人的日产量更均匀，必须以标准差系数来判断。标准差系数的计算结果表明，甲组的日产量离散程度小于乙组，所以甲组工人的日产量比较均衡。

# 第四节　偏态和峰度的测度

集中趋势和离散趋势是数据分布的两个重要特征，但要全面了解数据分布的特点，还需要知道数据分布的形状是否对称、偏斜程度以及分布的扁平程度等。偏态和峰度就是对这些统计特征的描述。

## 一、偏态（skewness）及其测度

偏态是指数据分布的不对称性。有些数列虽然平均数与标准差相同，但是其次数分布的形态可能不完全一致，这与变量次数分布的对称程度有关。完全对称的分布称为对称分布，不完全对称的分布称为偏态分布。利用众数、中位数和平均数之间的关系就可以判断分布是否对称，是左偏还是右偏。但这样只能判别偏态的方向，而不能反映偏斜的程度。要测度数据分布的偏斜程度，则需要计算偏态系数。

计算偏态系数的公式有很多，但常用的方法主要有皮尔逊测度法和中心矩法两种。

（一）皮尔逊测度法

皮尔逊测度法就是利用算术平均数与众数的关系来测度数据分布偏斜程度的一种方法。我们知道，对于完全对称分布，算术平均数、众数和中位数三者必然相等，若不相等，则分布呈偏态。在偏态分布情况下，三者之间存在差距。分布越偏斜，算术平均数与众数或中位数的距离越远。因此，通常用算术平均数与众数的差距除以标准差来测定偏态的偏斜程度，用 $SK$ 表示。其计算公式为：

$$SK = \frac{\overline{X}-M_o}{\sigma} \tag{4-38}$$

经验证明，在适度偏态的情况下，$-3 \leqslant SK \leqslant 3$。

当 $\overline{X}=M_o$，$SK=0$ 时，数据分布呈对称分布；

当 $\overline{X}>M_o$，$SK>0$ 时，数据分布呈右（正）偏分布；

当 $\overline{X}<M_o$，$SK<0$ 时，数据分布呈左（负）偏分布。

### （二）中心矩法

中心矩法是指用三阶中心矩徐以标准差的三次方计算偏态系数的一种方法。该偏态系数记作 $\alpha$。其计算公式为：

$$\alpha=\frac{m_3}{\sigma^3} \tag{4-39}$$

式中，$m_3$ 表示三阶中心矩；$\sigma^3$ 为标准差的三次方。

这里用到的"矩"的概念原是物理学中表示力与力臂对重心关系的术语，统计学把变量与权数对平均关系类比于"矩"，用它来描述数据分布的性质。一般而言，取变量 $X$ 中的 $\alpha$ 值为中点时，定义：

$$M_k=\frac{\sum(X-\alpha)^k f_i}{\sum f} \tag{4-40}$$

为变量 $X$ 关于 $\alpha$ 的 $k$ 阶矩。当 $\alpha=0$ 时，即变量以原点为中心，式(4-40)称为 $k$ 阶原点矩。如果 $k$ 为 $1,2,3$ 时，有：

一阶原点矩 $M_1=\dfrac{\sum Xf}{\sum f}$，即算术平均数

二阶原点矩 $M_2=\dfrac{\sum X^2 f}{\sum f}$，即变量平方的算术平均数

三阶原点矩 $M_3=\dfrac{\sum X^3 f}{\sum f}$

当 $\alpha=\overline{X}$时，即变量以算术平均数为中心，式(4-40)称为 $k$ 阶中心矩，用 $m_k$ 表示。如果 $k$ 为 $1,2,3$ 时，有：

一阶中心矩 $m_1=\dfrac{\sum(X-\overline{X})f}{\sum f}=0$

二阶中心矩 $m_2=\dfrac{\sum(X-\overline{X})^2 f}{\sum f}=\sigma^2$

三阶中心矩 $m_3=\dfrac{\sum(X-\overline{X})^3 f}{\sum f}$

统计上使用三阶中心矩来计算偏态系数，是因为中心矩本身可以通过高于平均数的离差之和与低于平均数的离差之和的比较来显示分布的对称与非对称性。显然，当高于平均数的离差之和与低于平均数的离差之和相等时，全部离差之和等于零，数据分布呈对称分布；当这两种离差之和不相等，经正、负离差相互抵消之后，结果便可显示出分布的偏斜程度。由于一阶中心矩恒为零，对偶数阶中心矩而言，离差的偶数次方都是正数，没有正、负抵

消，所以这两种中心矩都不能用于测度数据偏态程度，只有奇数次阶的中心矩能满足正、负离差和的比较，其中又以三阶中心矩为最简单，故常用 $m_3$ 与 $\sigma^3$ 对比的相对数来测度偏度。

从式(4-40)可以看出，当 $\alpha=0$ 时，表示离差三次方后正、负离差相互抵消，数据分布呈对称分布形态；当 $\alpha>0$ 时，表示正偏离差值较大，数据分布呈右（正）偏分布；当 $\alpha<0$ 时，表示负偏离差值较大，数据分布呈左（负）偏分布。

偏态系数一般在 $-3$ 与 $3$ 之间，$\alpha$ 越接近 $0$，则数据分布的偏斜度越小；$\alpha$ 的绝对值越大，则数据分布的偏斜度越大。

## 二、峰度(kurtosis)及其测度

峰度是统计学中描述数据分布的特征值。它以正态分布曲线为标准，反映分布曲线顶端相对于正态曲线而言平坦或尖峭的程度。简言之，峰度是反映分布曲线顶峰尖锐程度的特征值。

峰度可分为高峰度和低峰度两种。若频率分布中各变量值对众数的相对位置都较正态曲线更为密集，因而使其曲线呈陡峭形，则称为高峰度；若频率分布中各变量值对众数的相对位置都较正态曲线更为分散，其曲线较为平缓，则称为低峰度，如图 4-2 所示。

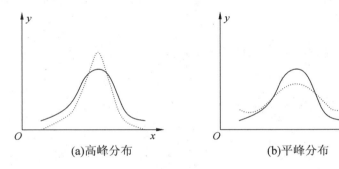

(a)高峰分布　　　　　(b)平峰分布

图 4-2　峰度分布

统计中常用四阶中心矩 $m_4$ 测定峰度，但这只是峰度的绝对测定量，具有计量单位，不能据此比较不同频率分布的峰度。因此，为了便于比较，需要将四阶中心距 $m_4$ 除以标准差的四次方 $\sigma^4$，得到峰度的相对测定量，称为峰度系数，并以 $\beta$ 表示，其计算公式为：

$$\beta = \frac{m_4}{\sigma^4} - 3 = \frac{\sum (X-\overline{X})^4 f}{\sum f \cdot \sigma^4} - 3 \tag{4-41}$$

当 $\beta=0$ 时，数据分布曲线为正态曲线。

当 $\beta>0$ 时，数据分布曲线为高峰曲线，表明变量值的差异程度小，平均数的代表性好。

当 $\beta<0$ 时，数据分布曲线为低峰曲线，表明变量值的差异程度大，平均数的代表性差。

需要注意的是，式(4-41)中也可以不减 3，此时的比较标准是 3，即当 $\beta=3$ 时，数据分布曲线为正态曲线；当 $\beta>3$ 时，数据分布曲线为高峰曲线；当 $\beta<3$ 时，数据分布曲线为低峰曲线。

【例 4-25】 （续例 4-6）试根据表 4-5 中所示的数据，计算该班统计学期末成绩分布的偏度和峰度。

**解**　本例采用中心矩法计算偏态系数。根据例 4-6 以及例 4-22 的计算结果可知，50 名

学生的平均成绩 $\overline{X}=76.2$ 分，标准差 $\sigma=12.75$ 分。根据偏度和峰度计算公式所需资料列表，计算过程如表 4-21 所示。

**表 4-21　某班级学生统计学考试成绩方差计算表**

| 按成绩分组/分 | 学生人数 $f$/人 | 组中值 $X$/分 | $(X-\overline{X})$ | $(X-\overline{X})^3 f$ | $(X-\overline{X})^4 f$ |
|---|---|---|---|---|---|
| 60 以下 | 6 | 55 | −21.2 | −57168.77 | 1211977.86 |
| 60～70 | 12 | 65 | −11.2 | −16859.14 | 1505.28 |
| 70～80 | 10 | 75 | −1.2 | −17.28 | 20.74 |
| 80～90 | 14 | 85 | 8.8 | 9540.61 | 83957.35 |
| 90～100 | 8 | 95 | 18.8 | 53157.38 | 999358.66 |
| 合　计 | 50 | — | — | −11347.2 | 2296819.89 |

$$三阶中心距\ m_3 = \frac{\sum (X-\overline{X})^3 f}{\sum f} = \frac{-11347.2}{50} = -226.94$$

$$四阶中心距\ m_4 = \frac{\sum (X-\overline{X})^4 f}{\sum f} = \frac{2296819.89}{50} = 45936.40$$

$$偏度系数\ \alpha = \frac{m_3}{\sigma^3} = \frac{-226.94}{(12.75)^3} = -0.110$$

$$峰度系数\ \beta = \frac{m_4}{\sigma^4} - 3 = \frac{45936.40}{(12.75)^4} - 3 = -1.2617$$

从计算结果可以看出，偏度系数小于 0，说明 50 名学生的统计学成绩呈负偏分布，即较高分数的人比较多；峰度系数小于 0，说明 50 名学生的统计学成绩分布为低峰曲线，虽然近似于对称分布，但峰度低于正态分布。由于本例题的分组数据和总体数据都比较少，偏度系数和峰度系数都只能近似地反映其频率分布的形态。

## 【思考与练习】

### 一、选择题

1. 某地区有 10 万人口，共有 80 个医院。平均每个医院要服务 1250 人，这个指标是　　　　　　　　　　　　　　（　　）

   A. 平均指标　　　　　　　　　B. 强度相对指标

   C. 总量指标　　　　　　　　　D. 发展水平指标

选择题

2. 权数对加权算术平均数的影响，决定于　　　　　　　（　　）

   A. 各组标志值的数值大小　　　B. 权数的绝对数多少

   C. 各组单位数占总体单位总数的比重　　D. 平均水平的高低

3. 已知 4 个水果商店苹果的单价和销售额，要求计算这 4 个商店苹果的平均单价，应该采用　　　　　　　　　　　　　　　　　（　　）

   A. 简单算术平均数　　　　　　B. 加权算术平均数

　　C. 加权调和平均数　　　　　　　D. 几何平均数

4. 有两个变量数列,甲数列:$\overline{X}_甲=100,\sigma_甲=12.8$;乙数列:$\overline{X}_乙=14.5,\sigma_乙=3.7$。此资料表明　　　　　　　　　　　　　　　　　　　　　　　　　　　（　　）

　　A. 甲数列平均数的代表性高于乙数列

　　B. 乙数列平均数的代表性高于甲数列

　　C. 两数列的平均数代表性相同

　　D. 两数列的平均数代表性无法比较

5. 当变量数列为左偏分布时,偏斜系数为　　　　　　　　　　　　　　（　　）

　　A. 正值　　　　　　B. 负值　　　　　　C. 零　　　　　　D. 无法确定

6. 不受极端值影响的集中趋势指标有　　　　　　　　　　　　　　　　（　　）

　　A. 中位数　　　　　B. 众数　　　　　　C. 几何平均数　　　D. 调和平均数

　　E. 算术平均数

7. 标准差指标数值越小,说明　　　　　　　　　　　　　　　　　　　（　　）

　　A. 观测值的分布远离集中趋势指标

　　B. 集中趋势指标具有较高的代表性

　　C. 观测值的分布比较接近集中趋势指标

　　D. 集中趋势指标具有较低的代表性

　　E. 观测值的分布越均衡

8. 计算相对数,分子和分母不能对调的是　　　　　　　　　　　　　　（　　）

　　A. 结构相对数　　　　　　　　　　B. 比例相对数

　　C. 比较相对数　　　　　　　　　　D. 计划完成相对数

　　E. 强度相对数

9. 下列属于算术平均数的有　　　　　　　　　　　　　　　　　　　　（　　）

　　A. 人均国民收入　　　　　　　　　B. 人口平均年龄

　　C. 粮食单位面积产量　　　　　　　D. 人口自然增长率

　　E. 人均汽车消费量

10. 关于中位数,下列说法正确的有　　　　　　　　　　　　　　　　　（　　）

　　A. 是根据各个变量值计算出来的

　　B. 是数据排序后处于中间位置的数值

　　C. 不受极端变量值的影响

　　D. 是一组数据一般水平的代表值

　　E. 是一种位置平均数

**二、判断题**

1. 计划完成程度指标大于100%,就表明超额完成计划。（　　）

2. 某厂的产值计划在去年的基础上提高10%,实际执行的结果仅提高5%,因此该厂的提高产值计划任务仅实现一半。（　　）

3. 结构相对指标的计算方法灵活,分子、分母可以互换。（　　）

4. 某地区某年人均生产粮食800千克,这是一个相对指标。（　　）

判断题

5.权数对算术平均数的影响作用,实质在于次数分配的结构,而不在于绝对次数的多少。(    )

6.如甲、乙、丙三个企业今年产量计划完成程度分别为95%、100%和105%,那么这三个企业产量平均计划完成程度为100%。(    )

7.平均指标的数值大,其作为总体各单位标志值一般水平的代表性也大。(    )

8.若两总体的平均数不同,而标准差相同,则标准差系数也相同。(    )

9.平均差和标准差都表示各标志值对算术平均数的平均离差。(    )

10.标志变异指标值越大,其均衡性就越好。(    )

三、问答题

1.什么是对比分析?常用的相对数有哪几种?

2.什么是计划完成程度指标?计划完成程度指标是否大于100%,就超额完成计划任务?为什么?

3.简要说明集中趋势与离散趋势在说明总体特征方面的区别与联系。

4.为什么要计算离散系数?

四、计算题

1.某企业2018年的劳动生产率计划规定比上年提高8%,实际执行结果比上年提高10%。问:劳动生产率计划完成程度是多少?

2.某厂按计划规定,第一季度的单位产品成本比去年同期降低10%,实际执行结果,单位产品成本较去年同期降低8%。问:该厂第一季度单位产品成本计划的完成程度如何?

3.某系200名学生统计学考试成绩分组资料如下表所示。

| 按考试成绩分组/分 | 人数/人 | 比重/% |
|---|---|---|
| 60以下 | 6 | 3 |
| 60~70 | 62 | 31 |
| 70~80 | 80 | 40 |
| 80~90 | 40 | 20 |
| 90~100 | 12 | 6 |
| 合　计 | 200 | 100 |

试用频数权数和频率权数分别计算该系同学考试的平均成绩。

4.某公司下属20个企业的产值利润率资料如下表所示。

| 产值利润率/% | 第一季度 | | 第二季度 | |
|---|---|---|---|---|
| | 企业数/个 | 总产值/万元 | 企业数/个 | 利润额/万元 |
| 10以下 | 3 | 400 | 6 | 30 |
| 10~20 | 12 | 5200 | 10 | 900 |
| 20~30 | 5 | 2400 | 4 | 850 |
| 合　计 | 20 | 8000 | 20 | 1780 |

要求根据上表资料分别计算该公司20个企业第一季度和第二季度的平均产值利润率。

5.甲、乙两组人数及月产量资料如下表所示。

| 甲 组 | | 乙 组 | |
|---|---|---|---|
| 月产量/件 | 工人人数/人 | 月产量/件 | 工人人数/人 |
| 100 以下 | 3 | 40 以下 | 3 |
| 100～120 | 5 | 40～50 | 27 |
| 120～140 | 12 | 50～60 | 36 |
| 140～160 | 6 | 60～70 | 26 |
| 160 以上 | 4 | 70～80 | 8 |
| 合 计 | 30 | 合 计 | 100 |

要求根据上表资料说明哪一组工人的平均日产量更具代表性。

6.某公司职工月收入情况如下表所示。

| 按月收入额分组/元 | 人数/人 |
|---|---|
| 3000 以下 | 3 |
| 3000～4000 | 9 |
| 4000～5000 | 15 |
| 5000～6000 | 8 |
| 6000 以上 | 5 |
| 合 计 | 40 |

根据表中的数据：

(1)计算该公司职工月收入的算术平均数、中位数、众数。

(2)计算该公司职工月收入的标准差。

(3)计算该公司职工月收入的偏度系数、峰度系数。

(4)说明该公司职工月收入分布的特点。

# |第五章|
# 时间序列分析

 学习目标

通过本章的学习,学生能够:

1. 理解时间序列的概念。
2. 掌握时间序列水平分析指标的计算。
3. 掌握时间序列速度分析指标的计算。
4. 了解时间序列的构成因素。

本章
讲课视频

    由国家统计局发布的《2018 年国民经济和社会发展统计公报》显示,经"初步核算,全年国内生产总值 900309 亿元,比上年增长 6.6%。其中,第一产业增加值 64734 亿元,增长 3.5%;第二产业增加值 366001 亿元,增长 5.8%;第三产业增加值 469575 亿元,增长 7.6%。第一产业增加值占国内生产总值的比重为 7.2%,第二产业增加值比重为 40.7%,第三产业增加值比重为 52.2%。全年最终消费支出对国内生产总值增长的贡献率为 76.2%,资本形成总额的贡献率为 32.4%,货物和服务净出口的贡献率为 −8.6%。人均国内生产总值 64644 元,比上年增长 6.1%。国民总收入 896915 亿元,比上年增长 6.5%。全国万元国内生产总值能耗比上年下降 3.1%。全员劳动生产率为 107327 元/人,比上年提高 6.6%。

    年末全国总人口(不包括港、澳、台)139538 万人,比上年末增加 530 万人,其中城镇常住人口 83137 万人,占总人口比重(常住人口城镇化率)为 59.58%,比上年末提高 1.06 个百分点。户籍人口城镇化率为 43.37%,比上年末提高 1.02 个百分点。全年出生人口 1523 万人,出生率为 10.94‰;死亡人口 993 万人,死亡率为 7.13‰;自然增长率为 3.81‰"。

    可见,客观事物都是不断地在发展变化的,对社会经济发展变化的规律,不仅要从静态角度分析其现象的数量特征,而且要对社会经济现象在不同时期和不同时点的数量表现作出分析,以探索社会经济现象发展变化的过程及其规律性,这就需要运用统计学中的时间序列分析方法。

# 第一节　时间序列的编制

文档
您身边的统计
指标——国内
生产总值（GDP）

## 一、时间序列的概念

时间序列也叫动态数列或时间数列，它是把反映某现象的同一指标在不同时间上的指标数值，按时间（如年、季、月、日等）先后顺序排列起来而形成的。例如，将我国 2011—2018 年国内生产总值（按当年价格计算）按时间先后顺序排列，就可以形成表 5-1 所示的时间序列。

表 5-1　2011—2018 年我国国内生产总值（GDP）　　　　　　　单位：亿元

| 年　份 | 2011 | 2012 | 2013 | 2014 | 2015 | 2016 | 2017 | 2018 |
|---|---|---|---|---|---|---|---|---|
| 国内生产总值 | 487940.2 | 538580.0 | 592963.2 | 641280.6 | 685992.9 | 740060.8 | 820754.3 | 900309.5 |

资料来源：国家统计局网站，http://www.stats.gov.cn/。

时间序列一般由两个基本要素构成：一个是现象所属的时间，如表 5-1 中的各个年份；另一个是反映特定时间客观经济现象的统计指标数值，如表 5-1 中的历年国内生产总值，它也被称为时间序列的发展水平。

编制时间序列是计算动态分析指标、对社会经济现象进行动态分析的基础，其主要作用表现为：第一，可以描绘社会经济现象发展变化的过程；第二，通过对时间序列的分析，研究社会经济现象发展的速度和趋势，探索社会经济现象发展变化的规律性；第三，对不同国家（或地区）的有关时间序列进行对比分析，揭示出不同的发展方向和发展规律，为经济研究提供依据；第四，是统计预测的一个重要工具，可以对社会经济现象和发展进行预测。

## 二、时间序列的种类

时间序列可以从不同角度分类，通常按其变量的表现形式，可以分为绝对数时间序列、相对数时间序列和平均数时间序列三种。其中，绝对数时间序列是基本序列，相对数时间序列和平均数时间序列则是在其基础上派生出来而形成的序列。

### （一）绝对数时间序列

绝对数时间序列，是指由反映某事物在不同时期和不同时点的规模大小、数量多少的绝对数所构成的时间序列。它反映事物在不同时间上的规模、水平等总量特征，又称为总量时间序列。

绝对数时间序列根据绝对数所反映的时间状况的不同，又可以分为时期序列和时点序列。

（1）时期序列。将某现象的一系列时期总量指标按一定顺序排列而成的序列称为时期序列,它从总量上反映事物的发展变化趋势。表 5-1 所示的我国 2011—2018 年国内生产总值就是一个时期序列。

（2）时点序列。将某现象的一系列时点总量指标按一定顺序排列而成的序列称为时点序列,它反映事物在某时刻（时点）所达到的状态。表 5-2 所示的我国 2011—2018 年年末总人口就是一个时点序列。

文档
您身边的统计
指标——人口

**表 5-2　2011—2018 年年末我国总人口**　　　　　　　　　单位:万人

| 年　份 | 2011 | 2012 | 2013 | 2014 | 2015 | 2016 | 2017 | 2018 |
|---|---|---|---|---|---|---|---|---|
| 年末总人口 | 134735 | 135404 | 136072 | 136782 | 137462 | 138271 | 139008 | 139538 |

资料来源:国家统计局网站,http://www.stats.gov.cn/。

时期序列与时点序列各自具有不同特点:①时期序列中各个指标数值可以相加,而时点序列中各指标数值相加却没有意义;②时期序列中指标数值的大小与其时期长短有直接关系,但时点序列中指标数值的大小与其间隔长短一般没有直接联系;③时期序列中各指标数值通常是经过连续不断地登记取得的,而时点序列中各个指标数值是间断登记（每间隔一定时期登记一次）取得的。

### （二）相对数时间序列

相对数时间序列又称相对指标时间序列,是反映事物之间数量对比关系的某一相对指标按时间先后顺序排列而形成的序列,它反映社会经济现象间的联系及其发展变化过程。该相对数是两个相关变量的比值。具体而言,它可以是两个时期数的比值,也可以是两个时点数或者一个时期数与一个时点数的比值,当然还可以是两个相对数或两个平均数的比值。表 5-3 所示的我国人口出生率的序列就是一个相对数时间序列。

**表 5-3　2011—2018 年我国人口出生率**　　　　　　　　　　单位:‰

| 年　份 | 2011 | 2012 | 2013 | 2014 | 2015 | 2016 | 2017 | 2018 |
|---|---|---|---|---|---|---|---|---|
| 出生率 | 11.93 | 12.10 | 12.08 | 12.37 | 12.07 | 12.95 | 12.43 | 10.94 |

资料来源:国家统计局网站,http://www.stats.gov.cn/。

表 5-3 中的出生率,是根据当年出生人口总数与当年年末的人口总数这两个有联系的绝对数计算得到的。由于相对数时间序列的各个指标都是相对数,其计算基础不同,因此不能直接相加。

### （三）平均数时间序列

平均数时间序列又称平均指标时间序列,是将一系列平均数按照时间先后顺序排列而成的时间序列,它反映社会经济现象一般水平的发展趋势。例如,由各个时期职工的平均工资所形成的时间序列、各个时期粮食平均亩产量所形成的时间序列等,都是平均数时间序列。平均数时间序列的每个指标都是平均数,相加是没有意义的。表 5-4 所示的 2011—2018 年我国城镇单位就业人员年平均工资就是一个平均数时间序列。

表 5-4　2011—2018 年我国城镇单位就业人员年平均工资　　　　　　单位:元

| 年　份 | 2011 | 2012 | 2013 | 2014 | 2015 | 2016 | 2017 | 2018 |
|---|---|---|---|---|---|---|---|---|
| 年平均工资 | 41799 | 46769 | 51483 | 56360 | 62029 | 67569 | 74318 | 82461 |

资料来源:国家统计局网站,http://www.stats.gov.cn/。

在统计分析的实际工作中,上述三种时间序列不是彼此孤立的。由于社会经济现象的复杂性和相互联系性,在很多情况下,为了全面地分析事物的发展变化过程,必须将各种时间序列结合起来运用。

## 三、时间序列的编制

编制时间序列的目的在于,通过时间序列中的指标各数值前后的对比,来观察和分析被研究现象的变化过程及其发展趋势或规律性。因此,保证时间序列中指标各数值的可比性,是编制时间序列应遵循的基本原则。具体而言,有下列几点基本要求。

### (一)时间长短应当统一

时期序列指标数值的大小,与时期的长短有直接关系,因此,在编制时间序列时,各指标数值的时期长短应当一致。但对这个原则的理解也不能绝对化,有时为了特定的研究目的,也可以将时期不等的指标编制形成时间序列。对于时点序列,由于各个指标数值都表明一定时点的状态,所以不存在时期长短应该相等的问题。但为了便于研究现象变化的规律性,它们的间隔相等更佳。

### (二)总体范围应当一致

总体范围通常是指现象的空间范围,例如,要研究一个省的人口数、耕地面积等现象数量的发展变化状况,需要分别编制这些统计指标的时间序列。如果该省的行政区域有过变动,其变动前后的统计指标数值是不能直接对比的,否则会歪曲被研究现象本身变化的趋势或规律性。因此,正确编制时间序列,应根据研究目的,将总体区域变动前后的统计资料加以调整,使其总体范围保持一致。

### (三)指标的经济内容应当相同

一般来说,只有同质的现象才能进行动态对比,才能表明现象发展变化的过程和趋势。不能就数量论数量,而要对所研究现象的经济内容进行质的分析。因此,保证各期指标经济内容的一致性就显得十分必要。

### (四)指标的计算方法、计算价格和计量单位应当一致

指标的计算方法,通常也叫指标的计算口径,有时一个相同名称的指标其计算口径因研究目的不同会有所不同。例如,劳动生产率指标,有按全部职工计算的,也有按生产工人计算的。凡是价格指标都涉及计算价格的问题。价格有现行价格和不变价格,不变价格也不是永远不变的。新中国成立 70 多年来,我国曾使用过多期的不变价格。至于计量单位,更

是多种多样。因此,在编制时间序列时,前后各时期指标的计算方法、计算价格和计量单位应一致,若不一致,应设法调整。

# 第二节  时间序列的水平指标分析

时间序列虽描述了现象的发展过程和结果,但它还不能直接反映现象各期的增减数量、变动速度和规律性,为深刻揭示现象的这些方面,需要运用一系列的动态分析指标。常用的动态分析指标有:发展水平、平均发展水平,增长量、平均增长量;发展速度、平均发展速度,增长速度、平均增长速度等。前四种为时间序列的水平指标,用于现象发展的水平分析,是本节的内容;后四种为时间序列的速度指标,用于现象发展的速度分析,将在下一节阐述。

## 一、发展水平

发展水平是指时间序列中的每一项具体的指标数值。它反映社会经济现象在一定时期内或一定时点上所达到的规模或水平,是计算其他时间序列分析指标的基础。发展水平既可能是总量指标,也可能是相对指标或平均指标。按在时间序列中所处位置的不同,发展水平可分为最初发展水平、中间发展水平和最末发展水平。设时间序列的各项指标值为:

$$a_0, a_1, a_2, a_3, \cdots, a_{n-1}, a_n$$

其中,$a_0$ 为最初发展水平;$a_n$ 为最末发展水平;$a_1, a_2, \cdots, a_{n-1}$ 为中间发展水平。在统计分析中,通常将所研究的那一时期的指标水平叫作报告期水平,以 $a_1$ 表示;而将用来进行比较的基础时期的水平叫作基期水平,以 $a_0$ 表示。把现在的这个时期称为报告期,而将用来进行比较的过去的那个时期称为基期。

如表 5-5 所示,2011 年我国粮食产量 58849 万吨是最初水平,2018 年我国粮食产量 65789 万吨是最末水平,其余各项数值为中间水平。对于一个确定的时间序列来讲,其最初水平和最末水平是确定的。但是基期水平和报告期水平则不是固定的,而要看我们在进行动态对比时的比较对象。比如将 2018 年的粮食产量与 2011 年相比较,那么 2011 年粮食产量($a_0$)是基期水平,而 2018 年粮食产量($a_7$)是报告期水平;若将 2018 年的粮食产量与 2017 年相比较,则 2017 年粮食产量($a_6$)是基期水平,而 2018 年粮食产量($a_7$)是报告期水平。基期水平和报告期水平是随着研究时间和目的的改变而改变的。

表 5-5  2011—2018 年我国粮食产量  单位:万吨

| 年　份 | 2011 | 2012 | 2013 | 2014 | 2015 | 2016 | 2017 | 2018 |
|---|---|---|---|---|---|---|---|---|
| 粮食产量 | 58849 | 61223 | 63048 | 63965 | 66060 | 66044 | 61661 | 65789 |
| 符　号 | $a_0$ | $a_1$ | $a_2$ | $a_3$ | $a_4$ | $a_5$ | $a_6$ | $a_7$ |

资料来源:国家统计局网站,http://www.stats.gov.cn/。

## 二、平均发展水平

将一个时间序列各期发展水平加以平均而得的平均数,叫平均发展水平,又称动态平均数或序时平均数。需要指出的是,序时平均数与一般平均数是有区别的。一般平均数是根据同一时期总体标志总量与总体单位总量对比求得的,是根据变量数列来计算的,它从静态说明总体各单位某个数量标志值的一般水平;序时平均数所平均的是现象在不同时间上的数量差异,是根据动态序列来计算的,它从动态说明某一现象总体在某一段时间内指标的一般水平。

文档
您身边的统计
指标——粮食产量

序时平均数可以根据绝对数的时间序列进行计算,也可以根据相对数时间序列或平均数时间序列进行计算。从计算方法上看,根据绝对数时间序列计算序时平均数是最基本的方法。现分别介绍如下。

### （一）根据绝对数时间序列计算序时平均数

由于绝对数时间序列分为时期序列和时点序列,其序时平均数的计算方法也有所不同。

1.时期序列序时平均数的计算

由于时期序列各项指标值可以相加,因而,由时期序列计算序时平均数可采用简单算术平均数的方法计算,即将序列各项相加求和,然后除以序列项数之和。其计算公式如下:

$$\bar{a} = \frac{a_1 + a_2 + \cdots + a_{n-1} + a_n}{n} = \frac{\sum a_i}{n} \tag{5-1}$$

式中,$\bar{a}$代表序时平均数;$a_i$代表各期发展水平;$n$代表时期项数。

2.时点序列序时平均数的计算

由于不可能掌握现象发展过程中每一时点上的数字,只能间隔一段时间后统计其余额。所以,时点序列的序时平均数是假定在某一时间间隔内现象的增减变动比较均匀或波动不大的前提下推算出来的近似值。现分别按几种不同情况加以叙述。

（1）连续时点序列序时平均数的计算。在连续时点序列中,有连续变动和非连续变动两种情况。

①对连续变动的连续时点序列求序时平均数。

例如,某单位对职工天天考勤,因而有每日出勤人数资料,若要计算月份的平均出勤人数,用公式(5-1)计算即可,即与时期序列序时平均数的计算公式相同。

②对非连续变动的连续时点序列求序时平均数。

有些时点现象的量,不需要经常登记,只在它发生变动时,作变动记录即可,这样的序列称为非连续变动的连续时点序列。它可用加权算术平均法计算序时平均数。其计算公式为:

$$\bar{a} = \frac{\sum a_i f_i}{\sum f_i} \tag{5-2}$$

【例 5-1】 某企业 4 月 1 日有职工 600 人,4 月 11 日因生产需要招进新员工 18 人,4 月 16 日因待遇问题离厂 8 人,求该企业 4 月份平均职工人数。

**解** $\bar{a}=\dfrac{600\times10+618\times5+610\times15}{10+5+15}=608（人）$

(2)间断时点序列序时平均数的计算。其有两种情形:间隔时间相等和间隔时间不等。

①对间隔相等的间断时点序列求序时平均数。

在实际统计工作中,对时点性质的指标,为了简化登记手续,往往每隔一定时间登记一次,如商品储存额、流动资金占用额等,只统计月末或年末数字,这就组成了间隔相等的间断时点序列。

【例 5-2】 某企业 2019 年第二季度商品库存额见表 5-6 所示,求第二季度的平均商品库存额。

表 5-6 某企业 2019 年第二季度商品库存额 单位:万元

| 月 份 | 3 | 4 | 5 | 6 |
|---|---|---|---|---|
| 月末库存额 | 200 | 172 | 208 | 228 |

**解** 由于表 5-6 中每月数字只表示各月月末库存额,不能代表各月库存额的一般水平,因此不能简单相加再平均,而应先算出各月的平均库存额,然后再计算出第二季度的平均库存额。具体计算方法如下:

$$4\text{ 月份平均库存额}=\frac{200+172}{2}=186（万元）$$

$$5\text{ 月份平均库存额}=\frac{172+208}{2}=190（万元）$$

$$6\text{ 月份平均库存额}=\frac{208+228}{2}=218（万元）$$

第二季度平均库存额 $=\dfrac{186+190+218}{3}=198（万元）$

上面计算过程可概括为一般公式:

$$\bar{a}=\frac{\dfrac{a_1+a_2}{2}+\dfrac{a_2+a_3}{2}+\cdots+\dfrac{a_{n-1}+a_n}{2}}{n-1}$$

$$=\frac{\dfrac{a_1}{2}+a_2+\cdots+a_{n-1}+\dfrac{a_n}{2}}{n-1} \tag{5-3}$$

式中,$\bar{a}$ 代表序时平均数;$a_i$ 代表各时点值;$n$ 代表时点个数。

这种计算方法称为"首末折半法"。

如上述计算第二季度平均库存额,直接可用首末折半法计算如下:

$$\bar{a}=\frac{\dfrac{200}{2}+172+208+\dfrac{228}{2}}{3}=198（万元）$$

②对间隔不等的间断时点序列求序时平均数。

在间断时点序列中,如果相邻时点间隔不等,就需"首末折半"后用相应的时点间隔数加权计算。其计算公式为:

$$\bar{a} = \frac{\frac{a_1 + a_2}{2} f_1 + \frac{a_2 + a_3}{2} f_2 + \cdots + \frac{a_{n-1} + a_n}{2} f_{n-1}}{\sum_{i=1}^{n-1} f_i} \tag{5-4}$$

式中：$\bar{a}$ 代表序时平均数；$a_i$ 代表各时点值；$f_i$ 代表各时点间隔的距离。

**【例 5-3】** 某省 2018 年有关人口统计数据资料如表 5-7 所示，求该省 2018 年的年平均人口数。

表 5-7　某省 2018 年有关人口统计数据　　　　　　　　　单位：万人

| 日　期 | 1 月 1 日 | 3 月 31 日 | 6 月 1 日 | 12 月 31 日 |
|---|---|---|---|---|
| 人口数 | 2704 | 2716 | 2698 | 2702 |

**解** 由于人口数属于时点指标，根据表中 4 个时点所观测得到的人口数，按照相应的时间间隔进行加权平均，计算出该省 2018 年的年平均人口数为：

$$\bar{a} = \frac{\frac{2704+2716}{2} \times 3 + \frac{2716+2698}{2} \times 2 + \frac{2698+2702}{2} \times 7}{12}$$

$$= \frac{32444}{12} = 2703.7（万人）$$

**（二）根据相对数时间序列或平均数时间序列计算序时平均数**

由于相对数时间序列与平均数时间序列都是由绝对数时间序列派生而成的，因此其计算序时平均数的方法也是由绝对数时间序列计算序时平均数的方法派生出来的，即不能就时间序列中的相对数或平均数直接计算，而要分别计算出该相对数或平均数分子数列的序时平均数和分母数列的序时平均数后，再进行对比求得。用公式表示如下：

$$\bar{c} = \frac{\bar{a}}{\bar{b}} \tag{5-5}$$

式中：$\bar{c}$ 为相对数或平均数时间序列的序时平均数；$\bar{a}$ 为分子数列的序时平均数；$\bar{b}$ 为分母数列的序时平均数。

$a$ 数列和 $b$ 数列既可以是时期数列，也可以是时点数列。具体计算时又分为以下几种情况：

1. 由两个时期数列对比形成的相对数或平均数时间序列求序时平均数

**【例 5-4】** 某企业第四季度产值计划完成情况的资料如表 5-8 所示，试计算第四季度的产值平均计划完成程度。

表 5-8　某企业第四季度产值计划完成情况

| 计划完成资料 | 10 月 | 11 月 | 12 月 |
|---|---|---|---|
| 实际产值 $a$/万元 | 714 | 825 | 816 |
| 计划产值 $b$/万元 | 680 | 750 | 800 |
| 产值计划完成程度 $c$/% | 105 | 110 | 102 |

**解**   在表 5-8 中,实际产值与计划产值都为时期指标。所以,该企业第四季度的产值平均计划完成程度,可以按下式计算:

$$\bar{c} = \frac{\bar{a}}{\bar{b}} = \frac{(714+825+816)\div 3}{(680+750+800)\div 3} \times 100\% = \frac{2355}{2230} \times 100\% = 105.61\%$$

2. 由两个时点数列对比形成的相对数或平均数时间序列求序时平均数

**【例 5-5】**   某企业第二季度管理人员数及职工总数资料如表 5-9 所示,试计算该企业第二季度管理人员占职工总数的平均比重。

表 5-9   某企业第二季度管理人员数及职工总数资料

| 人数资料 | 3 月 31 日 | 4 月 30 日 | 5 月 31 日 | 6 月 30 日 |
|---|---|---|---|---|
| 管理人员数 $a$/人 | 100 | 102 | 102 | 106 |
| 职工人数 $b$/人 | 1020 | 1020 | 1026 | 1026 |
| 管理人员占全体职工比重 $c$/% | 9.8 | 10.0 | 10.3 | 10.3 |

**解**   在表 5-9 中,管理人员数与职工人数都为间隔相等的时点指标。所以,该企业第二季度管理人员占职工总数的平均比重,可以按下式计算:

$$\bar{c} = \frac{\bar{a}}{\bar{b}} = \frac{\left(\dfrac{100}{2}+102+102+\dfrac{106}{2}\right)\div 3}{\left(\dfrac{1020}{2}+1020+1026+\dfrac{1026}{2}\right)\div 3} \times 100\% = = 10.0\%$$

3. 由一个时期数列和一个时点数列对比形成的相对数或平均数时间序列求序时平均数

**【例 5-6】**   某商厦 2019 年第二季度各月份有关商品销售资料如表 5-10 所示,试求第二季度商品月平均流转次数。

表 5-10   某商厦 2019 年第二季度有关商品销售资料

| 销售资料 | 3 月 | 4 月 | 5 月 | 6 月 |
|---|---|---|---|---|
| 商品销售额 $a$/万元 | 100 | 120 | 143 | 289 |
| 月末库存额 $b$/万元 | 58 | 60 | 65 | 85 |
| 商品流转次数 $c$/次 | | 2.03 | 2.29 | 3.85 |

**解**   在表 5-10 中,商品销售额为时期指标,月末库存额为时点指标。所以,该商厦第二季度的商品月平均流转次数,可以按下式计算:

$$\bar{c} = \frac{\bar{a}}{\bar{b}} = \frac{(120+143+289)\div 3}{\left(\dfrac{58}{2}+60+65+\dfrac{85}{2}\right)\div (4-1)} = \frac{184}{65.5} = 2.81(次)$$

## 三、增长量

增长量是报告期发展水平与基期发展水平之差。它是用来说明某种现象从基期到报告期数量变化的绝对水平。其计算公式为:

增长量＝报告期水平－基期水平

由于采用的基期不同,增长量可分为逐期增长量与累计增长量两种。

**（一）逐期增长量**

逐期增长量是报告期水平与其前一期水平之差，用以说明报告期水平较前一期水平增加（或减少）的数量。用公式表示为：

$$逐期增长量 = a_i - a_{i-1} \quad (i = 1, 2, \cdots, n)$$

**（二）累计增长量**

累计增长量是报告期发展水平与某一固定时期发展水平（常为时间序列的最初发展水平）之差，用以说明报告期水平经过较长时期的发展比基期增加（或减少）的绝对量。用公式表示为：

$$累计增长量 = a_i - a_0 \quad (i = 1, 2, \cdots, n)$$

不难看出，逐期增长量和累计增长量存在以下数量依存关系：

（1）累计增长量等于相应时期的逐期增长量之和，即：

$$a_n - a_0 = (a_1 - a_0) + (a_2 - a_1) + (a_3 - a_2) + \cdots + (a_n - a_{n-1}) \tag{5-6}$$

（2）相邻两期的累计增长量之差等于相应时期的逐期增长量：

$$(a_i - a_0) - (a_{i-1} - a_0) = a_i - a_{i-1} \tag{5-7}$$

**【例 5-7】** 根据表 5-11 我国国内生产总值资料，计算 GDP 逐期增长量和累计增长量，如表 5-11 所示。

**表 5-11  2011—2018 年我国国内生产总值及增长量指标**　　　　　单位：亿元

| 年　份 | 2011 | 2012 | 2013 | 2014 | 2015 | 2016 | 2017 | 2018 |
|---|---|---|---|---|---|---|---|---|
| GDP | 487940 | 538580 | 592963 | 641281 | 685993 | 740061 | 820754 | 900309 |
| 逐期增长量 | — | 50640 | 54383 | 48318 | 44712 | 54068 | 80693 | 79555 |
| 累计增长量 | — | 50640 | 105023 | 153341 | 198053 | 252121 | 332814 | 412369 |

在实际统计分析中，为了消除季节变动的影响，也常常计算年距增长量指标。年距增长量是本期发展水平与上年同期发展水平之差，其公式为：

$$年距增长量 = 本期发展水平 - 上年同期发展水平$$

**【例 5-8】** 某市 2019 年国庆旅游黄金周共接待游客 150.59 万人次，2018 年同期共接待游客 119.6 万人次，求国庆旅游黄金周接待游客年距增长量。

**解**　年距增长量 = 150.59 - 119.6 = 30.99（万人次）

## 四、平均增长量

平均增长量是说明社会经济现象在一定时期内平均每期增长的数量。它是逐期增长量动态序列的序时平均数，反映现象平均增长水平。其计算公式为：

$$平均增长量 = \frac{逐期增长量之和}{逐期增长量项数} = \frac{时间序列末期累计增长量}{时间序列项数 - 1}$$

$$平均增长量 = \frac{(a_1 - a_0) + (a_2 - a_1) + \cdots + (a_n - a_{n-1})}{n} = \frac{a_n - a_0}{n} \tag{5-8}$$

式中，$n$ 代表逐期增长量项数，比时间序列项数少一项。

【例 5-9】 根据例 5-7 资料，计算我国 2011—2018 年年均 GDP 增长量。

$$平均增长量 = \frac{50640+54383+48318+44712+54068+80693+79555}{7}$$

$$= \frac{412369}{7} = 58909.86（亿元）$$

# 第三节　时间序列的速度指标分析

时间序列的速度指标分析，主要通过发展速度、增长速度、平均发展速度和平均增长速度指标来反映社会经济现象的变动速度。这四种指标密切联系，其中发展速度是基本的速度分析指标。

## 一、发展速度

发展速度是反映社会经济现象发展变化情况的动态相对指标，它是根据报告期发展水平与基期发展水平对比求得的。其计算结果一般用倍数或百分数表示。用公式表示为：

$$发展速度 = \frac{报告期水平}{基期水平} \times 100\%$$

在通常情况下，报告期水平总是大于 0，因此发展速度指标值也总是表现为正数。当 $0 <$ 发展速度指标值 $< 1$ 时，表明报告期水平低于基期水平；当发展速度指标值 $\geq 1$ 时，表明报告期水平达到或超过基期水平。

由于采用的基期不同，发展速度有环比发展速度和定基发展速度之分。

### （一）环比发展速度

环比发展速度也称逐期发展速度，是报告期水平与前一时期水平之比，表明现象逐期发展变化的程度。其表示形式为：

环比发展速度：

$$\frac{a_1}{a_0} \frac{a_2}{a_1} \dots \frac{a_n}{a_{n-1}}$$

### （二）定基发展速度

定基发展速度是报告期水平与某一固定时期水平（通常为最初水平或特定时期水平）之比，表明现象在较长时期内总的发展变化的程度，也称为总速度。其表示形式为：

定基发展速度：

$$\frac{a_1}{a_0} \frac{a_2}{a_0} \dots \frac{a_n}{a_0}$$

不难看出，环比发展速度和定基发展速度存在以下两个数量关系：

（1）环比发展速度的连乘积等于相应时期的定基发展速度。

$$\frac{a_1}{a_0} \times \frac{a_2}{a_1} \times \cdots \times \frac{a_n}{a_{n-1}} = \frac{a_n}{a_0} \qquad (5\text{-}9)$$

（2）两个相邻时期的定基发展速度之商等于相应时期的环比发展速度。

$$\frac{a_n}{a_0} \div \frac{a_{n-1}}{a_0} = \frac{a_n}{a_{n-1}} \qquad (5\text{-}10)$$

根据以上两个数量关系式，可以进行相互推算。现仍以我国 GDP 资料为例来说明发展速度的计算过程，如表 5-12 所示。

表 5-12　2011—2018 年我国国内生产总值及速度指标

| 年　份 | | 2011 | 2012 | 2013 | 2014 | 2015 | 2016 | 2017 | 2018 |
|---|---|---|---|---|---|---|---|---|---|
| GDP/亿元 | | 487940 | 538580 | 592963 | 641281 | 685993 | 740061 | 820754 | 900309 |
| 发展速度/% | 环比 | — | 110.38 | 110.10 | 108.15 | 106.97 | 107.88 | 110.90 | 109.69 |
| | 定基 | 100 | 110.38 | 121.52 | 131.43 | 140.59 | 151.67 | 168.21 | 184.51 |
| 增长速度/% | 环比 | — | 10.38 | 10.10 | 8.15 | 6.97 | 7.88 | 10.90 | 9.69 |
| | 定基 | — | 10.38 | 21.52 | 31.43 | 40.59 | 51.67 | 68.21 | 84.51 |

在实际统计分析工作中，为了消除季节变动的影响，类似于前面的年距增长量指标，也常计算年距发展速度，用以说明报告期水平与上年同期水平对比达到的相对程度。用公式表示为：

$$年距发展速度 = \frac{报告期发展水平}{上年同期发展水平} \times 100\%$$

根据例 5-8 资料计算，该市国庆旅游黄金周接待游客人次的年距发展速度为：

$$150.59 \div 119.6 = 125.91\%$$

## 二、增长速度

增长速度是反映社会经济现象增长程度的动态相对数，它可由增长量与基期水平对比求得，用以说明报告期水平比基期水平增加了若干倍（或百分比）。其计算公式为：

$$增长速度 = \frac{增长量}{基期水平} = \frac{报告期水平 - 基期水平}{基期水平} = 发展速度 - 1$$

增长速度与发展速度之间仅相差一个基数，当发展速度 >1 时，增长速度为正值，表示现象的增长程度；当发展速度 <1 时，增长速度为负值，表示现象的减少程度。

增长速度根据所采用的基期不同，可分为环比增长速度和定基增长速度两种。

（一）环比增长速度

环比增长速度也称逐期增长速度，是报告期的逐期增长量与前一期水平之比所求得的动态相对数，表明某种现象逐期增长程度。其计算公式为：

$$环比增长速度 = \frac{逐期增长量}{前一期水平} = 环比发展速度 - 1$$

（二）定基增长速度

定基增长速度是报告期累计增长量与某一固定基期水平之比,表明某种现象在较长时期内总的增长速度。其计算公式为:

$$定基增长速度 = \frac{累计增长量}{固定基期水平} = 定基发展速度 - 1$$

应该注意的是,环比增长速度的连乘积并不等于定基增长速度。如果要由环比增长速度求定基增长速度,必须先将环比增长速度加 1 转换为环比发展速度,再连乘求得定基发展速度,然后将所得结果减 1,即可得定基增长速度。定基增长速度的计算举例如表 5-12 所示。

## 三、计算和应用速度指标应注意的问题

(1)时间序列中的指标值为 0 或负数时,不宜计算速度指标。比如某企业连续五年的利润额分别为 5 万元、3 万元、0 万元、-2 万元、1 万元,对这一时间序列计算速度指标,要么不符合数学公理,要么无法解释其实际意义。在这种情况下,适宜直接用绝对数进行分析。

(2)速度指标要与发展水平指标结合使用。现象发展的水平分析是现象发展速度分析的基础,速度分析是水平分析的深入和继续。由于高速度可能掩盖着低水平,低速度可能隐藏着高水平,因此在经济分析中必须把它们结合起来运用,才能够对现象发展变化的规律做出更加深刻的分析。为此,必须计算增长 1% 的绝对值。这是一个相对数和绝对数相结合运用的指标。

增长 1% 的绝对值就是指在报告期水平与基期水平对比中,报告期比基期每增长 1% 所包含的绝对值是多少,它是逐期增长量与环比增长速度之比,说明速度每增长一个百分点而增加的绝对数量。其计算公式为:

$$增长 1\% 的绝对值 = \frac{逐期增长量}{环比增长速度 \times 100} = \frac{前期水平}{100}$$

另外,在实际统计中,为了消除季节变动的影响,还常计算年距增长速度,它是指年距发展速度减去 1。

## 四、平均发展速度和平均增长速度

平均速度指标包括平均发展速度和平均增长速度,它们是反映社会经济现象在一个较长时期内逐期平均发展变化的程度和逐期平均增长变化的程度的指标,用以观察现象在整个时期内动态发展变化情况和趋势。平均速度指标是动态研究中很重要的两个分析指标。

（一）平均发展速度

平均发展速度是各期环比发展速度的序时平均数。由于环比发展速度是根据同一现象在不同时间发展水平对比而得的动态相对数,因此,它不能应用上述所讲的计算序时平均数的方法来计算。在实际工作中,计算平均发展速度的方法主要有几何平均法和方程法两种。

这两种方法数理依据不同,具体计算和应用场合也不一样,现分别说明如下。

### 1.几何平均法（水平法）

计算平均发展速度时,因为总速度等于各期环比发展速度的连乘积,所以不能应用算术平均法,而要应用几何平均法来计算。在实践中,如果经济现象的长期计划采用水平法,即长期计划要求在最后一年达到规定的 $a_n$ 水平,此时则应采用几何平均法算出其平均发展速度,按此平均发展速度发展,可以保证完成计划,所以几何平均法也称为"水平法"。如产量、产值、商品销售额等,这类现象的长期计划,一般是以水平法规定的。水平法表示为从最初水平 $a_0$ 出发,每期以平均发展速度 $\overline{X}$ 代替各环比发展速度 $X_1,X_2,X_3,\cdots,X_n$,经过 $n$ 期发展,正好达到最末水平 $a_n$,用公式表示如下:

$$a_0 \cdot X_1 \cdot X_2 \cdot X_3 \cdots X_n = a_0 \cdot \overline{X} \cdot \overline{X} \cdot \overline{X} \cdots \overline{X} = a_0 \cdot \overline{X}^n = a_n$$

因此平均发展速度的计算公式为:

$$\overline{X} = \sqrt[n]{\frac{a_n}{a_0}} = \sqrt[n]{X_1 \cdot X_2 \cdot X_3 \cdots X_n} = \sqrt[n]{\Pi X} = \sqrt[n]{R} \qquad (5\text{-}11)$$

式中,$\overline{X}$ 表示平均发展速度,$X_1,X_2,X_3,\cdots,X_n$ 表示各期环比发展速度,$R$ 表示总速度,$n$ 表示环比发展速度的项数。

**【例 5-10】** 我国 2011—2018 年的国内生产总值及速度指标如表 5-12 所示,根据这些资料计算 2011—2018 年的年平均发展速度。

**解** 平均发展速度 $\overline{X} = \sqrt[7]{\dfrac{900309}{487940}} = 109.15\%$

$= \sqrt[7]{110.38\% \times 110.10\% \times 108.15\% \times 106.97\% \times 107.88\% \times 110.90\% \times 109.69\%}$

$= \sqrt[7]{1.8451} = 109.15\%$

### 2.方程法（累计法）

方程法,是通过研究阶段内各期实际水平之和对基期水平之比所确立的代数方程,来计算平均发展速度的方法。在实践中,如果经济现象的长期计划是按累计法制定的,则要用方程法算出其平均发展速度,按此平均速度发展,可以保证计划内各期发展水平的累计达到计划规定的总数,所以方程法也称累计法。如基本建设投资额、造林面积、新增生产能力等,这类现象的长期计划,一般是以累计法规定的。累计法表示为从最初水平 $a_0$ 出发,各期按平均发展速度 $\overline{X}$ 计算发展水平,则计算的各期发展水平累计总和,应与实际所具有的各期发展水平的累计总和相等。具体展示如下:

|  | 各期计算水平 | 各期实际水平 |
|---|---|---|
| 第一期 | $a_0 \overline{X}$ | $a_1$ |
| 第二期 | $a_0 \overline{X}^2$ | $a_2$ |
| 第三期 | $a_0 \overline{X}^3$ | $a_3$ |
| $\vdots$ | $\vdots$ | $\vdots$ |
| 第 $n$ 期 | $a_0 \overline{X}^n$ | $a_n$ |

由方程法计算平均发展速度,得:

$$a_0 \overline{X} + a_0 \overline{X}^2 + a_0 \overline{X}^3 + \cdots + a_0 \overline{X}^n = a_1 + a_2 + a_3 + \cdots + a_n = \sum_{i=1}^{n} a_i$$

等式两边同除以 $a_0$，可得如下方程式：

$$\overline{X}^n + \overline{X}^{n-1} + \cdots + \overline{X}^2 + \overline{X} = \frac{\sum_{i=1}^{n} a_i}{a_0}$$

解此方程所得的根就是要计算的平均发展速度。但是要解这个高次方程是比较复杂的，实际工作中都根据事先编就的《平均增长速度查对表》[①]来查对计算。

### (二)平均增长速度

平均增长速度是各个环比增长速度的序时平均数，说明某种现象在一个较长时期中逐期平均增长变化的程度。平均增长速度不能根据各个环比增长速度直接计算，但它与平均发展速度有密切联系，即

平均增长速度＝平均发展速度－1　　　　　　　　　　　　　　　　(5-12)

上式表明，只要计算出平均发展速度，就可以推算出平均增长速度。反之，由平均增长速度也可以推算出平均发展速度。

平均发展速度大于1，则平均增长速度为正值，表示某种现象在一个较长时期内逐期平均递增的程度，这个指标也叫"平均递增率"；反之，平均发展速度小于1，则平均增长速度为负值，表示某种现象在一个较长时期内逐期平均递减的程度，这个指标也叫"平均递减率"。

### (三)计算和运用平均速度指标时应注意的问题

(1)要根据统计研究目的选择计算方法。前述计算平均发展速度有几何平均法(水平法)和方程法(累计法)两种方法，这两个方法在具体运用上各有特点和局限性。当目的在于考察最末一年发展水平而不关心各期发展水平总和时，可采用水平法；当目的在于考察各期发展水平总和而不关心最末一年发展水平时，可采用方程法。

(2)要根据社会经济现象的特点选择计算方法。当现象随着时间的推移比较稳定地逐年上升或逐年下降时，一般采用水平法计算平均发展速度。但要注意，如果编制的时间序列中，最初水平和最末水平受特殊因素的影响而出现过高或过低的情况，则不可以计算平均发展速度。当现象的发展不是有规律地逐年上升或下降，而是经常表现为升降交替，一般采用累计法计算平均发展速度。但要注意，如果资料中间有几年环比速度增长得特别快，而有几年又降低得较多，出现显著的悬殊和不同的发展方向，就不可以计算平均发展速度，因为用这样的资料计算的平均发展速度会降低这一指标的意义，从而不能确切说明实际情况。

(3)采取分段平均速度来补充说明总平均速度。当研究时期较长时，应采取分段平均速度来补充说明总平均速度，以便全面、深入地了解现象的整个发展变化过程。如果个别环比发展速度出现负值或零时，或者当各期环比发展速度呈现明显的特殊高低变化时，更需要总速度与分段平均发展速度结合使用，并对具体问题进行具体分析。

(4)平均速度指标要与其他指标结合运用。平均发展速度表明的是在基期水平基础上要与发展水平、增长量、环比速度、定基速度等各项基本指标结合应用，起到分析研究和补充说明的作用，以便对现象有比较确切和完整的认识。

---

① 河北大学经济系.平均增长速度查对表[M].北京:中国财政经济出版社,1981.

# 第四节　时间序列的影响因素分析

## 一、时间序列影响因素及组合模型

### （一）时间序列的影响因素

社会经济现象的发展变化是由许多错综复杂的因素共同作用的结果。在诸多影响因素中，有的是长期起作用的，对事物的发展变化发挥着决定性作用；有的只是短期起作用，或者只是偶然发挥非决定性的作用。例如，公司产品的销售量可能受经济增长、企业经营不断改进等长期稳定因素的影响，同时也可能受偶然自然灾害、新的政策出台等非长期因素的影响。在分析时间序列变动规律时，事实上不可能将每一个影响因素都一一划分开来分别进行精确分析。但是，可以按照对现象变化影响的类型，将众多影响因素加以概括分类，然后按类测定它们对事物发展的影响状况，以揭示时间序列变动的规律性。影响时间序列的因素通常可归纳为四种：长期趋势（trend）、季节变动（seasonal fluctuation）、循环变动（cyclical variation）和不规则变动（irregular variation）。

1. 长期趋势（$T$）

长期趋势是指事物由于受某种根本因素的影响，在某一较长的时间内，持续增加而向上发展或持续减少而向下发展的总趋势。例如，由于科技进步和从业人员的增加，我国的国内生产总量呈逐年增长的趋势；由于人民生活水平的提高和医疗卫生事业的发展，我国人口死亡率呈现不断下降的趋势等。长期趋势变动是时间序列变动的基本形式，而认识和掌握事物的长期趋势可以把握住事物发展变化的基本特点。

2. 季节变动（$S$）

季节变动是指事物因受自然条件或社会因素的影响，在一年或更短的时间内，随着时间的变化而引起的周期性重复变动。这种周期性变动一般都比较稳定。由于自然条件变化而引起的季节变动，广泛存在于社会经济现象中。例如，一年四季中的啤酒产量（或销量）呈明显的季节性变化，商场水果类商品的销售额也有季节性变化的规律，这些差异是由于自然条件的变化而产生的季节差异。而由于社会因素引起的季节变动在社会经济领域也非常普遍。例如，春节前后、"五一"和"十一"长假期间，客运特别繁忙、市场商品需求特别旺盛等。因此，认识和掌握季节变动，对各有关单位的近期行动决策有着重要作用。

3. 循环变动（$C$）

循环变动是指现象在较长时间里按一定规律涨落起伏的波动，它是一种波动周期较长且幅度规则性较低的波动。在自然界和经济领域均存在着循环变动现象，如农副产品价格和收成的变动，国民经济指数在其发展过程中围绕长期趋势而呈现一种上下起伏的波动，商业周期的繁荣、衰退、萧条、复苏四个阶段的循环变动等。

4.不规则变动($I$)

不规则变动是指除以上各种变动以外,由于非正常的或偶然的因素引起的非周期性或非趋势性的随机变动。如地震、水灾、战争或某些不明原因引起的变动等。这种变动一般是无法预知的。

(二)时间序列影响因素的组合模型

影响时间序列变动的这四种因素,按照它们的影响方式不同,可以设定为不同的组合模型,其中最常用的有乘法模型和加法模型两种。

以 $Y$ 表示时间序列指标数值;$T$ 表示长期趋势成分;$S$ 表示季节变动成分;$C$ 表示循环变动成分;$I$ 表示不规则变动成分;用下标 $i$ 表示时间($i=1,2,\cdots,n$),$n$ 为时间序列项数。乘法模型和加法模型的表现形式为:

乘法模型:$Y_i = T_i \cdot S_i \cdot C_i \cdot I_i$

加法模型:$Y_i = T_i + S_i + C_i + I_i$

乘法模型是假定四种因素对现象发展的影响是相互的,长期趋势成分取与时间序列原始指标数值 $Y$ 相同计量单位的绝对量,以长期趋势为基础,其余成分则均以比率(相对量)表示。加法模型是假定四种因素的影响是独立的,每个成分均以与时间序列原始指标数值 $Y$ 相同计量单位的绝对量来表示。在统计实践中,采用哪一种模型进行分析,需要根据研究对象的性质和掌握资料情况而定。相对而言,乘法模型用得较为广泛。

需要说明的是,时间序列组合模型中包含了四种因素,这是时间序列的完备模式,但是并非在每个时间序列中都同时存在这四种因素。一般说来,在时间序列中,长期趋势是经常存在的,而季节变动因素和循环变动因素不一定存在。当季节变动因素或循环变动因素不存在时,在乘法模型中的 $S$ 或 $C$ 取值为1,在加法模型中的 $S$ 或 $C$ 取值为0。时间序列分析的任务之一,就是对时间序列中这几个影响因素进行统计测定和分析,从中划分出各种因素的具体作用,揭示现象变动的规律和特征,为认识和预测事物的发展提供依据。要分别研究各种影响因素的变动规律以及对时间序列的影响,就需要从时间序列中把各种因素测定出来。只有这样,才能识别某种影响因素是否存在,也才能分别描述各种影响因素的变动规律。下面主要以乘法模型为依据分别阐述各影响因素的测定方法。

## 二、长期趋势的测定

长期趋势是指事物由于受某种根本因素的影响,在某一较长时间内持续增加而向上发展或持续减少而向下发展的总趋势。测定长期趋势的主要目的在于把握现象的趋势变化,从数量方面来研究现象发展的规律性,探求合适趋势线,为进行统计预测提供必要条件;同时,测定长期趋势,可以消除原有时间数列中长期趋势的影响,以便更好地显示和测定季节变动。

反映现象发展的长期趋势有两种基本形式:一种是直线趋势,另一种是非直线趋势,即曲线趋势。当所研究现象在一个相当长的时期内呈现出比较一致上升或下降的变动,如循着直线发展,则为直线趋势,可求出一条直线代表之,这条直线也可叫趋势直线。趋势直线上升或下降,表示这种现象的数值逐年俱增或俱减,且每年所增加或减少的数量大致相同。

所以，直线趋势的变化率或趋势线的斜率基本上是不变的。而非直线趋势，其变化率或趋势线的斜率是变动的。

研究现象发展的长期趋势，必须对原来的时间序列进行统计处理，一般称之为时序数列修匀，即进行长期趋势测定。测定长期趋势的方法很多，主要有时距扩大法、移动平均法和数学模型法；而数学模型又有直线趋势模型和曲线趋势模型之分。

（一）时距扩大法

时距扩大法是测定长期趋势的一种简单的方法。当原始时间序列中各指标数值上下波动，使现象变化规律表现不明显时，可通过扩大序列时间间隔，对原资料加以整理，以反映现象发展的趋势。

【例 5-11】 某商店 2018 年各月销售资料，如表 5-13 所示。

表 5-13 某商店 2018 年各月销售额情况　　　　　　　单位：万元

| 月 份 | 1 | 2 | 3 | 4 | 5 | 6 | 7 | 8 | 9 | 10 | 11 | 12 |
|---|---|---|---|---|---|---|---|---|---|---|---|---|
| 销售额 | 41 | 42 | 52 | 43 | 45 | 51 | 53 | 40 | 51 | 49 | 56 | 54 |

现将时期扩大为一季，并计算各季度月平均销售额，结果如表 5-14 所示。

表 5-14 某商店 2018 年各季度商品销售额情况　　　　　　　单位：万元

| 季 度 | 第一季度 | 第二季度 | 第三季度 | 第四季度 |
|---|---|---|---|---|
| 销售额 | 135 | 139 | 144 | 159 |
| 平均每月销售额 | 45 | 46.3 | 48 | 53 |

由例 5-11 可知，该店各月销售额有增有减，看不出销售变化的明显趋势。但将时期扩大，并计算各季序时平均数后，所得新的时间序列修匀了原有序列受季节因素或偶然因素影响产生的波动，因此全年销售一季比一季增长的趋势就明显地反映出来了。

时距扩大法的优点是简便直观。但它的缺点也很突出，表现在时距扩大之后，所形成的新序列包含的数据减少，信息量大大流失，不便于做进一步的分析。

（二）移动平均法

移动平均法是通过对原有时间序列进行修匀，来测定其长期趋势的一种较为简单的方法。它是采用逐项递推移动的方法，分别计算一系列移动的序时平均数，形成一个新的派生的序时平均数时间序列，来代替原有的时间序列。在这个新的时间序列中，短期的偶然因素引起的变动被削弱了，从而呈现出明显的长期趋势。现仍以表 5-13 某商店销售资料为例，采取 3 项和 5 项移动平均数分别进行修匀，计算其各个移动平均数，结果如表 5-15 所示。

表 5-15 某商店 2018 年各月销售额的移动平均数

| 月 份 | 销售额/万元 | 3 项移动平均数 | 5 项移动平均数 |
|---|---|---|---|
| 1 | 41 | — | — |
| 2 | 42 | 45 | — |
| 3 | 52 | 45.7 | 44.6 |
| 4 | 43 | 46.7 | 46.6 |
| 5 | 45 | 46.3 | 48.8 |
| 6 | 51 | 49.7 | 46.4 |
| 7 | 53 | 48 | 48 |
| 8 | 40 | 48 | 48.8 |
| 9 | 51 | 46.7 | 49.8 |
| 10 | 49 | 52 | 50 |
| 11 | 56 | 53 | — |
| 12 | 54 | — | — |

应用移动平均法分析长期趋势时,应注意下列三点:

(1)用移动平均法对原时间序列修匀,修匀程度的大小与原序列移动平均的项数多少有关。例如,用 5 项移动平均比用 3 项移动平均修匀程度更大些,如图 5-1 所示。

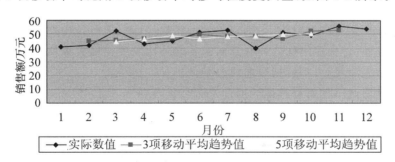

图 5-1 移动平均法趋势线配合图

(2)采用奇数项移动比较简单,一次即得趋势值。如表 5-12 所示,3 项移动第一个移动平均数为(41+42+52)÷3＝45(台),即可对正 2 月份的原值。第二个移动平均数为(42+52+43)÷3＝45.7(台),即可对正 3 月份的原值等。采用偶数项移动平均时,由于偶数项移动平均数都是在两项中间位置,所以要将第一次移动的平均值再进行两项"移正平均",得出移正值时间序列,以显示出现象变动趋势。由于偶数项移动平均比较复杂,因此一般常以奇数项为长度。

(3)移动平均后的序列比原序列项数要减少。移动时采用的项数愈多,虽能更好地进行修匀,但所得趋势值的项数就愈少。一般情况下,移动平均项数与趋势值的项数关系为:趋势值项数＝原数列项数－移动平均项数+1。如例 5-11 中,原数列项数为 12,采取 3 项移动平均所得趋势值项数＝12－3+1＝10(项),要比原有数列少 2 项。5 项移动平均首尾共减少

4项，所以时间长度也不宜过长，时间过长，首尾减少项数过多，反而会削弱新序列的分析作用。

（三）数学模型法

不管是时距扩大法还是移动平均法，它们只能使时间序列的发展方向变得更为明显，但不能将时间序列的发展趋势以具体的模型形式表现出来，尤其是对于时间序列的预测显得无能为力。所谓数学模型法，就是指在对原有时间序列进行分析的基础上，根据原数列发展趋势的类型，用一定的数学方法，拟合相应的趋势模型，以此来测定长期趋势的方法。

时间序列长期趋势总的来讲可分为两种类型，直线型趋势和曲线型趋势。当时间序列近似地呈现直线，每期的增减数量大致相同时，则称时间序列具有直线趋势。直线趋势的特点是其逐期变化量或趋势线的斜率基本保持不变。当时间序列在各时期的变动随时间而异，各时期的变化率或趋势线的斜率有明显变动但又有一定规律性时，现象的长期趋势不再是直线型的，而可能是曲线型趋势。最常见的曲线型趋势有抛物线趋势和指数曲线趋势。

在对时间序列拟合趋势模型前，首先要确定现象变动的大概形态。判定趋势变动形态的方法常用的有两种。

一种是画散点图的方法。即以原数列中各个时期为横坐标 $t$，各期指标值为纵坐标 $y$，根据 $(t,y)$ 在直角坐标系中描出各个散点图，然后根据散点图的形状，分析选择适当的趋势线方程。若图形大致呈直线，就拟合直线趋势模型；若图形大致呈曲线，就拟合曲线趋势模型。

另一种是指标判别法。若根据时间序列计算出的各个逐期增长量大致相同，则现象的发展趋势近似于一条直线，即可拟合直线趋势模型；若根据时间序列计算出的各期二级增长量（逐期增长量的增长量）大致相同，则现象的发展趋势近似于一条抛物线，即可对原数列拟合抛物线趋势模型；若根据时间序列计算出的各期环比发展速度大致相等，则现象的发展趋势近似于一条指数曲线，可拟合指数曲线模型。

下面分别介绍这三种趋势模型的拟合方法。

1.直线趋势模型

时间序列大体呈直线发展趋势时，应拟合一个直线模型，即直线趋势方程。

直线趋势方程的一般形式为：

$$\hat{y}_i = a + bt \tag{5-13}$$

式中，$\hat{y}_i$ 表示时间序列第 $i$ 期的长期趋势值；$t$ 为时间序列的时间序号；$a$ 为截距项，是当 $t = 0$ 时 $\hat{y}_i$ 的初始值；$b$ 为趋势线的斜率，表示当时间 $t$ 变动一个单位时，趋势值 $\hat{y}_i$ 的平均变动数量。

利用直线趋势方程测定长期趋势，关键是确定直线模型中参数 $a$、$b$ 的值。参数 $a$、$b$ 的确定常运用最小平方法（也称为最小二乘法）。

最小平方法的基本原理是：要求原数列的实际值 $y_i$ 与拟合的长期趋势直线的估计值 $\hat{y}_i$ 之间的离差平方和为最小。用公式表示为：

$$\sum (y_i - \hat{y}_i)^2 = 最小值$$

令 $F = \sum (y_i - \hat{y}_i)^2 = \sum (y - a - bt)^2 = 最小值$，对此函数的参数 $a$、$b$ 分别求偏导

数,当此函数的值为最小值时,两个偏导数都应为 0,即:

$$\begin{cases} \dfrac{\partial F}{\partial a} = 0 \\ \dfrac{\partial F}{\partial b} = 0 \end{cases}$$

经整理后可得到下面的标准方程组:

$$\begin{cases} \sum y = na + b \sum t \\ \sum ty = a \sum t + b \sum t^2 \end{cases}$$

解上述标准方程,得:

$$b = \frac{n \sum ty - \sum t \sum y}{n \sum t^2 - (\sum t)^2}$$

$$a = \overline{y} - b\overline{t} = \frac{\sum y}{n} - b \frac{\sum t}{n}$$

式中,$n$ 表示时间序列的项数。

需要说明的是,在用最小平方法建立直线趋势方程时,时间采用序号代替,因此时间序号 $t$ 的取值实际上只起了一个符号的作用。为了进一步简化 $a$、$b$ 的计算,在求解方程时,我们可以适当地调整 $t$ 的取值,使得 $\sum t = 0$。其具体做法是,若时间序列为奇数项,$t$ 的取值可以分别为 $\cdots, -3, -2, -1, 0, 1, 2, 3, \cdots$;若时间序列为偶数项,$t$ 的取值可以分别为 $\cdots, -5, -3, -1, 1, 3, 5, \cdots$。这样,$\sum t = 0$,于是求参数 $a$、$b$ 的标准方程简化为:

$$\begin{cases} \sum y = na \\ \sum ty = b \sum t^2 \end{cases}$$

则求参数 $a$、$b$ 的计算公式可简化为:

$$\begin{cases} b = \dfrac{\sum ty}{\sum t^2} \\ a = \overline{y} = \dfrac{\sum y}{n} \end{cases}$$

【例 5-12】 根据表 5-16 的资料,可以认为我国国内生产总值在 2011—2018 年间逐期增长量大致相同。试拟合一条国内生产总值直线趋势方程,并计算各年的趋势值。

**解** 设 $\hat{y}_i = a + bt$

将解题所需数据的计算结果列于表 5-16 中。

表 5-16 国内生产总值直线趋势方程计算

| 年 份 | 年份序号 $t$ | 国内生产总值 $y$/亿元 | $t^2$ | $ty$ | $\hat{y}$ |
|---|---|---|---|---|---|
| 2011 | $-7$ | 487940 | 49 | $-3415580$ | 476674 |
| 2012 | $-5$ | 538580 | 25 | $-2692900$ | 533620 |

续　表

| 年　份 | 年份序号 $t$ | 国内生产总值 $y$/亿元 | $t^2$ | $ty$ | $\hat{y}$ |
|---|---|---|---|---|---|
| 2013 | $-3$ | 592963 | 9 | $-1778889$ | 590566 |
| 2014 | $-1$ | 641281 | 1 | $-641281$ | 647512 |
| 2015 | 1 | 685993 | 1 | 685993 | 704458 |
| 2016 | 3 | 740061 | 9 | 2220183 | 761404 |
| 2017 | 5 | 820754 | 25 | 4103770 | 818350 |
| 2018 | 7 | 900309 | 49 | 6302163 | 875296 |
| 合计 | 0 | 5407881 | 168 | 4783459 | — |

将表 5-16 的计算数据代入计算公式,得:

$$b = \frac{\sum ty}{\sum t^2} = \frac{4783459}{168} = 28472.97$$

$$a = \overline{y} = \frac{\sum y}{n} = \frac{5407881}{8} = 675985.13$$

直线趋势方程为:

$$\hat{y}_i = 675985.13 + 28472.97t$$

然后,将各年的时间序号 $t$ 值代入上述直线趋势方程中,就得到各年国内生产总值的趋势值 $\hat{y}$,如表 5-16 最后一栏所示。

2011—2018 年我国国内生产总值直线趋势图,如图 5-2 所示。

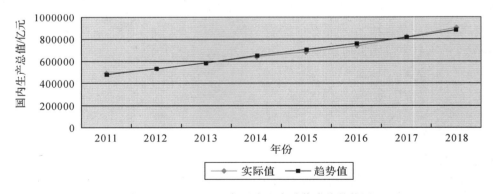

图 5-2　2011—2018 年国内生产总值直线趋势图

根据求得的直线趋势方程,我们可以对现象进行预测。比如预测我国 2019 年、2020 年及 2021 年的国内生产总值。

可知 2019 年 $t = 9$,2020 年 $t = 11$,2021 年 $t = 13$,代入直线方程得:

$$\hat{y}_{2019} = 675985.13 + 28472.97 \times 9 = 932242(亿元)$$

$$\hat{y}_{2020} = 675985.13 + 28472.97 \times 11 = 989188(亿元)$$

$$\hat{y}_{2021} = 675985.13 + 28472.97 \times 13 = 1046134(亿元)$$

利用上述方法,我们可以对许多经济现象进行简单的经济预测。

2.曲线趋势模型

曲线趋势变动的形式多种多样,可能为抛物线型、指数曲线型、修正指数曲线型、Logistic 曲线型等,各种类型曲线的拟合方法各不相同。这里只介绍最常见的抛物线型和指数曲线型。

(1) 抛物线型。

当时间序列各期水平的二级增长量大致相同时,趋势线近似一条抛物线,长期趋势模型可拟合抛物线方程。其一般表达式为:

$$\hat{y}_i = a + bt + ct^2 \tag{5-14}$$

式中,$\hat{y}_i$ 表示时间序列第 $i$ 期的长期趋势值;$t$ 表示时间序列的时间序号;$a,b,c$ 为三个待定参数。

求解三个待定参数 $a,b,c$ 的值,最常用的方法仍是最小平方法。

用最小平方法求参数 $a,b,c$ 的基本原理与确定直线趋势参数 $a,b$ 的方法相同,即要求:

$$\sum (y_i - \hat{y}_i)^2 = 最小值$$

亦即:$\sum (y - a - b - ct)^2 = 最小值$

依据极值原理,同样用求偏导数的方法,得到下面的标准方程组:

$$\begin{cases} \sum y = na + b\sum t + c\sum t^2 \\ \sum ty = a\sum t + b\sum t^2 + c\sum t^3 \\ \sum t^2 y = a\sum t^2 + b\sum t^3 + c\sum t^4 \end{cases}$$

为简化计算,同直线趋势方程的求解一样,令 $\sum t = 0$,$\sum t^3 = 0$,这时,上述标准方程组可简化为:

$$\begin{cases} \sum y = na + c\sum t^2 \\ \sum ty = a\sum t + b\sum t^2 \\ \sum t^2 y = a\sum t^2 + c\sum t^4 \end{cases}$$

解此方程组,得:

$$\begin{cases} a = \dfrac{\sum y \sum t^4 - \sum t^2 \sum t^2 y}{n\sum t^4 - \left(\sum t^2\right)^2} \\ b = \dfrac{\sum ty}{\sum t^2} \\ c = \dfrac{n\sum t^2 y - \sum y \sum t^2}{n\sum t^4 - \left(\sum t^2\right)^2} \end{cases}$$

【例 5-13】 企业 2012—2018 年产品产量资料如表 5-17 所示,由计算发现,各年份二级增长量大致相同,试拟合一个抛物线方程,并计算各年的趋势值。

表 5-17　某企业产品产量资料　　　　　　　　　　　　　单位:吨

| 年　份 | 产品产量 | 逐期增长量 | 二级增长量 |
|---|---|---|---|
| 2012 | 2200 | — | — |
| 2013 | 2468 | 268 | — |
| 2014 | 2766 | 298 | 30 |
| 2015 | 3091 | 325 | 27 |
| 2016 | 3448 | 357 | 32 |
| 2017 | 3833 | 385 | 28 |
| 2018 | 4249 | 416 | 31 |

**解**　设　$\hat{y}_i = a + bt + ct^2$

将解题所需数据的计算结果列于表 5-18 中。

表 5-18　某企业产品产量抛物线方程计算表

| 年　份 | 年序 $t$ | 产品产量 $y$/吨 | $ty$ | $t^2$ | $t^2 y$ | $t^4$ | $\hat{y}$ |
|---|---|---|---|---|---|---|---|
| 2012 | −3 | 2200 | −6600 | 9 | 19800 | 81 | 2200.29 |
| 2013 | −2 | 2468 | −4936 | 4 | 9872 | 16 | 2467.93 |
| 2014 | −1 | 2766 | −2766 | 1 | 2766 | 1 | 2765.07 |
| 2015 | 0 | 3091 | 0 | 0 | 0 | 0 | 3091.71 |
| 2016 | 1 | 3448 | 3448 | 1 | 3448 | 1 | 3447.86 |
| 2017 | 2 | 3833 | 7666 | 4 | 15332 | 16 | 3833.5 |
| 2018 | 3 | 4249 | 12747 | 9 | 38241 | 81 | 4248.64 |
| 合　计 | 0 | 22055 | 9559 | 28 | 89459 | 196 | 22055.00 |

将表 5-18 的计算数据代入计算公式,得:

$$a = \frac{\sum y \sum t^4 - \sum t^2 \sum t^2 y}{n \sum t^4 - \left(\sum t^2\right)^2} = \frac{22055 \times 196 - 28 \times 89459}{7 \times 196 - 28^2} = 3091.714$$

$$b = \frac{\sum ty}{\sum t^2} = \frac{9559}{28} = 341.393$$

$$c = \frac{n \sum t^2 y - \sum y \sum t^2}{n \sum t^4 - \left(\sum t^2\right)^2} = \frac{7 \times 89459 - 22055 \times 28}{7 \times 196 - 28^2} = 14.75$$

抛物线趋势方程为:

$$\hat{y}_i = 3091.714 + 341.393t + 14.75t^2$$

将各年的序号 $t$ 值代入抛物线趋势方程中,即得到各年产品产量的趋势值,如表 5-18 最后一栏所示。

该企业 2012—2018 年产量曲线趋势图,如图 5-3 所示。

同样也可根据此方程进行预测,比如预测该企业 2019 年、2020 年及 2021 年的产品产量。可知 2019 年 $t=4$,2020 年 $t=5$,2021 年 $t=6$,代入抛物线趋势方程得:

$$\hat{y}_{2019} = 3091.714 + 341.393 \times 4 + 14.75 \times 4^2 = 4693.29(\text{吨})$$

$$\hat{y}_{2020} = 3091.714 + 341.393 \times 5 + 14.75 \times 5^2 = 5167.43(\text{吨})$$

$$\hat{y}_{2021} = 3091.714 + 341.393 \times 6 + 14.75 \times 6^2 = 5671.07(\text{吨})$$

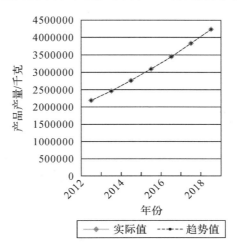

图 5-3　2012—2018 年某企业产量曲线趋势图

（2）指数曲线型。

当现象的长期趋势在每期大体上按相同的速度递增或递减变化时，长期趋势模型可拟合为如下指数曲线方程：

$$\hat{y}_i = ab^t \qquad\qquad (5\text{-}15)$$

式中，$\hat{y}_i$ 表示时间序列第 $i$ 期的长期趋势值；$t$ 表示时间序列的时间序号；$a$、$b$ 为待定参数。

指数曲线的特点是各期环比增长速度大体相同，或者说时间序列的逐期趋势值按一定的百分比递增或递减。在公式（5-15）中，$a$、$b$ 为未知参数，若 $b > 1$，逐期趋势值按等比速率随 $t$ 的增加而递增；若 $b < 1$，逐期趋势值按等比速率随 $t$ 的增加而降低。

指数曲线方程的求解方法一般是先将指数方程两端取对数然后化为直线方程，即：

$$\lg \hat{y}_i = \lg a + t \lg b$$

令 $Y' = \lg \hat{y}_i$，$A = \lg a$，$B = \lg b$，则有 $Y' = A + Bt$。

按照前面直线趋势方程的求法，可知：

$$\begin{cases} A = \overline{Y}' \\ B = \dfrac{\sum ty}{\sum t^2} \end{cases}$$

解出 $A$、$B$ 后，再取反对数，即可得参数 $a$、$b$ 的估计值。

综上所述，我们用数学模型法分析社会经济现象发展的长期趋势时，不论是直线趋势还是曲线趋势，都具有一定的适用范围，不同性质的时间序列应采用不同的趋势模型。因此，在现实中要做好经济预测工作，除了学会用数学方法来建立数学模型外，一定要先做好调查研究，了解经济现象变动的性质及其一般的发展规律，具体情况具体分析，才能得出较为准确的结果。

### 三、季节变动的测定

在一个时间序列中，除存在长期趋势外，往往还存在季节变动。例如，夏天汗衫、背心、冷饮的销售量高于其他季节；冬天围巾、取暖器的销售量比较大；还有农业生产的季节性也很强，奶、蛋、蔬菜等农产品产量受季节变动影响很大，同时以农副产品为原材料的工业生产也有季节变动的影响；其他如旅游服务业、交通运输业等也有明显的季节变动。

研究现象的季节变动，目的在于掌握季节变动的规律，克服由于季节变动给工作造成的不良影响，从而合理组织生产，安排好人民的生活。测定现象的季节变动，一般要对 3 年或 3 年以上的资料进行分析。如果时间短、资料少，往往会受到偶然因素的影响，反映不出真实情况。

统计中用以反映季节变动的指标是"季节比率"，又称为"季节指数"，记为 S.I.，它是现象各月（季）的发展水平与全期的平均发展水平对比得到的一种相对数。季节比率的计算大体分为两种方法：一种是不考虑长期趋势的影响，直接根据原始的时间序列来计算，常用的方法是按月（季）平均法；另一种是根据剔除长期趋势影响后的时间序列资料来计算，常用移动平均数作为长期趋势值加以剔除。下面分别对这两种方法作简单的介绍。

#### （一）按月（季）平均法

按月（季）平均法就是直接将各年同月（季）平均数与各年月（季）的总平均数对比，计算出各月（季）的季节比率来表明季节变动程度的一种方法。由于该方法没有考虑长期趋势对现象的影响，因此，当所给资料的长期趋势不明显或者长期趋势根本不存在时，可采用此法来测定季节变动。

其计算步骤如下：

（1）列表，将所给若干年资料按各年同期（月或季）对齐排列；

（2）将各年同月（季）的发展水平直接加总，求各年同月（季）平均数；

（3）将各年所有月（季）的发展水平加总，求全期各月（季）总平均数；

（4）计算季节比率（或季节指数）S，其计算公式为：

$$S = \frac{\text{各年同月（季）平均数}(\overline{y_i})}{\text{全期各月（季）总平均数}(\overline{y})} \times 100\% \tag{5-16}$$

如果采用的是季度数据，季节比率之和应该等于 400%；如果采用的是月度数据，则季节比率之和应该等于 1200%。

【例 5-14】 某商场 2016—2018 年汗衫背心销售量如表 5-19 所示，试测定和分析季节变动。

表 5-19　某商场 2016—2018 年汗衫背心销售情况　　　　单位：件

| 月　份<br>(1) | 2016 年<br>(2) | 2017 年<br>(3) | 2018 年<br>(4) | 3 年同月合计/件<br>(5) | 同月平均数/件<br>(6) | 季节比率/%<br>(7) |
|---|---|---|---|---|---|---|
| 1 | 220 | 230 | 294 | 744 | 248 | 18.73 |

| 月　份<br>(1) | 2016 年<br>(2) | 2017 年<br>(3) | 2018 年<br>(4) | 3 年同月合计/件<br>(5) | 同月平均数/件<br>(6) | 季节比率/%<br>(7) |
|---|---|---|---|---|---|---|
| 2 | 242 | 306 | 412 | 960 | 320 | 24.16 |
| 3 | 380 | 440 | 624 | 1444 | 481.33 | 36.34 |
| 4 | 720 | 784 | 1040 | 2544 | 848 | 64.03 |
| 5 | 841 | 1284 | 1300 | 3425 | 1141.67 | 86.20 |
| 6 | 2850 | 3284 | 3744 | 9878 | 3292.67 | 248.61 |
| 7 | 4844 | 5620 | 6280 | 16744 | 5581.33 | 421.42 |
| 8 | 1890 | 2406 | 2764 | 7060 | 2353.33 | 177.69 |
| 9 | 772 | 768 | 960 | 2500 | 833.33 | 62.92 |
| 10 | 280 | 366 | 396 | 1042 | 347.33 | 26.22 |
| 11 | 244 | 240 | 260 | 744 | 248 | 18.73 |
| 12 | 180 | 190 | 224 | 594 | 198 | 14.95 |
| 合　计 | 13463 | 15918 | 18298 | 47679 | — | 1200.00 |

**解**　根据表 5-19 的资料,可按以下步骤进行计算:

(1)计算三年同月平均数,见表 5-19 第(6)栏。

(2)计算三年总的月平均数。

$$\bar{y} = \frac{47679}{36} = 1324.42(件)$$

(3)计算季节比率 $S$,$S = \dfrac{\bar{y_i}}{\bar{y}}$。

例如:1 月份季节比率 $= \dfrac{248}{1324.42} \times 100\% = 18.73\%$

2 月份季节比率 $= \dfrac{320}{1324.42} \times 100\% = 24.16\%$

其他各月的季节比率计算以此类推,见表 5-19 第(7)栏。

12 个月的季节比率之和应等于 1200%,如果不等于这个数,应当进行调整。其办法是:将 1200 除以 12 个月季节比率之和,得到一个调整系数,然后,将此系数分别乘以各月原来的季节比率,其乘积即调整后的季节比率,它们之和等于 1200%。本例 12 个月季节比率之和为 1200%,故不需调整。

表 5-19 中这些季节比率说明:该商场汗衫背心的销售,从 6 月份开始大幅度上升,6—8 月都在 170%以上,这三个月是销售旺季;而 1、2 和 10、11、12 月都不足 30%,这几个月是销售淡季。掌握了这些规律,商场管理人员就能够心中有"数",做到适地进货、适时供应,既节约资金,又扩大销售;既可满足消费者的需要,又可增加商场盈利。

根据表 5-19 季节比率绘成季节变动曲线图，可以更清楚地看出季节变动的规律性，如图 5-4 所示。

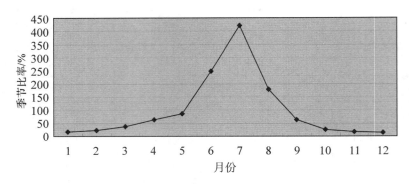

图 5-4　某商场汗衫背心销售量季节变动曲线

按月（季）平均法是直接按照时间序列的原始资料平均计算季节比率的，所以计算比较简单，容易理解和掌握。但是，这种方法没有考虑长期趋势的影响，使用时假定原始时间序列不存在长期趋势或长期趋势呈水平变动，因而据其计算的季节比率有时不够精确。为了弥补这个缺陷，可先剔除长期趋势，然后再计算季节比率。

### （二）趋势剔除法

趋势剔除法就是事先采用一定的方法将时间序列中的长期趋势剔除，然后依据已剔除长期趋势的数据计算季节比率来反映季节变动的方法。趋势剔除法通常利用移动平均数作为长期趋势值加以剔除。

趋势剔除法考虑了长期趋势的影响，因此，它适合长期趋势较明显或季节变动测定要求较高的现象。

趋势剔除法的理论依据是时间序列的两个基本假定模型。时间序列的各期发展水平受长期趋势、季节变动、循环变动和不规则变动四个因素共同作用。依据乘法模型，有：

$$Y_i = T_i \cdot S_i \cdot C_i \cdot I_i$$

若在短期内循环变动不明显（事实上季节性资料通常如此），则有：

$$Y_i = T_i \cdot S_i \cdot I_i$$

如果能计算出时间序列的长期趋势值 $T$，并将其从时间序列中剔除，即有：

$$\frac{Y_i}{T_i} = S_i \cdot I_i$$

将时间序列中长期趋势剔除以后，各期的 $S_i \cdot I_i$ 形成了一个新的时间序列。该序列只包括季节变动和不规则变动的影响。那么，只需在此基础上，再消除不规则变动，即可分离出季节变动因素。

剔除长期趋势的方法，通常是先计算移动平均数并视其为长期趋势值 $T$，然后将时间序列的各期发展水平与其对应的移动平均值对比。

消除不规则变动的方法仍是同月（季）平均法，即将各年只包含季节变动和不规则变动的数据按各年同月（季）排列，计算同月（季）平均数，使得不规则变动在平均过程中相互抵消掉。

在趋势剔除法下,季节比率的计算步骤可归纳如下:

(1)计算趋势值。根据各年的月(季)度资料 $Y$,计算12项(或4项)移动平均数。由于是偶数项移动平均,还要再进行两项移正平均,使得平均数移置在对应的各月(季)位置上。两项移正平均值就是长期趋势值 $T$。

(2)剔除长期趋势。将实际值 $Y$ 除以趋势值 $T$,得到剔除长期趋势因素后的新序列 $Y/T$,用 $Y'$ 表示。

(3)消除不规则变动,求季节比率。将剔除长期趋势以后的新序列 $Y'$ 按各年同月(季)排列,计算出同月(季)平均数,就可以得到消除了不规则变动而仅反映季节变动的相对数,即季节比率,用 $S$ 表示。

(4)调整季节比率。加总季节比率 $S$,其总和应该等于1200%(或400%),若不等于这个数值,则需要计算调整系数(也称为校正系数),然后用调整系数分别乘以各月(季)的季节比率 $S$,即最终的季节比率,用 $S'$ 表示。调整系数计算公式为:

$$调整系数 = \frac{1200\%(或400\%)}{各月(季)季节比率之和} \tag{5-17}$$

**【例 5-15】** 现仍采用【例 5-14】中某商场 2016—2018 年汗衫背心销售资料(见表 5-19),要求用趋势剔除法计算季节比率。

**解** 根据表 5-19 的资料,可按以下步骤进行计算:

(1)计算 12 项移动平均值,见表 5-20 第(4)栏;再进行两项移正平均,见表 5-20 第(5)栏,该两项移正平均值即趋势值 $T$。

(2)剔除长期趋势,得到新序列,见表 5-20 第(6)栏。

(3)计算季节比率 $S$,即根据新序列计算同月平均数,以剔除不规则变动。

例如:1 月份季节比率 $= \dfrac{18.49\% + 20.35\%}{2} = 19.42\%$

2 月份季节比率 $= \dfrac{23.58\% + 27.71\%}{2} = 25.65\%$

其他各月的季节比率计算以此类推,见表 5-20 第(7)栏。

(4)调整季节比率,计算最终的季节比率 $S'$。

第(7)栏合计数为 1463.18%,大于 1200%,因此应该加以调整。

$$调整系数 = \frac{1200\%}{1463.18\%} = 0.82$$

用这个调整系数分别乘以各月的季节比率,即所求的最终季节比率 $S'$。

例如:1 月份最终季节比率 $= 19.42\% \times 0.82 = 15.92\%$

2 月份最终季节比率 $= 25.65\% \times 0.82 = 21.03\%$

其他各月的最终季节比率计算以此类推,见表 5-20 第(8)栏。

表 5-20　某商场 2016—2018 年汗衫背心销售情况

| 年　份<br>(1) | 月　份<br>(2) | 销售量 Y/件<br>(3) | 12 项<br>移动平均<br>(4) | 趋势值 T<br>(5) | Y/T/%<br>(6) | 季节比率<br>S/%<br>(7) | 最终季节<br>比率/%<br>(8) |
|---|---|---|---|---|---|---|---|
| 2016 | 1 | 220 | | | | | |
| | 2 | 242 | | | | | |
| | 3 | 380 | | | | | |
| | 4 | 720 | | | | | |
| | 5 | 841 | | | | | |
| | 6 | 2850 | | | | | |
| | 7 | 4844 | 1121.92 | 1122.34 | 431.6 | | |
| | 8 | 1890 | 1122.75 | 1125.42 | 167.94 | | |
| | 9 | 772 | 1128.08 | 1130.58 | 68.28 | | |
| | 10 | 280 | 1133.08 | 1135.75 | 24.65 | | |
| | 11 | 244 | 1138.42 | 1156.88 | 21.09 | | |
| | 12 | 180 | 1175.33 | 1193.42 | 15.08 | | |
| 2017 | 1 | 230 | 1211.50 | 1243.83 | 18.49 | 19.42 | 15.92 |
| | 2 | 306 | 1276.17 | 1297.67 | 23.58 | 25.65 | 21.03 |
| | 3 | 440 | 1319.17 | 1319 | 33.36 | 37.35 | 30.63 |
| | 4 | 784 | 1318.83 | 1322.42 | 59.29 | 63.88 | 52.38 |
| | 5 | 1284 | 1326 | 1325.83 | 96.84 | 91.15 | 74.74 |
| | 6 | 3284 | 1325.67 | 1326.08 | 247.65 | 246.71 | 202.3 |
| | 7 | 5620 | 1326.5 | 1329.17 | 422.82 | 427.21 | 350.31 |
| | 8 | 2406 | 1331.83 | 1336.25 | 180.06 | 348 | 285.36 |
| | 9 | 768 | 1340.67 | 1348.33 | 56.96 | 125.24 | 102.69 |
| | 10 | 366 | 1356 | 1366.67 | 26.78 | 25.72 | 21.09 |
| | 11 | 240 | 1377.33 | 1378 | 17.42 | 38.51 | 31.58 |
| | 12 | 190 | 1378.67 | 1397.83 | 13.59 | 14.34 | 11.76 |
| 2018 | 1 | 294 | 1417.00 | 1444.5 | 20.35 | — | — |
| | 2 | 412 | 1472 | 1486.92 | 27.71 | 1463.18 | 1200 |
| | 3 | 624 | 1501.83 | 1509.83 | 41.33 | | |
| | 4 | 1040 | 1517.83 | 1519.08 | 68.46 | | |
| | 5 | 1300 | 1520.33 | 1521.17 | 85.46 | | |
| | 6 | 3744 | 1522 | 1523.42 | 245.76 | | |

| 年　份<br>(1) | 月　份<br>(2) | 销售量 Y/件<br>(3) | 12 项<br>移动平均<br>(4) | 趋势值 T<br>(5) | Y/T/%<br>(6) | 季节比率<br>S/%<br>(7) | 最终季节<br>比率/%<br>(8) |
|---|---|---|---|---|---|---|---|
| 2018 | 7 | 6280 | 1524.83 | | | | |
| | 8 | 2764 | | | | | |
| | 9 | 960 | | | | | |
| | 10 | 396 | | | | | |
| | 11 | 260 | | | | | |
| | 12 | 224 | | | | | |
| 合　计 | | 13463 | 15918 | 18298 | 47679 | 15892.99 | — |
| 全年平均 | | 1121.9 | 1326.5 | 1524.8 | — | 1324.4 | — |

## 四、循环变动测定与不规则变动测定

### (一)循环变动的测定

循环变动是指现象在较长时间里按一定规律涨落起伏的波动,它是一种波动周期较长且幅度规则性较低的波动。循环变动不同于长期趋势,它所表现的不是朝着某一个方向持续上升或下降,而是从低到高,又从高到低周而复始近乎规律性地变动。循环变动也不同于季节变动,季节变动一般以一年、一季或一月等为一周期,可以预见。循环变动没有固定的周期,一般都在数年以上,难以事先预知。因此,循环变动分析不仅要借助于统计方法,还要借助于经济分析。

从统计分析的角度来看,循环变动的测定方法有多种,如直接法、剩余法和循环平均法等。较常用的是剩余法,即从总变动中逐次消除长期趋势、季节变动和不规则变动。计算步骤如下:(1)用移动平均剔除法计算季节指数 $S$;(2)用趋势配合法测定趋势值 $T$;(3)用总变动值 $Y$ 除以 $TS$ 得循环变动和不规则变动,即 $CI$;(4)用移动平均法消除 $I$ 即循环变动。剩余法的具体运用在这里就不再展开。

### (二)不规则变动测定

不规则变动是指由于意外的、偶然的因素引起的非周期性或非趋势性的随机变动。对不规则变动的测定,可采取剔除其他三种因素变动的方法,用公式可表示为:

$$I = Y/(C \cdot S \cdot T) = C \cdot I/C \tag{5-18}$$

由于不规则变动无明显的规律可循,统计分析中对其识别有相当的困难。因此,关于时间序列中不规则变动因素的具体分析就不再阐述。

## 【思考与练习】

选择题

一、选择题

1. 时间序列中，每个指标数值相加具有意义的是 （　　）

   A. 相对数时间序列              B. 时期序列

   C. 间断时点序列               D. 平均数时间序列

2. 时间序列的构成要素是 （　　）

   A. 变量和次数                 B. 时间和指标数值

   C. 时间和次数                 D. 主词和宾词

3. 定基增长速度与环比增长速度的关系为 （　　）

   A. 定基增长速度等于相应的各个环比增长速度的算术和

   B. 定基增长速度等于相应的各个环比增长速度的连乘积

   C. 定基增长速度等于相应的各个环比增长速度加 1 后的连乘积再减 1

   D. 定基增长速度等于相应的各个环比增长速度连乘积加 1

4. 以 1990 年 $a_0$ 为最初水平，2018 年 $a_n$ 为最末水平，计算钢产量的年平均发展速度时，需开 （　　）

   A. 27 次方      B. 28 次方      C. 29 次方      D. 30 次方

5. 按月平均法测定季节比率时，各月的季节比率之和应等于 （　　）

   A. 100%      B. 120%      C. 400%      D. 1200%

6. 下列各指标构成的时间序列中属于时点序列的是 （　　）

   A. 职工人数    B. 商品库存量    C. 存款余额    D. 商品销售量

   E. 工资总额

7. 某工业企业 2010 年产值为 2000 万元，2018 年产值为 2010 年的 150%，则年平均增长速度及年平均增长量为 （　　）

   A. 年平均增长速度=6.25%

   B. 年平均增长速度=5.2%

   C. 年平均增长速度=4.6%

   D. 年平均增长量=125 万元

   E. 年平均增长量=111.11 万元

8. 在下列动态分析指标中，一般可以为负值的指标是 （　　）

   A. 发展速度    B. 平均发展速度    C. 增长量      D. 增长速度

   E. 平均增长速度

9. 时间序列的构成因素主要有 （　　）

   A. 长期趋势    B. 季节变动    C. 循环变动    D. 水平变动

   E. 不规则变动

10. 计算平均发展速度的方法有 （　　）

   A. 几何平均法    B. 水平法    C. 移动平均法    D. 算术平均法

   E. 方程法

**二、判断题**

1.将总体系列不同的综合指标排列起来,就构成时间数列。（　　　）

2.构成时间数列的两个基本要素是组别和频率。（　　　）

3.只有时期数列中的各项指标值才能称为发展水平。（　　　）

4.在时间数列中,绝对数时间数列是基本数列,相对数和平均数时间数列是派生数列。（　　　）

5.定基发展速度等于相应的各个环比发展速度之和。（　　　）

6.若各期的增长量相等,则各期的增长速度也相等。（　　　）

7.两个相邻时期的定基增长速度相除之商,等于相应的环比增长速度。（　　　）

8.定基增长速度等于各个环比增长速度的连乘积。（　　　）

9.用几何法(水平法)计算平均发展速度,只取决于最初发展水平和最末发展水平,与中间各期发展水平无关。（　　　）

10.季节比率是若干年同月(季)平均数与若干年总月(季)平均数之比。（　　　）

**三、问答题**

1.什么是时间序列？编制时间序列应遵循哪些基本原则？

2.时间序列和时点序列的各自特点是什么？联系经济管理中的实际,各举两例来说明时期序列和时点序列的应用情况。

3.序时平均数与一般平均数有何不同？

4.平均发展速度指标有哪两种计算方法？两者的应用条件和侧重点各是什么？

5.举例说明时间序列中长期趋势、季节变动和循环变动的含义。

**四、计算题**

1.假设甲公司 2018 年年初发行在外的普通股股数为 8000 万股,该年 4 月 1 日按 10：5 的比例以资本公积转增股本计 4000 万股,8 月 1 日将 50 万份可转换公司债券按 1：20 的比例转换为普通股,共计 1000 万股。试计算甲公司 2018 年发行在外普通股平均股数。

2.某地区 2018 年下半年各月的社会劳动者人数和国内生产总值资料如下表所示。

| 月　份 | 7 | 8 | 9 | 10 | 11 | 12 |
|---|---|---|---|---|---|---|
| 国内生产总值/亿元 | 400 | 405 | 415 | 425 | 440 | 460 |
| 月初社会劳动者人数/万人 | 1780 | 1900 | 1860 | 1960 | 2020 | 2160 |

又知 2018 年年末社会劳动者人数为 2200 万人,计算该地区 2018 年下半年以国内生产总值计算的月平均劳动生产率。

3.已知某企业的销售额,2014 年比 2013 年增长 20％,2015 年比 2014 年增长 50％,2016 年比 2015 年增长 25％,2017 年比 2016 年增长 110％,2018 年比 2017 年增长 30％。试根据以上资料编制该企业 2013—2018 年销售额的环比增长速度序列和定基增长速度序列,并求平均发展速度。

4.某地区 2014—2018 年各年的商品进出口总额及其增长量、发展速度、增长速度的某些资料如下表。试计算表中其他栏目的数据,计算结果直接填入该表。

| 年　份 | | 2014 | 2015 | 2016 | 2017 | 2018 |
|---|---|---|---|---|---|---|
| 进出口总额/亿美元 | | 120 | | | | |
| 增长量/亿美元 | 逐期 | — | 10 | | | |
| | 累计 | — | | | 68 | |
| 发展速度/% | 环比 | — | | 115 | | |
| | 定基 | — | | | | |
| 增长速度/% | 环比 | — | | | | |
| | 定基 | — | | | | 60 |

5. 某商场 2016—2018 年各月汗衫背心销售量资料见下表：

| 时　间 | 各月销售量/百件 | | | | | | | | | | | |
|---|---|---|---|---|---|---|---|---|---|---|---|---|
| | 1 月 | 2 月 | 3 月 | 4 月 | 5 月 | 6 月 | 7 月 | 8 月 | 9 月 | 10 月 | 11 月 | 12 月 |
| 2016 年 | 5 | 8 | 14 | 18 | 22 | 25 | 19 | 16 | 12 | 10 | 8 | 6 |
| 2017 年 | 7 | 10 | 16 | 20 | 23 | 26 | 23 | 18 | 15 | 13 | 10 | 8 |
| 2018 年 | 11 | 13 | 17 | 24 | 26 | 30 | 26 | 22 | 19 | 16 | 12 | 9 |

试根据上述资料做季节变动分析，并绘制季节变动图。

# |第六章|
# 统计指数

 **学习目标**

通过本章的学习,学生能够:

1. 理解统计指数的概念、种类和作用。
2. 掌握综合指数的编制方法和编制特点。
3. 掌握平均指数的编制方法和编制特点。
4. 掌握指数体系与因素分析。

本章
讲课视频

　　国家统计局会定期公布一些常用的价格指数,如居民消费价格指数、零售价格指数等。也有一些指数不是统计部门发布的,如股票价格指数。还有一些专门研究某类指数的专业机构,它们研究并发布一些更专业的指数,如房地产价格指数。中国指数研究院就是一家专门研究并发布房地产价格指数的机构,该机构研究开发出一套"中国房地产价格指数系统",该系统由中国房地产总指数和中国房地产城市指数组成。指数的编制以拉氏指数为主,并结合了特征价格指数理论。1995年1月开始发布中国房地产北京价格指数,目前已经覆盖到上海、天津、广州、深圳、重庆、武汉、杭州等30余个重要城市。它以价格指数形式反映全国及各主要城市房地产市场发展变化轨迹和当前市场状况,被称为中国房地产市场的"晴雨表"和引导投资置业的"风向标"。

## 第一节　统计指数概述

　　统计指数是一种特殊的相对数,它产生于18世纪欧洲资本主义迅速发展时期,最早是用于测定物价的变动,此后的200多年,统计指数的理论与方法不断发展,其应用逐步扩大到工业生产、进出口贸易、工资、生活费用、成本、劳动生产率、股票证券等各个方面。统计指数已成为社会经济统计中历史最悠久、应用最广泛、同社会经济生活关系最密切的一个组成部分。

## 一、统计指数的概念

链接
"指数"与
"相对数"

统计指数（简称指数）是一种反映社会经济现象数量对比关系的相对数，是社会经济统计中常用的一种重要方法。

统计指数的含义有广义和狭义之分。广义的指数是指一切说明社会经济现象数量变动或差异程度的相对数，如动态相对数、比较相对数、计划完成相对数等都可以称为指数。例如，2018 年我国粮食产量为 65789 万吨，2017 年为 66161 万吨，则 2018 年的粮食产量是 2017 年的 99.4%，这个动态相对数就可以称为指数。狭义的指数是一种特殊的相对数，也即专指不能直接相加和对比的复杂社会经济现象综合变动程度的相对数。例如，零售物价指数是说明全部零售商品价格总变动的相对数；工业产品产量指数是说明一定范围内全部工业产品实物量总变动的相对数；等等。统计中的指数，主要是指这种狭义的指数。

## 二、统计指数的种类

根据研究对象的不同，统计指数可以划分成不同的种类。

（一）按照所考察对象范围的不同，分为个体指数和总指数

个体指数也叫单项指数，是表示个别现象变动的相对数。如说明某种产品产量变动的个体产量指数，说明某种商品价格变动的个体价格指数等。如 2018 年我国粮食产量为 2017 年的 99.4%，就是一种个体指数。

总指数是表示多种事物综合动态变化的相对数，综合反映整个复杂经济现象总体变化情况的相对数。如说明多种商品价格综合变动的批发价格指数、零售价格指数，说明多种产品生产量综合变动的工业产品生产量总指数以及商品销售量总指数、农产品收购价格指数等。

总指数按其编制方法不同，可以分为综合指数和平均指数。综合指数是复杂总体的两个总量指标对比形成的指数，平均指数是复杂总体中个体指数的加权平均数。综合指数是编制总指数的基本方法，平均指数与综合指数之间可以相互推算和演变，但这两种形式的指数又有各自独立的应用意义。

此外，介于个体指数与总指数之间的指数，称为组指数或类指数，表示总体中某一组或某一类现象变动的相对数。总指数和组指数都属于狭义的指数，编制方法相同，只是计算范围不同而已。

（二）按照所表明指标的性质不同，分为数量指标指数和质量指标指数

数量指标指数是根据数量指标计算的，用以反映现象总体规模变动情况的统计指数。如产品产量指数、商品销售量指数、职工人数指数等都是数量指标指数，它们是根据产量、销售量、职工人数等数量指标计算的。

质量指标指数是根据质量指标计算的，用以反映总体工作质量的好坏、管理水平的高

低等质量指标变动的相对数。如商品价格指数、产品成本指数、工资水平指数、劳动生产率指数等都是质量指标指数,它们是根据价格、成本、工资水平、劳动生产率等质量指标计算的。

**(三)按照指数所反映的时间状态不同,分为动态指数和静态指数**

动态指数是某种社会经济现象在两个不同时间的数值对比而形成的指数。如工业产品指数、商品价格指数等。统计指数的最初含义都是指动态指数,由于指数在实际应用中的扩展,指数又包括静态指数。静态指数是某种社会经济现象在同一时间的两个不同数值相比较而形成的指数。这两个数值可以是两个不同空间同类现象的数值,如地区差价指数;也可以是同一时间、同一空间的实际指标与计划指标,如计划完成情况指数。

**(四)按照所采用的基期不同,分为定基指数和环比指数**

指数时常是连续编制的,形成在时间上前后衔接的指数数列。凡是在一个指数数列中的各个指数都是以某一固定时期作为基期的,叫作定基指数。凡是各个指数都是以前一期作为基期的,就是环比指数。

## 三、统计指数的作用

统计指数的作用主要表现在以下几个方面。

**(一)可以综合反映和测定社会经济现象总体的变动方向和变动程度**

这是总指数的主要作用。指数的计算结果一般是用百分比表示的相对数。这个百分比大于或小于100%,表示升降变动的方向,比100%大多少或小多少,就是升降变动的程度。例如,农副产品收购价格指数为108%,说明报告期与基期相比,各种农副产品收购价格可能有升有降,但总的说来是上升的,上升幅度是8%。此外,指数还可以利用综合指数或综合指数变形形式从它的分子与分母指标的比较中,分析指数变动后产生的实际效果。

**(二)可以分析和测定事物在总变动中各个因素的影响方向和影响程度**

社会经济现象的数量变化,是许多因素共同影响的结果。例如,工业品产量的变动,取决于工人人数和工人劳动生产率的变动;农作物收获量的变动,取决于播种面积和单位面积产量的变动等。统计指数是利用各因素之间的联系编制的,各个因素指数又相互构成指数体系。因此,可以利用指数体系来分析现象总变动中各个因素变动的影响。

**(三)可以研究事物在较长时期内的变动趋势**

运用编制的动态指数所形成的连续指数数列,可以反映事物的发展变化趋势。这种方法特别适合于对比分析有联系而性质又不同的动态数列之间的变动关系,因为用指数的变动进行比较,可以解决不同性质数列之间不能对比的困难。

## （四）可以利用指数间的数量关系进行各种推算

根据指数体系中各个指数间的数量关系，进行相互推算。例如，由销售量、销售价格、销售额三个指数组成的指数体系，只要知道其中两个指数值就可以推算出另一个指数值。

# 第二节　综合指数

统计研究的对象主要是总体现象。因此，从研究对象的范围来看，主要是指总指数的编制。总指数的编制方法有综合指数和平均指数两种。本节介绍综合指数编制方法。

综合指数是总指数的基本形式，很多事物由于计量单位不同，其数据是不能直接相加的，为了反映它们的总变动情况，就要把不能直接相加的总体过渡到能相加的总体。综合指数就是把不能直接相加对比的复杂现象，变成两个能够相加的总量指标，然后再进行对比而求得的总指数。综合指数的编制方法是先综合后对比，即先解决不能相加的问题，然后再进行对比。凡是一个总量指标可以分解为两个或两个以上的因素指标，只观察其中一个因素的变动程度，而将其他因素固定起来，这种总指数就称为综合指数。

编制综合指数首先必须明确两个概念：一是指数化指标；二是同度量因素。指数化指标就是编制综合指数所要测定的因素，如商品销售量综合指数所要测定的因素是销售量，该销售量就是指数化指标。同度量因素是指借助媒介因素，把不能直接加总的因素过渡到可以加总的因素。编制综合指数的目的是测定指数化指标的变动，因此，在对比的过程中对同度量因素应加以固定。综合指数有数量指标综合指数和质量指标综合指数两种形式。

## 一、数量指标综合指数

数量指标综合指数，简称数量指数或物量指数，它是说明总体规模变动情况的相对指标指数。如商品销售量指数、工业产品生产量指数、农业产品生产量指数、职工人数指数等。下面以商品销售量指数为例来说明数量指标综合指数的编制过程。

**【例 6-1】** 某地居民商品销售量及价格统计资料如表 6-1 所示。

表 6-1　某地居民商品销售量及价格统计资料

| 商品名称 | 销售量 | | 价格/元 | |
|---|---|---|---|---|
| | 基　期 | 报告期 | 基　期 | 报告期 |
| 甲/只 | 120 | 100 | 20 | 26 |
| 乙/件 | 1000 | 1200 | 4 | 5 |
| 丙/台 | 60 | 100 | 290 | 300 |
| 合　计 | — | — | — | — |

若以 $q$ 表示商品销售量，$p$ 表示商品价格，$k_q$ 表示个体物量指数，$q_0$ 代表基期，$q_1$ 代表报告期。根据表 6-1 中数据可以计算出每种商品的个体物量指数。

$$k_{q甲} = \frac{q_1}{q_0} = \frac{100}{120} \times 100\% = 83.3\%$$

$$k_{q乙} = \frac{q_1}{q_0} = \frac{1200}{1000} \times 100\% = 120\%$$

$$k_{q丙} = \frac{q_1}{q_0} = \frac{100}{60} \times 100\% = 166.7\%$$

为了概括说明三种商品销售量总变动情况,就要计算销售量总指数。但是,由于三种商品的使用价值不同、计量单位不同,其销售量不能直接相加。

为此,我们引入价格这个媒介因素,使不能直接相加的销售量过渡到可以相加的销售额:

$$商品销售额 = 商品销售量 \times 商品销售价格$$

各种商品销售额相加便得到销售总额($\sum pq$)。这里,要说明其变动程度的变量是销售量,故称之为指数化指标;而价格只起中介的作用,故称之为同度量因素。

为了单纯反映销售量的变动情况,剔除价格变动因素的影响,必须选择同一时期的价格作为同度量因素。其计算公式为:

$$\bar{k}_q = \frac{\sum q_1 p}{\sum q_0 p} \tag{6-1}$$

式中,$\bar{k}_q$ 表示销售量总指数;$p$ 表示同一时期的价格(同度量因素);$q_1$ 表示报告期销售量;$q_0$ 表示基期销售量。

如果将同度量因素 $p$ 固定在不同时期,则得到不同的综合数量指数公式。

## (一)拉氏数量指数

1864 年,德国经济学家艾蒂安·拉斯贝尔(Etienne. Laspeyres)提出把同度量因素时期固定在基期,计算公式为:

$$\bar{k}_q = \frac{\sum q_1 p_0}{\sum q_0 p_0} \tag{6-2}$$

这种按基期价格计算的数量指数,称为拉氏数量指数。

将例 6-1 中数据资料代入拉氏数量指数公式,计算得:

$$\bar{k}_q = \frac{\sum q_1 p_0}{\sum q_0 p_0} = \frac{100 \times 20 + 1200 \times 4 + 100 \times 290}{120 \times 20 + 1000 \times 4 + 60 \times 290} = \frac{35800}{23800} = 150.42\%$$

计算结果表明,三种商品的销售量总指数为 150.42%,表示综合(平均)来看,三种商品的销售量增长了 50.42%。

公式(6-2)中,分母 $\sum q_0 p_0$ 为基期实际销售总额,分子 $\sum q_1 p_0$ 为报告期销售商品按基期价格计算的销售总额,分子与分母的差异是由于销售量变动引起的,因此其计算结果显示了销售量的变动对销售总额的影响。

由于三种商品的销售量增长了 50.42%,使得销售总额也相应增长了 50.42%,所以增加的绝对额为:

$$\sum q_1 p_0 - \sum q_0 p_0 = 35800 - 23800 = 12000(元)$$

拉氏数量指数的优点在于采用基期的价格 $p_0$ 作权数，也就是假定价格未变动，使产品销售量指数在计算过程中不受价格变动的影响，从而可以确切地只反映数量的变化。但是，这个公式容易造成脱离实际的结果，因为随着生产技术的发展和劳动生产率的提高，新产品不断出现，老产品不断被降价或淘汰，公式中的分子 $\sum q_1 p_0$ 是将报告期商品销售量用基期价格来计算的，不但脱离了报告期价格的实际情况，而且有的新产品基期尚未问世，根本就没有基期价格，只能用比价的方法计算，而估算的结果往往不准确，会影响指数的准确性。

（二）帕氏数量指数

1874 年，德国经济学家哈曼·帕舍（Herman Paasche）提出把同度量因素时期固定在报告期，计算公式为：

$$\bar{k}_q = \frac{\sum q_1 p_1}{\sum q_0 p_1} \tag{6-3}$$

这种按报告期价格计算的数量指数称为帕氏数量指数。

将例 6-1 中数据资料代入帕氏数量指数公式，计算得：

$$\bar{k}_q = \frac{\sum q_1 p_1}{\sum q_0 p_1} = \frac{100 \times 26 + 1200 \times 5 + 100 \times 300}{120 \times 26 + 1000 \times 5 + 60 \times 300} = \frac{38600}{26120} = 147.78\%$$

$$\sum q_1 p_1 - \sum q_0 p_1 = 38600 - 26120 = 12480（元）$$

计算结果表明，三种商品的销售量总指数为 147.78%，表示综合（平均）来看，三种商品的销售量增长了 47.78%；同时还表明销售总额也相应增长了 47.78%，增加的绝对额为 12480 元。在帕氏指数中，由于采用报告期价格 $p_1$ 作权数，避免了上述用基期价格作权数脱离报告期实际的缺点，但是又产生了新的问题。采用 $p_1$ 作权数，就把价格 $p_0$ 变化到 $p_1$ 这个变动影响带到指数中去了，因而所求得的指数数值就与拉氏数量指数不相等，因为它不仅反映了产量变动的影响，还包含了价格变动的影响。

（三）把固定时期价格作为同度量因素的数量指数

在统计实践中，计算数量指数时，为了便于各个时期的指数的相互对比，还经常采用以不变价格或某一特定时期的价格作为同度量因素，计算公式为：

$$\bar{k}_q = \frac{\sum q_1 p_n}{\sum q_0 p_n} \tag{6-4}$$

式中，$p_n$ 表示某一固定时期的价格（不变价格）。这个公式是由英国学者杨格（A. Young）于 19 世纪后期首先提出的，所以又称为杨格公式。采用杨格公式编制数量指数，就是在一段时期内，不论哪个时期的销售量总指数都固定采用某一时期的价格作为同度量因素。我国已使用过 1952 年、1957 年、1970 年、1980 年、1990 年、2000 年、2005 年、2010 年、2015 年 9 个不变价期，目前的基期是 2015 年。几套不变价格体系、工业农业生产量指数都是采用杨格公式计算的。

## 二、质量指标综合指数

质量指标综合指数简称质量指数,是说明质量指标变动情况的综合指数。如价格指数、工资水平指数、成本指数、股票价格指数等。价格指数是最常见的质量指标指数。下面以商品价格指数为例,说明其编制方法。

**【例 6-2】** 仍以例 6-1 某地居民商品销售量及价格统计资料来编制商品价格指数,$k_p$ 表示个体价格指数,根据资料可以计算出每种商品的个体价格指数。

$$k_{p甲} = \frac{p_1}{p_0} = \frac{26}{20} = 130\%$$

$$k_{p乙} = \frac{p_1}{p_0} = \frac{5}{4} = 125\%$$

$$k_{p丙} = \frac{p_1}{p_0} = \frac{300}{290} = 103.4\%$$

为了概括说明三种商品价格总变动情况,就要编制价格总指数。但是,由于三种商品的使用价值不同、计量单位不同,其购买价格不能直接相加。为此,我们引入销售量这个媒介因素,使不能直接相加的价格过渡到可以相加的销售额:

商品销售额=商品销售量×商品销售价格

各种商品销售额相加便得到销售总额 $\left(\sum qp\right)$。这里,要说明其变动程度的变量是价格,故称之为指数化指标;而销售量只起中介的作用,故称之为同度量因素。为了单纯反映价格的变动情况,剔除销售量变动因素的影响,必须选择同一时期的销售量作为同度量因素。其计算公式为:

$$\bar{k}_p = \frac{\sum p_1 q}{\sum p_0 q} \tag{6-5}$$

式中,$\bar{k}_p$ 表示价格总指数;$q$ 表示同一时期的销售量(同度量因素);$p_1$ 表示报告期价格;$p_0$ 表示基期价格。

如果将同度量因素 $q$ 固定在不同时期,则得到不同的综合质量指数公式。

### (一)拉氏质量指数

拉氏质量指数也是由德国经济学家拉斯贝尔在 1864 年提出的,它是指以基期的销售量为同度量因素的质量指数,其计算公式为:

$$\bar{k}_p = \frac{\sum p_1 q_0}{\sum p_0 q_0} \tag{6-6}$$

将例 6-1 中数据资料代入拉氏质量指数公式,计算得:

$$\bar{k}_p = \frac{\sum p_1 q_0}{\sum p_0 q_0} = \frac{26\times120 + 5\times1000 + 300\times60}{20\times120 + 4\times1000 + 290\times60} = \frac{26120}{23800} = 109.75\%$$

计算结果表明,三种商品的价格总指数为 109.75%,表示综合(平均)来看,三种商品的价格上升了 9.75%。

公式(6-6)中，分母 $\sum p_0 q_0$ 为基期实际销售总额，分子 $\sum p_1 q_0$ 为假如以报告期的价格购买基期那么多数量的商品的销售额，分子与分母的差异完全是由于价格变动引起的，因此其计算结果显示了价格的总变动对销售总额的影响。由于价格增长了 9.75%，使得销售总额也相应增长了 9.75%，增加的绝对额为：

$$\sum p_1 q_0 - \sum p_0 q_0 = 26120 - 23800 = 2320（元）$$

### （二）帕氏质量指数

帕氏质量指数也是由德国经济学家哈曼·帕舍在 1874 年提出的，它是指以报告期的销售量为同度量因素的质量指数，其计算公式为：

$$\bar{k}_p = \frac{\sum p_1 q_1}{\sum p_0 q_1} \tag{6-7}$$

将例 6-1 中数据资料代入帕氏质量指数公式，计算得：

$$\bar{k}_p = \frac{\sum p_1 q_1}{\sum p_0 q_1} = \frac{26 \times 100 + 5 \times 1200 + 300 \times 100}{20 \times 100 + 4 \times 1200 + 290 \times 100} = \frac{38600}{35800} = 107.82\%$$

$$\sum p_1 q_1 - \sum p_0 q_1 = 38600 - 35800 = 2800（元）$$

计算结果表明，三种商品的价格总指数为 107.82%，表示综合（平均）来看，三种商品的价格上升了 7.82%；同时还表明购买总额也相应增长了 7.82%，增加的绝对额为 2800 元。在帕氏质量指数中，由于采用报告期销售量作同度量因素，它不仅反映了价格的影响，还包括了销售量的影响。

上述内容表明，同一资料，分别采用拉氏公式与帕氏公式编制总指数，其结果与经济含义均有差异。

就表 6-1 的三种商品而言，两种方法得到的两个销售量总指数与两个价格总指数，无论是销售量总体（价格总体）的相对变动程度，还是销售额变动的绝对额都不相同，其原因就是计算总指数时使用的是不同时期的同度量因素。

那么，在实际工作中，究竟用哪个公式来编制综合指数才合适呢？在选择时除了要考虑指数公式本身的经济内容及优缺点外，还要结合编制总指数的目的来分析。

一般来讲，编制销售量指数的目的是要排除价格因素变动的影响，单纯反映商品销售量的总变动。若把同度量因素（价格）固定在报告期，则包含了价格由过去到现在的变化。这里销售量指数属于数量总指数，基期价格是同度量因素。因此，学术界多数人主张用拉氏数量指数公式编制数量综合指数。

编制物价指数的目的不仅要反映市场物价水平变动的方向和程度，还要反映这种变动对社会经济生活带来的实际影响，即物价变化对国家、企业、居民货币收支和生活水平的实际影响。从帕氏质量指数 $\dfrac{\sum p_1 q_1}{\sum p_0 q_1}$ 和拉氏质量指数 $\dfrac{\sum p_1 q_0}{\sum p_0 q_0}$ 这两个指数来看，前一指数形式表明在现有（报告期）规模下物价变动的方向和相对程度，分子、分母差额表明现有（报告期）规模下物价变动对销售额的影响绝对额；后一指数形式表明在过去（基期）规模下物价变动的方向和相对程度，分子、分母差额表明的也是在过去（基期）规模下物价变动对过去销售额的影响绝对额,这显然是我们不感兴趣并难以理解的问题。由于物价变化发生在报告期,国家、企业、居民因物价变动而得到的实惠或受到的损失也同报告期销售量(购买量)有关,而不可能同物价变动以前的任何一个时期的数量有关。所以,从应用的角度来讲,编制物价指数时应当以报告期的销售量作为同度量因素,才具有现实的经济意义。这里物价指数是质量指数,报告期销售量是同度量因素。因此,学术界多数人主张用帕氏质量指数公式编制质量综合指数。

应该强调的是,立足于现实经济意义的分析来确定综合指数中的同度量因素所属时期,具有普遍的应用意义,但不是固定不变的原则,因而不能机械地加以应用。编制综合指数,往往要注意研究现象总体的不同情况以及分析任务的不同要求,来具体确定同度量因素所属时期问题。

综上所述,综合指数的编制可以归结为两点:一是确定同度量因素;二是选择同度量因素所属时期。我国的统计实践一般遵循以下原则来编制综合指数:

(1)编制综合数量指数时,以基期的质量指标作为同度量因素;

(2)编制综合质量指数时,以报告期的数量指标作为同度量因素;

(3)特殊的综合指数编制以不变价格或不变量作为同度量因素。

## 三、综合指数的其他类型

从上述综合指数编制方法可以看出,如何确定同度量因素是一个关键问题。选择同度量因素不仅要对不同度量的现象进行综合,而且要能解释其实际经济意义。从上面的计算结果不难看出拉氏指数和帕氏指数之间存在的差异,它们各自的分析意义也有所不同。从某种意义上讲,下面介绍的"马埃公式"和"理想公式"则是对拉氏指数和帕氏指数的偏差加以折中的综合指数形式。

### (一)算术交叉法——"马埃公式"

"马埃公式"由英国经济学家马歇尔和埃奇沃斯等人于1887—1890年间提出的,该指数对拉氏指数和帕氏指数的权数(同度量因素)进行了简单平均,具体公式为:

$$\bar{k}_q = \frac{\sum q_1 \dfrac{p_0 + p_1}{2}}{\sum q_0 \dfrac{p_0 + p_1}{2}} = \frac{\sum q_1(p_0 + p_1)}{\sum q_0(p_0 + p_1)} \tag{6-8}$$

$$\bar{k}_p = \frac{\sum p_1 \dfrac{q_0 + q_1}{2}}{\sum p_0 \dfrac{q_0 + q_1}{2}} = \frac{\sum p_1(q_0 + q_1)}{\sum p_0(q_0 + q_1)} \tag{6-9}$$

将例6-1中数据资料代入公式(6-8)和公式(6-9),可得:

$$\bar{k}_q = \frac{\sum q_1 p_0 + \sum q_1 p_1}{\sum q_0 p_0 + \sum q_0 p_1} = \frac{35800 + 38600}{23800 + 26120} = \frac{74400}{49920} = 149.04\%$$

$$\bar{k}_p = \frac{\sum p_1 q_0 + \sum p_1 q_1}{\sum p_0 q_0 + \sum p_0 q_1} = \frac{26120 + 38600}{23800 + 35800} = \frac{64720}{59600} = 108.59\%$$

### （二）几何交叉法——"费雪公式"

1911 年，美国经济学家费雪系统地总结了各种指数公式的特点，提出了交叉计算指数的公式，即对拉氏指数和帕氏指数直接进行几何平均，具体公式为：

$$\bar{k}_q = \sqrt{\frac{\sum q_1 p_0}{\sum q_0 p_0} \cdot \frac{\sum q_1 p_1}{\sum q_0 p_1}} \qquad (6\text{-}10)$$

$$\bar{k}_p = \sqrt{\frac{\sum p_1 q_0}{\sum p_0 q_0} \cdot \frac{\sum p_1 q_1}{\sum p_0 q_1}} \qquad (6\text{-}11)$$

同时，费雪还提出了检验指数优劣的三种方法，即时间互换测验、因子互换测验和循环测验。最后只有他提出的公式通过检验，所以称为"理想公式"。"理想公式"与"马埃公式"一样，虽然在数量上不偏不倚，但缺乏经济意义，而且所用资料较多，计算困难。

将例 6-1 中数据资料代入公式（6-10）和公式（6-11），可得：

$$\bar{k}_q = \sqrt{\frac{\sum q_1 p_0}{\sum q_0 p_0} \times \frac{\sum q_1 p_1}{\sum q_0 p_1}} = \sqrt{\frac{35800}{23800} \times \frac{38600}{26120}} = 149.09\%$$

$$\bar{k}_p = \sqrt{\frac{\sum p_1 q_0}{\sum p_0 q_0} \times \frac{\sum p_1 q_1}{\sum p_0 q_1}} = \sqrt{\frac{26120}{23800} \times \frac{38600}{35800}} = 108.78\%$$

通过对以上几种指数的对比，可以得出拉氏公式、帕氏公式、"马埃公式"、"理想公式"比较表，如表 6-2 所示。

表 6-2　拉氏公式、帕氏公式、"马埃公式"、"理想公式"比较　　　　　单位：%

| 综合指数 | 拉氏公式 | 帕氏公式 | "马埃公式" | "理想公式" |
|---|---|---|---|---|
| 销售量指数 | 150.42 | 147.78 | 149.04 | 149.09 |
| 价格指数 | 109.75 | 107.82 | 108.59 | 108.78 |

在统计指数的发展中，还有很多其他方法，各种可用的指数公式达 134 种，一般认为比较优良的有 13 种。在实际应用中用得比较广泛的是拉氏指数和帕氏指数。

## 四、综合指数的主要应用

综合指数作为总指数的基本编制方法之一，在社会经济统计实践中得到了广泛的应用。在不同的场合需要应用不同形式的综合指数。在选择指数形式时，不仅要考虑指数的经济意义，还要考虑实际编制工作的可能性及对指数分析性质的特殊要求。

### （一）我国工业产量（产值）指数

在我国工业统计工作的实践中，长期使用不变价格计算总产值，我国的工业产量指数就是两个时期按同一不变价格的总产值之比，即采用以不变价格为权数的固定加权综合指数公式编制的工业产量指数。其计算公式为：

$$\bar{k}_q = \frac{\sum q_t p_n}{\sum q_0 p_n}$$
(6-12)

式中，$\bar{k}_q$ 表示工业产量指数；$p_n$ 表示不变价格，即某一特定时期的价格水平，下标 $n$ 表示不变价格的所属年份；$\sum q_t p_n$ 为 $t$ 时期的不变价格总产值。

工业产量（产值）指数的编制过程如下：

(1)对各种工业产品分别制定相应的不变价格标准，记为 $p_n$。

(2)逐项计算各种产品的不变价格产值，加总起来就得到全部工业产品的不变价格总产值。

(3)将不同时期的不变价格总产值加以对比，就得到相应时期的工业产量指数。

【例 6-3】 某地区 2017 年按 2015 年不变价格计算的工业产值为 1700 亿元，2018 年按 2015 年不变价格计算的工业产值为 2160 亿元，计算该地区 2018 年工业产值指数。

**解** 该地区 2018 年工业产值指数为：

$$\bar{k}_q = \frac{\sum q_t p_n}{\sum q_0 p_n} = \frac{\sum q_{2018} p_{2015}}{\sum q_{2017} p_{2015}} = \frac{2160}{1700} = 127.06\%$$

$$\sum q_{2018} p_{2015} - \sum q_{2017} p_{2015} = 2160 - 1700 = 460(\text{亿元})$$

计算结果表明 2018 年工业产品产量比 2017 年增长了 27.06%，由于产量的增长，使得工业产值增长 27.06%，增加 460 亿元。

在工业产量（产值）指数的计算过程中，需要指出的是，固定权数（不变价格）的使用目的是消除价格变动所带来的影响，但不变价格事实上只是一段时间不变，随着经济增长和价格水平的变化，不变价格也要不定期地变化。中华人民共和国成立以来，我国共有 1952 年、1957 年、1970 年、1980 年、1990 年、2000 年、2005 年、2010 年、2015 年 9 个不变价基期，目前的基期是 2015 年。当不变价格发生变化时，将两个不同时期的不变价格计算的工业总产值进行对比，就要消除不变价格变动的影响。消除的方法是通过交替年不变价格指数解决。

链接
"现行价格"、
"不变价格"
与"可比价格"

【例 6-4】 某工业企业按 2010 年不变价格计算的 2013 年工业总产值为 5500 万元，按 2015 年不变价格计算的 2018 年工业总产值为 1.9 亿元，2015 年按 2015 年和 2010 年两种不变价格计算的工业总产值分别为 1.2 亿元和 1.0 亿元，求该企业 2018 年对 2013 年工业产品产量指数。

**解** 首先计算交替年 2015 年不变价格指数：

$$\frac{\sum q_{2015} p_{2015}}{\sum q_{2015} p_{2010}} = \frac{1.2}{1.0} = 120\%$$

其次，将按 2010 年不变价格计算的 2013 年工业总产值调整为按 2015 年不变价格计算的工业总产值：

$$\sum q_{2013} p_{2015} = \sum q_{2013} p_{2010} \times \frac{\sum q_{2015} p_{2015}}{\sum q_{2015} p_{2010}} = 5500 \times 120\% = 6600(\text{万元})$$

第三，求该企业的 2018 年对 2013 年工业产品产量指数：

$$\frac{\sum q_{2018}p_{2015}}{\sum q_{2013}p_{2015}} = \frac{19000}{6600} = 287.9\%$$

$$\sum q_{2018}p_{2015} - \sum q_{2013}p_{2015} = 19000 - 6600 = 12400（万元）$$

计算结果表明，2018 年工业产品产量比 2013 年增长了 187.9%，由于产量增加，使得工业总产值增长 187.9%，增加了 1.24 亿元。

（二）空间价格指数

空间价格指数又称区域价格指数，主要用于比较同一时期不同国家或地区各种商品价格水平的差异程度，它是进行地区对比和国际对比的一种重要分析工具。空间价格指数是一种静态指数，对它的编制和分析有其特殊之处。

假如要对比 A、B 两个地区的价格水平，如果以 A 地区为对比的基准，采用拉氏指数编制价格指数，公式为：

$$\bar{k}_p = \frac{\sum p_B q_A}{\sum p_A q_A} \tag{6-13}$$

如果以 B 地区为对比的基准，采用拉氏指数编制价格指数，公式为：

$$\bar{k}_p = \frac{\sum p_A q_B}{\sum p_B q_B} \tag{6-14}$$

从公式中可以发现，这两个互换对比基准的地区价格指数彼此之间不能保持一致，若采用帕氏指数也存在同样问题。这表明计算空间价格指数用拉氏公式和帕氏公式都不太合适。空间价格指数编制和分析的特殊要求是，互换基准后指数的结论应当保持一致。为达到这个要求，可以采用"马埃公式"或"理想公式"编制空间价格指数，以 B 地区为比较基准，用"马埃公式"计算空间价格指数，其公式为：

$$\bar{k}_p = \frac{\sum p_A(q_A + q_B)}{\sum p_B(q_A + q_B)} \tag{6-15}$$

这样得到的对比结论就不会受到对比基准变化的影响，而且其同度量因素反映了两个对比地区的平均商品结构，具有实际经济意义。在国际经济对比中，该指数获得了广泛的应用。

（三）股票价格指数

股票价格指数是根据精心选择的那些具有代表性和敏感性强的样本股票某时点平均市场价格计算的动态相对数。股票价格指数可以综合反映整个股票市场价格波动的基本趋势，是市场经济的"晴雨表"。股票价格指数的编制方法多种多样，各有所长，综合指数是其中的一种重要编制方法。我国的上证指数、美国标准普尔指数、香港恒生指数等，都是采用综合指数公式编制的。其计算公式为：

$$I_p = \frac{\sum p_{1i}q_i}{\sum p_{0i}q_i} \tag{6-16}$$

式中,$p_{1i}$ 和 $p_{0i}$ 分别表示报告期和基期样本股的平均价格;$q_i$ 表示第 $i$ 种股票的报告期发行量(也有采用基期的)。

世界各地的股票市场都有自己的股票价格指数,不同股票价格指数的样本范围和基期日期的选定都不同。例如,美国标准普尔指数,样本范围包括 500 种股票,选择 1941—1943 年为基期。香港恒生指数则以 1964 年 7 月 31 日为基期,选择了 33 种具有代表性的股票(成分股)为指数计算对象。而我国的上证综合指数是以 1990 年 12 月 19 日为基期,基期指数定为 100,以所有在上海证券交易所上市的股票为编制范围。股票价格的变动幅度,以"点"数来表示,每上升或下降一个单位称为 1 点。例如,当上证综合指数为 1380 点时,就表明股票价格报告期比基期上升了 1280 点。

# 第三节　平均指数

综合指数是编制总指数的基本形式,但是,这种指数编制方法必须计算出一个假定的价值量指标 $q_1 p_0$ 或 $q_0 p_1$,必须掌握其相应的资料。如在计算商品价格综合指数时,就必须具有商品价格资料和商品销售量资料,但在实际工作中,很多情况下很难取得它所要求的资料。这样,综合指数公式在实际应用上就受到了一定的限制,而平均指数能够克服这一限制条件。与综合指数相同,平均指数也是总指数的基本形式之一,用来反映复杂现象的总变动。平均指数从个体指数出发,先计算出各种产品的数量指标或质量指标的个体指数,然后进行加权平均计算。从计算形式上看,平均指数分为加权算术平均指数和加权调和平均指数。

## 一、加权算术平均指数

加权算术平均指数是对个体指数采用加权算术平均方法计算的总指数。当综合指数公式的分子未知,而知道个体指数和分母资料时,可用加权算术平均指数编制总指数。

### (一)数量指标指数

数量指标指数计算公式为:

$$\bar{k}_q = \frac{\sum k_q p_0 q_0}{\sum p_0 q_0} = \frac{\sum \frac{q_1}{q_0} \times p_0 q_0}{\sum p_0 q_0} = \frac{\sum p_0 q_1}{\sum p_0 q_0} \tag{6-17}$$

式中:$k_q = q_1 / q_0$ 表示个体物量指数。

以 $p_0 q_0$ 为权数的个体物量指数的加权算术平均数等于拉氏数量指标综合指数。在实际应用中,通常运用公式(6-17)。

### (二)质量指标指数

质量指标指数计算公式为:

$$\bar{k}_p = \frac{\sum k_p p_0 q_0}{\sum p_0 q_0} = \frac{\sum \frac{p_1}{p_0} \times p_0 q_0}{\sum p_0 q_0} = \frac{\sum p_1 q_0}{\sum p_0 q_0} \tag{6-18}$$

式中，$k_p = p_1/p_0$ 表示个体质量指数。

以 $p_0 q_0$ 为权数的个体质量指数的加权算术平均数等于拉氏质量指标综合指数。由于在实际应用中，一般用帕氏质量指数公式编制质量指标指数，故公式(6-18)基本不用。

【例 6-5】 某公司经营的三种商品的销售情况如表 6-3 所示，试计算三种商品的加权算术平均销售量指数。

表 6-3　某公司三种商品的销售情况

| 商　品 | 计量单位 | 销售量 | | 销售量个体指数/% $k_q = q_1/q_0$ | 基期销售额/元 $q_0 p_0$ |
|---|---|---|---|---|---|
| | | 基期($q_0$) | 报告期($q_1$) | | |
| 甲 | 件 | 100 | 125 | 125 | 8000 |
| 乙 | 套 | 75 | 90 | 120 | 7500 |
| 丙 | 台 | 50 | 65 | 130 | 2500 |
| 合　计 | — | — | — | — | 18000 |

**解**　根据表 6-3 中三种商品的销售量资料，先计算出三种商品的个体销售量指数，列在表 6-3 中，然后根据公式(6-17)计算出三种商品销售量的加权算术平均指数为：

$$\bar{k}_q = \frac{\sum k_q p_0 q_0}{\sum p_0 q_0} = \frac{1.25 \times 8000 + 1.2 \times 7500 + 1.3 \times 2500}{18000}$$

$$= \frac{22250}{18000} = 123.6\%$$

$$\sum k_q p_0 q_0 - \sum p_0 q_0 = 22250 - 18000 = 4250(\text{元})$$

计算结果表明，三种商品销售量报告期比基期平均增长 23.6%。由于销售量增加，使得销售额增长了 23.6%，增加金额 4250 元。

通过例 6-5 可以看出，用加权算术平均法求数量指数的条件是：获得每一种商品的个体指数的同时，还要有各种商品基期价值资料。这种方法既可用于全面调查资料，也可用于非全面调查的代表商品的资料。

## 二、加权调和平均指数

加权调和平均指数是对个体指数用加权调和平均方法计算的总指数。当综合指数公式的分母未知，但知道分子和个体指数时，可用加权调和平均指数编制总指数。

### (一)数量指标指数

加权调和平均数量指数是对个体数量指数进行加权调和平均而得到的指数，计算公式为：

$$\bar{k}_q = \frac{\sum p_1 q_1}{\sum \frac{1}{k_q} p_1 q_1} = \frac{\sum p_1 q_1}{\sum \frac{q_0}{q_1} \times p_1 q_1} = \frac{\sum p_1 q_1}{\sum p_1 q_0} \qquad (6\text{-}19)$$

以 $p_1 q_1$ 为权数,个体指数为倒数的加权调和平均数等于帕氏数量指标综合指数。由于在实际应用中,一般用拉氏质量指数公式编制数量指标指数,故公式(6-19)基本不用。

（二）质量指标指数

加权调和平均质量指数是对个体质量指数进行加权调和平均而得到的指数,计算公式为:

$$\bar{k}_p = \frac{\sum p_1 q_1}{\sum \frac{1}{k_p} p_1 q_1} = \frac{\sum p_1 q_1}{\sum \frac{p_0}{p_1} \times p_1 q_1} = \frac{\sum p_1 q_1}{\sum p_0 q_1} \qquad (6\text{-}20)$$

以 $p_1 q_1$ 为权数,个体指数为倒数的加权调和平均数等于帕氏质量指标综合指数。在实际应用中,通常运用公式(6-20)。

【例 6-6】 某公司经营的三种商品的销售情况如表 6-4 所示,试计算三种商品的加权调和平均价格指数。

表 6-4  某公司三种商品的销售情况

| 商 品 | 计量单位 | 销售价格/元 | | 价格个体指数/%<br>$k_p = p_1/p_0$ | 报告期销售额/元<br>$q_1 p_1$ |
| --- | --- | --- | --- | --- | --- |
| | | 基期($p_0$) | 报告期($p_1$) | | |
| 甲 | 件 | 80 | 80 | 100 | 10000 |
| 乙 | 套 | 100 | 105 | 105 | 9450 |
| 丙 | 台 | 50 | 55 | 110 | 3575 |
| 合 计 | — | — | — | — | 23025 |

解  根据表 6-4 中三种商品的价格资料,先计算出三种商品的个体价格指数,列在表 6-4 中,然后根据公式(6-20),计算出三种商品的加权调和平均价格指数为:

$$\bar{k}_p = \frac{\sum p_1 q_1}{\sum \frac{1}{k_p} p_1 q_1} = \frac{23025}{\frac{10000}{1.0} + \frac{9450}{1.05} + \frac{3575}{1.1}} = \frac{23025}{22250} = 103.5\%$$

$$\sum p_1 q_1 - \sum \frac{1}{k_p} p_1 q_1 = 23025 - 22250 = 775(\text{元})$$

计算结果表明,三种商品价格报告期比基期上升了 3.5%,由于价格上升,使得销售额增长了 3.5%,增加金额 775 元。

通过例 6-6 可以看出,用加权调和平均法求价格指数的条件是:能获得各商品的个体价格指数和报告期各种商品价值资料。这种方法既可用于全面调查资料,也可用于非全面调查的代表商品的资料。

根据上述平均指数的编制过程,可以总结出平均指数的基本编制原理如下:

(1)为了对复杂现象总体进行对比分析,首先需对构成总体的个别元素计算个体指数,所得到的无量纲化的相对数是编制总指数的基础。

（2）为了反映个别元素在总体中重要性的差异,必须以相应的总值指标作为权数对个体指数进行加权平均,就得到说明总体现象数量和质量对比关系的总指数。

（3）一般来说,计算数量指标指数以基期的总值指标作为权数对个体指数进行加权算术平均,计算质量指标指数以报告期的总值指标作为权数对个体指数进行加权调和平均。

### 三、固定权数平均指数

固定权数平均指数是在平均指数的计算公式中,将其权数长期固定在某个特定基期,记为 $w$。实际工作中,无论是加权算术平均指数或者是加权调和平均指数,往往采用经济发展比较稳定的某一时期的价值总量结构作为固定的权数,一经确定便沿用5~10年不变。

固定权数加权算术平均指数计算公式为：

$$\bar{k} = \frac{\sum kw}{\sum w} = \sum kw \qquad (6\text{-}21)$$

固定权数加权调和平均指数计算公式为：

$$\bar{k} = \frac{\sum w}{\sum \frac{1}{k}w} = \frac{1}{\sum \frac{1}{k}w} \qquad (6\text{-}22)$$

### 四、平均指数的主要应用

在实际应用中,平均指数同样面临指数公式和编制方法选择问题。

#### （一）工业生产指数

在我国,工业生产指数是通过不变价格总产值的形式来编制的,而世界上大多数市场经济国家普遍采用的是以平均数指数的形式编制的工业生产指数。它首先根据代表产品报告期与基期的产量数据,分别计算出各产品的个体指数,然后用其各自的权数对个体指数进行加权平均,计算出类指数和总指数,综合反映工业发展速度。编制工业生产指数,一般采用基期固定权数,计算公式为：

$$\bar{k}_q = \frac{\sum k_q p_0 q_0}{\sum p_0 q_0}$$

式中,$k_q$ 为各种工业品的个体产量指数;$p_0 q_0$ 为相应产品的基期价值。

#### （二）居民消费价格指数（CPI）

居民消费价格指数是由居民消费价格报告期水平除以基期水平形成的,反映一定时期内居民消费价格变动趋势和变动程度的相对数。居民消费价格指数综合反映了物价的变动,与生产者的利益、人民生活、经济发展、社会稳定密切相关,是各国政府非常重视并且一直在编制的经济指数,只是名称有所不同。我国政府统计部门编制并发布的是居民消费价格指数。

居民消费价格指数（CPI)的编制一般有以下操作步骤：

第一步：消费品、服务项目的分类和代表规格品的选择。CPI 包括居民用于日常生活的全部消费品和服务项目。现行国家统计制度规定，将居民消费的商品分为八个大类，每个大类包括若干个中类，中类之下又有基本分类（共 262 个），基本分类中包括若干代表规格品。由于社会商品种类繁多，要编制包括所有商品规格的价格指数，在客观上是不可能的，因此必须选择一些购销量大的商品作为代表规格品，用这些代表规格品价格的变动情况来综合反映全部商品价格变动的程度和趋势。2016 年，国家统计局开展的第四轮 CPI 基期轮换，参考了联合国制定的《按目的划分的个人消费分类》（COICOP）和国家统计局发布的《居民消费支出分类（2013)》，对 CPI 调查目录进行了调整，新基期调查目录和规格品与国际标准更为接近，一些新产品新服务纳入其中，能进一步反映居民消费和经济结构的变化（如表 6-5,6-6,6-7 所示）。

文档
您身边的统计指标——居民消费价格指数（CPI）

第二步：计算代表规格品的平均价格。各调查点的代表规格品价格都不一样，需要对它们进行价格平均。代表规格品的月度平均价采用简单算术平均方法计算，首先计算规格品在一个调查点的平均价格，再根据各个调查点的价格算出月度平均价。计算公式如下：

链接
统计数据是如何产生的——居民消费价格指数（CPI）

$$P_i = \frac{1}{m}\sum_{j=1}^{m}\left(\frac{1}{n}\sum_{k=1}^{n}P_{ijk}\right) = \frac{1}{m}\sum_{j=1}^{m}P_{ij}$$

式中，$P_{ijk}$ 为第 $i$ 个规格品在第 $j$ 个价格调查点的第 $k$ 次调查的价格；$P_{ij}$ 为第 $i$ 个规格品第 $j$ 个调查点的月度平均价格；$m$ 为调查点的个数，$n$ 为调查次数。

第三步：计算代表规格品个体价格指数。其计算公式为：

$$G_{ti} = \frac{P_{ti}}{P_{(t-1)i}} \times 100\%$$

$G_{ti}$ 为第 $i$ 个代表规格品在报告期($t$) 价格与上期($t-1$) 价格对比的相对数（个体指数）。

第四步：计算基本分类月环比指数。根据所属代表规格品变动相对数，采用几何平均法计算各基本分类的月环比指数，计算公式为：

$$k_i = \sqrt[n]{G_{t1} \times G_{t2} \times \cdots\cdots \times G_{tn}} \times 100\%$$

式中，$k_i$ 为第 $i$ 个基本分类；$G_{t1}$,$G_{t2}$,……,$G_{tn}$ 分别为第 1 个至第 $n$ 个规格品在报告期与上期价格对比的相对数。

第五步：计算中类、大类指数。它们分别是与其对应的基本分类指数、中类指数的加权算术平均数。如中类指数的计算公式为：

$$K_{i中类} = \sum_{j=1}^{n} k_{ij}w_{ij}$$

式中，$K_{i中类}$ 为第 $i$ 个中类指数；$k_{ij}$、$w_{ij}$ 分别为第 $i$ 个中类下面第 $j$ 个基本分类的指数与权重。

第六步：计算总指数。它是各大类指数的加权算术平均数。

$$CPI = \sum_{m=1}^{8} k_{m大类}w_{m大类}$$

式中，$k_{m大类}$、$w_{m大类}$ 分别为 8 个大类中第 $m$ 个大类的大类指数与权重；$\sum_{m=1}^{8} w_{m大类} = 1$，即八个

文档
流通和消费价格
统计制度

链接
居民消费支出
分类(2013)

大类权重相加为1。

　　计算居民消费价格指数的权重,是居民家庭用于各种商品和服务的支出额占所有消费品和服务支出总额的比重,反映调查商品和服务项目的价格变动在总指数形成中的影响程度,其资料来源于全国住户调查。全国住户调查是国家法定统计调查项目,采用国际通用的抽样调查方法,在全国随机抽取部分住户,通过入户调查的方式,了解居民家庭的收支与生活状况。目前我国抽选的住户调查户有16万户。大类、中类和基本分类的权重依次分层计算,其中大类权重为该大类支出额占所有大类支出额之和的比重;中类权重为该中类支出额占所在大类支出额的比重;基本分类权重为该基本分类支出额占所在中类支出额的比重。权重一经确定,一年内固定不变。按照制度规定,我国的CPI权重调整,有"五年一大调,一年一小调"的基本原则。

### 表6-5　省(区)居民消费价格指数

表　　号:V301表

制定机关:国家统计局

综合机关名称:　　　　　　　　20　　年　　　　　　有效期至:20　　年　　月

| 类　别 | 代　码 | 以上年价格为100的指数 | | |
|---|---|---|---|---|
| | | 全省(区) | 城　市 | 农　村 |
| 甲 | 乙 | 1 | 2 | 3 |
| 总指数 | | | | |
| 一、食品烟酒 | | | | |
| 二、衣着 | | | | |
| 三、居住 | | | | |
| 四、生活用品及服务 | | | | |
| 五、交通和通信 | | | | |
| 六、教育文化和娱乐 | | | | |
| 七、医疗保健 | | | | |
| 八、其他用品和服务 | | | | |

单位负责人:　　　　　　　填表人:　　　　　　　报出日期:20　　年　　月　　日

说明:1.本表为国家统计局省(区、市)调查总队年报填报表式。
　　　2.报送时间为年后6日前报国家统计局城市司,报送方式为网络传输。
　　　3.年度价格指数根据报告年12个月定基指数简单平均值与上年12个月定基指数简单平均值计算。
　　　4.本表填报大、中、小类及基本分类。

资料来源:国家统计局网站,http://www.stats.gov.cn/tjsj/tjzd/gjtjzd/index_1.html。

## 表 6-6　居民消费支出

表　　号：T305 表
制定机关：国家统计局
有效期至：20　　年　　月

综合机关名称：　　　　　　20　年　　　　　　　　计量单位：元/人

| 指标名称 | 代码 | 金额 | 指标名称 | 代码 | 金额 |
|---|---|---|---|---|---|
| 甲 | 乙 | 1 | 甲 | 乙 | 1 |
| Ⅰ.居民消费支出 | 01 | | 四、生活用品及服务 | 24 | |
| 一、食品烟酒 | 02 | | (一)家具及室内装饰品 | 25 | |
| 二、衣着 | 03 | | (二)家用器具 | 26 | |
| 三、居住 | 04 | | (三)家用纺织品 | 27 | |
| 四、生活用品及服务 | 05 | | (四)家庭日用杂品 | 28 | |
| 五、交通和通信 | 06 | | (五)个人护理用品 | 29 | |
| 六、教育文化和娱乐 | 07 | | (六)家庭服务 | 30 | |
| 七、医疗保健 | 08 | | 五、交通和通信 | 31 | |
| 八、其他用品及服务 | 09 | | (一)交通 | 32 | |
| Ⅱ.居民家庭消费支出 | 10 | | (二)通信 | 33 | |
| 一、食品烟酒 | 11 | | 六、教育文化和娱乐 | 34 | |
| (一)食品 | 12 | | (一)教育 | 35 | |
| (二)烟酒 | 13 | | (二)文化和娱乐 | 36 | |
| (三)饮料 | 14 | | 七、医疗保健 | 37 | |
| (四)饮食服务 | 15 | | (一)医疗器具及药品 | 38 | |
| 二、衣着 | 16 | | (二)医疗服务 | 39 | |
| (一)衣类 | 17 | | 八、其他用品及服务 | 40 | |
| (二)鞋类 | 18 | | (一)其他用品 | 41 | |
| 三、居住 | 19 | | (二)其他服务 | 42 | |
| (一)租赁房房租 | 20 | | | | |
| (二)住房维修及管理 | 21 | | | | |
| (三)水、电、燃料及其他 | 22 | | | | |
| (四)自有住房折算租金 | 23 | | | | |

单位负责人：　　　　　填表人：　　　　　　　报出日期：20　　年　　月　　日

说明：1.本表由国家统计局各调查总队报送。

2.统计范围是抽中的调查户。

3.报送时间 2019 年各季度季后 7 日前。报送方式为局内网邮箱传输。

4.在季度发布的居民消费支出中,不包含农业自产自用的实物消费,这部分实物消费仅年末进行计算。

资料来源：国家统计局网站,http://www.stats.gov.cn/tjsj/tjzd/gjtjzd/index_1.html。

## 表 6-7 居民家庭食品消费数量

表　　号：T306 表
制定机关：国家统计局
有效期至：20　　年　　月

综合机关名称：　　　　　　　　　20　　年　　　　　　　　　计量单位：　千克/人

| 指标名称 | 代码 | 数量 | 指标名称 | 代码 | 数量 |
|---|---|---|---|---|---|
| 甲 | 乙 | 1 | 甲 | 乙 | 1 |
| 一、粮食 | 01 | | 五、水产品 | 33 | |
| （一）谷物 | 02 | | （一）鱼类 | 34 | |
| 1.大米 | 03 | | （二）虾蟹贝类 | 35 | |
| 2.面粉 | 04 | | （三）藻类 | 36 | |
| 3.玉米 | 05 | | （四）其他水产品及制品 | 37 | |
| 4.其他谷物及制品 | 06 | | 六、蛋类 | 38 | |
| （二）薯类 | 07 | | （一）鲜蛋 | 39 | |
| 1.红薯 | 08 | | （二）蛋制品 | 40 | |
| 2.马铃薯 | 09 | | 七、奶类 | 41 | |
| 3.其他薯类及制品 | 10 | | （一）鲜奶 | 42 | |
| （三）豆类 | 11 | | （二）酸奶 | 43 | |
| 1.大豆 | 12 | | （三）奶粉 | 44 | |
| 2.其他豆类及制品 | 13 | | （四）其他奶制品 | 45 | |
| 二、食用油 | 14 | | 八、干鲜瓜果类 | 46 | |
| （一）食用植物油 | 15 | | （一）鲜瓜果 | 47 | |
| （二）食用动物油 | 16 | | （二）瓜果制品 | 48 | |
| 三、蔬菜及食用菌 | 17 | | （三）坚果类 | 49 | |
| （一）鲜菜 | 18 | | 九、糖果糕点类 | 50 | |
| （二）干菜及菜制品 | 19 | | （一）食糖 | 51 | |
| （三）鲜菌 | 20 | | （二）糖果 | 52 | |
| （四）干菌及制品 | 21 | | （三）糕点 | 53 | |
| 四、肉禽及制品 | 22 | | （四）其他糖果糕点 | 54 | |
| （一）肉类 | 23 | | | | |
| 1.猪肉 | 24 | | | | |
| 2.牛肉 | 25 | | | | |
| 3.羊肉 | 26 | | | | |
| 4.其他肉类及制品 | 27 | | | | |

| 指标名称 | 代码 | 数量 | 指标名称 | 代码 | 数量 |
|---|---|---|---|---|---|
| （二）禽类 | 28 | | | | |
| 1.鸡 | 29 | | | | |
| 2.鸭 | 30 | | | | |
| 3.鹅 | 31 | | | | |
| 4.其他禽类及制品 | 32 | | | | |

单位负责人：　　　　　填表人：　　　　　　　　报出日期：20　　年　　月　　日

说明：1.本表由国家统计局各调查总队报送。

　　　2.统计范围是抽中的调查户。

　　　3.报送时间 2019 年 1 月 10 日前。报送方式为局内网邮箱传输。

资料来源：国家统计局网站，http://www.stats.gov.cn/tjsj/tjzd/gjtjzd/index_1.html。

### （三）商品零售价格指数

商品零售价格是商品在流通过程中最后一个环节的价格，是工业、商业、餐饮业和其他零售企业向城乡居民、机关团体出售生活消费品和办公用品的价格。包括食品、饮料烟酒、服装鞋帽、纺织品、家用电器及音像器材、文化办公用品、日用品、体育娱乐用品、交通通信用品、家具、化妆品、金银饰品、中西药品及医疗保健用品、书报杂志及电子出版物、燃料、建筑材料及五金电料等 16 个大类，197 个基本分类的商品零售价格。商品的零售价格指数是反映市场零售商品价格的变动趋势与变动程度的指数。通过编制商品零售价格指数，可以观察分析各种商品零售牌价、集市贸易的总的升降水平，反映货币购买力的强弱和物价变动对居民生活水平变动的影响。其计算公式为：

$$\bar{k}_p = \frac{\sum k_p w}{\sum w}$$

### （四）农副产品收购价格指数

农副产品收购价格指数是反映农副产品收购价格水平综合变动的指数。通过编制农副产品收购价格指数，可以观察分析农副产品收购价格水平的变动对农民货币收入和国家财政支出造成的影响，为计算和研究农产品与工业品交换的综合比价指数提供资料，为国家制定价格政策提供依据。农副产品收购价格指数一般采用加权调和平均指数法计算，计算公式为：

$$\bar{k}_p = \frac{\sum p_1 q_1}{\sum \frac{1}{k_p} p_1 q_1}$$

这是因为农副产品收购统计资料可以提供各类农副产品的收购额和各代表规格品的价格，因而采用这个公式比较方便。

# 第四节　指数体系与因素分析

　　在前两节中,我们介绍了指数编制的一般方法。在实际应用中,我们不仅要确定单个指数的计算方法,而且要确定由几个相互联系的指数组成的指数体系的编制方法,以便对复杂的社会经济现象作更深入的分析。

## 一、指数体系及其作用

### (一)指数体系的概念

　　这里讨论的指数体系是指指数之间存在的相互联系,指数体系是事物或现象之间的静态联系在动态上的推广。社会经济现象是复杂的,在现实生活中,有些现象总体是由两个或两个以上的因素构成,而这些构成因素在经济意义和数量上都存在着广泛的联系。例如:

　　　　销售额＝销售量×销售价格

　　　　总成本＝产量×单位成本

　　　　工资总额＝职工人数×平均工资

　　将这些静态联系推广到动态上,即有如下指数体系:

　　　　销售额指数＝销售量指数×销售价格指数

　　　　总成本指数＝产量指数×单位成本指数

　　　　工资总额指数＝职工人数指数×平均工资指数

　　这种由三个或三个以上的指数构成,并存在一定数量关系,在性质上相互联系的指数系列,就构成指数体系。利用指数体系可以分析社会经济现象各种因素的变动,以及它们对总体发生作用的影响程度。

### (二)指数体系的作用

　　指数体系的作用主要表现在以下两个方面:

　　(1)可以进行指数间的相互推算。例如,已知某工业企业要增产 26％,而生产支出总额只能比基期增加 12％,则产品成本指数预计为 $1.12\div1.26＝89\%$,亦即要求产品成本比基期降低 11％,才能达到上述增产的目标。

　　(2)指数体系是进行因素分析的依据之一。例如,净产值＝工人的劳动生产率×工人人数,由此可以分析出净产值要受工人劳动生产率和工人人数两个因素的影响。

## 二、总量指标变动的因素分析

　　因素分析是指利用指数从数量上分析复杂经济现象总变动中各个因素的影响程度和影响绝对数。总量指标变动的因素分析可以分为两因素分析和多因素分析。

## (一)两因素分析

总量指标两因素分析一般利用如下指数体系：

总量指数＝数量指数×质量指数

用公式表示为：

$$\frac{\sum p_1 q_1}{\sum p_0 q_0} = \frac{\sum q_1 p_0}{\sum q_0 p_0} \times \frac{\sum p_1 q_1}{\sum p_0 q_1} \tag{6-23}$$

用绝对数表示为：

$$\sum p_1 q_1 - \sum p_0 q_0 = \left(\sum q_1 p_0 - \sum q_0 p_0\right) + \left(\sum p_1 q_1 - \sum p_0 q_1\right) \tag{6-24}$$

【例 6-7】 某商场家电部的三种商品的销售量及价格资料如表 6-8 所示,试进行销售额变动的因素分析。

表 6-8　某商场家电部三种商品的销售情况

| 商 品 | 计量单位 | 销售量 | | 价格/元 | | 销售额/元 | | |
|---|---|---|---|---|---|---|---|---|
| | | $q_0$ | $q_1$ | $p_0$ | $p_1$ | $p_0 q_0$ | $p_0 q_1$ | $p_1 q_1$ |
| 甲 | 台 | 20 | 30 | 2000 | 2200 | 40000 | 60000 | 66000 |
| 乙 | 部 | 25 | 20 | 800 | 780 | 20000 | 16000 | 15600 |
| 丙 | 件 | 50 | 60 | 300 | 350 | 15000 | 18000 | 21000 |
| 合　计 | — | — | — | — | — | 75000 | 94000 | 102600 |

**解**　根据表 6-8 中数据,进行如下分析计算：

第一步:分析销售额总的变动程度和变动规模。

$$\bar{k}_{pq} = \frac{\sum p_1 q_1}{\sum p_0 q_0} = \frac{102600}{75000} = 136.8\%$$

$$\sum p_1 q_1 - \sum p_0 q_0 = 102600 - 75000 = 27600(元)$$

计算结果说明本月该商场三种商品的总销售额比上月增长了 36.8%,增加的总金额为 27600 元。

第二步:分析影响销售额变动的因素。

(1)销售量变动的影响。

$$\bar{k}_q = \frac{\sum q_1 p_0}{\sum q_0 p_0} = \frac{94000}{75000} = 125.3\%$$

$$\sum q_1 p_0 - \sum q_0 p_0 = 94000 - 75000 = 19000(元)$$

计算结果说明销售量的变动,使得该商场本月三种商品的总销售额比上月增长了 25.3%,增加的总金额为 19000 元。

(2)价格变动的影响。

$$\bar{k}_p = \frac{\sum p_1 q_1}{\sum p_0 q_1} = \frac{102600}{94000} = 109.1\%$$

$$\sum p_1 q_1 - \sum p_0 q_1 = 102600 - 94000 = 8600(元)$$

计算结果说明价格的变动，使得该商场本月三种商品的总销售额比上月增长了 9.1%，增加的总金额为 8600 元。

第三步：综合分析。

该商场本月三种商品的总销售额比上月增长了 36.7%，绝对额增加 27600 元。这是由于销售量的变动使其增长 25.3%，绝对额为 19000 元，以及价格的变动使其增长 9.1%，绝对额为 8600 元，两者共同作用的结果。

用指数体系表示为：

$$136.7\% = 125.3\% \times 109.1\%$$
$$27600 = 19000 + 8600$$

### （二）多因素分析

总量指标多因素分析的研究对象是一个总量指标，它是三个或三个以上的因素的乘积，其总变动受多个因素的影响。分析的目的是测定多个因素对现象总变动的影响程度。例如，要对企业的利润额进行因素分析，可将利润额按下述方式分解：

利润额＝销售量($q$)×销售价格($p$)×利润率($r$)

由此可以得到多因素分析指数体系，用公式表示为：

$$\frac{\sum q_1 p_1 r_1}{\sum q_0 p_0 r_0} = \frac{\sum q_1 p_0 r_0}{\sum q_0 p_0 r_0} \times \frac{\sum q_1 p_1 r_0}{\sum q_1 p_0 r_0} \times \frac{\sum q_1 p_1 r_1}{\sum q_1 p_1 r_0} \tag{6-25}$$

用绝对数表示为：

$$\sum q_1 p_1 r_1 - \sum q_0 p_0 r_0 = \left( \sum q_1 p_0 r_0 - \sum q_0 p_0 r_0 \right) + \left( \sum q_1 p_1 r_0 - \sum q_1 p_0 r_0 \right) + \left( \sum q_1 p_1 r_1 - \sum q_1 p_1 r_0 \right) \tag{6-26}$$

**【例 6-8】** 某企业利润额资料如表 6-9 所示，请分析销售量、销售价格、利润率对利润总额的影响。

表 6-9 某企业的利润额资料

| 产品 | 单位 | 销售量 | | 销售单价/元 | | 利润率/% | | 利润额/万元 | | | |
| --- | --- | --- | --- | --- | --- | --- | --- | --- | --- | --- | --- |
| | | $q_0$ | $q_1$ | $p_0$ | $p_1$ | $r_0$ | $r_1$ | $q_1 p_1 r_1$ | $q_1 p_1 r_0$ | $q_1 p_0 r_0$ | $q_0 p_0 r_0$ |
| 甲 | 万件 | 45 | 50 | 70 | 77 | 8 | 9 | 346.5 | 308.0 | 280.0 | 252.0 |
| 乙 | 万个 | 50 | 52 | 35 | 35 | 6 | 10 | 182.0 | 109.2 | 109.2 | 105.0 |
| 丙 | 套 | 6000 | 9800 | 100 | 120 | 11 | 10 | 11.76 | 12.936 | 10.78 | 6.6 |
| 合计 | | | | | | | | 540.26 | 430.136 | 399.98 | 363.6 |

**解** 根据表 6-8 中数据计算得：

(1)利润额总指数。

$$利润额总指数 = \frac{\sum q_1 p_1 r_1}{\sum q_0 p_0 r_0} = \frac{540.26}{363.6} = 148.59\%$$

利润额报告期比基期增加了 48.59％,增加的绝对额为:
$$\sum q_1 p_1 r_1 - \sum q_0 p_0 r_0 = 540.26 - 363.6 = 176.66(万元)$$

(2)销售量指数。
$$销售量指数 = \frac{\sum q_1 p_0 r_0}{\sum q_0 p_0 r_0} = \frac{399.98}{363.6} = 110.01\%$$

销售量报告期比基期增长了 10.01％,由此而增加的利润额为:
$$\sum q_1 p_0 r_0 - \sum q_0 p_0 r_0 = 399.98 - 363.6 = 36.38(万元)$$

(3)销售价格指数。
$$销售价格指数 = \frac{\sum q_1 p_1 r_0}{\sum q_1 p_0 r_0} = \frac{430.136}{399.98} = 107.54\%$$

销售价格报告期比基期提高了 7.54％,由此而增加的利润额为:
$$\sum q_1 p_1 r_0 - \sum q_1 p_0 r_0 = 430.136 - 399.98 = 30.156(万元)$$

(4)利润率指数。
$$利润率指数 = \frac{\sum q_1 p_1 r_1}{\sum q_1 p_1 r_0} = \frac{540.26}{430.136} = 125.60\%$$

利润率报告期比基期提高了 25.6％,由此而增加的利润额为:
$$\sum q_1 p_1 r_1 - \sum q_1 p_1 r_0 = 540.26 - 430.136 = 110.124(万元)$$

对上述计算结果进行综合分析,得:
$$148.59\% = 110.01\% \times 107.54\% \times 125.60\%$$
$$176.66 = 36.38 + 30.156 + 110.124$$

分析结果表明,报告期销售量增加了 10.01％,销售价格提高了 7.54％,利润率提高了 25.60％,这三方面因素综合作用的结果使利润额提高了 48.59％,利润总额增加了 176.66 万元。

## 三、平均指标变动的因素分析

### (一)平均指标指数的概念

平均指标指数是将某一平均指标在不同时期的数值加以对比所形成的指数。如平均工资指数、平均价格指数、平均单位产品成本指数、平均劳动生产率指数等。平均指标指数的一般公式是:
$$\bar{k} = \frac{\bar{x}_1}{\bar{x}_0} \tag{6-27}$$

式中,$\bar{x}_1$ 表示某一平均指标的报告期数值;$\bar{x}_0$ 表示该平均指标的基期数值。

### (二)平均指标指数的因素分析

为了考察和分析总平均指标的动态变化及其构成因素的变动影响,需要编制相互联系的平均指标指数,形成一个平均指标指数体系。平均指标指数的变动仍受两个因素的影响,一个是各组变量值(标志值)的变化,另一个是总体结构(比重)的变化。在平均指标指数体系中,有以下三种指数,即可变构成指数、结构影响指数和固定构成指数,它们的关系如下:

可变构成指数＝结构影响指数×固定构成指数

用公式表示为:

$$\overline{k_{\overline{x}}} = \overline{k_d} \times \overline{k_x} \tag{6-28}$$

### 1.可变构成指数

可变构成指数不仅反映总平均指标在动态对比中各组平均水平的变动,而且反映总体内部结构变动的影响,其计算公式为:

$$\overline{k_{\overline{x}}} = \frac{\overline{x_1}}{\overline{x_0}} = \frac{\dfrac{\sum x_1 f_1}{\sum f_1}}{\dfrac{\sum x_0 f_0}{\sum f_0}} = \frac{\sum x_1 \cdot \dfrac{f_1}{\sum f_1}}{\sum x_0 \cdot \dfrac{f_0}{\sum f_0}} = \frac{\sum x_1 d_1}{\sum x_0 d_0} \tag{6-29}$$

### 2.结构影响指数

结构影响指数是在平均指标的动态分析中,将各组平均水平固定起来,只反映总体各组结构变动影响程度的指数,其计算公式为:

$$\overline{k_d} = \frac{\dfrac{\sum x_0 f_1}{\sum f_1}}{\dfrac{\sum x_0 f_0}{\sum f_0}} = \frac{\sum x_0 \cdot \dfrac{f_1}{\sum f_1}}{\sum x_0 \cdot \dfrac{f_0}{\sum f_0}} = \frac{\sum x_0 d_1}{\sum x_0 d_0} \tag{6-30}$$

### 3.固定构成指数

固定构成指数是在平均指标的动态分析中,把作为权数的总体结构固定下来,只反映各组平均水平变动影响程度的指数,其计算公式为:

$$\overline{k_x} = \frac{\dfrac{\sum x_1 f_1}{\sum f_1}}{\dfrac{\sum x_0 f_1}{\sum f_1}} = \frac{\sum x_1 \cdot \dfrac{f_1}{\sum f_1}}{\sum x_0 \cdot \dfrac{f_1}{\sum f_1}} = \frac{\sum x_1 d_1}{\sum x_0 d_1} \tag{6-31}$$

【例 6-9】 某公司 2018 年员工人数及工资资料如表 6-10 所示。

表 6-10　某公司 2018 年员工人数及工资资料

| 员工组别 | 员工人数/人 | | 月平均工资/元 | | 工资总额/万元 | | |
|---|---|---|---|---|---|---|---|
| | 基　期 $f_0$ | 报告期 $f_1$ | 基　期 $x_0$ | 报告期 $x_1$ | 基　期 $x_0 f_0$ | 报告期 $x_1 f_1$ | 假　定 $x_0 f_1$ |
| 管理人员 | 600 | 550 | 1300 | 1400 | 78 | 77 | 71.5 |
| 一般科员 | 400 | 700 | 800 | 850 | 32 | 59.5 | 56 |
| 合　计 | 1000 | 1250 | 1100 | 2250 | 110 | 136.5 | 127.5 |

根据表 6-10 中资料分析该公司总平均工资变动中各因素影响的程度及绝对额。

**解** 根据表 6-10 中数据,计算如下。

(1)可变构成指数为:

$$\bar{k}_{\bar{x}} = \frac{\bar{x}_1}{\bar{x}_0} = \frac{\dfrac{\sum x_1 f_1}{\sum f_1}}{\dfrac{\sum x_0 f_0}{\sum f_0}} = \frac{\dfrac{1365000}{1250}}{\dfrac{1100000}{1000}} = \frac{1092}{1100} = 99.27\%$$

$$\bar{x}_1 - \bar{x}_0 = 1092 - 1100 = -8(\text{元})$$

(2)固定构成指数为:

$$\bar{k}_x = \frac{\dfrac{\sum x_1 f_1}{\sum f_1}}{\dfrac{\sum x_0 f_1}{\sum f_1}} = \frac{1092}{1020} = 107.06\%$$

$$\bar{x}_1 - \bar{x}_{\text{假定}} = 1092 - 1020 = 72(\text{元})$$

(3)结构影响指数为:

$$\bar{k}_d = \frac{\dfrac{\sum x_0 f_1}{\sum f_1}}{\dfrac{\sum x_0 f_0}{\sum f_0}} = \frac{1020}{1100} = 92.73\%$$

$$\bar{x}_{\text{假定}} - \bar{x}_0 = 1020 - 1100 = -80(\text{元})$$

计算结果表明,该公司的总平均工资报告期比基期下降了 0.73%,减少了 8 元,是由于员工结构发生了变动(一般科员由基期的 40%上升到报告期的 56%),使得该公司的总平均工资减少了 7.27%,平均每人减少 80 元;工资水平的提高,使平均工资增加了 7.06%,平均每人增加 72 元,这是共同作用的结果。

## 【思考与练习】

**一、选择题**

1.指数按其考察对象范围的不同,可以分为 (    )

　A.动态指数和静态指数　　　　　B.数量指数和质量指数

　C.个体指数和总指数　　　　　　D.定基指数和环比指数

2.在编制综合指数的数量指标指数时,其同度量因素最好固定在 (    )

　A.基期　　　　B.中间期　　　　C.报告期　　　　D.任何时期

3.下列指数中,属于质量指标指数的是 (    )

　A.商品销售量指数　　　　　　B.职工人数指数

　C.股票价格指数　　　　　　　D.产量指数

4.单位产品成本报告期比基期减少 5%,而产品产量增长 5%,则产品总成本 (    )

A. 上升 5%　　　　　　　　　B. 不变

C. 上升 0.25%　　　　　　　D. 下降 0.25%

5. 商品销售额实际增加 500 元,由于销售量增长使销售额增加 550 元,由于价格（　　）

A. 上升使销售额增加 250 元　　　B. 上升使销售额增加 50 元

C. 下降使销售额减少 250 元　　　D. 下降使销售额减少 50 元

6. 某企业甲产品产品报告期为基期的 115%,这个指数是　　　　　　　　（　　）

A. 数量指标指数　　　　　　　B. 质量指标指数

C. 个体指数　　　　　　　　　D. 总指数

E. 动态指数

7. 在编制综合指数时,必须要　　　　　　　　　　　　　　　　　　（　　）

A. 确定指数化因素　　　　　　B. 固定同度量因素

C. 计算个体指数　　　　　　　D. 选择同度量因素所属的时期

E. 选择代表规格品

8. 下列指数中属于数量指标指数的有　　　　　　　　　　　　　　　（　　）

A. 职工人数指数　　　　　　　B. 产品产量指数

C. 单位成本指数　　　　　　　D. 居民消费价格指数

E. 播种面积指数

9. 在各类指数中,通常可以编制指数体系的有　　　　　　　　　　　（　　）

A. 个体指数　　　　　　　　　B. 平均指标指数

C. 综合指数　　　　　　　　　D. 用综合指数变形加权的平均数指数

E. 用固定权数加权的平均数指数

10. 三种商品的价格指数为 120%,绝对影响为 480 元,则结果表明　　　（　　）

A. 三种商品价格平均上涨 20%

B. 由于价格变动使销售额增长 20%

C. 由于价格上涨使商店多了 480 元销售收入

D. 由于价格上涨使居民消费支出多了 480 元

E. 报告期价格与基期价格绝对额相差 480 元

二、判断题

1. 德国统计学家拉斯贝尔主张以报告期数量为权数来编制物价指数,即拉氏公式。（　　）

2. 将不能直接加总和对比的现象加进一个因素使其能够加总,加进的因素称同度量因素。（　　）

3. 平均指数的计算特点是:先计算所研究对象各个项目的个体指数,然后将个体指数进行加权平均求得总指数。（　　）

4. 在编制综合指数时,虽然将同度量因素加以固定,但是同度量因素仍起权数作用。（　　）

5. 如果物价上涨 20%,则用同样多的人民币只能购买原来 80% 的商品。（　　）

6. 若销售量增长了 5%,销售价格增长 2%,则商品销售额增长 10%。（　　）

7. 个体指数与总指数的划分,是依据指数的不同编制方法。（　　）

8. 一般来说，加权算术平均指数的特定权数是基期资料($p_0q_0$)；而加权调和平均指数的特定权数是报告期资料($p_1q_1$)。（　　　）

9. 指数按其反映对象范围不同，可以分为静态指数和动态指数。（　　　）

10. 平均指数与综合指数的划分，是依据所表明指标的不同性质。（　　　）

### 三、问答题

1. 什么是统计指数？试举例说明在经济管理中统计指数的作用。

2. 什么是综合指数？编制综合指数时为什么要确定同度量因素？

3. 编制综合指数时怎样确定同度量因素？你对拉氏公式、帕氏公式、"马埃公式"和"理想公式"怎样评价？

4. 什么是平均指数？它有哪几种计算方法？综合指数和平均指数有何区别？各适用于哪些情况？

5. 怎样进行指数因素分析？应用指数因素分析法时要注意哪些问题？

### 四、计算题

1. 现有三种商品的销售量和价格情况如下表所示：

| 商品名称 | 计量单位 | 销售量 | | 价格/元 | |
|---|---|---|---|---|---|
| | | 基　期 | 报告期 | 基　期 | 报告期 |
| 甲 | 个 | 2500 | 3500 | 25 | 30 |
| 乙 | 件 | 100 | 130 | 120 | 150 |
| 丙 | 双 | 800 | 1000 | 2 | 3 |

要求：(1)编制各种商品的销售量、价格的个体指数；

(2)分别编制商品销售量总指数和价格总指数；

(3)从相对数和绝对数两个角度分析销售量和价格变动对销售额变动的影响。

2. 某地区某类零售商品中，甲、乙、丙、丁四种代表商品的个体价格指数分别为112%、103%、108%、120%，它们的固定权数分别为12%、27%、40%、21%。计算这类商品的零售物价类指数。

3. 某公司报告期生产的四种产品产量、产品单位成本及个体成本指数资料如下表所示。

| 产　品 | 计量单位 | 产　量 | 单位成本/元 | 个体成本指数/% |
|---|---|---|---|---|
| 1 | 只 | 350 | 6200 | 108 |
| 2 | 只 | 1500 | 700 | 95 |
| 3 | 个 | 2200 | 800 | 92 |
| 4 | 个 | 500 | 250 | 87 |

计算：(1)四种产品单位成本的总指数；

(2)由于单位成本变化所影响的生产费用额。

4.某企业三种产品的产值和产量资料如下表所示：

| 产 品 | 计量单位 | 实际产值/万元 | | 报告期比基期产量增长/% |
|---|---|---|---|---|
| | | 基 期 | 报告期 | |
| 甲 | 双 | 200 | 240 | 25 |
| 乙 | 件 | 450 | 485 | 10 |
| 丙 | 台 | 350 | 480 | 40 |

计算：(1)三种产品产量总指数；

(2)由于产量增长所增加的产值。

5.某企业的三种产品的生产情况如下表所示：

| 商 品 | 计量单位 | 单位成本/元 | | 产 量 | |
|---|---|---|---|---|---|
| | | 基 期 | 报告期 | 基 期 | 报告期 |
| A | 件 | 7 | 8 | 500 | 600 |
| B | 台 | 10 | 12 | 600 | 800 |
| C | 双 | 13 | 15 | 150 | 200 |

运用指数体系对该企业三种产品的总成本变动进行因素分析。

6.某工业企业工人工资分组资料如下表所示：

| 按年龄分组 | 工人数/人 | | 工资总额/元 | |
|---|---|---|---|---|
| | 基 期 | 报告期 | 基 期 | 报告期 |
| 30 岁以下 | 120 | 190 | 55000 | 95000 |
| 30～45 岁 | 350 | 450 | 190000 | 276000 |
| 45 岁以上 | 100 | 110 | 70000 | 85000 |

(1)计算基期和报告期的总平均工资水平；

(2)计算可变构成指数、固定构成指数、结构影响指数；

(3)说明可变构成指数、固定构成指数和结构影响指数之间的关系。

# | 第七章 |
# 统计推断

 **学习目标**

通过本章的学习,学生能够:

1. 理解抽样推断中的几个基本概念。

2. 掌握总体平均数和总体成数的区间估计方法及其应用。

3. 根据估计允许误差和置信度的要求计算所需的样本容量。

4. 掌握假设检验的方法。

本章
讲课视频

在实践中,我们经常采用抽样调查的方式来收集统计数据,如对一个地区居民消费支出情况的调查。收集到的原始数据经过整理及计算后,可以得到被调查居民消费支出的频数分布情况及其均值。然而我们所关心的问题——这个地区所有居民的消费支出水平是怎样的呢?统计推断能帮助我们回答。

统计学的基本问题是根据样本所提供的信息,对总体的分布以及分布的数学特征作出统计推断。因此,统计推断是统计学研究的重要内容之一。统计推断包括两大核心内容,即参数估计和假设检验。参数估计是依据所获得的样本观察资料,对所研究现象总体的数量特征进行估计;假设检验是利用样本资料对关于总体的某种假设进行检验,来判断这种假设的真伪,以决定我们行动的取舍。本章将介绍抽样推断的基本概念、抽样分布、参数估计的基本方法以及假设检验问题。

## 第一节　抽样推断的基本概念

### 一、抽样推断的含义

抽样推断是按照随机性原则,从研究对象中抽取一部分个体进行观察,并根据所得到的观察数据,对研究对象的数量特征作出具有一定可靠程度的估计和推断,以达到认识总体的目的的一种统计方法。例如,要检验某种产品的质量,我们只需从中抽取一小部分产品进行检验,并用计算出来的合格率来估计全部产品的合格率,或是根据合格率的变化来判断生产线是否出现了异常。

## 二、抽样推断中的几个基本概念

### (一) 总体和样本

总体是所要调查研究的全体,也称作母体或全及总体。组成总体的各个元素叫作总体单位或个体。总体单位的数目称为总体容量,用字母"$N$"表示。

样本也称作子样,是指抽样调查时从总体中抽样的那部分单位的集合体。由于抽样调查遵守随机原则,在等概率抽选时,总体中每一个单位都有同样的概率被抽中,因此可以认为样本是总体的一个缩影,样本中包含着总体的有关信息。样本中包含样本单位的数目称作样本容量,通常用字母"$n$"表示。$n/N$ 称为抽样比或抽样强度。在抽样推断中,样本容量的大小是非常重要的,样本容量大,则抽样误差小,但调查费用较高;样本容量小,则抽样误差就比较大。因此,在抽样设计时应该根据调查目的认真考虑合适的样本容量。通常将样本单位数不少于 30 个的样本称为大样本,不及 30 个的样本称为小样本。样本大小不同,抽样推断的方法也有所差异。

### (二)总体指标、样本指标和统计量

根据总体各个单位的标志值或标志属性计算的,反映总体某种属性或特征的综合指标称为总体指标(或全及指标)。如以某地区居民家庭的年收入为例,平均每个家庭的年收入就是一个总体指标,尽管我们并不知道其具体数值是多少,但这个数值是客观存在的,这些总体指标往往是反映总体分布特征的一些参数。常用的总体指标有总体平均数 $\bar{X}$、总体成数 $P$、总体方差 $\sigma^2$ 或总体标准差 $\sigma$ 等。

样本指标是按样本中各单位的标志值计算的反映样本特征的指标。和总体指标相对应,样本指标有样本平均数 $\bar{x}$、样本成数 $\tilde{p}$、样本方差 $S^2$ 和样本标准差 $S$ 等。

统计量就是不含未知参数的样本函数。我们从总体中抽取样本的目的是对总体的某些参数进行估计和推断。这往往通过样本指标来估计和推断相应总体指标。在统计学中将这样的样本指标称为样本统计量或估计量。对于一个特定的问题,其总体是唯一确定的,所以总体指标也是唯一确定的。总体指标也称为参数,是待估计的参数。而统计量则是随机变量,它的取值随样本的不同而发生变化。

### (三)重复抽样和不重复抽样

对于某一具体问题来说,总体是唯一确定的,而样本不是唯一确定的,因为从总体中抽取容量为 $n$ 的样本有多种抽法,样本的可能数目是很多的。根据抽取时每个单位是否允许重复抽取可以分为重复抽样和不重复抽样。

重复抽样也叫放回抽样,就是从总体中随机抽取一个单位后,抽取下一个单位时仍把前

一个已抽中的单位放回总体中再进行抽样,因此一个单位有被重复抽中的可能。重复抽样中每次抽样都是在完全相同的条件下进行的,总体容量 $N$ 保持不变,每个单位被抽中的概率保持相等。在重复抽样条件下,样本可能的个数是 $N^2$。

不重复抽样也叫不放回抽样,即每次从总体中抽取一个单位,经调查记录后不再放回总体中,因而每个单位最多只能抽中一次。每抽一个单位,总体单位数就减少一个,因此每个单位被抽中的机会就会有所变化,如第一个样本单位被抽中的概率为 $1/N$,第二个样本单位被抽中的概率为 $1/(N-1)$,等等。同一个单位不可能两次或两次以上被抽入同一个样本。不重复抽样相当于一次性从总体中抽出 $n$ 个单位。在不重复抽样条件下,样本可能的个数为 $N$。

在要求达到相同的精度时,重复抽样和不重复抽样抽选的样本数目是不同的。

### (四)抽样平均误差和抽样极限误差

#### 1.抽样误差

抽样调查是非全面调查,采用样本指标推断总体指标时,不可避免地会出现误差。产生这一误差的原因有两种:一种是因违背随机原则,即由抽样工作中的人为因素产生的误差,称为"偏差",如调查过程中出现的登记性误差等。此类误差是可以减小或避免的。另一种是在遵循了随机原则的前提下,由于选中的样本和总体在结构上的不完全一致而产生的误差,称为"抽样误差"。这类误差是抽样调查所固有的、不可避免的,也叫随机误差。但它可以通过概率论和数理统计原理进行认识、计算和加以控制。

#### 2.抽样平均误差

抽样调查的根本任务是根据样本统计量推断总体指标,而样本统计量与总体指标之间是存在着抽样误差的。某一次抽样调查所得到的样本指标数值与总体指标数值之差称为抽样实际误差。但由于总体参数未知,因而实际抽样误差也很难确知。同时,某一次抽样所获样本的抽样误差仅是一系列抽样结果可能出现的误差数值之一,带有偶然性。故抽样实际误差不能用来概括一系列抽样结果可能产生的所有误差。因此,有必要引入度量样本统计量与总体指标误差的指标——抽样平均误差。

抽样平均误差是指所有可能出现的样本指标的标准差,即所有样本指标和总体指标的平均离差。抽样平均误差是抽样平均数 $\bar{x}$(或抽样成数 $\tilde{p}$)的标准差,它反映抽样平均数 $\bar{x}$(或抽样成数 $\tilde{p}$)与总体平均数 $\bar{X}$(或总体成数 $P$)的平均误差程度。我们常把抽样平均误差简称为抽样误差,并用希腊字母 $\mu_{\bar{x}}$,$\mu_p$ 来表示。虽然某一次抽样结果的抽样实际误差不能确知,但抽样平均误差是客观存在的,并且是可以计算的。

抽样平均误差反映样本指标和总体指标的平均离差程度,其既能说明样本指标的代表性大小,也是以样本指标估计和推断总体指标时计算极限误差的基础。下面我们通过一个简单的例子来说明抽样平均误差的概念。

设有 4 个学生组成的一个总体,这 4 个学生在某一次考试中的成绩分别为 50 分、70 分、80 分、100 分。现在从该小组中随机抽取两人并计算他们的平均成绩。如果采用重复抽样的方法,则有 16 个可能的样本。计算的结果如表 7-1 所示。

表 7-1  抽样平均误差计算

| 序　号 | 样　本 | 样本平均数 $\overline{x}$ | 离差 $\overline{x}-\overline{X}$ | 离差平方 $(\overline{x}-\overline{X})^2$ |
|---|---|---|---|---|
| 1 | 50,50 | 50 | −25 | 625 |
| 2 | 50,70 | 60 | −15 | 225 |
| 3 | 50,80 | 65 | −10 | 100 |
| 4 | 50,100 | 75 | 0 | 0 |
| 5 | 70,50 | 60 | −15 | 225 |
| 6 | 70,70 | 70 | −5 | 25 |
| 7 | 70,80 | 75 | 0 | 0 |
| 8 | 70,100 | 85 | 10 | 100 |
| 9 | 80,50 | 65 | −10 | 100 |
| 10 | 80,70 | 75 | 0 | 0 |
| 11 | 80,80 | 80 | 5 | 25 |
| 12 | 80,100 | 90 | 15 | 225 |
| 13 | 100,50 | 75 | 0 | 0 |
| 14 | 100,70 | 85 | 10 | 100 |
| 15 | 100,80 | 90 | 15 | 225 |
| 16 | 100,100 | 100 | 25 | 625 |

由表 7-1 可知，4 个学生的总平均成绩为：

$$\overline{X}=\frac{\sum x}{N}=\frac{50+70+80+100}{4}=75（分）$$

因为抽样平均误差是样本平均数 $\overline{x}$ 和总体平均数 $\overline{X}$ 的平均离差程度，即抽样平均数的标准差。用 $\mu_{\overline{x}}$ 表示抽样平均误差，于是有：

$$\mu_{\overline{x}}=\sigma_{\overline{x}}=\sqrt{\frac{\sum(\overline{x}-\overline{X})^2}{k}}$$

式中，$k$ 为样本可能数目，本例为 16。

$$\mu_{\overline{x}}=\sqrt{\frac{2600}{16}}=12.75（分）$$

这说明从这 4 个人组成的总体中任意抽取 2 人组成样本，用样本的平均数去估计总体平均数时，所产生误差的平均水平为 12.75 分。当然，在实际抽样调查过程中不可能像上例那样计算出所有可能样本的样本指标，并用抽样平均误差的定义来计算平均误差。实际上，在总体方差和样本容量已知的情况下，根据数理统计理论可以获得不同抽样方式下抽样平均误差的计算公式。具体如表 7-2 所示。

表 7-2　抽样平均误差计算公式

| | 重复抽样 | 不重复抽样 |
|---|---|---|
| 估计均值 | $\mu_{\bar{x}} = \dfrac{\sigma}{\sqrt{n}}$ | $\mu_{\bar{x}} = \sqrt{\dfrac{\sigma^2}{n}\left(\dfrac{N-n}{N-1}\right)}$ |
| 估计成数 | $\mu_p = \sqrt{\dfrac{P(1-P)}{n}}$ | $\mu_p = \sqrt{\dfrac{P(1-P)}{n}\left(\dfrac{N-n}{N-1}\right)}$ |

3.影响抽样平均误差的因素

在抽样调查中,抽样误差的大小受以下几个因素的影响。

(1)总体标志值的变异程度。

在其他条件不变的情况下,抽样误差的大小与总体标准差的大小成正比。总体标志值的变异程度越大,抽样误差也越大,反之则越小。

(2)样本容量的大小。

在其他条件不变的情况下,抽样调查随着样本单位数的增加,样本分布就越能反映总体分布,误差就越小。反之,抽样单位数越少,误差就越大。实际公式中抽样平均误差和样本单位数的平方根成反比。

(3)抽样的方法。

抽样的方法有重复抽样和不重复抽样两种。在其他条件相同的情况下,采用不重复抽样误差小于重复抽样误差。

(4)抽样的组织形式。

在实际抽样调查中有不同的组织形式。抽样组织形式不同,所抽得的样本对于总体的代表性是不同的,因而就产生了不同的抽样误差。

4.抽样极限误差

(1)抽样极限误差的概念。

抽样平均误差只是衡量某一抽样方案总体误差的一种尺度,并不代表某个样本的抽样指标与总体指标的抽样实际误差。实际上这种真实误差因总体指标未知而无法计算,只能把抽样误差控制在一定的范围内,这就产生了抽样极限误差。

抽样极限误差是指样本指标和总体指标之间抽样误差的可能范围。通常用绝对值形式来表示抽样误差的可能范围,记为 $\Delta$,称为极限误差或允许误差,并常用 $\Delta_{\bar{x}}$,$\Delta_p$ 分别表示抽样平均数与抽样成数的极限误差。

$$\Delta_{\bar{x}} = |\bar{x} - \overline{X}|, \Delta_p = |\widetilde{p} - P| \tag{7-1}$$

通常在抽样推断中,我们常常要考虑将实际误差控制在某一允许误差范围之内,即:

$$|\bar{x} - \overline{X}| \leqslant \Delta_{\bar{x}}, |\widetilde{p} - P| \leqslant \Delta_p \tag{7-2}$$

由此推得

$$\bar{x} - \Delta_{\bar{x}} \leqslant \overline{X} \leqslant \bar{x} + \Delta_{\bar{x}}, \widetilde{p} - \Delta_p \leqslant P \leqslant \widetilde{p} + \Delta_p$$

从式(7-1)和式(7-2)可看出,被估计的总体指标 $\overline{X}$ 和 $P$ 分别落在以抽样指标为中心的一定范围内,此为极限误差的实际意义。

（2）抽样误差的概率度。

在抽样调查中，当抽样方式和样本容量固定时，全及总体的抽样平均误差是一个定值，而抽样极限误差由研究的目的加以确定，通常抽样极限误差以抽样平均误差为标准来衡量，即把极限误差 $\Delta_{\bar{x}}$、$\Delta_p$ 分别除以平均误差 $\mu_{\bar{x}}$ 或 $\mu_p$ 得出的相对数记作 $t$，表示抽样极限误差为抽样平均误差的 $t$ 倍。

由于 $t$ 值与样本估计值落在该允许误差范围内的概率保证程度有关，故 $t$ 又称为抽样误差的概率度。因为样本估计值落在允许误差范围内的概率保证程度是概率度 $t$ 的函数，所以该概率保证程度一般用 $F(t)$ 表示。

### 三、抽样调查的方式

根据使用的抽样方法，抽样调查可分为概率抽样和非概率抽样。用概率抽样，可以计算取得的每个可能样本的概率；用非概率抽样，则不知道取得的每个可能样本的概率。如果调查者想对估计的精度做出说明，则不能用非概率抽样。相应地，用概率抽样方法对给定的允许误差（也称为抽样误差界限），可构造置信区间，进行区间估计。常见的概率抽样方法有简单随机抽样、分层抽样、等距抽样、整群抽样四种。各种抽样方法的具体组织方式及特点我们已在第二章介绍过，此处不再赘述。

# 第二节　抽样分布

样本是进行统计推断的依据。在应用时，往往不是直接使用样本本身，而是针对不同的问题构造样本的适当函数，利用这些样本函数来进行统计推断。

抽样分布是指样本统计量的概率分布。通常我们把总体看作一个随机变量 $X$，有其自身的分布；样本指标即样本统计量也是一个随机变量，也有其相应的概率分布。统计学中将它们称为抽样分布。下面先介绍几种常用的抽样分布。

### 一、几种常用的抽样分布

常用的抽样分布有正态分布、$\chi^2$ 分布、$t$ 分布和 $F$ 分布，其中 $\chi^2$ 分布、$t$ 分布和 $F$ 分布为小样本精确分布。

链接
正态分布

#### （一）正态分布

在社会经济问题中，有许多随机变量的分布都服从正态分布或近似服从正态分布。例如，一个地区的男性成年人的身高，某地区居民的家庭收入，测量某零件长度的误差等，都服从正态分布。正态分布是最重要的一种连续型分布，在实际中有着非常广泛的应用。

若随机变量 $X$ 的概率密度函数为：

$$f(x) = \frac{1}{\sqrt{2\pi}\,\sigma} e^{-\frac{(x-\mu)^2}{2\sigma^2}}, \quad -\infty < x < \infty \tag{7-3}$$

式中，$\mu, \sigma(\sigma > 0)$ 为常数，则称 $X$ 服从参数为 $\mu, \sigma$ 的正态分布，记为 $X \sim N(\mu, \sigma^2)$。

当 $\mu = 0, \sigma = 1$ 时，有

$$f(x) = \frac{1}{\sqrt{2\pi}} e^{-\frac{x^2}{2}}, \quad -\infty < x < \infty \tag{7-4}$$

相应的正态分布 $N(0,1)$ 称为标准正态分布。对于标准正态分布，通常用 $\phi(x)$ 表示概率密度函数，用 $\varphi(x)$ 表示分布函数。标准正态分布的概率密度函数 $\phi(x)$ 的图形如图 7-1 所示。

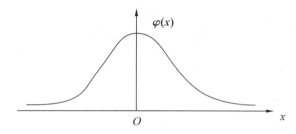

图 7-1　标准正态分布的分布曲线示意图

标准正态分布的 $\alpha$ 分位点可以通过查 $N(0,1)$ 分布表获得。

标准正态分布的重要性在于，任何一个一般的正态分布都可以通过线性变换转化为标准正态分布。设 $X \sim N(\mu, \sigma^2)$，则：

$$Z = \frac{X - \mu}{\sigma} \sim N(0,1) \tag{7-5}$$

公式(7-5)就是将一般正态分布转化为标准正态分布的公式。

正态分布是最常见的一种分布，它有以下几个特性：

(1)正态分布是对称分布，以其平均数为对称轴，左右对称，其概率密度函数曲线呈钟形，所以又称为钟形曲线。

(2)正态分布曲线下方的面积集中在中心部分，向两边逐渐减少。曲线下所围的面积表示变量落在该区间的概率。任何正态分布曲线下，正态随机变量存在以下三个重要数据：

$$\begin{cases} P\{\mu - \sigma < X \leqslant \mu + \sigma\} = \Phi(1) - \Phi(-1) = 0.6826 \\ P\{\mu - 2\sigma < X \leqslant \mu + 2\sigma\} = \Phi(2) - \Phi(-2) = 0.9544 \\ P\{\mu - 3\sigma < X \leqslant \mu + 3\sigma\} = \Phi(3) - \Phi(-3) = 0.9973 \end{cases} \tag{7-6}$$

从公式(7-6)可以看到，对于正态随机变量来说，它的值落在区间 $[\mu - 3\sigma, \mu + 3\sigma]$ 内几乎是肯定的事，这就是所谓的 $3\sigma$ 规则。

(3)正态分布的标准差 $\sigma$ 影响正态分布曲线的形态。尽管任何正态分布都是钟形分布的，但正态曲线的陡缓程度完全由 $\sigma$ 决定。如图 7-2 所示。

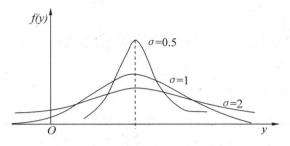

图 7-2　不同标准差正态分布的分布曲线

### （二）小样本的精确分布

**1. $\chi^2$ 分布**

设 $X_1, X_2, \cdots, X_n$ 是来自总体 $X \sim N(0,1)$ 的样本，则称统计量：

$$\chi^2 = X_1^2 + X_2^2 + \cdots + X_n^2 \tag{7-7}$$

所服从的分布是自由度为 $n$ 的 $\chi^2$ 分布，记作：$\chi^2 \sim \chi^2(n)$。此处，自由度是指公式(7-7)中右端包含的独立变量个数。

$\chi^2$ 分布的概率密度函数 $f(y)$ 的图形如图 7-3 所示。

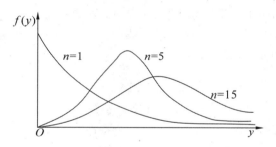

图 7-3　$\chi^2$ 分布的分布曲线

从图 7-3 中可以看出，$\chi^2 \sim \chi^2(n)$ 为不对称分布，仅在第一象限取值。随着 $n$ 的逐渐增大，分布趋于对称。自由度为 $n$ 的 $\chi^2$ 分布，其均值和方差分别为：

$$E(\chi^2(n)) = n$$
$$D(\chi^2(n)) = 2n \tag{7-8}$$

$\chi^2(n)$ 的 $\alpha$ 分位点 $\chi_\alpha^2(n)$ 可以从 $\chi^2(n)$ 分布表查得。

可以从数学上推导出，当总体服从 $N(\mu, \sigma^2)$ 的正态分布，则该正态总体下样本方差 $S^2$ 的分布服从：

$$(n-1)S^2 / \sigma^2 \sim \chi^2(n-1) \tag{7-9}$$

**2. $t$ 分布**

$t$ 分布又称学生(student)分布。设 $X \sim N(0,1)$，$Y \sim \chi^2(n)$，并且 $X, Y$ 独立，则称统计量：

$$t = \frac{X}{\sqrt{Y/n}} \tag{7-10}$$

所服从的分布是自由度为 $n$ 的 $t$ 分布，记为 $t \sim t(n)$。

$t$ 分布的概率密度函数 $h(t)$ 的图形如图 7-4 所示。

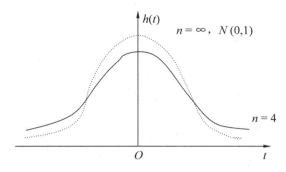

图 7-4　$t$ 分布的分布曲线

从图 7-4 中可以看到,随着参数 $n$ 的逐渐增大,$t(n)$ 逐渐接近于正态分布 $N(0,1)$ 的图形。理论上可以证明,当 $n \to \infty$ 时,$t(n)$ 的极限分布为正态分布,实际上当 $n > 45$ 时,便与正态分布几乎没有差异了。图 7-4 是 $t$ 分布与标准正态分布图形的比较,图中虚线表示标准正态分布,实线表示 $t$ 分布。

设 $X_1, X_2, \cdots, X_n$ 是来自总体 $X \sim N(\mu, \sigma^2)$ 的样本,$\overline{X}, S^2$ 分别是样本的均值和样本方差,则有:

$$\frac{\overline{X} - \mu}{S / n} \sim t(n-1) \tag{7-11}$$

设 $X_1, X_2, \cdots, X_{n_1}$ 与 $Y_1, Y_2, \cdots, Y_{n_2}$ 分别是来自具有相同方差的正态总体 $N(\mu_1, \sigma^2)$,$N(\mu_2, \sigma^2)$ 的样本,且这两个样本相互独立。设 $\overline{X} = \dfrac{1}{n_1} \sum\limits_{i=1}^{n_1} X_i$,$\overline{Y} = \dfrac{1}{n_2} \sum\limits_{i=1}^{n_2} Y_i$ 分别是这两个样本的均值。$S_1^2 = \dfrac{1}{n_1 - 1} \sum\limits_{i=1}^{n_1} (X_i - \overline{X})^2$,$S_2^2 = \dfrac{1}{n_2 - 1} \sum\limits_{i=1}^{n_2} (Y_i - \overline{Y})^2$ 分别是这两个样本的方差,则有:

$$\frac{(\overline{X} - \overline{Y}) - (\mu_1 - \mu_2)}{S_w \sqrt{\dfrac{1}{n_1} + \dfrac{1}{n_2}}} \sim t(n_1 + n_2 - 2) \tag{7-12}$$

式中,$S_w^2 = \dfrac{(n_1 - 1)S_1^2 - (n_2 - 1)S_2^2}{n_1 + n_2 - 2}$。

可见,$t$ 分布与正态总体的样本均值和样本方差的分布有着密切的关系。因此,在抽样推断的过程中,$t$ 分布具有重要的意义。

3. $F$ 分布

设 $U \sim \chi^2(n_1)$,$V \sim \chi^2(n_2)$,且 $U, V$ 独立,则称随机变量

$$F = \frac{U / n_1}{V / n_2} \tag{7-13}$$

服从自由度为 $(n_1, n_2)$ 的 $F$ 分布,记为 $F \sim F(n_1, n_2)$。

$F$ 分布的概率密度函数 $\varphi(y)$ 的图形如图 7-5 所示。从图中可知,每一对 $(n_1, n_2)$ 均有一条分布曲线与之对应。

设 $X_1, X_2, \cdots, X_{n_1}$ 是来自正态总体 $N(\mu_1, \sigma_1^2)$ 的一个样本,$Y_1, Y_2, \cdots, Y_{n_2}$ 是来自正态总

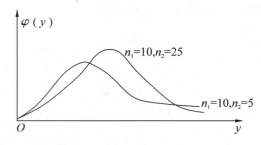

图 7-5　$F$ 分布的分布曲线示意图

体 $N(\mu_2,\sigma_2^2)$ 的一个样本，且这两个样本相互独立，则有：

$$\frac{S_x^2/S_y^2}{\sigma_1^2/\sigma_2^2}\sim F(n_1-1,n_2-1) \tag{7-14}$$

式中，$S_x^2=\dfrac{1}{n_1-1}\sum_{i=1}^{n_1}(X_i-\overline{X})$，

$\qquad S_y^2=\dfrac{1}{n_2-1}\sum_{i=1}^{n_2}(Y_i-\overline{Y})$。

特别是当两个正态总体的方差相等时，有：

$$F=\frac{S_x^2}{S_y^2}\sim F(n_1-1,n_2-1) \tag{7-15}$$

因此，在假设检验中，常用 $F$ 分布来检验两个正态分布总体的方差是否相等。另外，在方差分析中 $F$ 分布也有应用。

本节所介绍的几种分布在统计推断中起着重要的作用。但应注意的是，它们都是在总体为正态分布这一基本假定下得到的。

## 二、抽样分布定理

### （一）样本平均数的抽样分布定理

样本平均数的抽样分布与总体的分布有关，视总体分布是否为正态分布而有所区别。样本平均数的抽样分布定理主要有以下三个。

1. 正态分布再生定理

若变量 $X$ 服从于其总体平均数为 $\overline{X}$ 和总体方差为 $\sigma^2$ 的正态分布，则从这个总体中抽取容量为 $n$ 的样本，样本平均数 $\overline{x}$ 也服从正态分布，且其平均数 $E(\overline{x})$ 仍为 $\overline{X}$，其标准差 $\sigma(\overline{x})=\mu_{\overline{x}}$。那么，样本标准随机变量 $Z=\dfrac{\overline{x}-\overline{X}}{\mu_{\overline{x}}}$ 则服从标准正态分布。

正态分布再生定理表明，只要总体是正态分布，则不论样本单位数 $n$ 是多少，样本平均数都服从正态分布，分布的中心不变，标准差则视抽样是重复抽样或不重复抽样分别为 $\dfrac{\sigma}{\sqrt{n}}$ 或 $\sqrt{\dfrac{\sigma^2}{n}\left(\dfrac{N-n}{N-1}\right)}$。它们比总体标准差都小了很多，说明样本平均数是更加集中地分布在总体平

均数的周围。

2. 中心极限定理

若总体变量 $X$ 存在有限的平均数 $\overline{X}$ 和方差 $\sigma^2$,则不论这个总体的分布如何,随着抽样单位数 $n$ 增加,样本平均数 $\overline{x}$ 的抽样分布便趋于服从平均数为 $\overline{X}$、标准差为 $\sigma(\overline{x}) = \mu_{\overline{x}}$ 的正态分布。那么,样本标准随机变量 $Z = \dfrac{\overline{x} - \overline{X}}{\mu_{\overline{x}}}$ 则趋于服从标准正态分布。

中心极限定理并不要求总体服从正态分布,总体可以是任意分布形式,客观上都存在总体平均数和总体方差,只要样本单位数足够多,样本平均数就趋于正态分布。在实际中,一般样本单位数 $n > 30$ 时,即可按正态分布进行处理。

3. 小样本分布定理

如果从平均数为 $\overline{X}$,但方差未知的正态总体中随机抽取容量为 $n$ 的样本,且 $n \leqslant 30$,则样本统计量不能以标准化随机变量 $Z = \dfrac{\overline{x} - \overline{X}}{\mu_{\overline{x}}}$ 的形式出现,原因是 $\sigma^2$ 不明确。此时,若以样本方差 $S^2 = \dfrac{\sum(x - \overline{x})^2}{n - 1}$ 代替总体方差 $\sigma^2$ 来求样本统计量,则样本平均数 $\overline{x}$ 的抽样分布服从自由度为 $(n-1)$ 的 $t$ 分布,平均数为 $\overline{X}$、标准差为 $\sigma(\overline{x}) = \dfrac{S}{\sqrt{n}}$(重复抽样时)或 $\sigma(\overline{x}) = \sqrt{\dfrac{S^2}{n}\left(\dfrac{N-n}{N-1}\right)}$(不重复抽样时)。当 $n > 30$ 时,$t$ 分布曲线接近标准正态分布曲线。因此,对于总体方差 $\sigma^2$ 不明确的样本平均数抽样分布,首先要分清楚 $n$ 是否大于 30。不大于 30,称为小样本,按 $t$ 分布处理;反之,称为大样本,按 $Z$ 分布处理。

(二)样本成数的抽样分布定理

从任一总体成数为 $P$、方差为 $P(1-P)$ 的总体中,抽取容量为 $n$ 的样本,其样本成数 $\widetilde{p}$ 的分布随着样本单位数 $n$ 的增大而趋于服从平均数为 $E(\widetilde{P}) = P$,标准差为 $\sigma(p) = \mu_p = \sqrt{\dfrac{P(1-P)}{n}}$(重复抽样时)或 $\sigma(p) = \mu_p = \sqrt{\dfrac{P(1-P)}{n}\left(\dfrac{N-n}{N-1}\right)}$(不重复抽样时)的正态分布。那么,样本标准随机变量 $Z = \dfrac{\widetilde{P} - P}{\mu_p}$ 则趋于服从数学期望为 0、方差为 1 的标准正态分布。

# 第三节　参数估计

在社会经济问题中,直接计算总体参数往往是有难度的,甚至是不可行的。这样就需要根据样本数据所反映出的信息,对未知总体参数进行估计和推断。统计推断的主要任务就是根据样本指标对总体指标进行估计。例如,生产灯泡的企业希望在产品出厂前检查一下某一批次的产品的平均使用寿命和合格率,则可以通过抽样推断的方法来解决。参数估计的方法主要有点估计和区间估计两种。

## 一、参数的点估计

### （一）点估计的定义

点估计是当总体的分布函数形式为已知,但它的一个或多个参数为未知,借助实际抽样调查获得的一个样本的指标数值(即样本统计量)作为全及总体相应指标(即总体参数)估计值的方法。常用的点估计方法有矩估计和极大似然估计,这部分的内容在概率论和数量统计中有详细介绍,这里不再重复。通常以实际计算的抽样平均数 $\bar{x}$ 作为相应总体平均数 $\bar{X}$ 的估计值,以实际计算的样本成数 $\tilde{p}$ 作为相应总体成数 $P$ 的估计值等。

例如,从某市的 20000 户住户中随机抽取 200 户调查测定。200 户中平均每户拥有的电视机台数为 0.9 台,其中拥有 2 台电视机及以上的户数所占比率为 35%,即以此估计全市每户平均拥有电视机台数的估计值为 0.9 台,全市拥有 2 台电视机及以上比率估计值为 35%。

点估计没有考虑抽样误差范围以及估计的可靠程度,是一种简易推断方法,只适合在对估计的要求不高、不考虑抽样误差也能大致满足调查任务时应用。

### （二）优良估计量的评价标准

要估计总体参数,并非只能用一个样本估计量,而可能有多个样本估计量可供选择,即对于同一总体参数可能会有不同的估计量。那么,究竟其中哪个估计量是总体参数的最优估计量呢？这就涉及用什么标准来评价估计量的问题了。常用的评价估计量优劣的标准有下列三个。

#### 1. 无偏性

无偏性的直观意义是没有系统性误差。虽然每个可能样本的估计值不一定恰好等于未知总体参数,但如果多次抽样,应该要求各个估计值的平均数等于总体参数,即从平均意义上,估计量的估计是没有偏差的。这一要求称为无偏性。一般来说,这是一个优良的估计量必须具备的性质。容易证明,样本平均数 $\bar{x}$ 是总体平均数 $\bar{X}$ 的无偏估计量,样本成数 $\tilde{p}$ 是总体成数 $P$ 的无偏估计量,自由度为 $(n-1)$ 的样本方差 $S^2$（以下同）是总体方差 $\sigma^2$ 的无偏估计量。

#### 2. 有效性

有效性是指作为优良的估计量,除了满足无偏性外,其方差应小于其他估计量的方差,这样才能保证估计量的取值能集中在被估计的总体参数的附近,对总体参数的估计和推断更可靠。设 $\hat{\theta}_1$、$\hat{\theta}_2$ 是未知参数 $\theta$ 的两个无偏估计量,若 $\hat{\theta}_1$ 的方差小于 $\hat{\theta}_2$ 的方差,即 $D(\hat{\theta}_1) < D(\hat{\theta}_2)$,则称 $\hat{\theta}_1$ 比 $\hat{\theta}_2$ 有效。有效性反映了估计量分布的集中程度,估计量的分布越是集中在参数真值附近,则其估计效率越高。容易证明,样本平均数 $\bar{x}$、样本成数 $\tilde{p}$ 和样本方差 $S^2$ 分别是总体平均数 $\bar{X}$、总体成数 $P$ 和总体方差 $\sigma^2$ 的有效估计量。

#### 3. 一致性

以样本统计量估计总体参数,虽然会存在估计误差,但是作为一个优良的估计量,其估计误差会随着样本容量的增大而减小;也就是说,随着样本容量的增大,估计量的值应该越来越靠近总体参数的真值;或者说,随着样本容量的增大,估计量与总体参数之差的绝对值小于任意小的正数的可能性越来越大甚至为 100%。点估计的一致性定义为:设 $\theta(x_1, x_2, \cdots, x_n)$ 为未知参数 $\theta$ 的估计量,若 $\hat{\theta}$ 依概率收敛于 $\theta$,则 $\hat{\theta}$ 为 $\theta$ 的一致估计量,即当 $n \to \infty$ 时,

$$P(|\hat{\theta} - \theta| < \varepsilon) = 1 \tag{7-16}$$

同样可以证明,样本平均数 $\bar{x}$、样本成数 $\tilde{p}$ 和样本方差 $S^2$ 分别是总体平均数 $\bar{X}$、总体成数 $P$ 和总体方差 $\sigma^2$ 的一致估计量。

## 二、参数的区间估计

### (一)区间估计的含义

参数估计应满足以下两个要求:一是估计的精度要求;二是可靠性要求。这两者是相互矛盾的。

精度就是估计误差的最大范围,即误差的最大值,可通过极限误差来反映。设待估计的总体参数是 $\theta$,用以估计该参数的统计量为 $\hat{\theta}$,抽样估计的极限误差是 $\Delta$,即 $|\hat{\theta} - \theta| \leqslant \Delta$。

可靠性是指估计结果正确的概率。它是抽样估计本身正确性的一个概率保证,通常称为估计的置信度。我们知道,对于连续型随机变量,它在一个点上取值的概率为零。因此,对服从连续型分布的抽样统计量,用点估计直接去估计总体参数具有较大的风险。我们更多地是考虑用样本统计量去估计总体参数的范围,这就是区间估计。

设 $\theta$ 为总体的一个未知参数,$\theta_1$、$\theta_2$ 为由一组样本所确定的两个估计量,对于给定的概率保证程度 $F(t)$($0 < F(t) < 1$),若 $P(\theta_1 \leqslant \theta \leqslant \theta_2) = F(t)$,则称区间 $[\theta_1, \theta_2]$ 为置信概率是 $F(t)$ 的置信区间。$\theta_1$、$\theta_2$ 分别为置信区间的下限和上限。$F(t)$ 称为置信概率、置信度、置信水平或概率保证程度,表示区间估计的可靠程度,也用 $(1-\alpha)$ 表示。$\alpha$ 称为显著性水平,常取为 1%、5% 或 10%。

值得注意的是,$P(\theta_1 \leqslant \theta \leqslant \theta_2) = F(t)$,$F(t)$ 不应理解为 $\theta$ 落在某一固定区间的概率。因为 $\theta$ 是一个总体参数,是固定不变的常数,而不是随机变量。它要么落在 $[\theta_1, \theta_2]$ 区间内,要么落在 $[\theta_1, \theta_2]$ 区间外。那如何理解该概率呢?由于 $\theta_1$、$\theta_2$ 是根据抽样的结果计算出来的,因此 $[\theta_1, \theta_2]$ 是一个随机区间,即每一个样本都可产生一个估计区间 $[\theta_1, \theta_2]$,故上述概率 $F(t)$ 可以理解为随机区间 $[\theta_1, \theta_2]$ 中包括参数 $\theta$ 的概率。

### (二)总体平均数的区间估计

1. 总体方差已知时,正态总体平均数的区间估计

由抽样分布定理可知,当总体方差已知,且总体服从正态分布时,其样本(无论是大样本还是小样本)平均数 $\bar{x}$ 也服从正态分布,即样本平均数 $\bar{x} \sim N(\bar{X}, \sigma^2/n)$,标准化可得:

$$z = \frac{\bar{x} - \bar{X}}{\mu_{\bar{x}}} \sim N(0, 1) \tag{7-17}$$

因此,对于给定的概率保证程度 $F(t)$,通过查标准正态分布表可得概率度 $t$ 的值,即正态分布的临界值 $z_{\alpha/2}$,使得 $\dfrac{\bar{x} - \bar{X}}{\mu_{\bar{x}}}$ 在区间 $(-t, t)$ 的概率为 $F(t)$,也即

$$P\left(\frac{|\overline{x}-\overline{X}|}{\mu_{\overline{x}}}\leqslant t\right)=F(t)$$

即 $P\{\overline{X}-t\mu_{\overline{x}}\leqslant\overline{x}\leqslant\overline{X}+t\mu_{\overline{x}}\}=F(t)$

由此可得,给定概率保证程度 $F(t)$,则有:

$$|\overline{x}-\overline{X}|\leqslant t\mu_{\overline{x}}$$

即给定概率 $F(t)$,抽样平均数的极限误差为:

$$\Delta_{\overline{x}}=t\mu_{\overline{x}}$$

可将 $|\overline{x}-\overline{X}|\leqslant t\mu_{\overline{x}}$ 变换为:

$$\overline{X}-t\mu_{\overline{x}}\leqslant\overline{x}\leqslant\overline{X}+t\mu_{\overline{x}} \tag{7-18}$$

公式(7-18)是指在一定的置信概率下,样本平均数会落入以总体平均数 $\overline{X}$ 为中心,$t\mu_{\overline{x}}$ 为半径的对称区间。而抽样调查的目的是用样本指标去推断未知的总体指标,所以式(7-18)可变换为:

$$\overline{x}-t\mu_{\overline{x}}\leqslant\overline{X}\leqslant\overline{x}+t\mu_{\overline{x}}$$

即 $\quad\overline{x}-\Delta_{\overline{x}}\leqslant\overline{X}\leqslant\overline{x}+\Delta_{\overline{x}} \tag{7-19}$

同样 $\quad P\{\overline{x}-t\mu_{\overline{x}}\leqslant\overline{X}\leqslant\overline{x}+t\mu_{\overline{x}}\}=F(t)$

当抽到某一具体样本平均数的估计值 $\overline{x}$ 时,若规定置信概率为 $F(t)$,则双边区间的估计公式为:

$$\overline{x}\pm t\mu_{\overline{x}}=\overline{x}\pm\Delta_{\overline{x}} \tag{7-20}$$

我们可对公式(7-20)做如下解释:如果从正态分布总体中抽取出一个容量为 $n$ 的简单随机样本,并构造区间 $\overline{x}\pm t\mu_{\overline{x}}$,那么,我们可以有 $F(t)$ 的把握说这个区间包含总体平均数 $\overline{X}$。$t$ 值又称为正态分布的临界值,一般用 $z_{\alpha/2}$ 表示,它与给定的置信概率有关,是通过查正态分布表得到的。

现在,我们把总体平均数区间估计的步骤归纳如下:

(1)确定置信概率 $F(t)$,即估计的可靠程度或把握程度。一般来说,估计要求比较精确,置信概率也要求高些,在社会经济现象中通常用 95% 就可以了。

(2)根据置信概率 $F(t)$ 并利用标准正态分布表确定概率度 $t$ 的值。

(3)抽取一个容量为 $n$ 的样本。

(4)算出样本平均数 $\overline{x}$ 和抽样平均误差 $\mu_{\overline{x}}$。在重复抽样时,抽样平均误差为 $\mu_{\overline{x}}=\frac{\sigma}{\sqrt{n}}$;在有限总体不重复抽样时,$\mu_{\overline{x}}=\sqrt{\frac{\sigma^2}{n}\left(\frac{N-n}{N-1}\right)}$。

(5)计算抽样极限误差 $\Delta_{\overline{x}}$,$\Delta\overline{x}=t\cdot\mu_{\overline{x}}$。

(6)构造置信区间为 $\overline{x}\pm t\mu_{\overline{x}}$。

反过来,如果抽样均值的极限误差为 $\Delta_{\overline{x}}$,即 $|\overline{x}-\overline{X}|\leqslant\Delta_{\overline{x}}$,那么等价于一个区间估计:$\overline{x}-\Delta_{\overline{x}}\leqslant\overline{X}\leqslant\overline{x}+\Delta_{\overline{x}}$。这个区间估计的置信概率是多少呢?

$$P(\overline{x}-\Delta_{\overline{x}}\leqslant\overline{X}\leqslant\overline{x}+\Delta_{\overline{x}})=P(|\overline{x}-\overline{X}|\leqslant\Delta_{\overline{x}})$$

$$=P\left(\left|\frac{\overline{x}-\overline{X}}{\mu_{\overline{x}}}\right|\leqslant\frac{\Delta}{\mu_{\overline{x}}}\right)=P\left(|t|\leqslant\frac{\Delta}{\mu_{\overline{x}}}\right) \tag{7-21}$$

因此,可通过概率度 $t=\frac{\Delta}{\mu_{\overline{x}}}$ 反查标准正态分布表,可得公式(7-21)的置信概率 $F(t)$。

**【例 7-1】** 为了解某地区居民每天花在上班路途中的时间,调查公司随机抽取了 100 名居民进行调查,调查结果显示平均每人每天花在上班路途中的时间为 3 小时。如果已知总体的标准差 $\sigma = 1.5$ 小时。试求:

(1)该地区居民每天花在上班路途中的平均时间的置信区间(置信概率为 95％);

(2)要求估计的误差不超过 27 分钟时的置信概率。

**解** 由于样本容量在地区居民人数中所占的比重很小,可按重复抽样计算。

(1)区间估计。

①计算抽样平均误差:

$$\mu_{\bar{x}} = \frac{\sigma}{\sqrt{n}} = \frac{1.5}{\sqrt{100}} = 0.15（小时）$$

②依题意可知 $F(t) = 95\%$,查表可得 $t = 1.96$

③计算抽样极限误差:

$$\Delta_{\bar{x}} = t\mu_{\bar{x}} = 1.96 \times 0.15 = 0.29（小时）$$

④计算置信区间的上下限:

$$\bar{x} + \Delta_{\bar{x}} = 3 + 0.29 = 3.29$$
$$\bar{x} - \Delta_{\bar{x}} = 3 - 0.29 = 2.71$$

因此,当置信概率为 95％时,可以估计该地区居民每天花在上班途中的时间为 2.71～3.29 小时。

(2)确定置信概率。

要求极限误差不超过 27 分钟,即 $\Delta_{\bar{x}} = 0.45$ 小时,这时概率度为:

$$t = \frac{\Delta}{u_{\bar{x}}} = \frac{0.45}{0.15} = 3$$

查表可知,此时概率为 99.73％,说明可以有 99.73％的概率保证该地区居民每天花在上班途中的时间为 2.55～3.45 小时。

**2.总体方差未知时,正态总体平均数的区间估计(小样本)**

在总体方差未知的情况下,必须抽取大样本才能以样本方差代替总体方差。然而在某些场合下,由于条件限制不可能抽取大样本时,就必须采用其他的估计办法。

根据抽样分布定理,在小样本下,如果总体是正态分布的,总体标准差未知而需要用样本标准差 $S$ 来代替,则随机变量 $t = \frac{\bar{x} - \bar{X}}{s/\sqrt{n}} t(n-1)$,因此可以利用 $t$ 分布来进行推断。给定概率 $(1-\alpha)$,可查自由度为 $(n-1)$ 的 $t$ 分布表,确定临界值 $t_{\alpha/2}$,使 $t$ 的取值在 $(-t_{\alpha/2}, t_{\alpha/2})$ 的概率等于 $(1-\alpha)$,即:

$$P\left(-t_{\alpha/2} \leqslant \frac{\bar{x} - \bar{X}}{S/\sqrt{n}} \leqslant t_{\alpha/2}\right) = 1 - \alpha$$

或者 $\quad P\left(|\bar{x} - \bar{X}| \leqslant t_{\alpha/2} \cdot \frac{S}{\sqrt{n}}\right) = 1 - \alpha$ $\hfill$ (7-22)

**3.总体方差未知时,非正态总体平均数的区间估计(大样本)**

实际中所遇到的总体,往往不一定服从正态分布,而且总体方差也是未知的。在这种情况下要推断总体平均数,就要借助于中心极限定理,这需要抽取足够大的样本$(n > 30)$,这样样本平均数仍服从正态分布。当样本足够大时也可用样本方差代替总体方差。

（三）总体成数的区间估计

在许多实际问题中,经常需要估计总体中具有某种特征的单位数占总体单位数的比例。如产品的合格率为多少,一批种子的发芽率为多少等。我们称总体中具有某种特征的单位数占总体全部单位数的比例为总体成数。总体成数的估计实际上是总体均值估计的一种特例。设总体成数为 $P$,样本成数为 $\tilde{p}$,在大样本情况下,并且满足 $nP>5$,$n(1-P)>5$ 时,根据样本成数抽样分布定理,样本成数 $\tilde{p}$ 的抽样分布近似服从平均值为 $P$、标准差为 $\sigma(p)=\mu_p=\sqrt{\dfrac{P(1-P)}{n}}$（重复抽样时）或 $\sigma(p)=\mu_p=\sqrt{\dfrac{P(1-P)}{n}\left(\dfrac{N-n}{N-1}\right)}$（不重复抽样时）的正态分布。样本标准随机变量 $Z=\dfrac{\tilde{p}-P}{\mu_p}\sim N(0,1)$。因此,给定置信概率 $F(t)$,查正态分布表得概率度 $t$,使得 $\dfrac{\tilde{p}-P}{\mu_p}$ 落在区间 $(-t,t)$ 的概率为 $F(t)$。样本成数的抽样极限误差为:

$$\Delta_p=t\mu_p \tag{7-23}$$

所以,置信概率 $F(t)$ 下总体成数 $P$ 的置信区间为:

$$\tilde{p}\pm\Delta_p=\tilde{p}\pm t\mu_p \tag{7-24}$$

对于给定的置信概率 $F(t)$,采用不同的抽样方式,得到样本成数的置信区间的公式分别为:

$$重复抽样时,\tilde{p}\pm t\sqrt{\dfrac{P(1-P)}{n}} \tag{7-25}$$

$$不重复抽样时,\tilde{p}\pm t\sqrt{\dfrac{P(1-P)}{n}\left(\dfrac{N-n}{N-1}\right)} \tag{7-26}$$

但是,在实际工作中总体成数 $P$ 往往是未知的,而我们所要估计的也正是这个 $P$,所以上述公式中的总体成数 $P$ 需要用样本成数 $\tilde{p}$ 来代替。

**【例 7-2】** 某灯泡生产企业为了检查一批总数为 5000 个灯泡的次品率,现随机抽取 400 个进行检测(不重复抽样),发现有 32 个次品。在 90% 的概率保证程度下,试求:(1)该批灯泡次品率的置信区间。(2)该批灯泡次品数量的置信区间。

**解** (1)对该批灯泡次品率进行区间估计。

①计算灯泡样品的次品率。由题意可知,次品率为:

$$\tilde{P}=\dfrac{32}{400}\times100\%=8\%$$

②计算抽样平均误差:

$$\mu_p=\sqrt{\dfrac{\tilde{p}(1-\tilde{p})}{n}\left(\dfrac{N-n}{N-1}\right)}=\sqrt{\dfrac{0.08\times0.92}{400}\times\left(\dfrac{5000-32}{5000-1}\right)}=1.35\%$$

③当 $F(t)=90\%$,查表可得 $t=1.645$

④计算抽样极限误差:

$$\Delta_p=t\mu_p=1.645\times1.35\%=2.22\%$$

⑤计算置信区间的上下限:

$$\tilde{p}-\Delta_p=8\%-2.22\%=5.78\%$$
$$\tilde{p}+\Delta_p=8\%+2.22\%=10.22\%$$

因此,在 90% 的概率保证下,该批灯泡的次品率在 5.78%～10.22%。

(2)对该批灯泡次品数量进行区间估计。

次品数量下限=5000×5.78%=289

次品数量上限=5000×10.22%=511

因此,在 90% 的概率保证下,该批灯泡的次品数量在 289～511 件。

### (四)正态总体方差的区间估计

本章第一节介绍过来自正态总体的一组样本的方差和总体方差之比服从于 $\chi^2$ 分布,即:

$$\frac{(n-1)S^2}{\sigma^2} \sim \chi^2(n-1) \qquad (7\text{-}27)$$

于是,对于给定的置信概率 $F(t)$,可以利用 $\chi^2$ 分布的特性,查表得到 $\chi^2_{\alpha/2}(n-1)$ 和 $\chi^2_{1-\alpha/2}(n-1)$,则有:

$$P\left[\chi^2_{1-\alpha/2}(n-1) \leqslant \frac{(n-1)S^2}{\sigma^2} \leqslant \chi^2_{\alpha/2}(n-1)\right] = F(t) \qquad (7\text{-}28)$$

$$P\left[\frac{(n-1)S^2}{\chi^2_{\alpha/2}(n-1)} \leqslant \sigma^2 \leqslant \frac{(n-1)S^2}{\chi^2_{1-\alpha/2}(n-1)}\right] = F(t) \qquad (7\text{-}29)$$

于是,在置信概率为 $F(t)$ 时,总体方差 $\sigma^2$ 的区间估计为:

$$\left[\frac{(n-1)S^2}{\chi^2_{\alpha/2}(n-1)}, \frac{(n-1)S^2}{\chi^2_{1-\alpha/2}(n-1)}\right] \qquad (7\text{-}30)$$

【例 7-3】 有一批糖果,现从中随机抽取 16 袋,称得重量(单位为克)分别如下:

506　508　499　503　504　510　497　512

514　505　493　496　506　502　509　496

设袋装糖果的重量近似地服从正态分布,试求总体方差 $\sigma^2$ 的置信概率为 95% 的置信区间。

**解**　现已知 $\alpha/2=0.025$,$1-\alpha/2=0.975$,$n-1=15$,查表可得

$$\chi^2_{0.025}(15)=27.488, \chi^2_{0.975}(15)=6.262$$

又有　$S^2=38.4673$

由 $\left[\dfrac{(n-1)S^2}{\chi^2_{\alpha/2}(n-1)}, \dfrac{(n-1)S^2}{\chi^2_{1-\alpha/2}(n-1)}\right]$ 可知,所求总体方差 $\sigma^2$ 的置信区间为(20.98,92.16)。

## 三、样本容量的确定

从区间估计可以发现,对某一个客观总体的参数进行估计时,在样本数目一定的条件下,要提高估计结果的可靠性,就需要扩大置信区间,这就会增加估计中的误差。如果要求减少估计的误差,就要缩短置信区间,但这样就必然会降低估计的可靠性。可见,在样本数目一定的条件下,估计的精确性和可靠性不能两全其美。既要提高估计的精确性,减少误差,又要提高可靠性的办法就是增加样本容量。但是增加样本容量要受到人力、物力、时间及总体条件等因素限制,所以需要根据实际条件和可能满足的可靠性和精确性要求确定最小的样本容量。

为了确定必要样本容量，首先必须分析影响样本容量的因素。影响样本容量大小的因素主要有：(1)总体各单位标志变异程度，即总体方差大小。总体方差大，抽样误差大，要求样本容量大；反之则样本容量小。(2)可靠性程度的高低。要求可靠性越高，所必需的样本容量就越大；反之则越小。(3)允许误差的大小。这主要由研究的目的而定。若要求推断比较精确，允许误差应该小一些，随之抽取的样本容量就要求多一些；反之，若允许误差可以大一些，样本容量也就可以少一些。(4)抽样方法。在其他条件相同时，重复抽样比不重复抽样要求的样本容量大些。

## (一)估计总体平均数时样本容量的确定

### 1.重复抽样

通常用 $n_0$ 表示重复抽样时必要样本容量。由 $\Delta_{\bar{x}}=t\mu_{\bar{x}}=t\cdot\dfrac{\sigma}{\sqrt{n_0}}$ 可得：

$$n_0=\frac{t^2\cdot\sigma^2}{\Delta_{\bar{x}}^2} \tag{7-31}$$

从式(7-31)可以看出，只要确定了允许误差的大小 $\Delta_{\bar{x}}$ 和总体的标准差 $\sigma$，由置信概率 $F(t)$ 查表得到相应的概率度 $t$，代入公式即可确定样本容量。

### 2.不重复抽样

通常用 $n_1$ 表示不重复抽样时必要样本容量。由 $\Delta_{\bar{x}}=t\mu_{\bar{x}}=t\cdot\sqrt{\dfrac{\sigma^2}{n_1}\left(\dfrac{N-n_1}{N-1}\right)}$ 可得：

$$n_1=\frac{N\cdot t^2\cdot\sigma^2}{(N-1)\Delta_{\bar{x}}^2+t^2\cdot\sigma^2} \tag{7-32}$$

## (二)估计总体成数时样本容量的确定

### 1.重复抽样

由 $\Delta_p=t\mu_p=t\sqrt{\dfrac{P(1-P)}{n_0}}$ 可得：

$$n_0=\frac{t^2\cdot P(1-P)}{\Delta_p^2} \tag{7-33}$$

### 2.不重复抽样

由 $\Delta_p=t\mu_p=t\sqrt{\dfrac{P(1-P)}{n_1}\left(\dfrac{N-n_1}{N-1}\right)}$ 可得：

$$n_1=\frac{N\cdot t^2\cdot P(1-P)}{(N-1)\Delta_p^2+t^2\cdot P(1-P)} \tag{7-34}$$

## (三)确定样本容量时应注意的问题

(1)按照上述公式所计算出的结果是满足给定的精确程度和可靠程度需要的最低样本容量，因此其计算结果应向上进位，而不能采取四舍五入的方法。实际中通常抽取更多一些单位以满足需要。

(2)在上述公式中，总体方差通常是未知的，可以用试抽样本的方差代替，也可以用历史同类调查的方差数据或全面调查的方差资料代替。若同时有多个方差数据，应该选取其中最大的,以保证精确程度和可靠程度的需求。在成数的情况下,若完全缺乏资料,可取保守数值,即取成数总体方差的最大值0.25。

（3）当所研究问题中涉及多个变量,而各个变量对精确程度和可靠程度的需要往往不同,所需必要样本容量也不会相同,此时应取其中最大的样本容量值以满足所有变量的需求。

**【例 7-4】** 设某市为了了解居民的住房情况,决定对全市 3 万住户进行纯随机抽样调查。根据历史资料已知人均住房面积的标准差为 1.2 平方米,困难户的比率为 12%,要求抽样推断的可靠程度达到 95%,人均住房面积的允许误差为 0.15 平方米,困难户比率的允许误差不超过 3%。试计算至少应抽取多少户?

**解** 要求推断的可靠程度为 95%,查表可得 $t=1.96$。

（1）简单随机重复抽样。

$$n_{0\bar{x}}=\frac{t^2\cdot\sigma^2}{\Delta_{\bar{x}}^2}=\frac{1.96^2\times1.2^2}{0.15^2}\approx246（户）$$

$$n_{0p}=\frac{t^2\cdot P(1-P)}{\Delta_p^2}=\frac{1.96^2\times0.12\times(1-0.12)}{0.03^2}\approx451（户）$$

因此,要同时满足两方面的要求,至少应对 451 户家庭进行抽样调查。

（2）简单随机不重复抽样。

$$n_{1\bar{x}}=\frac{N\cdot t^2\cdot\sigma^2}{(N-1)\Delta_{\bar{x}}^2+t^2\cdot\sigma^2}=\frac{1.96^2\times1.2^2\times30000}{(30000-1)\times0.15^2+1.96^2\times1.2^2}\approx244（户）$$

$$n_{1p}=\frac{N\cdot t^2 P(1-P)}{(N-1)\Delta_p^2+t^2\cdot P(1-P)}$$

$$=\frac{1.96^2\times0.12\times(1-0.12)\times30000}{(30000-1)\times0.03^2+1.96^2\times0.12\times(1-0.12)}\approx445（户）$$

因此,要同时满足两方面的要求,至少应对 445 户家庭进行抽样调查。

# 第三节　假设检验

## 一、假设检验的基本概念

链接
女士品茶与
假设检验

假设检验是用来判断所考察的总体具有某种指定特征的一种统计推断方法。它和参数估计一样都是利用样本对总体进行某种推断,但两者推断的角度不同。它与参数估计的区别主要在于:参数估计是用给定的大概率推断出总体参数的范围,而假设检验是以小概率为标准,对由总体的状况所做出的假设进行判断。

假设检验中,先要对总体参数的值提出一个假设,然后利用样本信息去检验这个假设是否成立。如果成立,就接受这个假设;如果不成立,就拒绝此假设。因此,假设检验的过程就是先对我们关心的却又是未知的总体参数作出假设,然后抽取样本,利用样本提供的信息对假设的正确性进行判断。

例如,为了检验总体的均值是否为某一个确定值,首先假设总体的均值等于该确定值,然后收集样本的数据,计算出假设值与样本均值之间的差异,再根据差异的大小来判断所作假设的正确性,这就是假设检验。

链接
假设检验 P 值

假设检验中通常把所要检验的假设称作原假设或零假设,记作 $H_0$。例如,要检验总体均值 $\mu = 100$ 这个假设是否正确,可表示为 $H_0 : \mu = 100$。如果样本所提供的信息无法证明原假设成立,则拒绝原假设。此时,我们只能接受另外的备选的结论了,称之为备择假设,我们以 $H_1$ 表示备择假设。备择假设可以有三种形式。例如,在原假设: $\mu = 100$ 的条件下,备择假设可以是

$H_1 : \mu \neq 100$,这表示备择假设是总体的均值不等于 100;

或者是　　$H_1 : \mu > 100$,这表示备择假设是总体的均值大于 100;

或者是　　$H_1 : \mu < 100$,这表示备择假设是总体的均值小于 100。

上述备择假设的选择与检验的要求是密切相关的。根据假设检验的目的要求不同,又把假设检验分为双侧检验和单侧检验。

链接
生活中的统计
学:征兵广告
与小概率原理

假设检验的基本思想是概率论中的小概率原理。所谓小概率原理,是指概率很小的随机事件在一次试验中是几乎不可能发生的,这种事件称为"实际不可能事件"。小概率的标准是多大呢? 实际上并没有绝对的标准。一般我们以一个显著性水平作为小概率的界限。显著性水平表示落在某个界限以外的样本值所占的百分比。

对于显著性水平的选择没有一个唯一的或通用的标准。实际上在任何显著性水平下检验某个假设都是可能的,但是必须注意,不管选择什么样的显著性水平,都存在假设为真而被拒绝的可能性。另外,在检验同一个假设时,使用的显著性水平愈高,原假设为真时被拒绝的概率也愈高。但是,概率事件在一次试验中几乎不可能发生,但却不是绝对不可能发生,由此可能发生弃真错误或取伪错误,在实际问题中要尽量减少产生这两类错误。

## 二、假设检验的步骤

(1)提出原假设 $H_0$ 和备择假设 $H_1$:原假设和备择假设必须由题意来决定。在一般情况下总是把检验的目的作为备择假设,这样可以有充分的把握拒绝原假设。例如,从 2018 年的新入学的大学生中随机抽取 50 个学生测得其平均成绩为 485 分,而上一年统计资料显示,新生入学平均成绩为 475 分,问 2018 年的新生与 2017 年相比,入学成绩有无显著差异? 可设 $H_0 : \mu = 475$ 分, $H_1 : \mu \neq 475$ 分。

(2)构造适当的统计量:样本来自总体,它反映了总体的分布规律,含有关于总体参数的信息,但直接用样本指标检验统计假设是困难的,必须借助于样本选择合适的检验统计量。统计量是样本的函数,并且只依赖于样本而不包含任何未知参数。一个样本,根据不同的需要可构造出不同的统计量。不同的统计量具有不同的分布,用于检验不同的假设,要根据假设检验的实际需要来正确地选择检验统计量。

(3)确定显著性水平 $\alpha$:通过显著性水平可以确定检验的拒绝域或临界点。$\alpha$ 表示在假

设检验时当原假设为真而被拒绝的概率。通常取 $\alpha=0.05$ 或 0.01。

（4）计算检验统计量并由此作出判断：根据样本数据计算出检验统计量的值，用计算出的检验统计量的值与临界点值相比较，就可以作出接受原假设或拒绝原假设的统计决策。

### 三、假设检验中的两类错误

假设检验是根据概率来进行判断的，因此有可能判断失误。在不同显著性水平下，进行假设检验所得到的结果就可能是完全不同的。对于同一组样本的均值 $\bar{X}$ 的位置，在 $\alpha=0.01$ 的显著性水平下可能是接受原假设的，而在 $\alpha=0.05$ 的显著性水平下可能拒绝原假设。可见，采用高的显著性水平不大可能接受一个不正确的原假设，但却很可能拒绝掉正确的原假设。

在假设检验中，如果原假设正确而被拒绝时，就称为犯了第一类错误，这是弃真的错误，犯第一类错误的概率记作 $\alpha$。相反，如果原假设错误而被接受时，称作犯了第二类错误，这是取伪的错误，犯第二类错误的概率记作 $\beta$。表 7-3 所示为两者之间的关系。这两类错误是互相替补的，这就是说，在样本容量一定的情况下，要减少第一类错误的概率就不得不增加发生第二类错误的概率，反过来也一样。实际上，为了减少第一类错误的概率 $\alpha$ 就要增大接受区域，减少拒绝区域。但此时由于接受区域的增大，不正确的原假设也被接受的概率也随之增大，即 $\beta$ 增加了。

表 7-3　两类错误之间的关系

| 原假设 | 接受 $H_0$ | 接受 $H_1$ |
| --- | --- | --- |
| $H_0$ 为真 | 正确 | 弃真，第一类错误概率 $\alpha$ |
| $H_0$ 为假 | 取伪，第二类错误概率 $\beta$ | 正确 |

由于两类错误之间的这种替补关系，使得在管理上决定检验第一类错误或第二类错误的显著性水平时，就要具体考察同这两类错误相联系的费用和可能造成的损失。由此来决定究竟宁可发生第一类错误，而不愿发生第二类错误，还是宁可发生第二类错误，而不愿发生第一类错误。

### 四、总体均值的假设检验

#### （一）总体方差已知情况下的均值假设检验

参数的假设检验程序基本上是类似的，下面将简要介绍总体方差已知情况下的均值假设检验的程序。

（1）提出原假设 $H_0: \mu=\mu_0$，备择假设 $H_1: \mu \neq \mu_0$。其中，$\mu_0$ 表示已知值，$\mu$ 表示正态总体的总体均值。

（2）构造合适的检验统计量。

当被抽样总体为正态分布，而且总体方差已知时，样本均值 $\bar{x}$ 是总体均值 $\mu$ 的适当的统计量，样本均值 $\bar{x}$ 服从于均值为 $\mu$，方差为 $\sigma^2/n$ 的正态分布。对它进行标准化变换，可得检验

统计量 $Z$ 为：

$$Z = \frac{\bar{x} - u}{\frac{\sigma}{\sqrt{n}}} \sim N(0,1) \tag{7-35}$$

式中，$\bar{x}$ 表示样本均值；$\sigma$ 表示正态总体标准差；$n$ 表示样本容量。统计量 $Z$ 服从标准正态分布。

（3）确定显著性水平 $\alpha$，确定拒绝域。

显著性水平是由实际问题决定的，一般 $\alpha$ 取 0.05。若 $\alpha = 0.05$，由原假设和备择假设可知为双侧检验，则可查正态分布表 $Z_{\frac{\alpha}{2}} = 1.960$。因此，$H_0$ 假设的拒绝域为 $|Z| > Z_{\frac{\alpha}{2}}$（即 $Z > Z_{\frac{\alpha}{2}}$ 或 $Z \leqslant -Z_{\frac{\alpha}{2}}$）。

（4）计算检验统计量的数值，作出判断。

根据已知条件，计算检验统计量 $Z$ 的数值。如果 $Z$ 的值落在拒绝域内，则拒绝原假设，接受备择假设。反之，接受原假设。

**【例 7-5】** 某企业加工一种零件，根据经验已知，零件的重量服从正态分布，其总体均值为 570 千克，总体标准差为 8 千克。现由于更换一种新设备进行加工，所以取 200 个零件进行检验，得到平均重量为 575 千克。试检验新设备加工零件的重量总体均值与以前有无显著差异。（$\alpha = 0.05$）

**解** 由题意可知，$\mu = 570$ 千克，$\sigma = 8$ 千克，$n = 200$，$\bar{x} = 575$ 千克。

（1）提出原假设 $H_0: \mu = 570$，备择假设 $H_1: \mu \neq 570$。

（2）构造检验统计量并计算。

$$Z = \frac{\bar{x} - \mu}{\frac{\sigma}{\sqrt{n}}} = \frac{575 - 570}{\frac{8}{\sqrt{200}}} = 8.8388$$

（3）因为 $\alpha = 0.05$，由条件可知为双侧检验，所以查表可得：

$$Z_{\frac{\alpha}{2}} = 1.960$$

（4）计算检验统计量的数值，作出判断。

因为 $|Z| = 8.8388 > 1.96$（$Z$ 的值落入拒绝域），所以拒绝 $H_0$，接受 $H_1$。这说明采用新设备加工零件的重量总体均值较以前有显著差异。

对于非正态总体，根据中心极限定理，不论总体服从什么分布，只要样本容量足够大，样本平均数就近似服从正态分布 $N(\mu, \frac{\sigma^2}{n})$，从而检验统计量 $Z = \frac{\bar{x} - \mu}{\frac{\sigma}{\sqrt{n}}}$ 在 $H_0$ 为真条件下近似服从标准正态分布 $N(0,1)$。因而，仍可近似用上面方法检验。

**（二）总体方差未知情况下的均值假设检验**

因为 $Z$ 统计量中含有参数 $\sigma$，当总体方差 $\sigma^2$ 未知时，检验统计量不能选择 $Z$，需用样本方差 $s^2$ 代替总体方差 $\sigma^2$。因此，应选择服从自由度为 $(n-1)$ 的 $t$ 作为检验统计量。

$$t = \frac{\bar{x} - \mu}{\frac{S}{\sqrt{n}}} \tag{7-36}$$

式中，$\bar{x}$ 表示样本均值；$S = \sqrt{\dfrac{\sum (x - \bar{x})^2}{n-1}}$ 表示样本标准差。

在检验的过程中,只需用 $t$ 统计量取代 $Z$ 统计量,样本方差代替总体方差,其他步骤除临界值查 $t$ 分布表外与前面完全相同。

在大样本场合(样本容量 $n>30$ 时),$t$ 统计量与标准正态分布统计量近似,通常用 $Z$ 统计量来代替 $t$ 统计量进行检验。

## 五、总体成数的假设检验

检验总体单位中含有某种特征的单位数所占的比例是否为某一个假定值 $p$,这种在现实中是很多的。如某一批产品的次品率,某门课程的通过率等。根据中心极限定理,在大样本的情况下,并且满足 $nP>5,n(1-P)>5$ 时,根据样本成数抽样分布定理,样本成数 $\widetilde{p}$ 渐进服从均值为 $P$、方差为 $\dfrac{P(1-P)}{n}$ 的正态分布。因此,可用 $Z$ 统计量进行假设检验,其公式为:

$$Z=\frac{\widetilde{p}-P}{\sqrt{\dfrac{P(1-P)}{n}}}\sim N(0,1) \tag{7-37}$$

【**例 7-6**】 某种子经销商声称某批种子的发芽率为 $80\%$,为了检验其可靠性,现随机抽取 200 粒进行试验,其中 130 粒发芽。问:在显著水平 $\alpha=0.05$ 时该批种子的发芽率为 $80\%$ 是否可靠?

**解** $H_0:P=80\%$

$H_1:P\neq80\%$

$\widetilde{p}=\dfrac{130}{200}=65\%$

$$Z=\frac{\widetilde{p}-P}{\sqrt{\dfrac{P(1-P)}{n}}}=\frac{0.65-0.80}{\sqrt{\dfrac{0.80(1-0.80)}{200}}}=-5.304$$

因为这是个双侧检验,所以当 $\alpha=0.05$ 时,$Z_{\frac{\alpha}{2}}=1.96$。
由于 $|Z|=5.304>1.96$,所以,拒绝 $H_0$,该批种子的发芽率不应为 $80\%$。

## 六、总体方差的假设检验

关于正态总体的方差的假设检验,可以构造适当的统计量 $\chi^2$ 进行检验,其公式为:

$$\chi^2=\frac{(n-1)S^2}{\sigma^2}\sim\chi^2(n-1) \tag{7-38}$$

【**例 7-7**】 某电池厂生产的电池使用寿命长期以来服从方差 $\sigma^2=5000$(小时$^2$)的正态分布。现有一批该类型电池,从中随机取 26 只电池,测得其使用寿命的样本方差 $S^2=9200$(小时$^2$)。问:根据这一数据能否推断该批电池的寿命波动性较以往有显著的变化(取 $\alpha=0.02$)?

**解** $H_0:\sigma^2=5000$

$H_1:\sigma^2\neq5000$

$$\chi^2=\frac{(n-1)S^2}{\sigma^2}=\frac{25\times9200}{5000}=46$$

当 $\alpha = 0.02$ 时，该问题的拒绝域为：

$$\frac{(n-1)S^2}{\sigma^2} \geqslant 44.341$$

观察值 $S^2 = 9200$ 时，$\dfrac{(n-1)S^2}{\sigma^2} = 46 > 44.341$，所以拒绝 $H_0$，认为这批电池寿命的波动性较以往有显著的变化。

## 【思考与练习】

选择题

**一、选择题**

1. 抽样调查的目的在于 （    ）
   A. 了解样本的全面情况
   B. 对全及总体进行全面调查
   C. 用抽样指标推断全及总体指标
   D. 了解全及总体的一般情况

2. 为了解城市在业人员的生活水平，分别从工人、机关干部、个体劳动者和其他职工中按照一个大体相同的比例随机抽取了 2000 人进行调查。这种抽样组织方式属于 （    ）
   A. 类型抽样　　　　　　　　　B. 纯随机抽样
   C. 机械抽样　　　　　　　　　D. 整群抽样

3. 按地理划片所进行的区域抽样，其抽样的方式属于 （    ）
   A. 纯随机抽样　　B. 等距抽样　　C. 整群抽样　　D. 分层抽样

4. 先将全及总体各单位按某一标志排列，然后依固定顺序和间隔来抽选调查单位的抽样组织形式，被称为 （    ）
   A. 等距抽样　　B. 纯随机抽样　　C. 类型抽样　　D. 整群抽样

5. 当样本单位数充分大时，样本估计量充分地靠近总体指标的可能性趋于 1，称为抽样估计的 （    ）
   A. 无偏性　　　B. 一致性　　　C. 有效性　　　D. 充分性

6. 抽样极限误差是指抽样指标和总体指标之间的 （    ）
   A. 抽样误差的平均数　　　　　B. 抽样误差的标准差
   C. 抽样误差的可靠程度　　　　D. 抽样误差的最大可能范围

7. 纯随机抽样（重复）的抽样平均误差取决于 （    ）
   A. 样本单位数
   B. 样本单位数和样本单位数占总体的比重
   C. 总体方差
   D. 样本单位和总体方差

8. 用简单随机重复抽样方法抽取样本单位时，如果要使抽样极限误差降低 $50\%$，则标本容量需要扩大到原来的 （    ）
   A. 2 倍　　　　B. 3 倍　　　　C. 4 倍　　　　D. 5 倍

9.抽样推断中的抽样误差　　　　　　　　　　　　　　　　　（　　）

   A.是不可避免要产生的

   B.是可以通过改进调查方法来消除的

   C.是可以事先计算出来的

   D.只能在调查结束后才能计算

   E.其大小是可以控制的

10.显著性水平与检验拒绝域的关系　　　　　　　　　　　　（　　）

   A.显著性水平提高,意味着拒绝域缩小

   B.显著性水平降低,意味着拒绝域扩大

   C.显著性水平提高,意味着拒绝域扩大

   D.显著性水平降低,意味着拒绝域缩小

   E.显著性水平变化,不影响拒绝域的变化

**二、判断题**

1.总体指标和样本指标均为随机变量。（　　）

2.所有可能样本的平均数的平均值,等于总体平均数。（　　）

3.抽样调查的误差可以估计但不可以控制。（　　）

4.由于没有遵守随机原则而造成的误差,通常称为随机误差。（　　）

5.由于抽样调查存在抽样误差,所以抽样调查资料的准确性要比全面
调查资料的准确性差。（　　）

6.抽样估计的准确度和把握度成反比关系。（　　）

7.重复抽样的抽样误差一定大于不重复抽样的抽样误差。（　　）

8.抽样误差是不可避免的,但是人们可以调整总体方差的大小来控制抽样误差的大
小。（　　）

9.样本单位数的多少可以影响抽样误差的大小,而总体标志变异程度的大小和抽样误
差无关。（　　）

10.在样本容量固定的情况下,抽样估计往往难以同时满足给定准确度和把握度的要
求。为此,需要在抽样前事先确定合理的抽样数目。（　　）

判断题

**三、问答题**

1.简述统计推断的概念,并举例说明它在统计分析中的作用。

2.抽样调查的组织形式有哪几种？它们各有哪些特点？

3.什么是总体参数的点估计和区间估计？

4.如何正确理解区间估计中的精确性和可靠性？

5.简述假设检验的概念、步骤和主要类型。

**四、计算题**

1.从某食品厂生产的某一批次的产品中随机抽取 100 包进行检查,结果显示平均每包
重量为 99 克,样本标准差为 3 克,试计算:当要求置信概率为 95％时,该批食品平均每包重
量的区间(按重复抽样计算)。

2.采用简单随机重复抽样的方法,从 2000 件产品中抽查 200 件,其中合格品为 190 件。
在 95.45％的概率保证程度下,对该批产品的合格率和合格品数量进行区间估计。

3.某电子产品使用寿命在 3000 小时以下为不合格品。现在从 5000 个产品中随机抽取 100 个对其使用寿命进行调查。结果如下：

| 使用寿命/小时 | 产品数量/个 |
|---|---|
| 3000 以下 | 2 |
| 3000～4000 | 30 |
| 4000～5000 | 50 |
| 5000 以上 | 18 |
| 合　计 | 100 |

要求：以 95.45% 的概率保证程度对该产品平均使用寿命和合格率进行区间估计（按重复抽样计算）。

4.某茶叶生产企业用机器装袋，规定每袋重量应为 500 克，标准差为 6 克。每天从第一批生产出来的产品中抽取 100 袋来检查开机是否正常。某一天的抽查结果为，平均每袋重 501.5 克。问：

(1)以 0.05 的显著性水平判断机器的工作是否正常？

(2)以 0.01 的显著性水平判断机器的工作是否正常？

(3)进行比较并指出该实际问题应该选择何种显著性水平？

5.要求某一种元件的使用寿命不低于 1000 小时，今从一批该种元件中随机抽取 25 件，测得其寿命的平均值为 950 小时。已知该种元件寿命服从标准差为 100 小时的正态分布。试在显著性水平为 0.05 时确定该批元件是否合格。

# |第八章|
# 相关与回归分析

 学习目标

通过本章学习,学生能够:

1. 掌握相关关系的概念。

2. 熟悉相关关系的种类。

3. 理解皮尔逊(Pearson)相关系数的概念,学会根据其数值大小判断变量之间的相关关系强弱。

4. 掌握线性回归分析和多元回归分析的建模思想,掌握线性回归分析的方法。

本章
讲课视频

在生产和经营活动中,人们经常要对客观现象之间的关系进行分析。例如:在企业生产中,要分析产品成本与产量之间的关系,以达到控制产品成本的目的;在农业生产中,需要研究农作物产量与施肥量之间的关系,以便分析施肥量对产量的影响,进而确定合理的施肥量;在商业活动中,需要分析广告费支出与销售量之间的关系,进而通过广告费支出来预测销售量;等等。统计分析的目的在于如何根据统计数据确定现象之间的关系形态及其关联程度,并探索出其内在的数量规律性。

相关分析和回归分析是研究客观现象之间数量联系的重要统计方法。这是两种既有联系又有区别的定量分析统计方法,在自然科学、工程技术和社会经济领域都得到了广泛应用。特别是在计量经济学的研究中,相关分析与回归分析的统计方法已经成为构造各种经济模型,进行结构分析、政策评价、预测和控制的重要工具。

# 第一节　相关关系概述

## 一、函数关系和相关关系

在自然界和社会中存在的许多事物或现象,彼此之间通常是相互联系、相互制约的。例如,施肥量与农作物的收获量之间、国内生产总值与财政收入之间、人的身高与体重之间、商品广告支出与销售量之间、圆的面积与其半径之间,等等,不无存在着一定的联系。当我们用变量来反映这些事物或现象的特征时,便表现为变量之间的依存关系。变量之间的依存关系又可分为两种不同的类型:一种是函数关系,另一种是相关关系。对相互联系的两个或多个变量可以区分为自变量和因变量,自变量就是引起其他现象发生变化的变量,而因变量则是受自变量影响发生对应变化的变量。如家庭收入决定消费支出,收入的变化必然引起消费支出的变化,在这两个变量中,家庭收入无疑是自变量,消费支出则是因变量。

函数关系是指变量之间存在的严格确定的依存关系,呈现出一一对应的特征,即当一个或几个相互联系的自变量取一定值时,因变量必定有一个且只有一个确定的值与之对应。例如圆的面积 $S$ 与圆的半径 $R$ 之间存在着严格确定的依存关系,给定 $R$ 值便有一个确定的圆面积 $S$。

相关关系是指变量之间客观存在的不确定的依存关系,即当一个或几个相互联系的自变量取一定的数值时,与之对应的因变量往往会出现几个不同的值,但这些数值会按某种规律在一定范围内变化。例如施肥量相同的几块田地,其农作物收获量不一定相同;国民生产总值相同的地区,其财政收入不一定相同;收入相同的家庭,其消费支出会有不同;几种同类产品的广告费支出相同,其销售量不一定相同;等等。产生这种不确定性的原因主要是,因变量的变化不仅仅受一个或几个自变量的影响,它还会受其他许多已知或未知因素的影响,使得另外一个或几个自变量的取值带有一定的随机性。如农作物收获量除了受施肥量的影响外,还受诸如降雨量、土质、温度、耕作深度等因素的影响,以及受其他一些无法查明的随机因素的影响;同类产品的销售量除了受广告费支出的影响外,还受产品的内在质量、外在包装等众多因素的影响。尽管对于同一个自变量值,因变量的取值不确定,但这些取值会在一定范围内发生波动,我们通过大量观察仍然可以掌握现象之间的内在变化规律。

变量之间的函数关系和相关关系,在一定条件下是可以相互转化的。本来具有函数关系的变量,当存在观测误差时,其函数关系往往以相关的形式表现出来;而具有相关关系的变量之间的联系,如果我们对它们有了深刻的规律性认识,并且能够把影响因变量变化的全部纳入方程,这时的相关关系也可能转化为函数关系。另外,相关关系也具有某种规律性,所以,相关关系经常可以用一定的函数形式去近似地描述。客观现象的函数关系可以用数学方法去研究,而研究客观现象的相关关系必须借助于统计学中的相关与回归分析方法。

## 二、相关关系的分类

对于变量之间存在的相关关系,按照不同的标志,可以划分为不同的类型。

### (一)按相关的方向划分

按相关的方向划分,相关关系可分为正相关和负相关。当一个变量的数量增加(或减少)时,另一个变量的数量也随之增加(或减少),称为正相关。如居民消费水平和居民收入水平之间的相关关系就呈现为正相关。正相关表示自变量与因变量之间的变动方向为同步增加或同步降低。当一个变量的数量增加(或减少)时,另一个变量的数量向相反方向变动,称为负相关。如在一个工业企业中,通常产品的批量越大,其单位成本就越低,这种产品产量与单位成本之间的相关关系就呈现负相关。负相关是指自变量与因变量之间的变动方向呈现出矛盾的逆向运动。

### (二)按相关的形式划分

按相关的形式划分,相关关系可分为线性相关(也称直线相关)和非线性相关(也称曲线相关)。如果变量之间存在着相关关系,因变量又近似地表现为自变量的一次函数,则称为线性相关。如人均消费水平与人均收入水平通常呈线性相关。若因变量不能近似地表现为自变量的一次函数,即两者之间并不表现为直线的关系,则称为非线性相关。如产品的平均成本与产品总产量可以认为是一种非线性相关。

将两个相关变量的取值在平面坐标图上标示出来,在统计上称为散点图,它可以直观地显示出两个变量相关的形式(见图 8-1)。

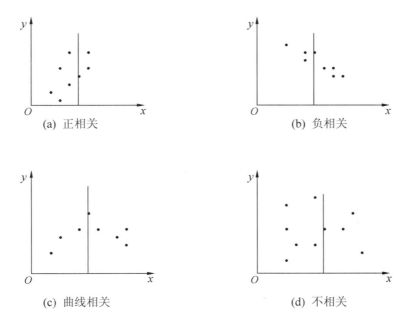

图 8-1　相关形式散点图

## （三）按相关的程度划分

按相关的程度划分，相关关系可分为完全相关、不完全相关和完全不相关。完全相关是指变量间的变动完全是一一对应的，呈现为严格的依存关系，实际上两者已表现为函数关系。例如，在价格不变的条件下，某种商品的销售总额与其销售量总是呈正比例关系。在这种场合，相关关系便成为函数关系，因此也可以说函数关系是相关关系的一个特例。不完全相关是指变量之间存在着不严格的依存关系，它是相关关系的主要表现形式，也是相关分析的主要研究对象。完全不相关又称为零相关，是指自变量与因变量之间彼此互不影响的关系。如服装价格的高低与啤酒的销售量是不相关的。

## （四）按研究变量的多少划分

按研究变量的多少划分（即自变量是一个、两个还是两个以上），相关关系可分为单相关、复相关和偏相关。一个自变量和一个因变量之间的相关，称为单相关。当所研究的是一个因变量与两个或两个以上自变量之间的相关关系时，称为复相关，又称多元相关。例如，某种商品的需求与其价格水平以及收入水平之间的相关关系便是一种复相关。另外，在某一现象与多种现象相关的场合，假定其他变量不变，专门考察其中两个变量之间的相关关系称为偏相关。例如，在假定人们收入水平不变的条件下，某种商品的需求与其价格水平的关系就是一种偏相关。

## （五）按相关的性质划分

按相关的性质划分，相关关系可分为"真实相关"和"虚假相关"。当两种现象之间的相关确实具有内在联系时，称为"真实相关"。例如，居民的消费支出与可支配收入的相关、需求与价格和收入的相关关系等都可以说是"真实相关"。当两种现象之间的相关只是表面存在，实质上并没有内在的联系时，称为"虚假相关"。例如，历史上有人曾经观察过某一个国家历年的 GDP 总值与精神病人数的关系，发现两者存在相当高的正相关。这种相关就是一种比较典型的"虚假相关"。GDP 总值与精神病人数之间不可能存在内在联系，两者之所以呈现出一种正相关，是由于它们都与人口总量有着内在的联系。判断什么是"真实相关"，什么是"虚假相关"，必须依靠有关的实质性科学提供的知识。

# 第二节　相关分析

判断现象间的相关关系，一般先做定性分析，然后做定量分析。相关表和相关图是研究相关关系的直观工具。一般在进行详细的定量分析之前，可以先利用它们与现象之间存在的相关关系的方向、形式和密切程度作大致的判断。

相关分析是用以分析社会经济现象间的依存关系的，其目的是从现象的复杂关系中消除非本质的偶然影响，从而找出现象间相互依存的形式以及依存关系变动的规律性。这在实际工作中运用非常广泛。

## 一、相关表

相关表是一种反映变量之间相关关系的统计表。将某一变量按其取值的大小排序,然后将与其相关的另一变量的对应值平行排序,便可得到简单的相关表。例如,假设对 10 户居民家庭的月可支配收入和月消费支出进行调查,得到的原始资料如表 8-1 所示。

表 8-1　居民收入和支出的原始资料　　　　　单位:百元

| 居民家庭编号 | 1 | 2 | 3 | 4 | 5 | 6 | 7 | 8 | 9 | 10 |
| --- | --- | --- | --- | --- | --- | --- | --- | --- | --- | --- |
| 消费支出 | 20 | 15 | 40 | 30 | 42 | 60 | 65 | 70 | 53 | 78 |
| 可支配收入 | 25 | 18 | 60 | 45 | 62 | 88 | 92 | 99 | 75 | 98 |

根据以上原始资料,将消费支出按从小到大的顺序排序,可编制相关表如表 8-2 所示。

表 8-2　居民支出与收入的相关表　　　　　单位:百元

| 消费支出 | 15 | 20 | 30 | 40 | 42 | 53 | 60 | 65 | 70 | 78 |
| --- | --- | --- | --- | --- | --- | --- | --- | --- | --- | --- |
| 可支配收入 | 18 | 25 | 45 | 60 | 62 | 75 | 88 | 92 | 99 | 98 |

从表 8-2 可以看出,随着可支配收入的提高,居民的消费支出也有相应提高的趋势,两者之间存在明显的正相关关系。

## 二、相关图

相关图又称散点图,它是以直角坐标系中的横轴代表变量 $x$,纵轴代表变量 $y$,将两个变量间相应的变量值用坐标点的形式描绘出来,用来反映两变量之间相关关系的图形。

根据表 8-1 的资料绘制的相关图如图 8-2 所示。从图中可以看出,居民的消费支出和可支配收入之间呈现正相关关系。

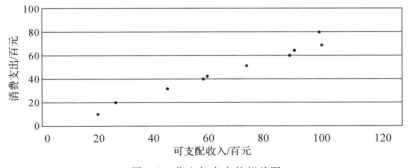

图 8-2　收入与支出的相关图

借助于相关图,可以直观地观察两个变量之间是否存在相关关系以及相关的方向和性质,但无法确切地表明两个变量之间线性相关的程度。若要精确地描述,则可借助于一些相关指标的计算。

### 三、相关系数

#### （一）相关系数的概念及特点

1. 相关系数的概念

相关系数是反映变量之间相关关系及关系密切程度的重要统计分析指标。根据线性相关变量的多少、分析问题的角度不同，相关系数可以分为简单相关系数、偏相关系数和复相关系数。反映两个变量之间线性相关密切程度的相关系数称为简单相关系数或单相关系数（简称相关系数）；偏相关系数是在多元相关分析中考虑其他变量但假定其保持不变的情况下计算出来的只反映其中两个变量之间相关程度的统计分析指标；复相关系数是反映一个因变量与两个及两个以上自变量组成的一组自变量之间相关程度的统计分析指标。本书主要介绍简单相关系数（以下简称相关系数）。

早在 1890 年，英国统计学家卡尔·皮尔逊（Karl Pearson）便提出了一个测定两变量线性相关的计算公式，通常称为积矩相关系数或动差相关系数。对于我们所研究的总体，两个相互联系的变量的相关系数称为总体相关系数，用 $\rho$ 表示，总体相关系数的计算公式为：

$$\rho = \frac{\sigma_{XY}^2}{\sigma_X \cdot \sigma_Y} \tag{8-1}$$

式中，$\sigma_{XY}^2$ 是变量 $X$ 与 $Y$ 的协方差；$\sigma_X$ 和 $\sigma_Y$ 分别是变量 $X$ 和变量 $Y$ 的标准差；$\rho$ 为总体的相关系数。通常总体相关系数是一个常数。

总体相关系数 $\rho$ 反映了总体两个变量 $X$ 和 $Y$ 的线性相关程度，对于特定的总体来说，变量 $X$ 和 $Y$ 的数值是既定的，总体相关系数 $\rho$ 是客观存在的特定数值。然而，一般不可能去直接观测总体的两个变量 $X$ 和 $Y$ 的全部数值，所以总体相关系数一般是不知道的。

在实际工作中，通常可能做到的是从总体中随机抽取一定数量的样本，通过变量 $X$ 和 $Y$ 的样本观测值 $x$ 和 $y$ 去估计样本相关系数，变量 $X$ 和 $Y$ 的样本相关系数通常用 $r$ 表示，其计算公式为：

$$r = \frac{\sum (x_i - \overline{x})(y_i - \overline{y})}{\sqrt{\sum (x_i - \overline{x})^2} \cdot \sqrt{\sum (y_i - \overline{y})^2}} \tag{8-2}$$

式中，$x_i$ 和 $y_i$ 分别是变量 $X$ 和 $Y$ 的样本观测值；$\overline{x}$ 和 $\overline{y}$ 分别是样本观测值的平均值。

此外，样本相关系数的计算还有两个简捷公式，其具体公式如下：

$$r = \frac{\sum x_i y_i - \frac{1}{n} \sum x_i \cdot \sum y_i}{\sqrt{\sum x_i^2 - \frac{1}{n} \left( \sum x_i \right)^2} \cdot \sqrt{\sum y_i^2 - \frac{1}{n} \left( \sum y_i \right)^2}} \tag{8-3}$$

式中，$n$ 为样本容量。对上式分子、分母同乘以 $n$，则得

$$r = \frac{n \sum x_i y_i - \sum x_i \cdot \sum y_i}{\sqrt{n \sum x_i^2 - \left( \sum x_i \right)^2} \cdot \sqrt{n \sum y_i^2 - \left( \sum y_i \right)^2}} \tag{8-4}$$

样本相关系数 $r$ 是根据从总体中抽取的随机样本的观测值 $x$ 和 $y$ 计算出来的，它是对总体相关系数 $\rho$ 的估计。随着取样的不同，相关系数的值也会有所变化。可以证明，样本相关系

数是总体相关系数的一致估计量。

2.相关系数的特点

(1)相关系数 $r$ 是一个相对数,它不受计量单位的影响。

(2)相关系数 $r$ 的取值范围是:$0 \leqslant |r| \leqslant 1$,即 $-1 \leqslant r \leqslant 1$。当 $r > 0$ 时,表明两个变量之间为正相关;当 $r < 0$ 时,表明两个变量之间为负相关。

(3)当 $r = 0$ 时,表明两个变量之间不存在线性相关关系。

(4)当 $|r| = 1$ 时,表明两个变量之间为完全的线性相关,也即确定的函数关系。

(5)当 $0 < |r| < 1$ 时,表明两个变量之间存在不同程度的线性相关关系。$|r|$ 数值越大,越接近于 1,表示两变量之间直线相关程度越高;反之,$|r|$ 数值越小,越接近于 0,表示两变量之间直线相关程度越低。相关程度的判断标准,一般分为四个等级。见表 8-3。

表 8-3　相关系数取值与相关关系程度

| 相关系数 $r$ | 相关程度 |
| --- | --- |
| $0 < |r| \leqslant 0.3$ | 微弱相关(视为无相关) |
| $0.3 < |r| \leqslant 0.5$ | 低度相关 |
| $0.5 < |r| \leqslant 0.8$ | 显著相关 |
| $0.8 < |r| < 1$ | 高度相关 |

按照上述等级标准来进行判断,要求计算相关系数的原始资料要足够多,即样本数量应该足够大,这样才能保证分析的有效性。

使用相关系数分析相关关系时,应当注意以下几点:

①变量 $X$ 和 $Y$ 都是相互对称的随机变量,所以 $r_{xy} = r_{yx}$。

②相关系数只能反映变量间的线性相关程度,不能说明非线性相关关系。也就是说,即使两个变量的相关系数接近 0,这也只是说明这两个变量之间不存在线性相关关系,但也不排除这两个变量之间存在着非线性相关关系。

③相关系数只能反映变量间线性相关的程度,并不能确定变量的因果关系,也不能说明相关关系具体接近于哪条直线。

(二)相关系数的应用

根据表 8-4 中 15 个居民家庭的人均月收入水平 $x$ 与人均月食品支出 $y$,计算人均月食品支出与人均月收入水平的相关系数。

表 8-4　人均月食品支出与人均月收入水平相关系数计算　　　单位:元

| 编　号 | $x$ | $y$ | $xy$ | $x^2$ | $y^2$ |
| --- | --- | --- | --- | --- | --- |
| 1 | 102 | 27 | 2754 | 10404 | 729 |
| 2 | 96 | 26 | 2496 | 9216 | 676 |
| 3 | 97 | 25 | 2425 | 9409 | 625 |
| 4 | 102 | 28 | 2856 | 10404 | 784 |

续　表

| 编　号 | $x$ | $y$ | $xy$ | $x^2$ | $y^2$ |
|---|---|---|---|---|---|
| 5 | 91 | 27 | 2457 | 8281 | 729 |
| 6 | 158 | 36 | 5688 | 24964 | 1296 |
| 7 | 54 | 19 | 1026 | 2916 | 361 |
| 8 | 83 | 26 | 2158 | 6889 | 676 |
| 9 | 123 | 31 | 3813 | 15129 | 961 |
| 10 | 106 | 31 | 3286 | 11236 | 961 |
| 11 | 129 | 34 | 4386 | 16641 | 1156 |
| 12 | 138 | 38 | 5244 | 19044 | 1444 |
| 13 | 81 | 27 | 2187 | 6561 | 729 |
| 14 | 92 | 28 | 2576 | 8464 | 784 |
| 15 | 64 | 20 | 1280 | 4096 | 400 |
| 合　计 | 1516 | 423 | 44632 | 163654 | 12311 |

将数据代入公式,可得:

$$r = \frac{15 \times 44632 - 1516 \times 423}{\sqrt{15 \times 163654 - 1516^2} \times \sqrt{15 \times 12311 - 423^2}} = 0.9414$$

这一计算结果表明,人均月食品支出与人均月收入水平之间存在着高度的正相关。

（三）相关系数的检验

前面已经强调,样本相关系数$r$是根据从总体中抽取的随机样本的观测值$x$和$y$计算出来的,它只是对总体相关系数$\rho$的估计。由于从总体中每抽取一个样本,都可以根据其观测值估计出一个样本相关系数,因此样本相关系数不是确定的值,而是随抽样而变动的随机变量。那么,我们所估计的样本相关系数是否为抽样的偶然结果?它是否能够真实代表总体变量之间的相互关系?对此,需要通过统计检验来确定。

作为随抽样而变动的随机变量,样本相关系数具有一定的概率分布,要对样本相关系数进行显著性检验,必须确定其抽样的分布性质。可以证明,如果变量$X$和$Y$都服从正态分布,在总体相关系数$\rho = 0$的原假设下,与样本相关系数$r$有关的$t$统计量服从自由度为$(n-2)$的$t$分布:

$$t = \frac{r\sqrt{n-2}}{\sqrt{1-r^2}} \tag{8-5}$$

用$t$检验法来检验相关系数的显著性,步骤如下:

(1) 提出假设:$H_0:\rho = 0$;$H_1:\rho \neq 0$;

(2) 按公式(8-5)计算$t$检验统计量;

(3) 根据给定的显著性水平$\alpha$和自由度$(n-2)$,查找$t$分布表中的相应临界值$t_{\frac{\alpha}{2}}$。如果$|t| > t_{\frac{\alpha}{2}}$,就拒绝原假设$H_0$,接受备择假设$H_1$,认为$r$在统计上是显著的,即总体相关系数$\rho$不为零,总体变量$X$与$Y$之间确实存在线性相关关系。反之,则接受原假设$H_0$,拒绝备择假

设 $H_1$，认为 $r$ 在统计上是不显著的，即总体相关系数 $\rho$ 为零，总体变量 $X$ 与 $Y$ 之间不存在线性相关关系。

**【例 8-1】** 我们对前例人均食品支出与人均月收入水平的样本相关系数进行显著性检验。

已知：$r=0.9414,n=15$，提出如下假设：$H_0:\rho=0$；$H_1:\rho\neq0$

检验统计量 $t$ 的值为：

$$t=\frac{r\sqrt{n-2}}{\sqrt{1-r^2}}=\frac{0.9414\times\sqrt{15-2}}{\sqrt{1-0.9414^2}}=10.0633$$

若取显著性水平 $\alpha=0.05$，查 $t$ 分布表得 $t_{\frac{\alpha}{2}}(n-2)=t_{0.025}(13)=2.1604$

由于 $|t|>t_{\frac{\alpha}{2}}$，所以我们拒绝原假设，接受备择假设，表明总体相关系数不为零，即人均食品支出与人均月收入水平之间确实存在正相关关系。

# 第三节 　一元线性回归分析

## 一、回归的概念和回归分析的特点

链接
回归分析

### （一）回归和回归分析

"回归"一词源于 19 世纪英国生物学家葛尔登（F. Galton,1822—1911）对人体遗传特征的实验研究。他根据实验数据，发现个子高的双亲其子女也较高，但平均地来看，却不比他们的双亲高；同样，个子矮的双亲其子女也较矮，平均地来看，也不比他们的双亲矮。他把这种身材趋向于人的平均高度的现象称为"回归"，并作为统计概念加以应用，由此逐步形成有独特理论和方法体系的回归分析。当今统计学的"回归"概念已不是原来生物学上的特殊规律性，而是指变量之间的依存关系。

回归分析是对具有相关关系的变量之间数量变化的一般关系进行测定，确定一个相关的数学表达式，以便于进行估计或预测的统计方法。回归分析是根据相关关系中数量关系不严格、不规则的材料找出现象的内在规律。其方法就是配合直线或曲线，用一条直线来代表现象之间的一般数量关系，这条直线在数学上叫作回归直线，表现这条直线的数学公式称为直线回归方程；用一条曲线来代表现象之间的一般数量关系，这条曲线在数学上叫作回归曲线，表现这条曲线的数学公式称为曲线回归方程。

### （二）回归分析与相关分析的关系

回归分析与相关分析有着密切的联系，它们不仅具有共同的研究对象，而且在具体应用时常常互相补充。相关分析需要依靠回归分析来表明现象数量相关的具体形式，回归分析则需要依靠相关分析来表明现象数量变化的相关程度。只有当变量之间存在着高度相关时，进行回归分析寻求其相关的具体形式才有意义。

应当指出，相关分析与回归分析之间也有明显区别。相关分析研究的是变量之间的依存关系，这些变量相互对应，不存在主与从或因与果的关系。而回归分析却是在控制或给定一个或几个变量条件下来观察对应的某一变量的变化，给定的变量称为自变量，不是随机变量，被观察的对应的变量称为因变量，却依然是随机变量。因此，回归分析必须根据研究的目的和对象的性质确定哪个是自变量（也称为解释变量），哪个是因变量（也称为被解释变量）。

相关分析主要是测定变量之间关系的密切程度和变量变化的方向。而回归分析却可以对具有相关关系的变量建立一个数学方程（也称回归模型），以此描述变量之间具体的变动关系，通过控制或给定自变量的数值来估计或预测因变量可能的数值。相关分析和回归分析既有联系又有区别，在实际统计研究中，通常把它们结合在一起应用。

## 二、一元线性回归模型

在回归分析中，根据实际资料建立的回归模型也有多种形式。按自变量的多少可分为一元回归模型和多元回归模型；按变量之间的具体变动形式可分为线性回归模型和非线性回归模型。把这两种分类标志结合起来，就有一元线性回归模型、一元非线性回归模型、多元线性回归模型和多元非线性回归模型。其中，一元线性回归模型是最简单的也是最基本的一种回归模型。一元回归模型可分为总体回归模型和样本回归模型。

### （一）总体回归模型

一元线性回归模型，又称简单直线回归方程，反映的是一个自变量（$X$）与一个因变量（$Y$）之间的线性关系。一元线性总体回归模型的一般形式为：

$$Y_i = \alpha + \beta X_i + \mu_i \tag{8-6}$$

式中，$Y_i$ 代表因变量的第 $i$ 个观测值，$X_i$ 代表自变量的第 $i$ 个观测值。$\alpha$、$\beta$ 是回归模型的参数（又称回归系数），分别为回归直线的截距和斜率。$\alpha$ 代表了当 $X=0$ 时 $Y$ 的值；$\beta$ 代表自变量 $X$ 每变化一个单位时因变量 $Y$ 的增加（减少）量，它的符号同相关系数 $r$ 的符号是一致的。当 $\beta > 0$ 时，表示自变量 $X$ 每增加一个单位时因变量 $Y$ 的增加量，$X$ 与 $Y$ 同方向变动；当 $\beta < 0$ 时，表示自变量 $X$ 每增加一个单位时因变量 $Y$ 的减少量，$X$ 与 $Y$ 反方向变动；当 $\beta = 0$ 时，表示自变量 $X$ 与因变量 $Y$ 均值之间不存在线性关系，无论 $X$ 取何值，$Y$ 的值总是等于 $\alpha$。$\mu_i$ 为随机误差项（或称随机扰动项），它代表的是对因变量 $Y$ 的变化有影响的各种偶然因素、观察误差以及被忽略的其他影响因素所带来的随机误差。

如果考虑到总体中个体之间的差异性，回归模型所反映的应当说只是变量之间平均意义上的一种相互关系，即 $\alpha + \beta X_i$ 是对应于自变量 $X_i$ 某一取值时 $Y_i$ 的平均值（数学期望），可写成：

$$E(Y_i) = \alpha + \beta X_i \tag{8-7}$$

总体回归模型中的随机误差项 $\mu_i$ 是无法直接观测的，为了进行回归分析，需要对其性质作一些基本的假定：

假定 1：任意两个随机误差项 $\mu_i$ 和 $\mu_j$（$i \neq j$）独立，不存在序列相关关系，其协方差为零，即 $Cov(\mu_i, \mu_j) = 0$。

假定 2：随机误差项 $\mu_i$ 是一个服从正态分布的随机变量，即 $\mu_i \sim N(0, \sigma^2)$。

假定 3：随机误差项 $\mu_i$ 的均值为零，即 $E(\mu_i) = 0$

假定 4：所有随机误差项 $\mu_i$ 都有相同的方差，即所有的误差项 $\mu_i$ 的方差为某个常数 $\sigma^2$，

即 $Var(\mu_i)=\sigma^2$。

假定 5：随机误差项 $\mu_i$ 与自变量 $X_i$ 不相关，即 $Cov(\mu_i,X_i)=0$。

这些基本假设最早是由德国数学家高斯提出的，它是进行一元线性回归分析的理论前提，也称为高斯假定或标准假定。完全满足以上标准假定的线性回归模型，被称为标准线性回归模型或古典线性回归模型。回归分析的主要目的是建立回归模型，借以给定 $X$ 值来估计 $Y$ 值。

### （二）样本回归模型

总体回归模型事实上是未知的，需要利用样本的信息对其进行估计。根据样本数据拟合的直线（或曲线），通常称为样本回归直线（或曲线）。显然，样本回归模型形式应该与总体回归模型形式一致。

一元线性样本回归模型可表示为：

$$\hat{y}_i=a+bx_i \tag{8-8}$$

式中，$\hat{y}_i$ 是 $y_i$ 的估计值（或称理论值）；$a$、$b$ 是样本回归模型的参数，两者分别是总体回归模型参数 $\alpha$、$\beta$ 的估计值，分别代表样本回归直线的截距和斜率。一个好的估计量应该满足一致性、无偏性和有效性的要求。但在实际中，因变量 $Y_i$ 的实际样本观测值 $y_i$ 与其估计值 $\hat{y}_i$ 并不完全相等，两者之偏差称为残差，用 $e_i$ 表示，则：

$$y_i-\hat{y}_i=e_i \text{ 或 } \hat{y}_i=a+bx_i+e_i \tag{8-9}$$

样本回归模型与总体回归模型之间有着密切的联系：样本回归参数 $a$、$b$ 分别是对总体回归模型参数 $\alpha$、$\beta$ 的估计；$\hat{y}_i$ 是对总体 $Y_i$ 的平均值 $E(Y_i)$ 的估计；残差 $e_i$ 在概念上类似总体回归模型中的随机误差项 $\mu_i$。但是两者之间也有区别：（1）总体回归线是未知的，它只有一条；而样本回归线则是根据样本数据拟合的，每组样本即可拟合一条样本回归线。（2）总体回归模型中的参数 $\alpha$ 和 $\beta$ 是未知的参数，表现为常数；而样本回归模型中的 $a$ 和 $b$ 是随机变量，其具体数值随所抽取的样本观测值的不同而不同。（3）总体回归模型中的随机误差项 $\mu_i$ 是 $Y$ 均值与未知的总体回归线之间的纵向距离，这是不可直接观测的；而样本回归模型中的误差项 $e_i$ 是 $y$ 均值与样本回归线之间的纵向距离，这是可以计算的具体数值。

可见，样本回归模型是对总体回归模型的近似反映。由于样本对总体总是存在代表性误差，样本回归模型总会过高或过低估计总体回归模型。回归分析的主要任务就是采用适当的方法，充分利用样本所提供的信息，使得样本回归模型"尽可能地接近"真实的总体回归模型。

## 三、回归系数的估计

实际工作中，总体回归模型的两个参数 $\alpha$、$\beta$ 都是未知的参数，要通过抽样获得的样本资料估算统计量 $a$ 和 $b$，以代替未知参数 $\alpha$ 和 $\beta$。

### （一）最小二乘估计法

估计 $a$ 和 $b$ 这些参数有不同的方法，在统计中使用最多的是最小二乘法（简称 OLS）。

链接
最小二乘法

在一元线性回归中，对于样本回归模型和既定的样本观测值，用不同的估计方法可能得到不同的样本回归参数的估计值 $a$ 和 $b$，用样本回归模型所估计的 $\hat{y}_i$ 也可能不同。人们总是希望所估计的 $\hat{y}_i$ 偏离实际观测值 $y_i$ 的残差 $e_i$ 越小越好。可是因为 $e_i$ 可正可负，残差直接的代数和会相互抵消，为此可以取残差平方和 $\sum e_i^2$ 作为衡量 $\hat{y}_i$ 与 $y_i$ 偏离程度的标准，这就是最小二乘法准则，即：

$$\sum e_i^2 = \sum (y_i - \hat{y}_i)^2 = \sum (y_i - a - bx_i)^2 = 最小值 \tag{8-10}$$

式中，$y_i$ 表示样本中因变量的实际观察值；$\hat{y}_i$ 表示样本中因变量的估计值。

可以证明，最小二乘估计量是总体回归系数的线性无偏估计量。数学上还可以进一步证明，在所有的线性无偏估计量中，回归系数的最小二乘估计量的方差最小；同时，随着样本容量的增大，其方差会不断缩小。

在标准线性回归模型中，回归系数的最小二乘估计量所具有的上述性质首先是由数学家高斯和马尔可夫提出并证明的，因此被称为高斯—马尔可夫定理。通俗地讲，这一定理表明，在标准的假定条件下，最小二乘估计量是一种最佳的估计方式。

### （二）样本回归模型参数的估计

前已述及，总体回归模型的两个参数 $\alpha$ 和 $\beta$ 是未知的。样本回归模型就是根据抽取的样本数据对总体模型进行拟合的估计的一元线性回归方程，即 $E(y_i)$ 的估计值。其形式为：

$$\hat{y}_i = a + bx_i \tag{8-11}$$

根据最小二乘法的原理，另有 $Q = \sum (y_i - a - bx_i)^2 = 最小值$，根据微分学中求极值的原理，分别对 $\alpha$、$b$ 求偏导数并令其为 0，得：

$$\frac{\partial Q}{\partial a} = 2 \sum (y_i - a - bx_i)(-1) = 0 \tag{8-12}$$

$$\frac{\partial Q}{\partial b} = 2 \sum (y_i - a - bx)(-x_i) = 0 \tag{8-13}$$

经整理后可得两个标准方程：

$$\sum y_i = na + b \sum x_i \tag{8-14}$$

$$\sum x_i y_i = a \sum x_i + b \sum x_i^2 \tag{8-15}$$

然后解标准方程，可得样本回归模型参数估计的计算公式：

$$b = \frac{n \sum x_i y_i - \sum x_i \sum y_i}{n \sum x_i^2 - \left( \sum x_i \right)^2} \tag{8-16}$$

$$a = \frac{\sum y_i}{n} - b \frac{\sum x_i}{n} \tag{8-17}$$

参数 $b$ 的计算公式也可用以下的表达式：

$$b = \frac{\sum (x_i - \bar{x})(y_i - \bar{y})}{\sum (x_i - \bar{x})^2} \tag{8-18}$$

### 四、一元线性回归模型的检验

根据样本资料建立的回归模型能否真实地反映总体变量之间的变动关系,是决定回归分析准确性的关键所在。因此,在回归模型估计出来以后,首先要对其进行一系列的检验,只有通过了检验的模型才能用于总体变量的估计或预测。一元线性回归模型检验主要是对回归模型进行拟合优度的检验和显著性检验。

#### (一)拟合优度的检验

样本回归直线是对样本数据的一种拟合,不同估计方法可拟合出不同的回归线,若从散点图上看,样本回归直线与样本观测点总是一定程度上存在正或负的偏离。如果各观测点越是靠近直线,说明直线对观测数据的拟合程度越好;反之则越差。我们将回归直线与各观测点的接近程度称为回归直线对观测数据的拟合优度,检验样本回归直线的拟合优度有两个指标:一个是判定系数,另一是估计标准误差。

1. 判定系数($R^2$)

判定系数(又称可决系数)是对估计的回归直线拟合优度进行度量的重要指标。用判定系数检验样本回归的拟合优度是建立在对因变量总离差平方和分解的基础上的。

因变量的样本观测值与其均值的离差称为总离差,记作$(y_i - \bar{y})$。按其来源,总离差可以分解为两个部分:一是因变量的回归值与其样本均值之间的离差,记作$(\hat{y}_i - \bar{y})$,它代表能够由回归方程所解释的部分,称为回归离差;二是样本观测值与回归值之间的离差,记作$(y_i - \hat{y}_i)$,它表示的是不能由回归方程解释的部分,称为剩余离差(残差),即前述的$e_i$。它们之间的关系用公式可表述为:

$$(y_i - \bar{y}) = (\hat{y}_i - \bar{y}) + (y_i - \hat{y}_i) = (\hat{y}_i - \bar{y}) + e_i \tag{8-19}$$

对公式(8-19)两边取平方并求和,可得到:

$$\sum (y_i - \bar{y})^2 = \sum (\hat{y}_i - \bar{y})^2 + 2\sum (\hat{y}_i - \bar{y})(y_i - \hat{y}_i) + \sum (y_i - \hat{y}_i)^2$$

中间项$2\sum (\hat{y}_i - \bar{y})(y_i - \hat{y}_i) = 0$(证明略),所以,总离差可以分解为以下等式右边的两项:

$$\sum (y_i - \bar{y})^2 = \sum (\hat{y}_i - \bar{y})^2 + \sum (y_i - \hat{y}_i)^2 \tag{8-20}$$

即总离差 = 回归离差 + 剩余离差。

显然,如果回归离差在总离差中所占的比重越大,则剩余离差在总离差中占的比重就越小,说明所有样本观测点与回归线靠得越近,样本回归方程对样本观测值的拟合程度就越好;反之,回归离差在总离差中所占的比重越小,则剩余离差在总离差中占的比重就越大,样本回归方程对样本观测值的拟合程度就越差。所以,$\sum (\hat{y}_i - \bar{y})^2 / \sum (y_i - \bar{y})^2$可以作为综合检验回归模型对样本观测值拟合优度的指标。这一比例称为判定系数(或称可决系数),在一元回归中一般用$R^2$表示。

$$R^2 = \frac{回归离差}{总离差} = 1 - \frac{剩余离差}{总离差} = \frac{\sum (\hat{y}_i - \bar{y})^2}{\sum (y_i - \bar{y})^2} = 1 - \frac{\sum (y_i - \hat{y}_i)^2}{\sum (y_i - \bar{y})^2} \tag{8-21}$$

判定系数 $R^2$ 有如下特点：（1）判定系数是非负的统计量，取值范围在 0 到 1 之间，$R^2$ 越接近 1，模型的拟合程度越高；（2）判定系数是样本观测值的函数，判定系数是随抽样而变动的随机变量；（3）在一元线性回归中，判定系数 $R^2$ 在数值上是简单线性相关系数 $r$ 的平方，即 $R^2 = r^2$。

判定系数 $R^2$ 在数值上等于简单线性相关系数 $r$ 的平方，所以这两种度量方法提供了相互补充的信息。在拟合优度检验中，尽管相关系数的意义不如判定系数那样明显，但也有类似的作用，即相关系数的绝对值越接近 1，说明因变量与自变量的相关度越高，回归模型的拟合程度也就越好。但是必须要注意二者是有区别的：判定系数是就估计的回归模型而言，度量回归模型对样本观测值的拟合程度；简单线性相关系数是就两个变量而言，说明两个变量的线性依存程度。判定系数度量的是自变量与因变量不对称的因果关系，简单线性相关系数度量的是不涉及具体因果关系的相关关系。判定系数有非负性，取值范围为 $0 \leqslant R^2 \leqslant 1$；简单线性相关系数可正可负，取值范围为 $-1 \leqslant r \leqslant 1$。

在实践中，判定系数 $R^2$ 常用于模型的比较，人们往往采纳 $R^2$ 最大的模型，这是因为 $R^2$ 越大，就意味着该模型把 $y$ 的变动解释得越好。但 $R^2$ 有一个缺点，它的值对样本量大小比较敏感。小的样本量，$R^2$ 比较容易接近 1；而对大的样本量，$R^2$ 却不太容易接近 1。在实际应用中，若样本量较大，常常会出现即使拟合得不错的模型，其 $R^2$ 的值却不能令人满意。因而在使用 $R^2$ 的时候需要比较小心，只能将其作为模型评价的一个参考。

2. 估计标准误差（$S_{yx}$）

回归模型的一个重要作用是根据自变量的已知值 $x_i$ 来估计或预测因变量的可能值 $\hat{y}_i$。这个可能值也可称为理论值，它和真正的实际观测值 $y_i$ 之间有可能一致，也可能不一致，因而就产生估计值的代表性问题。当 $\hat{y}_i$ 值与 $y_i$ 值一致时，表明估计或预测准确；当 $\hat{y}_i$ 值与 $y_i$ 值不一致时，表明估计或预测不够准确。显而易见，将一系列 $y_i$ 值与 $\hat{y}_i$ 值加以比较，可以发现其中存在着一系列离差，有的正离差，有的负离差。回归模型的代表性如何，不是看某个实际观测值与估计值的离差，而是要看整体的情况。

估计标准误差是衡量因变量的实际观测值 $y_i$ 与估计值 $\hat{y}_i$ 离差一般水平的统计分析指标，它能反映回归模型估计或预测精确度高低或者回归模型代表性大小，也简称为估计标准误，一般用 $S_{yx}$ 表示。$S_{yx}$ 越小，回归直线拟合越好；$S_{yx}$ 越大，回归直线拟合越差。$S_{yx}$ 计算原理与标准差基本相同，其计算公式为：

$$S_{yx} = \sqrt{\frac{\sum (y_i - \hat{y}_i)^2}{n-2}} \tag{8-22}$$

式中，$\sum (y_i - \hat{y}_i)^2$ 是剩余离差的平方和，即 $\sum e_i^2$，$(n-2)$ 是它所对应的自由度。

也可用简化式：

$$S_{yx} = \sqrt{\frac{\sum y_i^2 - a \sum y_i - b \sum x_i y_i}{n-2}} \tag{8-23}$$

估计标准误差的计量单位与 $y$ 的单位相同，也就是说，估计标准误差 $S_{yx}$ 的大小受到 $y$ 的计量单位变动的影响。作为回归模型拟合优度的评价指标，估计标准误差显然不如判定系数。因为判定系数是无量纲的系数，并且有确定的取值范围（$0 \leqslant R^2 \leqslant 1$），便于对不同资料回归模型的拟合优度进行比较。但是，估计标准误差在回归分析中仍然是一个重要的指标，因为它是用自变量估计因变量时确定置信区间的尺度。

### （二）显著性检验

从总体中随机抽取一个样本，根据 $n$ 组样本观测值 $x$ 与 $y$ 的资料导出的线性回归方程，由于受到抽样误差的影响，它所确定的变量之间的线性关系是否显著，以及按照这个模型用给定的自变量 $x$ 值估计因变量 $y$ 是否有效，必须通过显著性检验才可做出结论。回归模型的显著性检验有两项：一是对各回归系数的显著性检验；二是对整个回归方程的显著性检验。对于前者通常采用 $t$ 检验，而对于后者是在方差分析的基础上采用 $F$ 检验。

1．回归系数的显著性检验（$t$ 检验）

回归系数的显著性检验，是指根据样本计算结果对总体回归系数的有关假设所进行的检验，它的主要目的是了解总体自变量与因变量之间是否真正存在样本回归模型所表述的线性关系。总体回归系数 $\alpha$ 和 $\beta$ 的检验方法是相同的，但 $\beta$ 的检验更为重要，因为 $\beta$ 代表的是自变量 $X$ 对因变量 $Y$ 线性影响的程度。如果 $\beta = 0$，说明自变量 $X$ 对因变量 $Y$ 没有影响，回归模型不成立。因此，检验总体回归系数 $\beta = 0$ 的假设就等于检验 $X$ 与 $Y$ 之间没有线性关系的假设。回归系数显著性检验的基本步骤如下：

（1）提出假设。

$$H_0 : \beta = 0, H_1 : \beta \neq 0$$

若拒绝原假设 $H_0$，表明 $X$ 与 $Y$ 之间线性关系显著；若原假设 $H_0$ 成立，表明 $X$ 与 $Y$ 之间的线性关系不存在，所建立的回归模型也就不能够用于估计或预测。

（2）计算 $t$ 统计量。

不难证明，样本回归系数 $b$ 是服从期望值为 $\beta$，方差为 $Var(b) = \dfrac{\sigma^2}{\sum (x_i - \overline{x})^2}$ 的正态分布，即 $b \sim N\left[\beta, \dfrac{\sigma^2}{\sum (x_i - \overline{x})^2}\right]$。本来，$b$ 服从正态分布就应该用正态分布的 $Z$ 检验，但由于总体的方差 $\sigma^2$ 未知，必须用样本的方差 $\hat{\sigma}^2$ 代替，所以要用 $t$ 分布作 $t$ 检验，为此，要计算 $t$ 统计量：

$$t = \frac{b}{\hat{\sigma}} \tag{8-24}$$

式中，$t$ 统计量服从自由度为 $(n-2)$ 的 $t$ 分布，$\hat{\sigma}$ 是 $\sigma$ 的估计量。$\hat{\sigma}$ 的计算公式为：

$$\hat{\sigma} = \frac{\sqrt{\sum (y_i - \hat{y}_i)^2 / (n-2)}}{\sqrt{\sum (x_i - \overline{x})^2}} = \frac{S_{yx}}{\sqrt{\sum (x_i - \overline{x})^2}} \tag{8-25}$$

（3）确定临界值。设定显著性水平 $\alpha$ 后，就可以查自由度 $(n-2)$ 时 $t$ 分布表的临界值 $t_{\frac{\alpha}{2}}$。

（4）检验结果判断。如果 $|t| > t_{\frac{\alpha}{2}}$，就拒绝原假设，表明总体回归系数 $\beta$ 是不为零的，即 $X$ 与 $Y$ 之间线性关系显著；反之，就接受原假设，表明 $X$ 与 $Y$ 之间的线性关系不存在。

2．模型整体的显著性检验（$F$ 检验）

除了检验各个回归系数的显著性以外，还要检验回归模型整体的显著性。在一元线性回归中，由于只有一个自变量，对回归模型整体的显著性检验与对回归系数的显著性检验是等价的，在这里还是简单介绍下模型整体的显著性检验的步骤：

（1）提出假设。

在一元线性回归模型中只有一个解释变量，所以，模型整体的检验与回归系数检验的假设形式是相同的。通常设定：

$$H_0: \beta = 0, H_1: \beta \neq 0$$

若拒绝原假设 $H_0: \beta = 0$，表明回归模型中的自变量能够解释因变量的变动；反之，若不能拒绝原假设，则表明回归模型中的自变量与因变量之间的关系是不显著的，这样的模型就不能用于估计或预测。

（2）计算 $F$ 检验统计量。

回归模型的整体检验是将模型的总离差 $\sum (y_i - \bar{y})^2$ 进行分解的一种检验方法。如公式（8-20）中所述，总离差 $\sum (y_i - \bar{y})^2$ 可以分解为回归离差 $\sum (\hat{y}_i - \bar{y})^2$ 和剩余离差（残差）$\sum (y_i - \hat{y}_i)^2$ 两部分，即：

$$\sum (y_i - \bar{y})^2 = \sum (\hat{y}_i - \bar{y})^2 + \sum (y_i - \hat{y}_i)^2$$

各种离差都与同一个自由度相联系。总离差的自由度为 $n-1$，因为在计算 $\sum (y - \bar{y})^2$ 时受到约束条件 $\sum (y - \bar{y}) = 0$ 的限制而失去了一个自由度；总离差的自由度也可以分解为两部分，即回归离差的自由度 1（对一元线性回归方程来说，只有 1 个自变量同因变量对应）和剩余离差的自由度 $n-2$（一元线性回归中有两个等估计的参数 $\alpha$ 和 $\beta$）。将回归离差和剩余离差各自除以它们的自由度后就得到了对应的均方差。

由回归均方差和剩余均方差便可以构造 $F$ 检验统计量，即：

$$F = \frac{\sum (\hat{y}_i - \bar{y})^2 / 1}{\sum (y_i - \hat{y}_i)^2 / (n-2)} \tag{8-26}$$

式中，$F$ 统计量服从自由度为 $(1, n-2)$ 的 $F$ 分布。

（3）确定临界值。设定显著性水平 $\alpha$ 后，就可以查自由度 $(1, n-2)$ 时 $F$ 分布表的临界值 $F_\alpha(1, n-2)$。

（4）检验结果判断。如果 $F > F_\alpha(1, n-2)$，就拒绝原假设，表明回归模型整体是显著的，即自变量与因变量之间存在显著的线性关系；反之，就接受原假设，表明回归模型整体是不显著的，即自变量不能够解释因变量的变动。

这种将离差平方和自由度进行分解的方法，称为方差分析。通常的方差分析都列成如表 8-5 所示的形式。

表 8-5　一元线性回归方差分析

| | 平方和 | 自由度 | 均方差 | $F$ 值 | $F_\alpha(1, n-2)$ |
|---|---|---|---|---|---|
| 总离差 | $\sum (y_i - \bar{y})^2$ | $n-1$ | $\sum (y_i - \bar{y})^2 / (n-1)$ | $F = \dfrac{\sum (\hat{y}_i - \bar{y})^2 / 1}{\sum (y_i - \hat{y}_i)^2 / (n-2)}$ | 查 $F$ 分布表 |
| 回归离差 | $\sum (\hat{y}_i - \bar{y})^2$ | $1$ | $\sum (\hat{y}_i - \bar{y})^2 / 1$ | | |
| 剩余离差 | $\sum (y_i - \hat{y}_i)^2$ | $n-2$ | $\sum (y_i - \hat{y}_i)^2 / (n-2)$ | | |

前已提及,在一元线性回归分析中,回归系数的显著性检验与模型整体的显著性是等价的,因此采用 $t$ 检验和 $F$ 检验,结论是一致的,二者取其一即可。但是,在多元回归分析中,它们是不等价的,$t$ 检验只是检验回归方程中各个系数(参数)的显著性;而 $F$ 检验则是检验整个回归模型的显著性。

### 五、一元线性回归方程的应用举例——恩格尔函数

文档
恩格尔定律与
恩格尔系数

【例 8-2】 所谓食品支出的恩格尔函数,是由德国统计学家恩格尔提出的一种反映食品支出与收入水平之间关系的方程式。最简单的恩格尔函数假定在商品价格不变的条件下,实际的食品支出与实际的收入水平之间的关系可以用一元线性回归模型来反映。表 8-6 中的 $x$ 和 $y$ 分别是 15 个居民家庭的人均月收入水平与人均月食品支出的数值。

表 8-6　家庭人均月食品支出的回归分析表

| 编号 (1) | $x$ (2) | $y$ (3) | $xy$ (4) | $x^2$ (5) | $y^2$ (6) | $(x-\bar{x})^2$ (7) | $(y-\bar{y})^2$ (8) | $\hat{y}$ (9) | $(y-\hat{y})^2$ (10) |
|---|---|---|---|---|---|---|---|---|---|
| 1 | 102 | 27 | 2754 | 10404 | 729 | 0.86 | 1.44 | 28.38 | 1.90 |
| 2 | 96 | 26 | 2496 | 9216 | 676 | 25.70 | 4.84 | 27.30 | 1.69 |
| 3 | 97 | 25 | 2425 | 9409 | 625 | 16.56 | 10.24 | 27.48 | 6.15 |
| 4 | 102 | 28 | 2856 | 10404 | 784 | 0.86 | 0.04 | 28.38 | 0.14 |
| 5 | 91 | 27 | 2457 | 8281 | 729 | 101.40 | 1.44 | 26.40 | 0.36 |
| 6 | 158 | 36 | 5688 | 24964 | 1296 | 3241.02 | 60.84 | 38.47 | 6.10 |
| 7 | 54 | 19 | 1026 | 2916 | 361 | 2215.58 | 84.64 | 19.73 | 0.53 |
| 8 | 83 | 26 | 2158 | 6889 | 676 | 326.52 | 4.84 | 24.96 | 1.08 |
| 9 | 123 | 31 | 3813 | 15129 | 961 | 480.92 | 7.84 | 32.16 | 1.35 |
| 10 | 106 | 31 | 3286 | 11236 | 961 | 24.30 | 7.84 | 29.10 | 3.61 |
| 11 | 129 | 34 | 4386 | 16641 | 1156 | 780.08 | 33.64 | 33.24 | 0.58 |
| 12 | 138 | 38 | 5244 | 10944 | 1444 | 1363.82 | 96.04 | 34.87 | 9.80 |
| 13 | 81 | 27 | 2187 | 6561 | 729 | 402.80 | 1.44 | 24.59 | 5.81 |
| 14 | 92 | 28 | 2576 | 8464 | 784 | 82.26 | 0.04 | 26.58 | 2.02 |
| 15 | 64 | 20 | 1280 | 4096 | 400 | 1374.18 | 67.24 | 21.53 | 2.34 |
| 合　计 | 1516 | 423 | 44632 | 163654 | 12311 | 10436.86 | 382.4 | — | 43.46 |

解

(1)配合一元线性回归方程。

将表 8-6 中根据 $x$、$y$ 计算的相关数据代入公式(8-16)和公式(8-17),可以计算 $b$ 和 $a$ 的值:

$$b = \frac{n \sum x_i y_i - \sum x_i \sum y_i}{n \sum x_i^2 - \left( \sum x_i \right)^2}$$

$$= \frac{15 \times 44632 - 1516 \times 423}{15 \times 163654 - 1516^2}$$

$$= 0.1802$$

$$a = \frac{\sum y_i}{n} - b \frac{\sum x_i}{n}$$

$$= \frac{423}{15} - 0.1802 \times \frac{1516}{15}$$

$$= 9.9878$$

则可得到家庭人均月食品支出依人均月收入的一元线性回归方程为：

$$\hat{y}_i = 9.9878 + 0.1802 x_i$$

这一回归方程表明了人均月食品支出与人均月收入之间的关系。系数 9.9878 可视为自发性食品支出，也即没有收入时也必需的食品支出。系数 0.1802 表示，当人均月收入增加或减少一个单位时，人均月食品支出相应地会增加或减少 0.1802 单位。有了回归方程，在给定自变量 $x$ 的条件下，就可估计因变量 $y$ 的值，但是应当指出，这个估计值仅仅是一个平均的数值。

（2）方程的拟合优度检验。

① 计算判定系数 $R^2$。

根据上述配合的回归方程计算得出各 $\hat{y}_i$ 的值，以及 $(y_i - \hat{y}_i)^2$ 的值，见表 8-6（第 9 列、第 10 列），代入公式（8-21）得：

$$R^2 = 1 - \frac{\sum (y_i - \hat{y}_i)^2}{\sum (y_i - \overline{y})^2} = 1 - \frac{43.46}{382.4} = 0.8863$$

计算结果表明回归直线的拟合度很好，因为家庭人均月食品支出（$y$）的变动中有88.63% 是可以由人均月收入（$x$）的变化解释的，只有 11.37% 不能由此回归直线进行解释。

② 计算估计标准误差 $S_{yx}$。

利用表 8-6 中的数据，代入公式（8-22）得：

$$S_{yx} = \sqrt{\frac{\sum (y_i - \hat{y}_i)^2}{n - 2}} = = \sqrt{\frac{43.46}{13}} = 1.828（元）$$

计算结果表明估计标准误差是 1.828 元，也就是离差有正有负，平均起来等于 1.828 元。

（3）回归系数的显著性检验（$t$ 检验）。

将表 8-6 的数据代入公式（8-25）得：

$$\hat{\sigma} = \frac{\sqrt{\sum (y_i - \hat{y}_i)^2 / (n - 2)}}{\sqrt{\sum (x_i - \overline{x})^2}} = \frac{S_{yx}}{\sqrt{\sum (x_i - \overline{x})^2}} = \frac{1.828}{\sqrt{10436.86}} = 0.01789$$

再代入公式（8-24）计算得到 $t$ 统计量：

$$t = \frac{b}{\hat{\sigma}} = \frac{0.1802}{0.01789} = 10.0727$$

取显著性水平 $\alpha = 0.05$，查 $t$ 分布表得临界值 $t_{\frac{0.05}{2}}(13) = 2.1604$，显然 $t > t_{\frac{0.05}{2}}(13)$，因

此拒绝原假设,说明总体回归系数 $\beta$ 是不为零的,即居民人均月收入与人均月食品支出之间线性关系显著。

(4)方程整体的显著性检验($F$ 检验)。

因为:$\sum (\hat{y_i} - \bar{y})^2 = \sum (y_i - \bar{y})^2 - \sum (y_i - \hat{y_i})^2$

利用表 8-6 的数据,可以计算出:

$$\sum (\hat{y_i} - \bar{y})^2 = 382.4 - 43.46 = 338.94$$

代入公式(8-24)得:

$$F = \frac{\sum (\hat{y_i} - \bar{y})^2 / 1}{\sum (y_i - \hat{y_i})^2 / (n-2)} = \frac{338.94/1}{43.46/13} = 101.39$$

取显著性水平 $\alpha = 0.05$,查 $F$ 分布表得临界值 $F_{0.05}(1,13) = 4.67$,因为 $F = 101.39 > F_{0.05}(1,13) = 4.67$,因此拒绝原假设,方程通过 $F$ 检验,表明家庭人均月收入与人均月食品支出之间存在着显著的线性关系。

# 第四节　多元线性回归分析

由于客观事物的联系错综复杂,一事物的变化往往受到两个或多个因素的影响。为了全面揭示这种复杂的依存关系,准确地测定它们的数量变动,提高预测和控制的精确度,就要建立多元回归模型,进行更为深入和系统的分析。多元回归分析的原理和方法同一元线性回归分析基本相同,只是变量越多,计算越复杂。本节着重讨论多元线性回归分析。

## 一、多元线性回归模型的确定

总体多元线性回归模型的一般形式为:

$$Y = \beta_0 + \beta_1 X_1 + \beta_2 X_2 + \cdots + \beta_n X_n + \varepsilon \qquad (8-27)$$

特别地,对于有两个自变量的总体二元线性回归模型,则有:

$$Y = \beta_0 + \beta_1 X_1 + \beta_2 X_2 + \varepsilon \qquad (8-28)$$

为了便于叙述,以下我们仅以二元线性回归模型为例来说明。

二元线性回归模型由两部分组成,一部分是 $Y$ 的线性函数 $\beta_0 + \beta_1 X_1 + \beta_2 X_2$,另一部分是 $\varepsilon$ 所代表的随机误差。这里也必须对模型做出类似于一元线性回归模型的几项重要假定;同时,由于多元回归模型有两个和两个以上的自变量,因此还必须假定这些自变量相互之间不存在显著相关。因为我们已经假定,$\varepsilon$ 是一个均值为零的服从正态分布的随机变量,因此,对于给定自变量 $X_1$ 和 $X_2$ 的值,$Y$ 的数学期望是:

$$E(Y) = \beta_0 + \beta_1 X_1 + \beta_2 X_2 \qquad (8-29)$$

公式(8-28)称为总体的二元回归方程,描述因变量 $Y$ 与自变量 $X_1,X_2$ 的线性关系。

### 二、多元线性回归模型的判定系数和估计标准误差

同一元线性回归方程一样，对已确定的二元线性回归方程，可以用判定系数和估计标准误差从正反两方面测定它的拟合优度。

#### （一）判定系数 $r^2$

二元线性回归的判定系数 $r^2$ 表示被该二元回归方程"解释"的偏差占总偏差的比例，该指标经常被非正式地用作拟合优度统计量，用来比较含有不同解释变量的回归模型结果的有效性。其计算公式如下：

$$r^2 = \frac{回归偏差}{总偏差} = \frac{\sum (\hat{Y} - \overline{Y})^2}{\sum (Y - \overline{Y})^2} \tag{8-30}$$

式中，$Y$ 表示因变量的实际观察值；$\overline{Y}$ 表示因变量的平均值；$\hat{Y}$ 表示因变量的估计值。

将 $\hat{Y} = b_0 + b_1 X_1 + b_2 X_2$ 代入式（8-30），经过代数变换，便可得到下列较简明的计算公式：

$$r^2 = \frac{b_0 \sum Y + b_1 \sum X_1 Y + b_2 \sum X_2 Y - n (\overline{Y})^2}{\sum Y^2 - n (\overline{Y})^2} \tag{8-31}$$

#### （二）估计标准误差

二元线性回归方程的估计标准误差是在给定 $X_1, X_2$ 时，$Y$ 的实际值同估计值 $\hat{Y}$ 的平均离差，记作 $Sy_{(x_1, x_2)}$，计算公式为：

$$Sy_{(x_1, x_2)} = \sqrt{\frac{\sum (Y - \hat{Y})^2}{n - 3}} \tag{8-32}$$

二元回归模型的自由度为 $n - 3$，因为二元回归模型有三个参数 $b_0, b_1, b_2$，求解该回归模型时失去三个自由度。

将 $\hat{Y} = b_0 + b_1 X_1 + b_2 X_2$ 代入式（8-32），经过代数变换，便可得到下列较简明的计算公式：

$$Sy_{(x_1, x_2)} = \sqrt{\frac{\sum Y^2 - b_0 \sum Y - b_1 \sum X_1 Y - b_2 \sum X_2 Y}{n - 3}} \tag{8-33}$$

### 三、多元线性回归方程的效果检验

#### （一）回归方程的显著性检验

用以判定回归的效果是否显著，即所拟合的回归方程用来解释因变量的变动是否有效，常用的方法之一是作 $F$ 检验。关于 $F$ 检验，在第二节中已用于对一元线性回归方程的回归效果的显著性检验，至于多元线性回归方程的回归效果检验，其方法是相似的。具体步骤为：

（1）计算剩余离差平方和 $S_E$：

$$S_E = \sum(y_i - \hat{y}_i)^2 \qquad (8\text{-}34)$$

（2）计算回归离差平方和 $S_R$：

$$S_R = \sum(\hat{y}_i - \bar{y})^2 \qquad (8\text{-}35)$$

（3）计算检验统计量 $F$ 的值：

$$F = \frac{S_R/m}{S_E/(n-m-1)} \qquad (8\text{-}36)$$

式中，$n$ 为样本容量（即观察数据个数）；$m$ 为自变量的个数。

（4）查表得 $F$ 检验临界值并判别显著性。

根据给定的已知条件之一，即显著水平 $\alpha$，查 $F$ 检验临界值表得到临界值 $F_\alpha(m, n-m-1)$。若检验统计量 $F > F_\alpha$，则认为回归效果显著；若检验统计量 $F < F_\alpha$，则认为回归效果不显著。

**【例 8-3】** 对表 8-7 的二元线性回归方程作 $F$ 检验，现分别以显著水平 $\alpha = 0.05$ 和 $\alpha = 0.01$ 作回归效果的 $F$ 检验。

**解** 根据公式可得：

剩余离差平方和：$S_E = \sum(y_i - \hat{y}_i)^2 = 3.7619$

回归离差平方和：$S_R = \sum(\hat{y}_i - \bar{y})^2 = 193.8724$

检验统计量 $F = \dfrac{S_R/m}{S_E/(n-m-1)} = \dfrac{193.8724/2}{3.7619/(16-2-1)} = 334.98$

式中，自变量个数 $m=2$；样本数 $n=16$。

以 $F_\alpha(m, n-m-1)$ 查 $F$ 检验临界值表，分别查得 $F_{0.05}(2,13)$ 为 3.81，$F_{0.01}(2,13)$ 为 6.7。

表 8-7 二元线性回归检验的计算

| 销售点编号 | 销售额 $y_i$/万元 | 广告费 $x_{i1}$/万元 | 现场展示费 $x_{i2}$/万元 | 销售额拟合值 $\hat{y}_i$/万元 | $(y_i - \hat{y}_i)^2$ | $(\hat{y}_i - \bar{y})^2$ | $(y_i - \bar{y})^2$ | $y_i^2$ |
|---|---|---|---|---|---|---|---|---|
| 1 | 8.74 | 2 | 2 | 9.6044 | 0.7472 | 31.388 | 41.8208 | 76.3876 |
| 2 | 10.53 | 2 | 3 | 10.3101 | 0.0484 | 23.9787 | 21.8734 | 110.8809 |
| 3 | 10.99 | 2 | 4 | 11.0159 | 0.0007 | 17.5645 | 17.7825 | 120.7801 |
| 4 | 11.97 | 2 | 5 | 11.7216 | 0.0617 | 12.1473 | 10.4775 | 143.2809 |
| 5 | 12.74 | 3 | 2 | 12.6336 | 0.0113 | 6.6219 | 6.0856 | 162.3076 |
| 6 | 12.83 | 3 | 3 | 13.3394 | 0.2595 | 3.4876 | 5.6497 | 164.6089 |
| 7 | 14.69 | 3 | 4 | 14.0451 | 0.4159 | 1.3498 | 0.2679 | 215.7961 |
| 8 | 15.3 | 3 | 5 | 14.7508 | 0.3016 | 0.208 | 0.0087 | 234.09 |

续　表

| 销售点编号 | 销售额 $y_i$/万元 | 广告费 $x_{i1}$/万元 | 现场展示费 $x_{i2}$/万元 | 销售额拟合值 $\hat{y}_i$/万元 | $(y_i-\hat{y}_i)^2$ | $(\hat{y}_i-\bar{y})^2$ | $(y_i-\bar{y})^2$ | $y_i^2$ |
|---|---|---|---|---|---|---|---|---|
| 9 | 16.11 | 4 | 2 | 15.6629 | 0.1999 | 0.2079 | 0.8156 | 259.5321 |
| 10 | 16.31 | 4 | 3 | 16.3686 | 0.0034 | 1.3495 | 1.2168 | 266.0161 |
| 11 | 16.46 | 4 | 4 | 17.0744 | 0.3775 | 3.8711 | 1.5703 | 270.9316 |
| 12 | 17.69 | 4 | 5 | 17.7801 | 0.0081 | 6.6214 | 6.1658 | 312.9361 |
| 13 | 19.65 | 5 | 2 | 18.6951 | 0.9176 | 12.1466 | 19.7411 | 386.1225 |
| 14 | 18.86 | 5 | 3 | 19.3979 | 0.2893 | 17.5645 | 13.3451 | 355.6996 |
| 15 | 19.93 | 5 | 4 | 20.1036 | 0.0301 | 23.9777 | 22.3077 | 397.2049 |
| 16 | 20.51 | 5 | 5 | 20.8094 | 0.0896 | 31.388 | 28.1229 | 420.6601 |
| 合　计 | 243.31 | 56 | 56 | 243.31 | 3.7619 | 193.8724 | 197.2514 | 3897.2351 |

$$F=334.98>F_{0.05}(2,13)=3.81$$
$$F=334.98>F_{0.01}(2,13)=6.70$$

以上表明，无论是在显著水平 $\alpha$ 为 0.05，还是在显著水平 $\alpha$ 为 0.01 的情况下，检验统计量 $F$ 均远大于临界检验值 $F_\alpha$，这说明二元线性回归方程的回归效果是显著的。

**（二）回归系数的显著性检验**

为了检验回归方程中的参数（或系数）作用是否显著，可用 $t$ 检验法。

在多元回归分析中，如果某个自变量 $x_j$ 对因变量 $y$ 的作用不显著，则这个自变量前的回归系数 $b_j$ 就可视为 0。但需要指出的是，回归系数与 0 的差异是否大，不能根据回归系数的绝对值大小来判断，而要以统计假设检验的理论为依据。在前面作一元回归时，对回归方程做检验时没有介绍回归系数的 $t$ 检验。这是因为在一元回归分析中，相关系数检验、方差分析中的 $F$ 检验和回归系数的 $t$ 检验是具有同等作用的，只要检验其中之一就可以达到对回归方程的显著性检验的目的。但是在多元回归分析中，对多元回归方程中各个自变量相联系的回归系数应逐一进行统计检验，不能用前述的两种检验来取代。

对回归系数作 $t$ 检验的步骤可归纳为：

（1）计算回归估计标准误差 $S_{yx}$。在多元线性回归分析中，回归估计标准误差 $S_{yx}$ 的计算公式为：

$$S_{yx}=\sqrt{\frac{\sum(y_i-\hat{y}_i)}{n-m-1}} \tag{8-37}$$

公式（8-37）的根式中的分子项是实际值与估计值之差的平方和，即称之为剩余离差平方和 $S_E$；其分母项是自由度，即样本数据数减去自变量个数 $m$ 后再减 1。此式中的自由度计算方法和一元线性回归分析中的 $S_{yx}$ 相一致，在一元线性回归中，自变量个数 $m=1$，则自由度为 $(n-1-1)=n-2$。

(2)计算 $\sqrt{C_{jj}}$。$\sqrt{C_{jj}}$ 是下列矩阵 $L$ 的逆矩阵 $L^{-1}$ 中 $j$ 行 $j$ 列元素(即逆矩阵 $L^{-1}$ 主对角线上的 $j$ 个元素)。

$$L = \begin{bmatrix} l_{11} & l_{12} & \cdots & l_{1m} \\ l_{21} & l_{22} & \cdots & l_{2m} \\ \vdots & \vdots & \vdots & \vdots \\ l_{m1} & l_{m2} & \cdots & l_{mn} \end{bmatrix} \tag{8-38}$$

这里

$$l_{ij} = l_{ji} = \sum_{i=1}^{n}(x_{it} - \bar{x}_i)(x_{jt} - \bar{x}_j) \quad (i,j=1,2,\cdots,m)$$

公式(8-31)中:$x_{it}$ 表示第 $i$ 个自变量的第 $t$ 个样本数据;$\bar{x}_i$ 表示第 $i$ 个自变量样本数据的平均数,$\bar{x}_i = \frac{1}{n}\sum_{t=1}^{n}x_{it}$;$x_{jt}$ 表示第 $j$ 个自变量的第 $t$ 个样本数据;$\bar{x}_j$ 表示第 $j$ 个自变量样本数据的平均数,$\bar{x}_j = \frac{1}{n}\sum_{t=1}^{n}x_{jt}$。

(3)计算检验统计量 $t_j$。

$$t_j = \frac{b_j}{S\sqrt{C_{jj}}} \quad (j=1,2,\cdots,m) \tag{8-39}$$

式中,$b_j$ 表示第 $j$ 个自变量前的偏回归系数;$S$ 表示回归估计标准误差 $S_{yx}$。

(4)查表检验显著性。按显著性水平 $\alpha$ 查自由度为 $(n-m-1)$ 的 $t$ 检验临界值表(双侧)得到临界值 $t_a(n-m-l)$。若检验统计量 $|t_j| > t_j(n-m-l)$,认为回归系数 $b_j$ 与 0 有显著差异,相应的自变量 $x_j$ 就保留在多元回归方程中;若 $|t_j| < t_j(n-m-l)$,就认为该回归系数 $b_j$ 与 0 无显著差异,此时 $b_j$ 与相应的自变量 $x_j$ 就从多元回归方程中剔除,使建立的多元线性回归方程更符合实际情况。在一些情况下,如果在建立一个多元回归方程的过程中,同时有几个回归系数不能通过 $t$ 检验,一般应剔除其中检验统计量 $t_j$ 值最小所对应的自变量后,重新建立更加简单的回归方程,然后再逐个进行回归系数的检验,反复进行直到所有的回归系数都与 0 有显著差异为止。

# 第五节　曲线回归分析

在实际问题中,有时因变量和自变量之间的依存关系并非是线性形式,而是某种曲线,这时,就需要拟合适当类型的曲线模型,在统计上称之为非线性回归或曲线回归。非线性回归按自变量的个数也可分为一元非线性回归和多元非线性回归;曲线的形式也因实际资料的不同而有多种,如双曲线、指数曲线、抛物线曲线、S 形曲线等。拟合何种曲线为宜,有的可以根据理论分析或过去积累的经验事先确定,有的则必须根据实际资料的散点图来确定。统计上通常采用变量代换法把非线性形式转换为线性形式来处理,使线性回归分析的方法也能适用于非线性回归问题的研究。

一元非线性回归模型的线性化处理还是比较简单的。多元非线性回归的线性化,方法原则相同,但计算比较复杂。如柯布—道格拉斯生产函数(Cobb-Douglas production function)

就属于多元非线性模型。其模型为：

$$\ddot{Y} = AL^{\alpha}K^{\beta} \tag{8-40}$$

式中，$\ddot{Y}$ 表示产出量；$L$ 表示劳动力投入量；$K$ 表示资本投入量；$A,\alpha,\beta$ 表示待定系数。两边取对数，并令 $\ddot{Y}' = \log\ddot{Y}$，$a_0 = \log A$，$X_1 = \log L$，$X_2 = \log K$，便可将上述曲线模型转换为以下二元线性回归模型：

$$\ddot{Y}' = a_0 + \alpha X_1 + \beta X_2$$

式中，$\alpha,\beta$ 是回归系数。这样就可按线性回归方法求解了。

对非线性回归模型，无论是一元或多元的，其自变量与因变量之间的相关程度，不能用前述的积矩相关系数公式计算，而应用判定系数的平方根，通常称为相关指数，以 $R$ 表示，而且只取正根。相关指数的计算公式为：

$$R = \sqrt{\frac{\sum(\ddot{Y} - \bar{Y})^2}{\sum(Y - \bar{Y})^2}}$$

或

$$R = \sqrt{1 - \frac{\sum(Y - \ddot{Y})^2}{\sum(Y - \bar{Y})^2}} \tag{8-41}$$

把非线性的问题线性化后，接下来的问题是求出线性回归方程及线性回归方程的估计标准误差和相关系数。要注意的是，计算中用到的数据，是作了变量代换后的数据，而不是原始数据。

**【例 8-4】** 对某地区 13 个相邻样本点的某农作物产量进行了测定，得到样本数据如表 8-8 所示。JP 试找出某农作物产量与种植距离的关系。

表 8-8 某农作物产量与种植距离的关系

| 样本点 | 种植距离 $x$ | 某农作物产量 $y$ | 样本点 | 种植距离 $x$ | 某农作物产量 $y$ |
|---|---|---|---|---|---|
| 1 | 2 | 106.42 | 8 | 11 | 110.59 |
| 2 | 3 | 108.20 | 9 | 14 | 110.60 |
| 3 | 4 | 109.58 | 10 | 15 | 110.90 |
| 4 | 5 | 109.50 | 11 | 16 | 110.76 |
| 5 | 7 | 110.00 | 12 | 18 | 110.00 |
| 6 | 8 | 109.93 | 13 | 19 | 111.20 |
| 7 | 10 | 110.49 | | | |

**解** 先做出 13 组样本数据的散点图，如图 8-3 所示。从图 8-3 中看到，农作物产量增加量随着距离的增加而逐渐减少。我们可以考虑用对数曲线或双曲线来配合这些样本点。下面分别讨论这两种曲线拟合的效果。

(1)用对数函数 $y = a + b\lg x$ 拟合。

令 $x' = \lg x$，得线性方程 $y = a + bx'$。为了确定系数 $a,b$，先将某种元素含量 $x_i$ 变换为

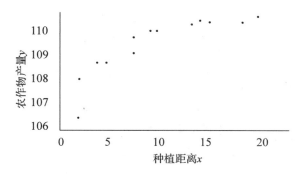

图 8-3　农作物产量 $y$ 与种植距离 $x$ 的散点图

$x_i'$，再利用公式(8-16)及公式(8-17)求得 $a,b$，即：

$$a=106.50, b=3.66$$

农作物产量 $y$ 与种植距离 $x$ 间的关系为

$$y=106.50+3.66\lg x$$

按公式(8-3)计算回归方程的相关系数 $r=0.895$。由 $\alpha=0.05$，自由度 $=13-2=11$，查相关系数临界值表(本书附录 2)，临界 $r_{0.05}=0.553$。$r>r_{0.05}$，所以该回归方程有意义。

求出回归方程的估计标准误差 $S_e=0.6$。

(2)用双曲线函数 $\dfrac{1}{y}=a+\dfrac{b}{x}$ 拟合。

令 $y'=\dfrac{1}{y}$，$x'=\dfrac{1}{x}$，代入，得线性方程 $y'=a+bx'$，将数据变换后，计算系数 $a,b$，得：

$$a=8.979\times10^{-3}, b=7.9\times10^{-4}$$

由此可得农作物产量 $y$ 与种植距离 $x$ 间的回归方程为：

$$\frac{1}{y}=8.979\times10^{-3}+\frac{7.9\times10^{-4}}{x}$$

计算得相关系数 $r=0.967$，$r_{0.05}=0.553$，由于 $r>r_{0.05}$，故方程有意义。

求出方程的估计标准误差 $S_e=0.35$。

从上面的计算可以看出，用这两种曲线都可以拟合这一组样本点，但是比较起来，用双曲线拟合效果更好，相关性更强，方程的精度更高。

## 【思考与练习】

**一、选择题**

1.确定回归方程时，对相关的两个变量要求　　　　　　　　　　　　(　　)

　A.都是随机变量　　　　　　　B.都不是随机变量

　C.只需因变量是随机变量　　　D.只需自变量是随机变量

选择题

2.年劳动生产率 $X$(千元)和职工工资 $Y$(元)之间的回归方程为 $Y=10+70X$。这意味着年劳动生产率每提高 1000 元时，职工工资平均(　　)

　A.增加 70 元　　B.减少 70 元　　C.增加 80 元　　D.减少 80 元

3.合理施肥量与农作物亩产量之间的关系是(　　)

A. 函数关系        B. 单向因果关系

C. 互为因果关系        D. 严格的依存关系

4. 相关关系是指变量之间                                     （　　）

A. 严格的关系

B. 不严格的关系

C. 任意两个变量之间的关系

D. 有内在关系的但不严格的数量依存关系

5. 如果变量 $X$ 和变量 $Y$ 间的相关系数为 $-1$,说明两个变量间是    （　　）

A. 低度相关关系        B. 完全相关关系

C. 高度相关关系        D. 完全不相关

6. 判定现象之间有无相关关系的方法是                      （　　）

A. 编制相关表        B. 编制相关图

C. 计算估计标准误差        D. 计算相关系数

E. 对现象作定性分析

7. 一元线性回归方程中的回归系数可以表示为                （　　）

A. 两个变量之间的变动数量关系

B. 两个变量的相关方向

C. 两个变量之间的计量单位

D. 两个变量之间的密切程度

E. 两个变量中自变量增减一个单位,则因变量平均增减多少

8. 下列属于正相关的现象是                               （　　）

A. 家庭收入越多,其消费支出也越多

B. 流通费用率随商品销售额的增加而减少

C. 产品产量随着生产用固定资产价值的减少而减少

D. 生产单位产品所耗工时,随劳动生产率的提高而减少

E. 工人劳动生产率越高,则创造的产值就越多

## 二、判断题

1. 两个变量中不论假定哪个变量为自变量 $x$,哪个为因变量 $y$,都只能计算一个相关系数。（　　）

2. 相关分析中,所分析的两个变量都是随机变量。（　　）

3. 相关系数为 0 时,说明两变量之间没有任何关系。（　　）

4. 回归分析是用一条直线来描述两个变量的相依关系。（　　）

5. 回归系数大于 0 或小于 0 时,则相关系数 $r$ 也是大于 0 或小于 0。（　　）

6. 在回归分析中,既可用自变量推算因变量,也可用因变量推算自变量。（　　）

7. 正相关是指两个变量的变动方向都是上升的。（　　）

8. 甲产品产量与单位成本的相关系数是 $-0.9$,乙产品的产量与单位成本的相关系数是 0.8,因此乙比甲的相关程度高。（　　）

9. 当两个变量的相关系数为 1 时,说明现象完全相关;当两个变量的相关系数为 $-1$ 时,说明两个变量之间不相关。（　　）

10. 若直线回归方程 $y_c = 170 - 2.5x$，则变量 $x$ 和 $y$ 之间存在负的相关关系。（　　）

**三、问答题**

1. 什么是相关关系？举例说明相关关系有哪些类型？

2. 什么是相关系数？如何计算相关系数？

3. 如何估计一元线性回归方程？如何对其拟合优度进行检验？

**四、计算题**

1. A 公司某种产品的产量与单位成本的资料如下表所示：

**A 公司某种产品产量与单位成本的关系**

| 企业编号 | 产量/千件 | 单位成本/（元/件） |
| --- | --- | --- |
| 1 | 2 | 73 |
| 2 | 3 | 72 |
| 3 | 4 | 71 |
| 4 | 3 | 73 |
| 5 | 4 | 69 |
| 6 | 5 | 68 |

要求：

(1) 计算相关系数，并判断其相关方向和程度。

(2) 拟合一元线性回归方程，并对方程中回归系数的经济意义作出解释。

(3) 当产量为 6000 件时，单位成本为多少？

2. 设销售收入 $X$ 为自变量，销售成本 $Y$ 为因变量。现已根据某百货公司 12 个月的有关资料计算出以下数据（单位：万元）：

$$\sum (X_i - \overline{X})^2 = 425053.73 \qquad \overline{X} = 647.88$$

$$\sum (Y_i - \overline{Y})^2 = 262855.25 \qquad \overline{Y} = 549.8$$

$$\sum (X_i - \overline{X})(Y_i - \overline{Y}) = 334229.09$$

要求：

(1) 拟合一元线性回归方程，并对方程中回归系数的经济意义作出解释。

(2) 假定明年 1 月销售收入为 800 万元，利用拟合的回归方程预测相应的销售成本。

# |第九章|
# 统计预测

 学习目标

通过本章的学习,学生能够:

1. 了解统计预测的概念与种类。

2. 熟悉定性预测的各种方法。

3. 掌握定量预测方法。

统计不但要对当前的事物进行综合分析,探讨现象的内在联系,而且要研究事物的发展趋势,预见事物变化的前景。这就涉及一种科学的预测方法——统计预测,其是应用统计学的重要组成部分,本章简单介绍统计预测的基本理论和基本方法。

## 第一节　统计预测概述

### 一、统计预测的概念与特点

预测是指从已知事件来测定未知事件。统计预测是以实际调查获得的历史数据资料为基础,对客观事物发展过程的历史和现状进行分析,根据事物的内在联系和发展的规律性,运用科学的方法和适当的数学模型预计所研究现象在未来一定时间内可能达到的规模和水平。与一般的预测相比,它具有如下的特点。

（一）定量性

预测有定性预测和定量预测之分,定性预测仅对事物未来发展的方向、性质作出推测判断;定量预测着重对事物未来的数量关系作出预计和推断。统计预测主要属于后者,因为统计预测的对象不仅需要定性预测,更需要定量描述。统计预测是对未来事物的数量方面或

事物数量的未来前景所做的预测。统计预测的依据也是定量的,即统计预测是根据定量的统计资料,利用定量的统计分析方法和手段进行的定量预测。并且,统计预测的结果(未来值及其精度)也是定量的。

### (二)模型性

统计预测主要是利用各种数学模型进行推算预测,即把被预测事物的发展趋势、内部结构、与其他事物之间的数量关系等用适当的数学方程式加以抽象描述,并根据所建立的数学模型进行推算,以达到预测的目的。

### (三)可控性

预测是对未来的估计和推测,不可能与未来的实际完全相等,所以出现误差是不可避免的。统计预测可通过统计方法对误差进行测定和控制,从而提高预测的正确性。

## 二、统计预测的基本程序

统计预测是一项复杂细致的工作,必须有计划有步骤地进行。其基本步骤如下。

### (一)确定预测目标

确定预测目标是搞好预测工作的首要前提,是制订预测工作计划、确定资料来源、选择预测方法、组织预测人力的重要依据。确定预测目标就是明确预测要解决什么问题,取得什么效果。只有明确预测目标,才能有正确的预测方向进行正确的预测。

### (二)收集与整理资料

收集与整理资料是预测工作的起点,是进行预测的依据。收集的资料是否准确、可信、全面,对预测的准确性起着决定性的作用。因此,对所收集的资料的来源是否可靠、真实、全面,要认真进行审查,同时要把这些资料进行分组、归类,以确保这些资料的系统性、可比性和连续性。

### (三)选择预测方法

预测方法的选择对于做好统计预测工作起着决定性的作用。统计预测所采用的方法很多,每种预测方法都有特定的用途。预测者必须根据预测目标、内容、要求和所掌握的资料,选择相应的预测方法。如果选择的预测方法不恰当,就难以达到预测的目的。

### (四)综合分析影响预测对象的各种因素

任何经济现象的变化都受到多种因素的影响。这些因素包括宏观层面的和微观层面的。统计预测必须分析影响现象的各种内部因素和外部因素,尤其要考虑重大因素的影响。例如,在销售预测中必须考虑国家宏观经济政策的重大改变等重要因素的影响。

### （五）计算预测误差

因为预测是把过去事物发展的模式引申到未来，均带有一定的假定性，所以预测的结果难免会存在一定的误差。如果误差过大，就将失去预测的意义。因此，还要根据有实际经验的专家所估计的数据，对预测的结果进行修正，以保证预测目标的实现。

### （六）提呈统计预测报告

统计预测报告是提供统计信息的形式，预测的最终成果应制成文件或报告，向有关部门上报或以一定形式对外公布，也就是形成统计预测报告。统计预测报告是统计预测工作的最终成果，也是广大使用者用于决策、经营管理等方面的依据和参考。

## 三、统计预测的种类

统计预测根据不同的标志通常有以下几种分类。

### （一）按预测涉及范围大小分类

按预测涉及范围大小分类，统计预测可分为宏观预测和微观预测。

宏观预测的范围比较大，它是指以国民经济部门、地区经济活动为范围进行的各种预测。例如，对全国和地区社会再生产，各个环节的发展速度、规模和结构的预测；对社会商品总供给、总需求的规模、结构、发展速度和平衡关系的预测。又例如预测社会物价总水平的变动，研究物价总水平的变动对市场商品供需的影响等。宏观预测是政府制定方针政策、编制检查计划、调整经济结构的重要依据。

微观预测的范围比较小，它是以个别经济单位生产经营发展的前景作为考察对象，研究微观经济中各项有关指标之间的联系和发展变化。如对工业企业所生产的具体商品的生产量、需求量和市场占有率的预测，对商业企业商品的购、销、调、存的规模、构成变动预测，以及对本单位发展前景的预测，都属于微观预测。

应当指出，宏观预测与微观预测有着密切联系。一方面宏观预测应以微观预测为参考，另一方面微观预测应以宏观预测为指导，两者相辅相成。

### （二）按预测的时间长短不同分类

按预测的时间长短不同，统计预测可分为长期预测、中期预测、短期预测和近期预测。

一般而言，对经济现象的预测时间在 5 年以上的称为长期预测；时间在 2～5 年的称为中期预测；短期预测涉及的期限在 1～2 年；近期预测是时间在 1 年以内的预测。当然，长期、短期的区分是相对而言的，没有硬性规定。

### （三）按预测的性质不同分类

按预测的性质不同，统计预测可分为静态预测与动态预测。

静态预测是在一定时间内对事物之间的因果关系所作的预测，如施肥量与农作物产量之间因果关系的预测就是静态预测。动态预测是对事物未来发展状况的预测，如对下年度国内羊毛衫市场需求量的预测属于动态预测。

### (四)按预测的方法不同分类

按预测的方法不同,统计预测可分为定性预测和定量预测。

定性预测是依靠人们的主观分析判断来确定未来的估计值或变化趋势的预测。定性预测的目的主要在于判断经济现象未来发展的性质和方向,也可以在分析情况的基础上提出粗略的数量估计。这种预测的准确程度主要取决于预测者的经验、理论、业务水平、分析判断能力,以及掌握的情况。这种方法适用于在资料缺乏或主要因素难以定量分析的情况下应用。

定量预测是根据过去比较完备的统计资料,应用一定的数学模型或数理统计方法对各种数量资料进行科学的加工处理,借以充分揭示有关变量之间的规律性的联系,作为对未来事物发展趋势的预测。定量预测以调查统计资料为依据,可以对经济现象未来发展前景进行科学的定量分析。定量预测缺点在于它的应用以影响预测对象的因素比较稳定为前提,不能考虑非定量因素的影响。当经济条件和影响因素发生突变时,定量预测结果就会出现较大偏误。统计预测主要是指定量预测。

为了使预测结果比较切合实际,提高预测质量,给决策和计划提供可靠的依据,通常是将定量和定性两种预测方法相结合,即将两种预测结果比较、核对,分析其差异的原因,然后根据经验综合判断。

# 第二节　定性预测方法

定性预测方法是依赖于预测人员丰富的经验和知识以及综合分析判断能力,对预测对象的未来发展前景作出性质和程度上的估计和推测的一种预测方法。它的具体形式较多,现介绍几种常用的方法。

## 一、对比类推法

世界上有许多事物的变化发展规律有某种相似性,尤其是同类事物之间。所谓对比类推法,是指利用事物之间的这种相似特点,把现行事物的表现过程类推到后继事物上去,从而对后继事物的前景作出预测的一种方法。依据类比目标的不同,其可以分为产品类推法、地区类推法、行业类推法和局部总体类推法。

### (一)产品类推法

许多产品在功能、构造技术等方面具有相似性,因而这些产品的市场发展规律往往也会呈现出某种相似性,我们可以利用产品之间的这种相似性进行类推。如彩色电视机与黑白电视机的功能是相似的,因此可以根据黑白电视机市场的发展过程类推彩色电视机的市场需求变化趋势。

### （二）地区类推法

地区类推法是依据其他地区（或国家）曾经发生过的事件进行类推。同一产品在不同地区（或国家）有领先滞后的时差，可以根据领先地区的市场情况类推滞后地区的市场。地区类推法有两种：一种是国内不同地区间的类推，另一种是不同国家之间的类推。例如，许多高档家电产品，总是在城市先开始进入家庭，然后再进入农村家庭，可以利用家电产品在城市市场的发展规律来类推家电产品在农村的发展规律。又例如，根据北京、上海、深圳流行的新款轿车，可以类推内地某些城市也将流行起来。

### （三）行业类推法

有许多产品的发展是从某一个行业市场开始，逐步向其他行业推广的。如铝合金材料最初是用于航天工业，现已广泛应用于其他各行各业。所以，可以根据军工产品市场的发展，预测民用产品的市场。也可以利用领先行业市场来类推滞后的行业市场。

### （四）局部总体类推法

局部总体类推法是通过典型调查或其他方式进行一些具有代表性的调查，以分析市场变化动态及发展规律，预测和类推全局或大范围的市场变化。这是一种广泛适用于许多一般消费品和耐用消费品的需求量预测。例如，需要预测今后一段时间全国彩电市场需求状况，只需选取若干大、中、小城市及一些有代表性的农村地区进行调查分析，以此类推全国的总需求状况。这种方法的预测效果较好。

在应用类推法进行预测时，应注意一点：对比类推法是建立在事物发展变化的相似性基础上的。但相似性并不等于相同，再加上事物发生的时间、地点、范围等许多条件的不同，常会使两个对比事物的发展变化有一定差异。所以，必须进行一定的修正，以提高预测的精度。

## 二、集体经验判断法

集体经验判断法，国外又称专家小组意见法，它是利用集体的经验、智慧，通过思考分析、判断综合，对事物未来的发展变化趋势作出估计。其具体做法是：首先，由若干个熟悉预测对象的人员组成一个预测小组；接着，要求每个预测者在作出预测结果的同时，说明其分析的理由，并允许小组成员在会上充分争论；然后，在分析讨论基础上，预测者可以重新调整其预测结果；最后，把若干名预测者的预测结果运用主观概率统计法进行综合处理后，得出最终的预测结果。

预测结果的综合处理一般分两步进行：第一步采用主观概率统计法计算出每个预测者的预测期望值，第二步运用加权平均法或算术平均法计算出最终结果。

应用集体经验判断法最明显的优点是可以集思广益，避免个人独立分析判断的片面性，但也存在着不足之处。例如，有许多企业都把完成销售计划的情况作为考核销售人员业绩的主要依据，故销售人员一般都希望尽量把计划压低，从而超计划部分可获得更多的奖励。这样，在销售预测时销售人员就不愿意把那些有可能争取到的销售数字估计进去。其最终结果是降低销售预测的准确性。因此,由销售人员进行预测时可采取一定的措施加以限制。国外比较多的办法是用一个经验系数去修正每个销售人员的原预测结果,以此得到最终的销售预测值。

## 三、德尔菲法

德尔菲法是由美国兰德公司于 20 世纪 40 年代末首创的。德尔菲是古希腊城市名称,相传为预言之神阿波罗的神殿所在地,于是人们便以德尔菲比喻神的高超预见能力,所以人们以此地名作为这种专家预测法的名称。

德尔菲法也称专家调查法或专家意见法,它是按规定的程序,采用背靠背的反复函询方式,征询专家小组成员意见,经过几轮的征询反馈,使各种不同意见渐趋一致,经汇总和利用数理统计方法进行分析,得出一个比较统一的预测结果。

德尔菲法是借用社会各方面专家的头脑,综合他们的预测经验进行判断预测。因此,其预测的准确性要比其他经验判断法高。同时,德尔菲法采用匿名反馈的形式,大大减少和避免了面对面预测可能带来的诸如附和权威意见或主观意气用事等倾向,使专家充分发表个人预测意见,减少预测误差。

德尔菲法预测有一套独特的预测程序,它主要包括三个阶段,即准备阶段、轮番征询阶段和预测结果最终处理阶段。

准备阶段主要完成四个方面工作,即明确预测主题和预测目的,准备背景资料,选择专家,设计调查咨询表。

轮番征询阶段主要是通过反复地轮番征询专家的预测意见来实现的。

预测结果最终处理阶段是要把最后一轮的专家预测意见用一定的统计方法加以归纳处理,得出代表专家意见的预测值和离散程度,然后,预测组织者对专家意见作出分析评价,确定预测方案。

## 四、调查判断法

调查判断法是企业组织或亲自参与或委托有关机构对市场进行直接调查,在掌握大量第一手信息资料的基础上,经过分析和判断,对未来市场需求和发展趋势作出预测的一类方法。较之其他定性预测法而言,其具有预测结果较为客观的特点。它是根据直接调查获得的客观实际资料进行分析推断的,人为主观判断较少,可以在一定程度上减少主观性和片面性。调查判断法的另一个特点是适用性较强,尤其是在缺乏历史资料的情况下,通过直接调查也能获得较为可靠的预测结果。调查判断法主要有购买意向调查法、展销调查法和预购测算法等。

### (一)购买意向调查法

购买意向调查法是指通过一定的调查方式(如抽样调查、典型调查等)选择一部分或全部的潜在购买者,直接向他们了解未来某一时期(即预测期)购买商品的意向,并在此基础上对商品需求或销售作出估计的方法。这种方法对高档耐用消费品或生产资料等商品的销售来说,是一种有效的预测方法。因为这些商品的购买都需要事先计划,而一般消费品购买都不必经过事先计划,故很难了解购买意愿,使用购买意向调查法效果自然不好。

在实际调查时,应首先向被调查者说明所要调查的商品的性能、特点、价格以及市场上同类商品的性能、价格等情况,以便使购买者能准确地做出选择判断。其次,请被调查者填写购买意向调查表。在设计该表时,可根据实际情况,把购买意向分得更细些(即概率描述层次更多些)。最后,把所有调查表的结果汇总,即按各描述层次的概率计算出总购买量的预测值。

### (二)展销调查法

展销调查法(包括市场试销法),是通过商品展销这一手段,直接调查消费者的各种需求,调查消费者的购买能力,同时还调查消费者对商品质量、花色、规格等方面的需求。尤其是对新产品的销售前景预测,展销调查法是一种十分有效的方法,也是目前新产品销售预测中采用的主要方法。这主要是出于两方面的原因:一是新产品开始投入市场时,生产经营企业没有历史资料和经验可供借鉴,对市场规模和反应无法估计;二是消费者对新产品没有使用的经历和感性认识,不可能有明确的购买意向。采用这种销售与调查预测相结合的展销调查法,便于生产经营者对消费需求、购买能力及购买投向进行分析研究。

在使用展销调查法预测时必须注意两个问题:一是要选择购买能力在一定范围的购买对象;二是展销的商品货源要充足。这两点在很大程度上决定了展销调查法预测结果的可靠性。

### (三)预购测算法

预购测算法是根据顾客的预购订单和预购合同来推测产品的需求量。这种方法主要适用于一些生产企业和批发企业的微观预测。对生产企业来说,宜用这种方法测算新产品、特需商品以及价格高的产品需求量。例如,生产价格高、专业性强的产品的专业工厂,都是以国内外的订货合同或订单来制订企业的生产计划和销售计划的,这样可避免由于产品、资金的积压而给企业带来的损失。对商业企业而言,此种方法批发企业用得较多。批发企业主要通过对零售企业或其他小批发企业的订货合同的测算来估计销售额。批发企业应用这种方法主要是出于以下几个方面考虑:一是批发企业业务量大,若是产品积压会造成较大浪费;二是批发企业经营的商品品种多,无法逐项进行准确的预测。采用这种方法能使批发企业的经营能力与需求比较接近。一般专业批发公司每年举行1～2次大型订货会,根据各企业与该公司的订货合同,制订供需计划。据此计划,公司直接与生产厂家订货,然后组织货源提供给需求方。

预购测算法是一种比较简单有效的方法,在使用过程中应该注意两点:一是要考虑订货单和购货合同的履约率。因为订货单和购货合同并不等于商品已售出。由于市场的宏观和微观环境无时不在变化,变更订单和合同的情况是客观存在的,预测人员可根据多年的合同执行情况,估计一个履约率。二是要考虑订单和合同的追加率。出于对合同履约率产生原因的同样考虑,常会发生签约后临时追加订货的情况。因此,预测人员在采用预购测算法预测需求时,应根据合同、订单的履约率和追加率对合同订货数进行修正调整。

# 第三节　定量预测方法

定量预测方法是根据过去比较完备的统计资料,应用一定的数学模型或数理统计方法对各种数量资料进行科学的加工处理,借以充分揭示有关变量之间的规律性的联系,作为对未来事物发展趋势的预测方法。

## 一、统计预测模型选择

定量预测方法一般是指使用比较复杂的数学模型。所以,要先介绍一下数学模型的选择问题。统计预测可选择的模型很多,如相关回归模型、趋势曲线模型、时间序列模型等。但所有统计数学模型的构成要素主要有三个:变量、结构参数和方程式。因此在统计预测时,应先确定这三个要素,以便选择预测模型。

### (一)变量的选择

预测对象的影响因素有许多,预测模型的选择要在必要定性分析的基础上,选择出影响因素,并分清主次,保留主要因素,并把这些主要因素表现为各种变量。在具体选择变量时,对众多因素应如何取舍? 应如何确定自变量和因变量? 应选择一个自变量还是多个自变量? 遵循的原则是:变量的选择应先作实质性分析,再作相关性分析,且使定性与定量分析相结合,即在定性分析的基础上,通过计算相关系数及各类统计检验来决定去留。入选的自变量应当同时具备下列条件:①与预测对象之间的相关程度要高,即相关系数 $r \geqslant 0.8$;②与其他自变量之间的相关程度要低,即相关系数 $r \leqslant 0.6$。

### (二)模型结构的选择

任何模型的结构,都是根据预测对象与影响因素之间的关系来确定的。常见的变量间的结构关系有因果关系和时间关系,对应的模型就是回归模型和趋势模型。这两类模型选择哪一个,应视预测的目的及掌握的资料来确定。

### (三)方程式的选择

统计预测模型方程式的选择,是根据变量关系的表现形式确定的。一般常用的形式有线性和非线性之分,而非线性又可分为抛物线、双曲线、指数曲线、代数曲线、超越曲线等。

## 二、统计预测模型在经济管理中的应用

为使企业在生产经营中充分有效地利用人力、物力、财力,实现生产要素的合理配置,不断提高经济效益,其中的一个重要环节就必须加强统计预测工作。现将统计预测模型在企业管理中的应用作简单介绍。

统计预测的定量方法很多,它在经济管理和企业管理中的应用相当广泛。其中最主要

的是利用历史资料,运用时间序列分析法进行预测。具体包括算术平均法、移动平均法、指数平滑法和回归模型预测法等。前两种方法在本书第五章时间序列中已经作了详细介绍,这里不再讲述。本章主要结合经济管理和企业管理中的一些实际预测问题,阐述指数平滑法、分段平均法和回归模型预测法的应用。

### （一）指数平滑法及其应用

指数平滑法是对移动平均法的一大改进。指数平滑法虽然也是以一个指标本身过去变化的趋势作为预测未来的依据,但具体计算和移动平均法存在较大的差异。采用移动平均法计算以前若干期的移动平均数时,前后各个时期的权数相同;而指数平滑法是一种特殊的加权平均法,采用它来对未来进行预测时,考虑到近期资料的影响程度应比远期大,因此对不同时期的资料取不同的权数,越是近期资料,权数越大,越是远期资料,权数越小,权数由近到远按指数规律递减,这样的计算更能符合客观实际。它可以分为一次指数平滑法、二次指数平滑法及更高指数平滑法。一次指数平滑法的预测模型为:

$$F_t = aA_{t-1} + (1-a)F_{t-1} \tag{9-1}$$

式中,$F_t$ 代表本期预测数;$A_{t-1}$ 代表上期实际数;$F_{t-1}$ 代表上期预测数;$a$ 代表平滑系数,它的取值范围为 $0 < a < 1$,一般取值在 $0.3 \sim 0.7$,这样可以使得出的预测值较平稳,能反映企业有关数据稳定的变化趋势。

指数平滑法在经济预测(尤其是销售预测)中有着广泛的运用。下面以销售预测为例来说明指数平滑法的基本原理。运用指数平滑法预测销售量,是根据前期销售量的实际数和预测数,以加权因子为权数,进行加权平均来预测下一期销售量的方法。其计算公式如下:

预测期销售量＝平滑系数×上期实际销售量＋(1−平滑系数)

×上期预测销售量 (9-2)

**【例 9-1】** 设某公司销售额统计资料如下:2018 年 1 月份销售额的预测数为 11 万元,实际为 10 万元。取平滑系数 $a = 0.4$,试对 2 月份的销售额进行预测。

**解** 根据资料知:$A_1 = 10$,$F_1 = 11$,$a = 0.4$,则 $F_2$ 计算如下:

$$F_2 = aA_1 + (1-a)F_1 = 0.4 \times 10 + (1-0.4) \times 11 = 10.6（万元）$$

按照类似方法依次计算其他月份销售额的预测值,结果如表 9-1 所示。

表 9-1 某公司销售额统计预测结果     单位:万元

| 2018 年月份 | 实际销售额 | 0.4×上月实际销售额 | 上月预测 | 0.6×上月预测 | 本月平滑预测 |
|---|---|---|---|---|---|
| 1 | 10 | | | | 11.00 |
| 2 | 12 | 4.0 | 11.00 | 6.60 | 10.60 |
| 3 | 13 | 4.8 | 10.60 | 6.36 | 11.16 |
| 4 | 16 | 5.2 | 11.16 | 6.70 | 11.90 |
| 5 | 19 | 6.4 | 11.90 | 7.14 | 13.54 |
| 6 | 23 | 7.6 | 13.54 | 8.12 | 15.72 |
| 7 | 26 | 9.2 | 15.72 | 9.43 | 18.63 |

| 2018 年月份 | 实际销售额 | 0.4× 上月实际销售额 | 上月预测 | 0.6×上月预测 | 本月平滑预测 |
|---|---|---|---|---|---|
| 8 | 30 | 10.4 | 18.63 | 11.18 | 21.58 |
| 9 | 28 | 12.0 | 21.58 | 12.95 | 24.95 |
| 10 | 29 | 11.2 | 24.95 | 14.97 | 26.17 |
| 11 | 30 | 11.6 | 26.17 | 15.70 | 27.30 |
| 12 | 32 | 12.0 | 27.30 | 16.38 | 28.38 |

同理,2019 年 1 月份销售额的预测值为

$$0.4 \times 32 + (1-0.4) \times 28.38 = 29.83(万元)$$

一次指数平滑法只适用于水平型历史数据的预测,而不适用于呈斜坡型线性趋势历史数据的预测。要对一次指数平滑法加以改进,这就需要采用二次指数平滑法以适应斜坡型历史数据的预测。

### (二)分段平均法及其应用

分段平均法也称两点法,它是根据某一变量或经济指标的历史数据,按照"两点确定一条直线"的原理,配合一条直线来预测该变量或指标的变化趋势的预测方法。这时把时间作为自变量($t$),而把预测的对象作为因变量($Y$)。直线方程的一般形式为:

$$Y = a + bt \tag{9-3}$$

如何根据历史数据求解上述方程中的参数 $a$ 和 $b$ 呢?分段平均法的基本做法是将所给的历史数据分为个数相等的两部分,然后由每一个部分的历史数据分别求出 $\bar{y}_1$ 与 $\bar{t}_1$、$\bar{y}_2$ 与 $\bar{t}_2$ 作为直线上的两个点,将其代入直线趋势方程,求出系数 $a$ 和 $b$ 分别为:

$$a = \bar{y}_1 - b\bar{t}_1 = \bar{y}_2 - b\bar{t}_2$$
$$b = \frac{\bar{y}_2 - \bar{y}_1}{\bar{t}_2 - \bar{t}_1}$$

【例 9-2】 某公司 2009—2018 年各年销售额资料如表 9-2 所示。

表 9-2　某公司各年销售额资料　　　　　　　　单位:万元

| 年　份 | 时间变量 $t$ | 销售额 $y$ | $t^2$ | $ty$ |
|---|---|---|---|---|
| 2009 | 1 | 85.6 | 1 | 85.6 |
| 2010 | 2 | 91.0 | 4 | 182.0 |
| 2011 | 3 | 96.1 | 9 | 288.3 |
| 2012 | 4 | 101.2 | 16 | 404.8 |
| 2013 | 5 | 107.0 | 25 | 535.0 |
| 2014 | 6 | 112.2 | 36 | 673.2 |
| 2015 | 7 | 119.6 | 49 | 837.2 |
| 2016 | 8 | 125.6 | 64 | 1004.8 |

续表

| 年　份 | 时间变量 $t$ | 销售额 $y$ | $t^2$ | $ty$ |
|---|---|---|---|---|
| 2017 | 9 | 136.5 | 81 | 1228.5 |
| 2018 | 10 | 145.2 | 100 | 1452.0 |
| 合　计 | 55 | 1120.0 | 385 | 6691.4 |

试根据表 9-2 中资料，运用分段平均法预测该公司 2019 年的销售额。

**解**　表 9-2 共有 10 年资料，为了计算上的方便，采用代码的方法用顺序号表示各个年份，然后将其分为两部分，第 1～5 年为前半段的年份，第 6～10 年为后半段的年份，并分别用 $\bar{t}_1$ 和 $\bar{t}_2$ 代表各自的平均数，于是有：

$$\bar{t}_1 = (1+2+3+4+5) \div 5 = 3$$
$$\bar{t}_2 = (6+7+8+9+10) \div 5 = 8$$

同样，分别用 $\bar{y}_1$ 和 $\bar{y}_2$ 代表前半段和后半段销售额数据的平均数，则有：

$$\bar{y}_1 = (85.6+91.0+96.1+101.2+107.0) \div 5 = 96.18$$
$$\bar{y}_2 = (112.2+119.6+125.6+136.5+145.2) \div 5 = 127.82$$

由此，可以得到两个坐标点 $(\bar{t}_1, \bar{y}_1)$ 和 $(\bar{t}_2, \bar{y}_2)$，即 $(3, 96.18)$ 和 $(8, 127.82)$。把这两个坐标点代入参数的求解公式，得到：

$$a = \bar{y}_1 - b\bar{t}_1 = 96.18 - 6.328 \times 3 = 77.196$$
$$b = \frac{\bar{y}_2 - \bar{y}_1}{\bar{t}_2 - \bar{t}_1} = \frac{127.82 - 96.18}{8 - 3} = 6.328$$

所以，直线方程为 $Y = 77.196 + 6.328t$

预测 2019 年的销售额，只要在上述求得的直线方程中取 $t = 11$，即可得到该公司 2019 年销售额的预测值为

$$Y = 77.196 + 6.328 \times 11 = 146.804(万元)$$

需要指出的是，当给定的历史资料为奇数项时，采用分段平均法配合直线趋势方程，则要删除数列的首项，使其成为偶数项，再进行分段平均。

分段平均法作为一种预测方法，具有计算简单、运用方便等优点。其最大缺点是只就一个事物本身的历史资料来推测未来，而未能考虑其他因素的影响。

### (三)回归模型预测法及其应用

回归模型预测法是对具有相关关系的变量，通过数学方程式把它们之间的关系加以描述，建立回归模型，并利用建立的回归模型对变量的未来变化趋势进行预测的方法。这种方法不仅能使预测结果较为精确，同时也克服了分段平均法只能以时间为自变量建立直线方程的缺陷。有关回归分析和回归模型的种类、特点以及回归系数的计算在第八章"相关与回归"中已经有详细的阐述，这里着重介绍直线回归模型预测法在成本预测中的应用。

**【例 9-3】**　某公司历年生产经营甲产品，2015—2018 年共 16 个季度的产量和成本的资料如表 9-3 所示。假设 2019 年甲产品的计划产量为 1360 件，四个季度计划产量依次为 324、343、355 和 338 件。

要求：根据甲产品前 4 年产量与成本的历史资料，建立直线回归模型，并应用此模型预

测 2019 年甲产品的总成本和单位成本。

表 9-3　甲产品产量及成本资料

| 时期(季) | 产量 $x$/件 | 成本 $y$/万元 | $xy$ | $x^2$ | $y^2$ |
|---|---|---|---|---|---|
| 1 | 278 | 160 | 44480 | 77284 | 25600 |
| 2 | 298 | 169 | 50362 | 88804 | 28561 |
| 3 | 305 | 173 | 52765 | 93025 | 29929 |
| 4 | 292 | 167 | 48764 | 85264 | 27889 |
| 5 | 286 | 164 | 46904 | 81796 | 26896 |
| 6 | 298 | 168 | 50064 | 88804 | 28224 |
| 7 | 320 | 180 | 57600 | 102400 | 32400 |
| 8 | 315 | 178 | 56070 | 99225 | 31684 |
| 9 | 302 | 171 | 51642 | 91204 | 29241 |
| 10 | 320 | 179 | 57280 | 102400 | 32041 |
| 11 | 336 | 187 | 62832 | 112896 | 34969 |
| 12 | 324 | 182 | 58968 | 104976 | 33124 |
| 13 | 314 | 177 | 55578 | 98596 | 31329 |
| 14 | 328 | 183 | 60024 | 107584 | 33489 |
| 15 | 345 | 190 | 65550 | 119025 | 36100 |
| 16 | 325 | 182 | 59150 | 105625 | 33124 |
| 合　计 | 4986 | 2810 | 878033 | 1558908 | 494600 |

　　**解**　运用直线回归模型预测法进行成本预测,是运用最小二乘法的原理,依据产量和成本的历史数据,拟合出一个成本依产量的回归方程,揭示产量和成本的依存关系,并根据回归方程预测未来产品成本。

　　本例采用一元线性回归方程 $\hat{y}_i = a + bx_i$ 的形式,将其应用于成本预测。

　　将表 9-3 中根据 $x$、$y$ 计算的相关数据代入公式(8-16)和公式(8-17),可以计算 $b$ 和 $a$ 的值:

$$b = \frac{n \sum x_i y_i - \sum x_i \sum y_i}{n \sum x_i^2 - \left( \sum x_i \right)^2}$$

$$= \frac{16 \times 878033 - 4986 \times 2810}{16 \times 1558908 - 4986^2}$$

$$= 0.4599$$

$$a = \frac{\sum y_i}{n} - b \frac{\sum x_i}{n}$$

$$= \frac{2810}{16} - 0.4599 \times \frac{4986}{16}$$

$$= 32.3087$$

得到产品成本依产量的一元线性回归方程为：
$$\hat{y}_i = 32.3087 + 0.4599x_i$$

根据 2018 年甲产品的计划产量，可以运用上述回归模型预测该年度四个季度的产品的总成本分别为 181.32 万元、190.05 万元、195.57 万元和 187.75 万元，预计全年总成本为 754.69 万元，单位成本约为 5549.19 元。

## 【思考与练习】

选择题

**一、选择题**

1. 按预测的方法不同，可分为　　　　　　　　　　　　　　　　　　　　（　　）

    A. 宏观预测和微观预测

    B. 长期预测、中期预测和短期预测

    C. 定性预测和定量预测

    D. 社会未来预测和经济技术预测

2. 下列方法属于定量预测的是　　　　　　　　　　　　　　　　　　　　（　　）

    A. 简单平均法　　　　B. 移动平均法　　　　C. 直线回归模型预测法

    D. 指数平滑法　　　　E. 高低点法

3. 下列关于统计预测特点叙述正确的是　　　　　　　　　　　　　　　（　　）

    A. 定量性　　　　B. 具体性　　　　C. 精确性　　　　D. 模型性

    E. 可控性

4. 下列属于定性预测法的有　　　　　　　　　　　　　　　　　　　　　（　　）

    A. 专家意见法　　　B. 集体经验判断法　C. 移动平均法　　　D. 回归分析法

    E. 调查判断法

5. 指数平滑法和趋势平均法相比，不同之处在于　　　　　　　　　　　（　　）

    A. 前后各期权数相同　　　　　　　B. 前后各期权数不同

    C. 越是近期的资料，权数越大　　　D. 越是近期的资料，权数越小

    E. 越是远期的资料，权数越小

**二、问答题**

1. 统计预测在经济管理和企业管理中应用相当广泛，请以资金需要量预测为例说明统计预测的基本程序。

2. 与其他预测方法相比，你认为统计预测有哪些特点？

**三、计算题**

1. 已知某集团公司 2019 年上半年的销售量统计表如下表所示。

**某集团公司 2019 年上半年销售量统计表**

| 月　份 | 1 | 2 | 3 | 4 | 5 | 6 |
|---|---|---|---|---|---|---|
| 销售量/万件 | 138 | 136 | 142 | 134 | 146 | 144 |

要求：用直线回归模型预测法预测该集团公司 2019 年 7 月份的销售量。

2. 某地 2009—2018 年羊毛衫销售量资料如下表所示。

**某地 2009—2018 年羊毛衫销售量资料**

| 年　份 | 2009 | 2010 | 2011 | 2012 | 2013 | 2014 | 2015 | 2016 | 2017 | 2018 |
|---|---|---|---|---|---|---|---|---|---|---|
| 销售量/万件 | 4.81 | 6.50 | 7.30 | 6.90 | 8.20 | 10.10 | 13.42 | 16.61 | 18.59 | 22.3 |

要求:(1)根据该时间数列的特征,建立直线回归趋势模型。

(2)根据(1)中模型预测 2019 年的羊毛衫销售量。

# |第十章|
# 统计软件应用

 学习目标

通过本章学习,学生能够:

1.了解各种常用的统计分析软件。

2.熟悉 SPSS 的主要窗口界面。

3.掌握 SPSS 数据集的建立方法。

4.熟练掌握品质型数据的图表描述、描述性统计量、简单线性相关分析与回归分析、单样本 $t$ 检验等的 SPSS 操作。

统计是一个数据的收集、整理和分析的过程,涉及十分繁杂的计算和图表绘制。在很多情况下,靠手工方法进行统计计算是不现实的,不借助于统计软件几乎是无法正常开展的。在准确理解和掌握了各种统计方法原理之后,再来掌握一两种统计分析软件的实际操作是十分必要的。本章重点介绍 SPSS 软件。

## 第一节　统计分析软件简介

在计算机上使用的统计软件有许多种,在实际工作中应用比较普遍的主要有 SAS、SPSS、EViews、Excel、MiniTab 等。这些统计软件的功能和作用大同小异,各自有所侧重,有的比较专业一些,有的则比较通用。其中的 SAS 与 SPSS 是目前在大型企业、各类院校以及科研机构中较为流行的两种统计软件。本节对 SAS 及其他几种软件作简要介绍,SPSS 软件将在下节介绍。

### 一、SAS 统计分析系统

SAS(statistical analysis system)软件是为处理数据而研制的大型统计分析系统,是融数据管理和统计分析于一体,由多个子软件构成的一个大型软件。该软件 1972 年由美国 SAS 软件研究所投放市场以来,经过不断完善,已成为当今世界上最有影响的统计分析系统之一,它具有完备的数据访问、数据管理、数据分析以及数据呈现能力。其中,强大的数据分析能力是使 SAS 成为著名应用软件的重要因素。

SAS 系统中提供的主要分析功能包括统计分析、经济计量分析、时间序列分析、决策分析、财务分析和全面质量管理工具等。SAS 支持多种软硬件平台,能广泛地运行于各种型号的大、中、小型机和微型计算机。

在统计功能方面,SAS 可以完成以下任务。

(1)方差分析:单因素、多因素方差分析,单变量、多变量方差分析。

(2)离散型数据的分析:二维列表分析、分层分析、对数线性模型、Logistic 模型。

(3)回归分析:多元线性回归、多项式回归、逐步回归、非线性回归、正交回归等。

(4)生成分析:生命表及考克斯回归模型。

(5)时间序列分析。

(6)多元分析:相关分析、样品聚类、变量聚类、判别分析、因子分析、对应分析。

(7)一般线性模型。

SAS 有一个智能型绘图系统,不仅能绘制各种统计图,还能绘出地图。

SAS 提供多个统计过程,每个过程均含有极丰富的任选项。用户还可以通过对数据集的一连串加工,实现更为复杂的统计分析。此外,SAS 还提供了各类概率分析函数、分位数函数、样本统计函数和随机数生成函数,使用户能方便地实现特殊的统计要求。

SAS 提供两种非交互式运行方式(批处理方式、程序方式)和两种交互式运行方式(命令行方式、菜单方式),以适应不同的应用场合和不同层次的使用者。非交互方式适用于大批量、经济性统计分析和用户应用系统。交互方式适用于临时性统计分析和程序调试。其中,菜单方式只需用户在屏幕上显示的程序框架中选择合适的参数,尤其适用于不熟悉 SAS 的使用者。

## 二、EViews 软件

EViews 是 econometrics views(经济计量视图)的缩写,为 Micro TSP 的 Windows 版本。EViews 充分利用了 Windows 操作系统的强大功能,引入了全新的面向对象概念,通过操作对象实现各种分析功能。EViews 提供了在运行 Windows 的微机上进行复杂的数据分析、回归和预测的强大工具。用 EViews 可以快速地建立起数据统计模型,并用此模型进行预测。

## 三、MiniTab 软件

MiniTab 是一套一般性用途的统计分析软件,比 SAS、SPSS 等小得多,它可以应用于统计资料的整理与分析。MiniTab 软件发表于 1972 年,最初是为学生学习统计课程而设计的,以后其应用范围逐步扩大到各统计领域,如管理学、社会学、工程技术等。由于其结果显示易于理解,所占的记忆容量不大,所以它可以作为大型研究的先期探究和小型研究的主力。

MiniTab 软件的工作方式可以用"MiniTab＝工作表＋命令"的公式来表达。工作表是用来暂时存放用户数据的区域，它由若干列组成。每一列可以存放一组同类数据，按照命令的使用方式，MiniTab 可以在交互方式或批处理方式下工作，前者可以立即得到每条命令的执行结果，后者可以方便地进行连续作业。MiniTab 提供了对存储在二维工作表中的数据进行分析的多种功能，包括：基本统计分析、回归分析、方差分析、多元分析、非参数分析、时间序列分析、绘制高质量三维图形等。该软件使用方便，而且功能强大又齐全，但在我国不及 SAS 和 SPSS 普遍。

### 四、Excel

Excel 是美国微软公司推出的基于 Windows 操作系统的表格处理软件。它把数据表、图表和数据库等功能有机地组合在一起，为用户提供了一个集成操作环境。它继承了 Windows 的优秀风格，具备窗口、菜单、对话框和图表，并且增加了工具栏和快显菜单。Excel 采用了新的工作簿形式，即三位电子表格，给数据操作提供了更广阔的空间。它使用了先进的智能感知技术，简化了操作，而且可以对用户的要求智能地作出相应的反应。

Excel 具有价格较低，界面相对友好，易于学习的特点。在 Excel 2018 中提供了 400 多个函数，有强大的数据管理功能。Excel 在"工具"菜单的"加载宏"选项中还提供了"分析工具库"，使用这些分析工具时，只需指出数据所在的单元格和提供必要的参数，就会得出相应的结果，操作更为方便。

## 第二节　SPSS 软件简介

SPSS 软件是全球专业统计分析软件的领导者，其界面友好、功能强大、易学、易用，包含了几乎全部尖端的统计分析方法，具有完善的数据定义、操作管理和开放的数据接口以及灵活而美观的统计表格和统计图形制作。在本章中我们选择 SPSS 作为统计方法应用实验活动的工具。

### 一、SPSS 概述

SPSS 原是 solutions statistical package for the social science 的英文缩写，意思是社会科学统计软件包。但是，随着 SPSS 产品服务领域的扩大和服务深度的增加，SPSS 公司已于 2000 年正式将其英文全称改为 statistical product and service solutions，意为统计产品与服务解决方案。目前 SPSS 软件全球约有几十万家用户，分布于通信、医疗、银行、证券、保险、制造、商业、商场研究、科研教育等多个领域和行业，是世界上应用最广泛的专业统计软件之一。在国际学术界有条不成文的规定，即在国际学术交流中，凡是用 SPSS 软件完成的计算和统计分析，可以不必说明算法，由此可见其影响之大和信誉之高。

SPSS 是世界上最早的统计分析软件，由美国斯坦福大学的三位研究生于 20 世纪 60 年代末研制成功,他们同时成立了 SPSS 公司,并于 1975 年将 SPSS 总部定在了芝加哥,2009年公司被 IBM 收购。1984 年,SPSS 总部首先推出了世界上第一个统计分析软件微机版本SPSS/PC+(版本为 SPSS/PC+x. x),该版本迅速占领了微机市场,大大地扩大了 SPSS 用户量,明确了 SPSS 微机系列产品的开发方向,极大地扩充了它的应用范围。20 世纪 80 年代末,Microsoft(微软)发表 Windows 后,SPSS 迅速向 Windows 移植。1993 年 6 月,正式推出 SPSS for Windows 6.0 版本。SPSS for Windows 的最新版本为 SPSS for Windows 26.0版,各种版本的 SPSS for Windows 大同小异。本章以 SPSS for Windows 13.0 为蓝本,简要介绍它的主要功能和基本使用方法。

## 二、SPSS 的基本特点

SPSS 软件具有功能强大、兼容性好、易用性强的基本特点,深得广大统计分析人员的喜爱,拥有很大的用户群。

### (一)功能强大

(1)SPSS 囊括了各种成熟的统计方法和模型,为统计分析用户提供了全方位的统计学算法,为各种研究提供了相应的统计学方法。

(2)SPSS 提供了各种数据准备和数据整理技术。

(3)自由灵活的表格功能,使得制表变得更加简单和直接。

(4)提供了各种常用的统计学图形,并可将表格和图形直接复制到 Word 文档、PPT 幻灯片中,直接进行结果的展现。

### (二)兼容性好

(1)在数据方面,不仅可在 SPSS 中作数据录入工作,还可将常用的 Excel 文件、文本格式文件导入 SPSS 中进行分析计算,大大节省了时间和精力,提高了效率。

(2)在结果方面,SPSS 的表格、图形结果可直接导出为 Word、文本、网页、Excel 格式,也可以直接将表格、交互式图形作为对象选择性粘贴到 Word 文档、PPT 幻灯片中,并在其中再利用 SPSS 对它们进行编辑。

### (三)易用性强

SPSS 之所以拥有广大的用户群,不仅因为它的强大的统计功能,也因为它是一种非常简单易用的软件。友好的人机界面、简单的操作方法,使得广大统计分析人员对它青睐有加。另外,SPSS 也为高级用户提供了编程功能。

## 三、SPSS 的主要功能

### (一)SPSS 的数据管理功能

统计分析离不开数据,因此,数据管理是 SPSS 的重要组成部分。SPSS 的数据管理是借助于数据管理窗口和主窗口的 File、Data、Transform 等菜单完成的。

数据管理是指数据的输入、编辑及数据文件的管理等。SPSS统计软件提供了强大的数据管理功能。其中，数据的输入功能包括变量的定义、数据格式化、数据的输入、默认值处理、变量标签、数据管理器列宽定义等；数据的编辑功能包括数据的增删、数据的整理、数据的算术处理等；数据文件的管理功能包括数据文件的调用、数据文件的连接、数据文件的保存等。

### （二）SPSS 文本文件的编辑

SPSS统计软件提供了文本文件的编辑功能。它会产生两类文本文件：一是在进行统计分析时，系统会将出错的信息、数据转换情况、统计运算的中间环节和最终结果送到结果输出窗口中，这就是结果文本的内容；二是在调用 Statistics 菜单的统计过程命令项时，会弹出统计过程对话框。这时若点击 Paste 按钮就会出现命令编辑窗口，在该窗口中显示了与 SPSS for Dos 相类似的 SPSS 语法命令，这就是命令文本的内容，无论是结果文本还是命令文本，用户都可以对之进行必要的编辑、打印、保存、调用等操作。在编辑中可以进行修正、增删、移动、查找、替换等操作，还可以选择文本块进行删除、移动、复制、打印等块操作。

### （三）描述性统计分析

描述性统计分析是对原始数据进行描述性分析，这是统计工作的出发点。统计学的一系列基本描述指标，不仅让人了解了资料的特征，而且可启发人们对之作进一步的深入分析。SPSS统计软件通过调用描述性统计分析的诸多过程，可完成许多统计学指标的计算。对于计量资料，可完成均数、标准差、标准误差等指标的计算；对于计数和一些等级资料，可完成构成比率等指标的计算和 $\chi^2$ 检验。SPSS的描述性统计分析包括以下几个过程：

（1）Frequencies 过程。调用此过程可进行频数分布表的分析。频数分布表是描述性统计中最常用的方法之一。此外，还可以对数据的分布趋势进行初步分析。

（2）Descriptives 过程。调用此过程可对变量进行描述性分析，计算并列出一系列相应的统计指标，且可将原始数据转换成标准 $Z$ 分值并存入数据库。所谓 $Z$ 分值，是指某原始数值比其均值高或低多少个标准差单位，高为正值，低为负值，相等的为零。

（3）Explore 过程。调用此过程可对变量进行更为深入、详尽的描述性统计分析。当对资料的性质、分布特点等完全不清楚时，可采用该分析，所以称之为探索性统计。探索性分析是在一般描述性统计指标的基础上，增加有关数据其他特征的文字与图形描述，如枝叶图、箱图等，显得更加细致与全面，有助于对数据进行进一步分析。相对于数据描述性分析，探索性分析还可根据某种方式分组进行统计。

（4）Crosstabs 过程。调用此过程可进行计数资料和某些等级资料的交叉列联表分析。它是分析多个变量在不同取值情况下的数据分布情况，从而进一步分析变量之间的相互关系。在分析中，可对二维至 $n$ 维列联表（RC表）资料进行统计描述和 $\chi^2$ 检验，并计算相应的百分数指标。此外，还可计算四格表确切概率（Fisher's exact test）且有单、双侧（one-tail、two-tail）、对数似然比检验以及线性关系的 Mantel-Haenszel $\chi^2$ 检验。

（四）平均水平的比较

在正态或近似正态分布的计量资料中，经常在使用前面介绍的描述性统计分析后，还要进行组与组之间平均水平的比较，也就是要进行常用的 $t$ 检验和单因素方差分析。在 SPSS 统计软件中实现这一功能可调用以下几个过程。

（1）Means 过程。与描述性统计分析中的 Descriptives 过程相比，若仅仅计算单一组别的均数和标准差，Means 过程并无特别之处；但若用户要求按指定条件分组计算均数和标准差，若要分性别同时又分年龄计算各组的均数和标准差，则用 Means 过程更显简单快捷。

（2）One-Samples T Test 过程。调用此过程可解决样本均值与总体均值的比较问题，对应的即单样本 $t$ 检验。One-Samples T Test 过程进行样本均值与已知总体均值的比较时，需要自行定义已知总体均值的大小。

（3）Independent-Samples T Test 过程。调用此过程可进行两独立样本均数的比较，即常用的独立双样本 $t$ 检验。

（4）Paired-Samples T Test 过程。调用此过程可进行配对观测数据的均值差异比较，即配对数据 $t$ 检验。它是针对同对或同一研究对象分别给予两种不同处理的效果比较，以及同一研究对象处理前后的效果比较。前者推断两种效果有无差别，后者推断某种处理是否有效。

（5）One Way ANOVA 过程。在实际研究中，经常需要比较两组以上样本均数的差别，这时不能使用 $t$ 检验方法作两两间的比较（如有人对四组均数的比较，作六次两两间的 $t$ 检验），这势必增加两类错误的可能（如原先 $\alpha$ 定为 0.05，这样经过多次的 $t$ 检验将使最终推断时的 $\alpha > 0.05$）。因此，对于两组以上的均数比较，必须使用方差分析的方法，当然方差分析方法亦适用于两种均数的比较。

方差分析调用此过程完成。本过程只能进行单因素方差分析，即完全随机设计资料的方差分析。对于随机区组设计资料方差分析的方法，需要调用下面介绍的方差分析功能中的几个过程。

（五）方差分析

方差分析主要用于：（1）均数差别的显著性检验；（2）分离各有关因素并估计其对总变异的作用；（3）分析因素间的交互作用；（4）方差齐次性检验。SPSS 软件除上面介绍的 One Way ANOVA 过程外，还可调用 Simple Factorial 过程、General Factorial 过程、Multivartite 过程等实现方差分析的功能。

（六）相关分析

任何事物的存在都不是孤立的，而是相互联系、相互制约的。这说明了客观事物相互间关系的密切程度，并可以用适当的统计指标表示出来，这个过程就是相关分析。

SPSS 的相关分析是借助于 Statistics 菜单的 Correlate 选项完成的，包括 Birariate 过程、Partial 过程、Distances 过程。

## （七）回归分析

回归分析是处理两个及两个以上变量间线性依存关系的统计方法。回归分析就是用于说明这种依存变化的数字关系。SPSS 软件通过 Linear 过程、Curve Estimation 过程、Logistic 过程、Probit 过程、Nonlinear 过程等实现回归分析功能。

## （八）对数线性模型

对数线性模型是用于离散型数据或整理成列联表格式的统计资料的统计分析工具。在对数线性模型中，所有用作分类的因素均为独立变量，列联表各单元中的列数为因变量。对于列联表资料，通常作 $\chi^2$ 检验，但 $\chi^2$ 检验无法系统地评价变量间的联系，也无法估计变量间相互作用的大小。对数线性模型是处理这些问题的最佳方法。SPSS 软件通过 General 过程、Hierarchical 过程、Logit 过程实现这一功能。

## （九）聚类分析

人们认识事物时往往先对被认识的对象进行分类，以便寻找其中共同与不同的特征，因而分类学是人们认识世界的基础科学。我们所研究的样品或指标（变量）之间存在不同程度的相似性。聚类分析就是采用定量数学方法，根据一批样品的多个观测指标，具体找出一些能够度量样品或指标之间相似程度的统计量，以这些统计量为划分类型的依据。把一些相似程度较大的样品（或指标）聚合为一类，把另外一些彼此之间相似程度较大的样品（或指标）又聚合为另一类，这就是分类的基本思想。如医学领域中根据病人的一系列症状、体征和生化检验的结果，判断病人所患疾病的类型；或对一系列检查方法及其结果，将之划分成某几种方法适用于甲类病的检查，另几种方法适用于乙类病的检查；等等。统计学中常用的分类统计方法主要是聚类分析和判别分析。SPSS 软件通过 K-Means Cluster 过程、Hierarchical Cluster 过程实现。

## （十）因子分析

多元分析处理的是多指标的问题，由于指标太多，使得分析的复杂性增加。观察指标的增加本来是为了使研究过程趋于完整，但反过来，为使研究结果清晰明了而一味增加观察指标又会让人陷入混乱不清的状态。在实际工作中，由于指标间经常具备一定的相关性，故人们希望用较少的指标代替原来较多的指标，但依然能反映原有的全部信息。因子分析作为一种常用的多元统计分析方法，可从众多可观测"变量"中概括和推论出少数不可观测的"潜变量"（又称因子），目的在于用最少的因子去概括和解释大量的观测事实，并建立起最简洁的、基本的概念系统，以揭示事物之间的本质联系。

调用 Data Reduction 菜单的 Factor 过程命令项，可对多指标或多因素资料进行因子分析。

## （十一）可靠性分析

可靠性分析可通过调用 Reliability 过程完成。

### （十二）非参数检验

许多统计分析方法的应用对总体有特殊的要求，如 $t$ 检验要求总体符合正态分布，$F$ 检验要求误差正态分布且各组方差整齐等。这些方法常用来估计或检验总体参数，统称为参数统计。但许多调查或实验所得的科研数据，其总体分布未知或无法确定，这时做统计分析常常不是针对总体参数，而是针对总体的某些一般性假设（如总体分布），这类方法称非参数统计。非参数统计方法简便，适用性强，通过调用 Chi-Square 过程、Binomial 过程、Runs 过程、1-Sample K-S 过程、2 Independent Samples 过程、K Independent Samples 过程、2 Related Samples 过程、K Related Samples 过程，可实现非参数检验功能。

### （十三）生存分析

在临床诊疗工作的评价中，慢性疾病的预后一般不适合用治愈率、病死率等指标来考核。因为其无法在短时间内明确判断预后情况。因此，只能对患者进行长期随访，统计一定时期后的生存或死亡情况以判断诊疗效果，这就是生存分析。利用 SPSS 系统的 Life Tables 过程、Kaplan-Meier 过程、COX Regression 过程等可以进行生存分析。

### （十四）绘制统计图

统计图是用点的位置、线段的升降、直条的长短或面积的大小等来表达资料的内容。它可以把资料所反映的变化趋势、数量多少、分布状态和相互关系等形象直观地表现出来，以便读者阅读、比较和分析。由于计算机绘图具有快速、清晰、规范、可修正等特点，故在论文、报告等写作中有着十分重要的应用价值。SPSS 能绘制十五种常用的统计图：直条图、线图、区域图、构成图、高低区域图、直条构成线图、质量控制图、箱图、均值相关区间图、散点图、直方图、正态概率分布图、正态概率单位分布图、普通序列图、时间序列图等。

## 四、SPSS 的安装、启动和退出

### （一）SPSS 的安装

作为 Windows 操作系统的应用软件产品，SPSS for Windows 安装的基本步骤与其他常用的软件基本相同。具体步骤如下。

（1）启动计算机，将 SPSS 软件安装光盘插入光盘驱动器。

（2）运行资源管理器，鼠标双击光盘驱动器图标。

（3）在资源管理器目录窗口中找到 SPSS 的起始安装文件 setup 并执行。此时会看到 SPSS 安装的初始窗口，系统将自动进行安装前的准备工作。

（4）按照安装程序的提示，用户根据自己的需要填写和选择必要的参数。一般的选项为：

①接受软件使用协议。

②指定将 SPSS 软件安装到计算机的某个目录下。

③选择安装类型。SPSS 有典型安装（typical）、压缩安装（compact）和用户自定义安装

(custom)三种安装类型。一般选择典型安装。

④选择安装组件。SPSS 具有组合式软件的特征,在安装时用户可以根据自己的分析需要,选择部分模块安装。一般可接受安装程序的默认选择。

⑤输入软件的序列号。在购买 SPSS 软件时厂商会提供序列号。

### (二)SPSS 的启动

安装完毕后,应注意查看是否有安装成功的提示信息出现,以判断是否已经将 SPSS 成功地安装到计算机上了。安装成功后就可以启动运行 SPSS for Windows 了。SPSS 有以下三种启动方法。

(1)由程序启动,步骤如下:"开始"→"程序"→"SPSS for Windows"。

(2)双击 SPSS 图标启动。

(3)如果已经建立了 SPSS 数据集,可双击 SPSS 数据集图标启动。

SPSS 启动后,屏幕上将会出现显示版本的提示画面和文件选择对话框,并同时打开 SPSS 主窗口。

### (三)SPSS 的退出

SPSS 有以下三种退出方法。

(1)双击主窗口左上角的窗口菜单控制图标。

(2)在主窗口中按下列步骤退出:"File"→"Exit"。

(3)单击主窗口右上角"×"图标。

## 第三节　SPSS 的主要窗口界面

SPSS 软件运行过程中会出现多个窗口界面,各个窗口界面用处不同。其中,最主要的窗口有三个:数据浏览窗口、变量浏览窗口和结果输出窗口。

### 一、数据浏览窗口

数据浏览窗口是启动 SPSS,出现 SPSS 主窗口后的默认窗口。数据浏览窗口的主体部分是一个可以向右和向下扩展的平面二维表格,如图 10-1 所示。数据浏览窗口主要由以下几个部分组成:标题栏、菜单栏、工具栏、编辑栏、变量名栏、内容栏、窗口切换标签、状态栏。现将其中主要的功能介绍如下:

(1)标题栏。标题栏显示数据编辑的数据文件名。

(2)菜单栏。菜单栏显示了 SPSS 的主菜单,共有 10 个选项,每个菜单对应一组相应的功能。点击菜单选项即可激活菜单,这时弹出下拉式子菜单,用户可根据自己的需求再点击子菜单的选项,完成特定的功能。

File:文件管理菜单,有关文件的调入、存储、显示和打印等。

Edit:编辑菜单,有关文本内容的选择、拷贝、剪贴、寻找和替换等。

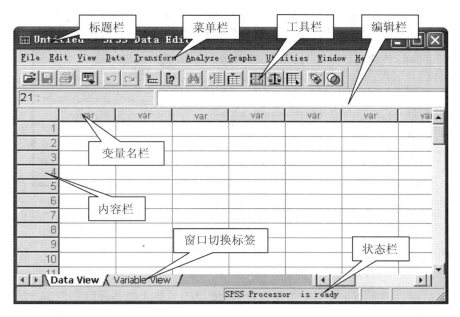

图 10-1　数据浏览界面

View：显示菜单，有关状况栏、工具条、网格线是否显示，以及数据显示的字体类型、大小等设置。

Data：数据管理菜单，有关数据变量定义，数据格式选定，观察对象的选择、排序、加权，数据文件的转换、连接、汇总等。

Transform：数据转换处理菜单，有关数值的计算、变量组段划分、重新赋值和缺失值替代等。

Analyze：统计分析菜单，有关一系列统计方法的应用。

Graphs：统计图形菜单，输出各种分析图形。

Utilities：用户选项菜单，有关命令解释、字体选择、文件信息、定义输出标题、窗口设计等。

Window：窗口管理菜单，有关窗口的排列、选择、显示等。

Help：求助菜单，有关帮助文件的调用、查询、显示等。

## 二、变量浏览窗口

在主窗口中的数据浏览窗口上点击窗口切换标签中的"Variable View"，即可进入变量浏览窗口，如图 10-2 所示。

在变量浏览窗口中可对数据文件中的各个变量进行定义。建立数据集时，需要定义变量的 10 个属性。这 10 个属性分别是变量名（Name）、变量类型（Type）、宽度（Width）、小数位数（Decimals）、变量标签（Label）、取值标签（Values）、缺失值（Missing）、列宽（Columns）、对齐方式（Align）、数据度量尺度（Measure）。

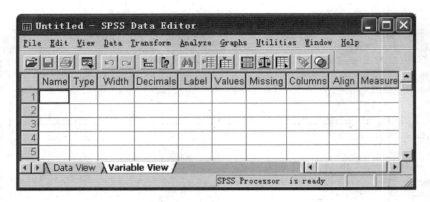

图 10-2 变量浏览界面

## 三、结果输出窗口

结果输出窗口是 SPSS 另一个主要窗口，该窗口的主要功能是显示和管理 SPSS 统计分析的结果、报表及图形。它在完成"Analyze"菜单中的某个统计分析过程后，就会将分析结果呈现出来，如图 10-3 所示。只有完成一项处理后，才在该窗口显示处理过程和计算结果。

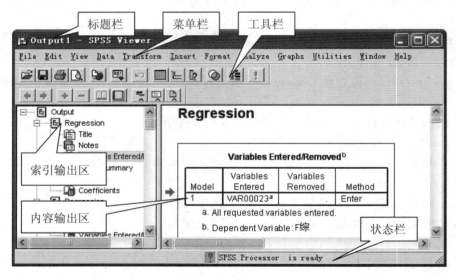

图 10-3 结果输出窗口

结果输出窗口包括标题栏、菜单栏、工具栏、索引输出区、内容输出区和状态栏 6 个部分。结果输出窗口第一次出现时标题名称是"Output1-SPSS Viewer"，第二次出现时标题名称是"Output2-SPSS Viewer"，依次类推。

菜单栏显示了结果输出窗口的主菜单，选择菜单选项即可激活菜单，用户可根据自己的需求在打开的子菜单中选择需要的选项，完成特定的功能。菜单栏共有 File、Edit、View、Data、Transform、Insert、Format、Analyze、Graphs、Utilities、Window、Help 12 个菜单选项。与数据浏览窗口相比，结果输出窗口的主菜单增加了 Insert、Format 两个菜单选项。Insert

菜单主要是插入某个输出的辅助选项,如标题、文本等。Format 菜单主要是对输出的内容进行格式化,显得更加符合标准或更加美观。

索引输出区用于显示已有分析结果的标题和内容索引,以简洁的方式反映和揭示输出结果区的各项输出内容,以便于用户查找和操作。索引输出以一个索引树根结构显示,当需要查找输出结果时,只要单击索引树上相应的图表名称,该图表就会显示在窗口中。

内容输出区显示了具体的统计分析的各个方面的结果,是研究者所要得到的具体图表,与索引输出区的结果是一一对应的。内容输出区的图表可以进行编辑等操作。如果要选取某一图表进行编辑,可双击该图表,当图表四周出现黑色边框时,即可对图表中的数据进行编辑。

# 第四节 基于 SPSS 的统计学实验

SPSS 具有强大的统计功能。在本节中,我们结合具体的案例,来完成 SPSS 数据集的建立、图表描述、描述性统计分析、相关分析、回归分析、假设检验等统计实验。本节的实验工具选择了 SPSS for Windows 13.0 全模块英文版。

## 一、建立数据集

当只有纸质数据或刚刚把原始数据收集上来,需要在 SPSS 中逐一录入时,首先需要建立新的数据文件。SPSS 中新建一个数据文件很简单,当进入 SPSS 系统后,将生成一个空白数据文件,即空白的数据编辑窗口。当新的空白数据文件建好后,还需暂缓数据录入,这时首先应该做的是给新的空白数据文件进行变量定义。在新数据文件中的变量按用户要求定义好后,用户就可以逐个录入数据了。

【例 10-1】 为了解 A 校大学生的逃课情况,A 校统计调查小组制订了一个调查方案。[①]该方案以在校二年级本科生为研究总体,通过发放和回收调查问卷,随机采访了 60 名二年级本科生,获取了第一手数据资料。调查问卷的部分内容如下:

关于本科生逃课情况的调查

亲爱的同学,现在逃课现象并非新鲜事,虽然是不正确的做法,但这是事实。我们在此就逃课现象做一个调查,试图进一步揭示一点情况。下面占用您一些时间,回答几个问题:

1.您的性别

A.男　　　　　　　B.女

2.您每周逃课的频率

A.很少　　　　B.有时　　　　C.经常　　　　D.从不

3.您逃课后的主要活动

A.上网　　　　B.睡觉　　　　C.自习　　　　D.其他

---

① 冯力.统计学实验[M].大连:东北财经出版社,2008:15.

4.您对逃课的看法

A.无所谓 　　　　B.有点在意 　　　C.过后会自责 　　　D.下不为例

5.您认为逃课是否对学习成绩存在较大的影响

A.会 　　　　　　B.不会

再次感谢您的合作！

A校统计调查小组

　　这是一个小型的统计调研活动，可通过此例熟悉和掌握统计调研的基本方法、基本内容和基本步骤，培养从事实际统计工作的能力。

　　获得原始数据之后的第一件事情就是要建立一个可用于进一步计算和分析的完整的SPSS数据集。

　　**解**　SPSS实验步骤如下：

　　(1)确定变量个数。

　　问卷中共有5个问题，加上被访者的观测序号，此数据集可设置6个变量，即序号、性别、逃课频率、逃课后活动、对逃课的看法、是否影响成绩。

　　(2)定义变量属性。

　　在SPSS主窗口的左下角处，点击"Variable View"标签，切换至变量浏览界面。打开变量浏览界面之后，即可对6个变量一一加以定义。SPSS数据集要求定义变量的10个属性，即Name、Type、Width、Decimals、Label、Values、Missing、Columns、Align、Measure。

　　①Name：变量名。变量可以用汉字命名，也可以用字母或字符来命名。变量名的首字符必须是字母或汉字，后面则可以是字符或数字。变量名不能与SPSS的保留字相同。SPSS的保留字有ALL、AND、BY、EQ、GE、GT、LE、LT、NE、NOT、OR、OT、WITH。如果使用了上述保留字作变量名，系统会自动提示。本数据集中的6个变量名可分别定义为序号、性别、频率、活动、看法、评价。

　　②Type：变量类型。SPSS的主要变量类型有：Numeric（标准数值型）、Comma（带逗点的数值型）、Dot（逗点作小数点的数值型）、Scientific Notation（科学记数法）、Date（日期型）、Dollar（带美元符号的数值型）、Custom Currency（自定义型）、String（字符型）。单击"Type"相应单元中的按钮，选择合适的类型（本数据集中的6个变量类型都为Numeric）。

　　③Width：变量宽度。即运算宽度，默认值为8，运算宽度实际上只会改变输出结果的显示宽度，数据的存储结果与运算的精度不受宽度的影响。

　　④Decimals：小数位数。默认值为2位小数。

　　⑤Label：变量标签。用来扼要说明变量名的含义。例如，本数据集中4个变量名频率、活动、看法、评价下的变量标签可分别定义为：逃课频率、逃课后的活动、对逃课的看法、是否影响成绩。

　　⑥Values：取值标签。取值标签是对变量的每一个可能取值的进一步描述。当变量是定类或定序变量时，这是非常有用的。譬如在针对"性别"变量定义取值标签时，可定义1＝男、2＝女。

　　⑦Missing：缺失值。SPSS有两类缺失值，即系统缺失值和用户缺失值。在Data View界面中，任何空着的数字单元都被认为是系统缺失值，用点号"．"表示。SPSS可以指定那些

由于特殊原因造成的信息缺失值,然后将它们标为用户缺失值,统计过程会识别这种标识,即带有缺失值的观测被特别处理。默认值为"None"。单击"Value"相应单元中的按钮,可改变缺失值定义方式。

⑧Columns:变量的显示宽度。输入变量的显示宽度,默认为8。

⑨Align:变量显示的对齐方式。有三种选择:Left(左对齐)、Center(居中对齐)和 Right(右对齐)。

⑩Measure:变量的测量尺度。有三种选择:Nominal(定类型)、Ordinal(定序型)和 Scale(数值型)。

本数据中的 6 个变量的定义内容如表 10-1 所示,其中省略了 Width、Decimals、Missing、Columns、Align 五个属性的内容。

表 10-1 数据中变量属性的定义

| 序号 | Name | Type | Label | Values | Measure |
|------|------|------|-------|--------|---------|
| 1 | 序号 | Numeric | | None | Ordinal |
| 2 | 性别 | Numeric | | 1=男,2=女 | Nominal |
| 3 | 频率 | Numeric | 逃课频率 | 1=偶尔,2=有时,3=经常,4=从不 | Nominal |
| 4 | 活动 | Numeric | 逃课后活动 | 1=上网,2=睡觉,3=自习,4=其他 | Nominal |
| 5 | 看法 | Numeric | 对逃课的看法 | 1=无所谓,2=有点在意<br>3=过后会自责,4=下不为例 | Nominal |
| 6 | 评价 | Numeric | 是否影响成绩 | 1=会,2=不会 | Nominal |

本数据在 SPSS 中定义完毕的 6 个变量如图 10-4 所示。

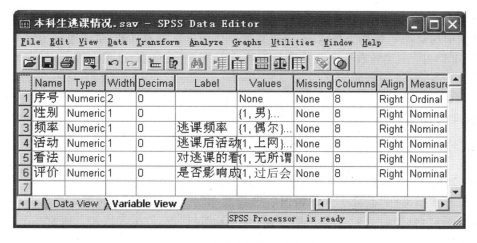

图 10-4 定义完毕的 6 个变量

(3)录入样本数据。

变量定义完成后,在 SPSS 主窗口中的左下角处,点击"Data View"标签,切换至数据浏览界面,通过键盘输入 60 份问卷的原始数据(原始数据略)。数据录入完成后所建立起来的 SPSS 数据集"本科生逃课情况.sav",如图 10-5 和图 10-6 所示。

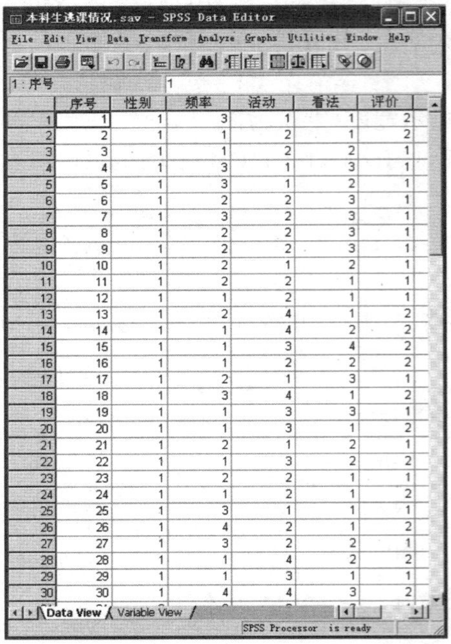
本科生逃课情况.sav - SPSS Data Editor

File Edit View Data Transform Analyze Graphs Utilities Window Help

1：序号 1

| | 序号 | 性别 | 频率 | 活动 | 看法 | 评价 |
|---|---|---|---|---|---|---|
| 1 | 1 | 1 | 3 | 1 | 1 | 2 |
| 2 | 2 | 1 | 1 | 2 | 1 | 2 |
| 3 | 3 | 1 | 1 | 2 | 2 | 1 |
| 4 | 4 | 1 | 3 | 1 | 3 | 1 |
| 5 | 5 | 1 | 3 | 1 | 2 | 1 |
| 6 | 6 | 1 | 2 | 2 | 3 | 1 |
| 7 | 7 | 1 | 3 | 2 | 3 | 1 |
| 8 | 8 | 1 | 2 | 2 | 3 | 1 |
| 9 | 9 | 1 | 2 | 2 | 3 | 1 |
| 10 | 10 | 1 | 2 | 1 | 2 | 1 |
| 11 | 11 | 1 | 2 | 2 | 1 | 1 |
| 12 | 12 | 1 | 1 | 2 | 1 | 1 |
| 13 | 13 | 1 | 2 | 4 | 1 | 2 |
| 14 | 14 | 1 | 1 | 4 | 2 | 2 |
| 15 | 15 | 1 | 1 | 3 | 4 | 2 |
| 16 | 16 | 1 | 1 | 2 | 2 | 2 |
| 17 | 17 | 1 | 2 | 1 | 3 | 1 |
| 18 | 18 | 1 | 3 | 4 | 1 | 2 |
| 19 | 19 | 1 | 1 | 3 | 3 | 1 |
| 20 | 20 | 1 | 1 | 3 | 1 | 2 |
| 21 | 21 | 1 | 2 | 1 | 2 | 1 |
| 22 | 22 | 1 | 1 | 3 | 2 | 2 |
| 23 | 23 | 1 | 2 | 2 | 1 | 1 |
| 24 | 24 | 1 | 1 | 2 | 1 | 2 |
| 25 | 25 | 1 | 3 | 1 | 1 | 1 |
| 26 | 26 | 1 | 4 | 2 | 1 | 2 |
| 27 | 27 | 1 | 3 | 2 | 2 | 1 |
| 28 | 28 | 1 | 1 | 4 | 2 | 2 |
| 29 | 29 | 1 | 1 | 3 | 1 | 1 |
| 30 | 30 | 1 | 4 | 4 | 3 | 2 |

Data View / Variable View

SPSS Processor is ready

图 10-5　序号 1—30 的数据

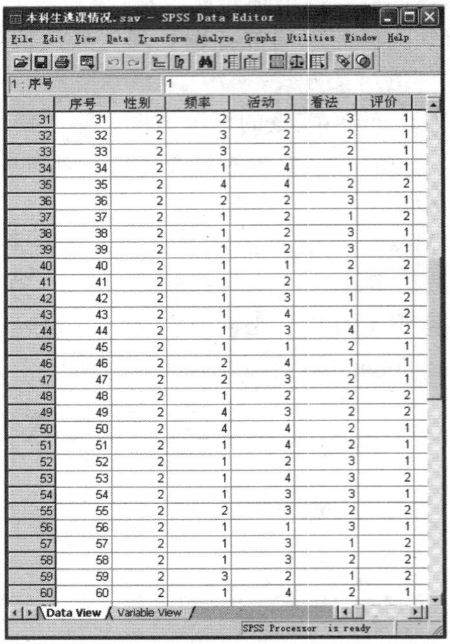
本科生逃课情况.sav - SPSS Data Editor

File Edit View Data Transform Analyze Graphs Utilities Window Help

1：序号 1

| | 序号 | 性别 | 频率 | 活动 | 看法 | 评价 |
|---|---|---|---|---|---|---|
| 31 | 31 | 2 | 2 | 2 | 3 | 1 |
| 32 | 32 | 2 | 3 | 2 | 2 | 1 |
| 33 | 33 | 2 | 3 | 2 | 2 | 1 |
| 34 | 34 | 2 | 1 | 4 | 1 | 1 |
| 35 | 35 | 2 | 4 | 4 | 2 | 2 |
| 36 | 36 | 2 | 2 | 2 | 3 | 1 |
| 37 | 37 | 2 | 1 | 2 | 1 | 2 |
| 38 | 38 | 2 | 1 | 2 | 3 | 1 |
| 39 | 39 | 2 | 1 | 2 | 3 | 1 |
| 40 | 40 | 2 | 1 | 1 | 2 | 2 |
| 41 | 41 | 2 | 1 | 2 | 1 | 1 |
| 42 | 42 | 2 | 1 | 3 | 1 | 2 |
| 43 | 43 | 2 | 1 | 4 | 1 | 2 |
| 44 | 44 | 2 | 1 | 3 | 4 | 2 |
| 45 | 45 | 2 | 1 | 1 | 2 | 1 |
| 46 | 46 | 2 | 2 | 4 | 1 | 1 |
| 47 | 47 | 2 | 2 | 3 | 2 | 1 |
| 48 | 48 | 2 | 1 | 2 | 2 | 2 |
| 49 | 49 | 2 | 4 | 3 | 2 | 2 |
| 50 | 50 | 2 | 4 | 4 | 2 | 1 |
| 51 | 51 | 2 | 1 | 4 | 2 | 1 |
| 52 | 52 | 2 | 1 | 2 | 3 | 1 |
| 53 | 53 | 2 | 1 | 4 | 3 | 2 |
| 54 | 54 | 2 | 1 | 3 | 3 | 1 |
| 55 | 55 | 2 | 2 | 3 | 2 | 2 |
| 56 | 56 | 2 | 1 | 1 | 3 | 1 |
| 57 | 57 | 2 | 1 | 3 | 1 | 2 |
| 58 | 58 | 2 | 1 | 3 | 2 | 2 |
| 59 | 59 | 2 | 3 | 2 | 1 | 2 |
| 60 | 60 | 2 | 1 | 4 | 2 | 1 |

Data View / Variable View

SPSS Processor is ready

图 10-6　序号 31—60 的数据

## 二、品质型数据的图表描述

整理定类或定序数据时，首先要列出所分的类别，然后计算出每一类别的频数或频率，将各个类别的相应频数或频率全部列出，并用表格形式表现出来，就形成了频数分布表。频数分布表中所反映的频数分布状态，通过频数分布图可以更为直观、生动地显示出来。

在 SPSS 中，创建频数分布表可通过频数分析（Frequencies）过程实现，绘制频数分布图则是通过 Graphs 功能完成的。

**【例 10-2】**　仍采用例 10-1 中的数据集“本科生逃课情况.sav”，其中逃课频率、逃课后活动、对逃课的看法、是否影响成绩这 4 个变量都是定类变量。下面以“逃课频率”及“对逃课的看法”变量为例，对这些变量数据制作频数分布表和频数分布图。

**解**　SPSS 实验步骤如下：

(1)逃课频率的频数分布表和频数分布条形图。

①打开数据文件“本科生逃课情况”，选择菜单“Analyze”→“Descriptives Statistics”→“Frequencies”，弹出如图 10-7 所示的“Frequencies”对话框。

②选择变量“逃课频率[频率]”进入“Variable(s)”框内。选中“Display frequency tables”复选项。

③点击“Charts”按钮，弹出如图 10-8 所示的“Frequencies:Charts”对话框。在这些对话框中选择“Charts Type”框下的“Bar charts”选项。选择“Chart Values”框下的“Frequencies”选项。

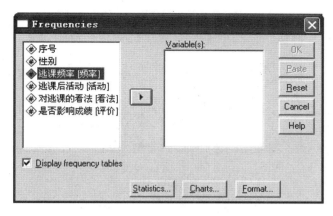

图 10-7　"Frequencies"对话框

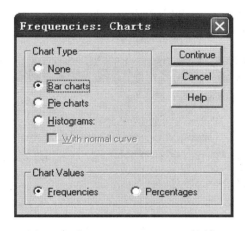

图 10-8　"Frequencies:Charts"对话框

④点击"Continue"→"OK",系统输出结果如表 10-2 和图 10-9 所示。

表 10-2　逃课频率频数分布

|  |  | Frequency | Percent | Valid Percent | Cumulative Percent |
|---|---|---|---|---|---|
| Valid | 偶尔 | 31 | 51.7 | 51.7 | 51.7 |
|  | 有时 | 14 | 23.3 | 23.3 | 75.0 |
|  | 经常 | 10 | 16.7 | 16.7 | 91.7 |
|  | 从不 | 5 | 8.3 | 8.3 | 100.0 |
|  | Total | 60 | 100.0 | 100.0 |  |

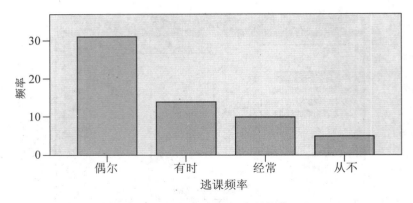

图 10-9　逃课频率频数分布条形图

（2）对逃课的看法的频数分布饼形图。

①选择菜单"Graphs→Pie"，弹出如图 10-10 所示的"Pie Charts"对话框。在此框中选择"Summaries for groups of cases"选项。

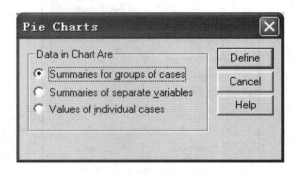

图 10-10　"Pie Charts"对话框

②点击"Define"按钮，弹出如图 10-11 所示的"Define Pie：Summaries for Groups of Cases"对话框。选择变量"对逃课的看法"进入"Define Slices by"框内；选择"Slices Represent"框下的"％ of cases"选项。

③点击"OK"，系统输出饼形图如图 10-12 所示。

## 三、描述性统计分析

统计数据的分布特征，可以从三个方面进行测度和描述：一是数据分布的集中趋势，反映各数据向其中心值靠拢或聚集的程度；二是数据分布的离散趋势，反映数据远离其中心值的程度；三是数据分布的偏态和峰度，反映数据分布的形态。其中常用的描述集中趋势的统计量有平均值、众数、中位数、四分位数；描述离散趋势的统计量有极差、标准差、方差；描述分布形态的统计量有偏度系数和峰度系数。

在 SPSS 中，描述性统计分析可分别通过频数分析（Frequencies）和描述性分析（Descriptives）这两个模块完成，两者的功能稍有不同。

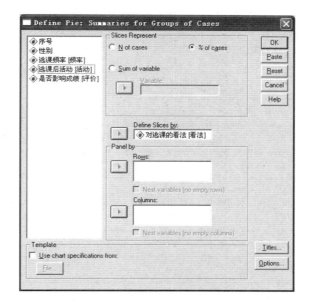

图 10-11　"Define Pie：Summaries for Groups of Cases"对话框

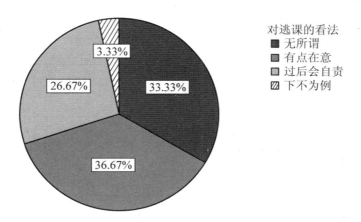

图 10-12　对逃课的看法频数分布饼形图

## （一）频数分析

SPSS 的频数分析（Frequencies）过程是描述性统计中最常用的方法之一，它不仅可以产生详细的频数表，还可以按要求给出平均值、最大值、最小值、极差、标准差、方差、平均数标准误、偏度系数和峰度系数等描述统计量。另外，它还可以通过分析做出条形图、直方图、饼图等统计图。这样通过变量的频数分布分析可以方便地按组归类整理，形成观测量中各变量不同水平的分布情况表，还可以对数据的分布趋势进行初步分析。

【例 10-3】　表 10-3 所示为某高校工商管理班 40 名学生某一学期 4 门课程的期末考试成绩。要求先对各科的考试成绩进行统计分组，各组的组限分别为：60 分以下，60～70 分，70～80 分，80～90 分，90～100 分。然后利用分组资料进行频数分析，并绘制频数表、直方图，计算算术平均数、中位数、众数、标准差、峰度系数、偏度系数等描述统计量。

表 10-3   40 名学生期末考试成绩

| 学　号 | 数　学 | 英　语 | 经济学 | 统计学 |
|---|---|---|---|---|
| 1 | 95 | 92 | 87 | 86 |
| 2 | 80 | 82 | 89 | 89 |
| 3 | 67 | 87 | 98 | 94 |
| 4 | 82 | 94 | 83 | 96 |
| 5 | 69 | 83 | 92 | 94 |
| 6 | 82 | 86 | 85 | 86 |
| 7 | 73 | 92 | 91 | 84 |
| 8 | 86 | 81 | 78 | 95 |
| 9 | 85 | 90 | 84 | 88 |
| 10 | 77 | 82 | 79 | 93 |
| 11 | 73 | 85 | 88 | 93 |
| 12 | 77 | 89 | 85 | 92 |
| 13 | 81 | 81 | 89 | 86 |
| 14 | 83 | 85 | 81 | 89 |
| 15 | 74 | 80 | 85 | 88 |
| 16 | 80 | 81 | 80 | 78 |
| 17 | 76 | 85 | 81 | 90 |
| 18 | 74 | 77 | 85 | 86 |
| 19 | 76 | 63 | 77 | 84 |
| 20 | 77 | 84 | 73 | 84 |
| 21 | 80 | 77 | 84 | 82 |
| 22 | 76 | 81 | 67 | 76 |
| 23 | 51 | 64 | 64 | 49 |
| 24 | 76 | 75 | 75 | 81 |
| 25 | 79 | 80 | 80 | 81 |
| 26 | 60 | 80 | 80 | 78 |
| 27 | 69 | 61 | 61 | 89 |

| 学  号 | 数  学 | 英  语 | 经济学 | 统计学 |
|---|---|---|---|---|
| 28 | 77 | 92 | 92 | 71 |
| 29 | 75 | 67 | 67 | 78 |
| 30 | 65 | 83 | 83 | 71 |
| 31 | 56 | 35 | 60 | 64 |
| 32 | 64 | 43 | 64 | 60 |
| 33 | 49 | 69 | 54 | 70 |
| 34 | 75 | 63 | 55 | 72 |
| 35 | 82 | 70 | 75 | 81 |
| 36 | 79 | 63 | 58 | 65 |
| 37 | 88 | 78 | 90 | 86 |
| 38 | 73 | 66 | 55 | 67 |
| 39 | 45 | 56 | 60 | 64 |
| 40 | 68 | 75 | 87 | 89 |

**解**  SPSS 操作步骤为：

(1)运行 SPSS,输入数据,建立数据文件"学生期末考试成绩.sav"。

(2)选择需进行分组的变量并重新命名。选择菜单"Transform"→"Recode"→"Into Different Variables",弹出"Recode into Different Variables"对话框。选择"数学"进入"Numeric Variables"→"Output Variable"列表框内,在"Output Variable"框中的"Name"后输入存放分组结果的变量名(以数学成绩分组),按"Change"按钮确认,结果如图 10-13 所示。英语、经济学、统计学也按上述方法重新命名。

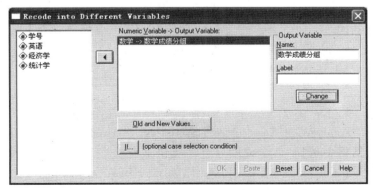

图 10-13  填写"Recode into Different Variables"对话框

（3）按"Old and New Values"按钮进行分组区间定义，如图 10-14 所示。

图 10-14 的窗口分为左右两部分。左边为原始数据取值，右边对左边给出的值（Value）或取值区间（Range）定义新变量的取值。如选择左边的"Range"，输入 90 和 100，然后选右边"New Value"下的"Value"，并填入 95，表示原 90～100 的数据分到 95 这一组中，各组都填写完后点击"Continue"。

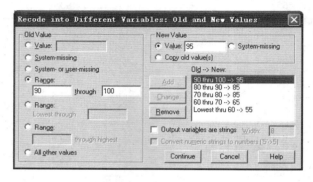

图 10-14　分组区间定义

（4）按"OK"按钮，SPSS 自动进行分组，结果如图 10-15 所示。

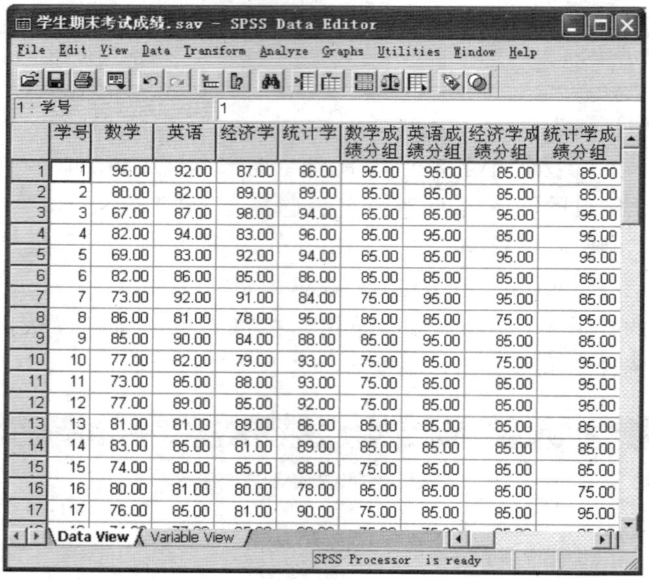

图 10-15　分组结果

（5）选择菜单"Analyze"→"Descriptives Statistics"→"Frequencies"，弹出 "Frequencies"对话框。在此对话框中选择"数学成绩分组""英语成绩分组""经济学成绩分组""统计学成绩分组"进入"Variable(s)"列表框内，选中"Display frequency tables"，以显示分组表，如图 10-16 所示。

图 10-16　填写"Frequencies"对话框

(6)单击"Statistics"按钮,出现"Frequencies:Statistics"输出统计量选择对话,在该对话框中选择需要计算的描述统计量,如图 10-17 所示。

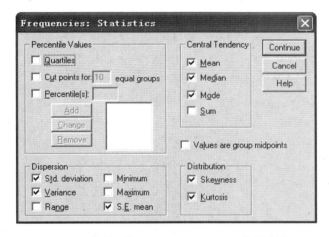

图 10-17　填写"Frequencies:Statistics"对话框

(7)单击"Chart"按钮,选择"Histograms",如图 10-18 所示,选好后点击"Continue"按钮返回。

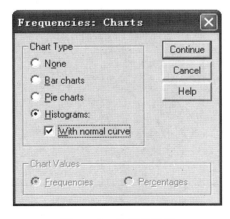

图 10-18　选择统计图

（8）单击"Format"按钮，然后按变量值的升序输出（Ascending values），并选择将多个变量频数放置在一个表中（Compare variables），如图 10-19 所示。

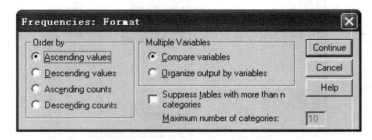

图 10-19　"Frequencies：Format"对话框

（9）单击"Continue"→"OK"，则 SPSS 的部分输出结果见表 10-4、表 10-5 和图 10-20。

表 10-4　输出结果（1）Statistics

|  |  | 数学<br>成绩分组 | 英语<br>成绩分组 | 经济学<br>成绩分组 | 统计学<br>成绩分组 |
|---|---|---|---|---|---|
| N | Valid | 40 | 40 | 40 | 40 |
|  | Missing | 0 | 0 | 0 | 0 |
| Mean |  | 74.5000 | 78.5000 | 78.2500 | 81.7500 |
| Std. Error of Mean |  | 1.55868 | 1.84495 | 1.90773 | 1.61672 |
| Median |  | 75.0000 | 85.0000 | 85.0000 | 85.0000 |
| Mode |  | 75.00 | 85.00 | 85.00 | 85.00 |
| Std. Deviation |  | 9.85797 | 11.66850 | 12.06553 | 10.22503 |
| Variance |  | 97.179 | 136.154 | 145.577 | 104.551 |
| Skewness |  | −0.403 | −0.535 | −0.580 | −0.653 |
| Std. Error of Skewness |  | 0.374 | 0.374 | 0.374 | 0.374 |
| Kurtosis |  | −0.250 | −0.689 | −0.682 | −0.042 |
| Std. Error of Kurtosis |  | 0.733 | 0.733 | 0.733 | 0.733 |

表 10-5　输出结果（2）数学成绩分组

|  |  | Frequency | Percent | Valid Percent | Cumulative Percent |
|---|---|---|---|---|---|
| Valid | 55.00 | 4 | 10.0 | 10.0 | 10.0 |
|  | 65.00 | 7 | 17.5 | 17.5 | 27.5 |
|  | 75.00 | 17 | 42.5 | 42.5 | 70.0 |
|  | 85.00 | 11 | 27.5 | 27.5 | 97.5 |
|  | 95.00 | 1 | 2.5 | 2.5 | 100.0 |
|  | Total | 40 | 100.0 | 100.0 |  |

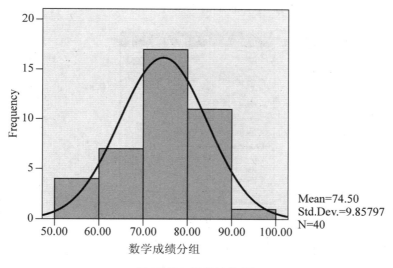

图 10-20　输出结果(3)

## (二)基本描述性分析

SPSS 中的描述性分析(Descriptives)过程就是计算并列出一系列描述性统计量指标。这与其他过程相比并无不同,但它可以将原始数据转换成标准化值并以变量的形式存入数据库,供进一步分析。

1.未分组数据的基本描述统计

【例 10-4】　仍以例 10-3 的数据集"学生期末考试成绩.sav"为例,要求据此对学生的考试成绩进行统计分析,了解学生考试成绩的基本特征。

**解**　SPSS 操作步骤为:

(1)打开数据集"学生期末考试成绩.sav",选择菜单"Analyze"→"Descriptives Statistics"→"Descriptives",弹出"Descriptives(描述统计)"对话框。在此对话框中选择"数学""英语""经济学""统计学"进入"Variable(s)"列表框内,在该列表框中列出所要分析的变量列表,如图 10-21 所示。

图 10-21　填写"Descriptives"对话框

(2)设置输出有关描述统计量。单击"Options"按钮,系统弹出如图 10-22 所示的对话框,在该对话框中选择需要计算的描述统计量。系统默认值为输出均值、标准差、最大值和最小值。输出顺序默认为按变量的排序输出。

最后单击"Continue"按钮，返回"Descriptives"主对话框。

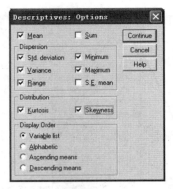

图 10-22  "Descriptives：Options"对话框

（3）单击"OK"按钮，系统输出结果如表 10-6 所示。

表 10-6  40 名学生成绩的统计量描述结果

| | N | Ran | Min | Max | Mean | Std. | Varia | Skewness | | Kurtosis | |
|---|---|---|---|---|---|---|---|---|---|---|---|
| | Statistic | Statistic | Statistic | Statistic | Statistic | Statistic | Statistic | Statistic | Std. Error | Statistic | Std. Error |
| 数学 | 40 | 50.00 | 45 | 95 | 73.85 | 10.46 | 109.5 | −1.005 | 0.374 | 1.276 | 0.733 |
| 英语 | 40 | 59.00 | 35 | 94 | 76.43 | 13.02 | 169.6 | −1.287 | 0.374 | 1.898 | 0.733 |
| 经济学 | 40 | 44.00 | 54 | 98 | 77.53 | 11.98 | 143.5 | −0.603 | 0.374 | −0.744 | 0.733 |
| 统计学 | 40 | 47.00 | 49 | 96 | 81.23 | 10.98 | 120.6 | −0.951 | 0.374 | 0.519 | 0.733 |
| Valid N (listwise) | 40 | | | | | | | | | | |

2.已分组数据的基本描述统计

对直接给出分组数据、没有原始数据的资料进行基本描述性统计分析，需先进行加权，再按照上述实验步骤操作，可计算出描述统计指标的值。

【例 10-5】某班 50 名学生统计学考试成绩如表 10-7 所示，试计算该班学生考试成绩的平均数、标准差、峰度系数和偏度系数。

表 10-7  某班级学生统计学考试成绩

| 按成绩分组/分 | 组中值/分 | 学生人数/人 |
|---|---|---|
| 60 以下 | 55 | 6 |
| 60～70 | 65 | 12 |
| 70～80 | 75 | 10 |
| 80～90 | 85 | 14 |
| 90 以上 | 95 | 8 |
| 合  计 | — | 50 |

**解** (1)运行 SPSS,定义变量并输入数据,如图 10-23 所示。

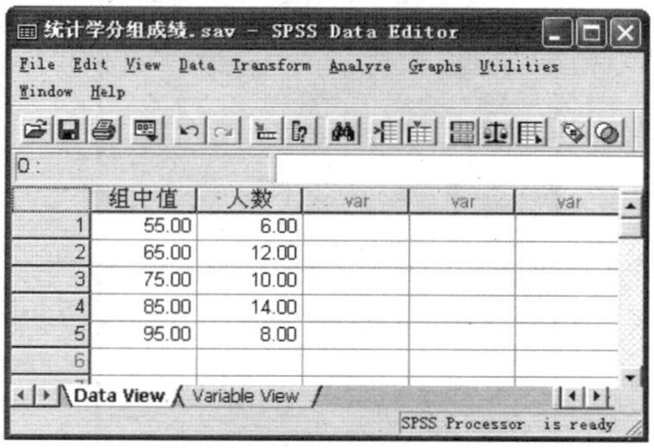

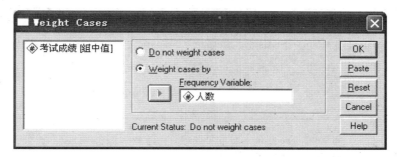

图 10-23 数据

(2)选择菜单"Data"→"Weight Cases",系统弹出"Weight Cases"对话框。在此对话框中选择"Weight cases by",将人数选到"Frequency Variable"列表框内,如图 10-24 所示。

图 10-24 "Weight Cases"对话框

(3)点击"OK"按钮。这样,图 10-24 左栏的组中值就被右栏中对应的人数加权了。

(4)选择"Analyze"→"Descriptives Statistics"→"Descriptives",系统弹出"Descriptives"对话框,选择"考试成绩[组中值]"进入"Variable(s)"列表框内,如图 10-25 所示。

图 10-25 "Descriptives"对话框

(5)单击"Options"按钮,系统弹出如图 10-26 所示的对话框,在该对话框中选择需要计算的描述统计量;单击"Continue"按钮,返回"Descriptives"主对话框。

(6)单击"OK"按钮,即在结果浏览窗口输出结果,如表 10-8 所示。

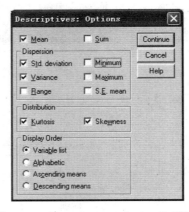

图 10-26　"Descriptives：Options"对话框

表 10-8　描述统计结果

**Descriptive Statistics**

| | N | Mean | Std. | Variance | Skewness | | Kurtosis | |
|---|---|---|---|---|---|---|---|---|
| | Statistic | Statistic | Statistic | Statistic | Statistic | Std. Error | Statistic | Std. Error |
| 考试成绩 | 50 | 76.20 | 12.879 | 165.878 | −0.113 | 0.337 | −1.110 | 0.662 |
| Valid V (listwise) | 50 | | | | | | | |

### 四、简单相关分析与线性回归分析

相关分析是研究变量间关系密切程度的一种统计方法。简单相关分析研究两个变量间线性关系的强弱程度，一般是通过计算相关系数来进行分析的。在进行相关分析时，散点图是非常重要的工具，分析前必须要先做散点图，以初步判断两变量之间是否存在相关趋势，该趋势是否为直线，以及数据中是否存在异常点。

回归分析是定量反映数值型变量之间明显存在的相关关系的一种统计推断方法。一元线性回归分析涉及一个自变量的回归分析，主要功能是处理两个变量（因变量与自变量）之间的线性关系，建立数学模型并进行评价预测。

SPSS 的相关分析功能被集中在"Analyze"菜单的"Correlate"子菜单中，回归分析功能被集中在"Analyze"菜单的"Regression"子菜单中。

【例 10-6】　1990—2007 年我国城镇居民家庭人均可支配收入及恩格尔系数（食品支出额占总支出额的比重）资料如表 10-9 所示，试以此分析城镇居民可支配收入与恩格尔系数之间的关系。

表 10-9　1990—2007 年我国城镇居民家庭人均可支配收入及恩格尔系数

| 年　份 | 城镇居民家庭人均<br>可支配收入/元 | 恩格尔系数/％ |
| --- | --- | --- |
| 1990 | 1510.20 | 54.24 |
| 1991 | 1700.60 | 53.80 |
| 1992 | 2026.60 | 53.04 |
| 1993 | 2577.40 | 50.32 |
| 1994 | 3496.20 | 50.04 |
| 1995 | 4283.00 | 50.09 |
| 1996 | 4838.90 | 48.76 |
| 1997 | 5160.30 | 46.60 |
| 1998 | 5425.10 | 44.66 |
| 1999 | 5854.02 | 42.07 |
| 2000 | 6280.00 | 39.44 |
| 2001 | 6859.60 | 38.20 |
| 2002 | 7702.80 | 37.68 |
| 2003 | 8472.20 | 37.10 |
| 2004 | 9421.60 | 37.70 |
| 2005 | 10493.00 | 36.70 |
| 2006 | 11759.50 | 35.80 |
| 2007 | 13785.80 | 36.30 |

资料来源:《中国统计年鉴 2008》。

**解**　(1)运行 SPSS,定义变量并输入数据。

(2)绘制散点图,判断变量之间是否存在相关关系。

①选择菜单"Graphs"→"scatter"。

②打开"Scatterplot"子对话框,选择"Simple"图形,单击"Define"键。

③在打开的"Simple Scatterplot"子对话框中将变量分别放入"Y Axis"和"X Axis"列表框内,如图 10-27 所示。

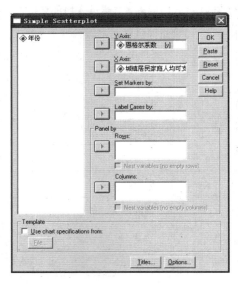

图 10-27　"Simple Scatterplot"对话框

④单击"OK"按钮，绘图结果如图 10-28 所示。

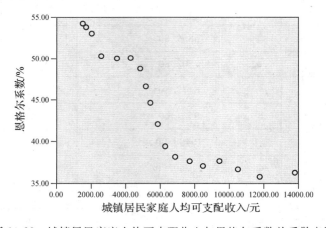

图 10-28　城镇居民家庭人均可支配收入与恩格尔系数关系散点图

从图 10-28 中可以看出城镇居民家庭人均可支配收入与恩格尔系数间具有线性的趋势。

（3）计算相关系数并进行假设检验。

①选择菜单"Analyze"→"Correlate"→"Bivariate"。

②在打开的"Bivariate Correlations"对话框中，将变量"城镇居民家庭人均可支配收入"和"恩格尔系数"选入到"Variables"框中，并选中"Pearson""Two-tailed""Flag significant correlations"，如图 10-29 所示。

图 10-29　填写"Bivariate"对话框

③单击"OK"按钮,得到输出结果如表 10-10 所示。

**表 10-10　简单相差系数计算输出结果**

**Correlations**

| | | 城镇居民家庭人均可支配收入 | 恩格尔系数 |
|---|---|---|---|
| 城镇居民家庭人均可支配收入 | Pearson Correlation | 1 | $-0.914^{**}$ |
| | Sig.（2-tailed） | | 0.000 |
| | N | 18 | 18 |
| 恩格尔系数 | Pearson Correlation | $-0.914^{**}$ | 1 |
| | Sig.（2-tailed） | 0.000 | |
| | N | 18 | 18 |

（图中带有"＊＊"号的结果表明有关的两变量在 0.01 的显著性水平下显著相关）

从表 10-8 中可以看出两个变量的相关系数为 0.914，$P$ 值小于 0.001，说明两者呈高度相关关系。

（5）建立直线回归方程。

①选择菜单"Analyze"→"Regression"→"Linear"。

②在打开的"Linear Regression"对话框中,分别选择左侧框中的"城镇居民家庭人均可支配收入"与"恩格尔系数"到右侧对应的"Independent(s)"（自变量）与"Dependent"（因变量）列表框中,如图 10-30 所示。

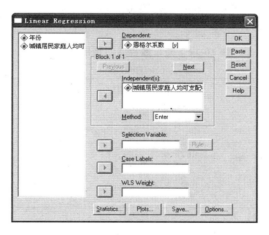

图 10-30　填写"Linear Regression"对话框

（3）单击"OK"按钮。SPSS 输出结果如表 10-11 至表 10-14 所示。

输出结果包含了四个内容:进入或移出的自变量（Variables Entered /Removed[b]）、模型的简要拟合情况（Model Summary）、方差分析表（ANOVA[b]）、回归系数表（Coefficients[a]）。

表 10-11　简单线性回归输出结果（1）

**Variables Entered/Removed**b

| Model | Variables Entered | Variables Removed | Method |
|---|---|---|---|
| 1 | 城镇居民家庭人均可支配收入ᵃ | | Enter |

a. All requested variables entered.

b. Dependent Variable：恩格尔系数

表 10-12　简单线性回归输出结果（2）

**Model Summary**

| Model | R | R Square | Adjusted R Square | Std. Error of the Estimate |
|---|---|---|---|---|
| 1 | 0.914ᵃ | 0.835 | 0.825 | 2.85436 |

a. Predictors：(Constant)，城镇居民家庭人均可支配收入

表 10-13　简单线性回归输出结果（3）

**ANOVA**b

| Model | | Sum of Squares | df | Mean Square | F | Sig. |
|---|---|---|---|---|---|---|
| 1 | Regression | 660.831 | 1 | 660.831 | 81.110 | 0.000ᵃ |
| | Residual | 130.358 | 16 | 8147 | | |
| | Total | 791.189 | 17 | | | |

a. Predictors：(Constant)，城镇居民家庭人均可支配收入

b. Dependent Variable：恩格尔系数

表 10-14　简单线性回归输出结果（4）

**Coefficients**a

| Model | | Unstandardized Coefficients | | Standardized Coefficients | t | Sig. |
|---|---|---|---|---|---|---|
| | | B | Std. Error | Beta | | |
| 1 | (Constant) | 54.967 | 1.388 | | 39.593 | 0.000 |
| | 城镇居民家庭人均可支配收入 | −0.002 | 0.000 | −0.914 | −9.006 | 0.000 |

a. Dependent Variable：恩格尔系数

（5）分析上述分析结果。

根据给定的显著性水平，检验各种统计量的取值及 $P$ 值，得出有关的回归系数，从而给出估计的简单线性回归方程。

输出结果（1）表明该模型中的城镇居民家庭人均可支配收入是进入变量，没有移出的变量，具体的进入/退出方法为 Enter；输出结果（2）是模型的拟合优度情况简报，表明两个变量的相关系数为 0.914，决定系数为 0.835，校正的决定系数为 0.825；输出结果（3）是模型的检验结果，回归模型 $F$ 值为 81.110，$P$ 值为 0.000，因此回归模型具有统计学意义，通过了检验；输出结果（4）显示了线性回归模型中各系数的取值和检验值，回归方程为 $Y=54.967-$

$0.002X$，截距项和常数项的 $P$ 值都为 $0.000$，通过了检验。

## 五、单样本 $t$ 检验

假设检验是在小概率原理基础上，以样本统计量的值来推断总体参数的一种统计推断方法。单样本 $t$ 检验是利用来自一个正态总体的样本数据，来推断该总体的均值是否与指定的检验值之间存在显著差异。

SPSS 中的单样本 $t$ 检验过程是由 One-Sample T Test 功能完成的。

**【例 10-7】** 某食品加工厂对其装袋饼干的重量进行检查，看其当天的袋装重量是否符合标准要求，以判断其包装机的工作是否正常。该厂质检员随机抽取了 40 袋饼干，称得饼干的净重量如表 10-15 所示。现已知每袋饼干规定的包装重量为 500 克，并由经验已知饼干重量服从正态分布。要求分析该天包装机的工作是否正常。

表 10-15　饼干重量测量结果

| 编　号 | 重量/克 | 编　号 | 重量/克 |
| --- | --- | --- | --- |
| 1 | 498 | 21 | 505 |
| 2 | 497 | 22 | 504 |
| 3 | 502 | 23 | 498 |
| 4 | 501 | 24 | 496 |
| 5 | 502 | 25 | 495 |
| 6 | 495 | 26 | 503 |
| 7 | 496 | 27 | 505 |
| 8 | 496 | 28 | 502 |
| 9 | 503 | 29 | 501 |
| 10 | 502 | 30 | 502 |
| 11 | 501 | 31 | 496 |
| 12 | 505 | 32 | 496 |
| 13 | 496 | 33 | 498 |
| 14 | 493 | 34 | 501 |
| 15 | 496 | 35 | 503 |
| 16 | 497 | 36 | 503 |
| 17 | 503 | 37 | 495 |
| 18 | 504 | 38 | 502 |

续　表

| 编　号 | 重量/克 | 编　号 | 重量/克 |
|---|---|---|---|
| 19 | 498 | 39 | 494 |
| 20 | 496 | 40 | 503 |

**解：**（1）建立假设：

$H_0$：包装机工作正常；$H_1$：包装机工作不正常

（2）运行 SPSS，输入数据。

（3）选择菜单"Analyze"→"Compare Means"→"One-Sample T Test"，在弹出的"One-Sample T Test"对话框中，选择待检验的变量"重量"进入"Test Variable(s)"框中，并在"Test Value"编辑框中输入检验值 500，如图 10-31 所示。

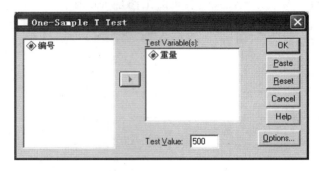

图 10-31　"One-Sample T Test"对话框

（4）单击"Options"按钮，打开图 10-32 所示的"One-Sample T Test：Options"对话框。在"Confidence Interval"框中输入置信区间，系统默认为 95％，本例中选择系统默认值。

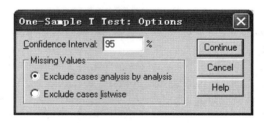

图 10-32　"One-Sample T Test：Options"对话框

（5）点击"Continue"→"OK"按钮，得到输出结果如表 10-16 和表 10-17 所示。

表 10-16　单样本 $t$ 检验输出结果（1）

**One-Sample Statistics**

|  | N | Mean | Std. Deviation | Std. Error Mean |
|---|---|---|---|---|
| 重量 | 40 | 499.5750 | 3.59407 | 0.56827 |

表 10-17　单样本 $t$ 检验输出结果（2）

**One-Sample Test**

| | Test Value＝500 | | | | | |
|---|---|---|---|---|---|---|
| | t | df | Sig. (2-tailed) | Mean Difference | 95% Confidence Interval of the Difference | |
| | | | | | Lower | Upper |
| 重量 | −0.748 | 39 | 0.459 | −0.42500 | −1.5744 | 0.7244 |

（6）分析输出结果。

由表 10-16 可知，这 40 个样品袋装饼干的平均重量为 499.5750 克，标准差为 3.59407 克。由表 10-17 可知，用于检验的统计量 $t＝−0.748$，双侧检验结果 $P＝0.459$。由于 $P＞0.05$，故接受 $H_0$，拒绝 $H_1$，即认为包装机工作正常。

# 参考文献

冯力.统计学实验[M].大连:东北财经大学出版社,2008.

韩兆洲.统计学原理[M].7版.广州:暨南大学出版社,2011.

黄应绘.统计学实验[M].重庆:西南财经大学出版社,2007.

贾怀勤,杜学孔.应用统计[M].5版.北京:对外经济贸易大学出版社,2010.

贾怀勤.新编应用统计[M].北京:中国商务出版社,2009.

贾俊平,何晓群.统计学[M].5版.北京:中国人民大学出版社,2012.

李洁明,祁新娥.统计学原理[M].5版.上海:复旦大学出版社,2010.

陆菊春.应用统计学[M].武汉:武汉大学出版社,2007.

王积瑾,莫生红.应用统计学[M].北京:电子工业出版社,2010.

王积瑾.经济管理统计学[M].北京:中国商业出版社,2005.

向书坚,张学毅.统计学[M].北京:中国统计出版社,2010.

熊俊顺,王娟,刘干.统计学教程[M].2版.杭州:浙江大学出版社,2011.

徐国祥.统计学[M].上海:上海人民出版社,2007.

袁卫,庞皓,曾五一.统计学[M].3版.北京:高等教育出版社,2009.

曾五一.统计学[M].2版.北京:中国金融出版社,2011.

章文波,陈红艳.实用数据统计分析及SPSS 12.0应用[M].北京:人民邮电出版社,2006.

# 附录 1

# 中华人民共和国统计法(2009 年修订)

(1983 年 12 月 8 日第六届全国人民代表大会常务委员会第三次会议通过,根据 1996 年 5 月 15 日第八届全国人民代表大会常务委员会第十九次会议《关于修改〈中华人民共和国统计法〉的决定》修正,2009 年 6 月 27 日第十一届全国人民代表大会常务委员会第九次会议修订。)

## 第一章 总 则

**第一条** 为了科学、有效地组织统计工作,保障统计资料的真实性、准确性、完整性和及时性,发挥统计在了解国情国力、服务经济社会发展中的重要作用,促进社会主义现代化建设事业发展,制定本法。

**第二条** 本法适用于各级人民政府、县级以上人民政府统计机构和有关部门组织实施的统计活动。

统计的基本任务是对经济社会发展情况进行统计调查、统计分析,提供统计资料和统计咨询意见,实行统计监督。

**第三条** 国家建立集中统一的统计系统,实行统一领导、分级负责的统计管理体制。

**第四条** 国务院和地方各级人民政府、各有关部门应当加强对统计工作的组织领导,为统计工作提供必要的保障。

**第五条** 国家加强统计科学研究,健全科学的统计指标体系,不断改进统计调查方法,提高统计的科学性。

国家有计划地加强统计信息化建设,推进统计信息搜集、处理、传输、共享、存储技术和统计数据库体系的现代化。

**第六条** 统计机构和统计人员依照本法规定独立行使统计调查、统计报告、统计监督的职权,不受侵犯。

地方各级人民政府、政府统计机构和有关部门以及各单位的负责人,不得自行修改统计机构和统计人员依法搜集、整理的统计资料,不得以任何方式要求统计机构、统计人员及其他机构、人员伪造、篡改统计资料,不得对依法履行职责或者拒绝、抵制统计违法行为的统计人员打击报复。

**第七条** 国家机关、企业事业单位和其他组织以及个体工商户和个人等统计调查对象,必须依照本法和国家有关规定,真实、准确、完整、及时地提供统计调查所需的资料,不得提供不真实或者不完整的统计资料,不得迟报、拒报统计资料。

第八条　统计工作应当接受社会公众的监督。任何单位和个人有权检举统计中弄虚作假等违法行为。对检举有功的单位和个人应当给予表彰和奖励。

第九条　统计机构和统计人员对在统计工作中知悉的国家秘密、商业秘密和个人信息,应当予以保密。

第十条　任何单位和个人不得利用虚假统计资料骗取荣誉称号、物质利益或者职务晋升。

## 第二章　统计调查管理

第十一条　统计调查项目包括国家统计调查项目、部门统计调查项目和地方统计调查项目。

国家统计调查项目是指全国性基本情况的统计调查项目。部门统计调查项目是指国务院有关部门的专业性统计调查项目。地方统计调查项目是指县级以上地方人民政府及其部门的地方性统计调查项目。

国家统计调查项目、部门统计调查项目、地方统计调查项目应当明确分工,互相衔接,不得重复。

第十二条　国家统计调查项目由国家统计局制定,或者由国家统计局和国务院有关部门共同制定,报国务院备案;重大的国家统计调查项目报国务院审批。

部门统计调查项目由国务院有关部门制定。统计调查对象属于本部门管辖系统的,报国家统计局备案;统计调查对象超出本部门管辖系统的,报国家统计局审批。

地方统计调查项目由县级以上地方人民政府统计机构和有关部门分别制定或者共同制定。其中,由省级人民政府统计机构单独制定或者和有关部门共同制定的,报国家统计局审批;由省级以下人民政府统计机构单独制定或者和有关部门共同制定的,报省级人民政府统计机构审批;由县级以上地方人民政府有关部门制定的,报本级人民政府统计机构审批。

第十三条　统计调查项目的审批机关应当对调查项目的必要性、可行性、科学性进行审查,对符合法定条件的,作出予以批准的书面决定,并公布;对不符合法定条件的,作出不予批准的书面决定,并说明理由。

第十四条　制定统计调查项目,应当同时制定该项目的统计调查制度,并依照本法第十二条的规定一并报经审批或者备案。

统计调查制度应当对调查目的、调查内容、调查方法、调查对象、调查组织方式、调查表式、统计资料的报送和公布等作出规定。

统计调查应当按照统计调查制度组织实施。变更统计调查制度的内容,应当报经原审批机关批准或者原备案机关备案。

第十五条　统计调查表应当标明表号、制定机关、批准或者备案文号、有效期限等标志。

对未标明前款规定的标志或者超过有效期限的统计调查表,统计调查对象有权拒绝填报;县级以上人民政府统计机构应当依法责令停止有关统计调查活动。

第十六条　搜集、整理统计资料,应当以周期性普查为基础,以经常性抽样调查为主体,综合运用全面调查、重点调查等方法,并充分利用行政记录等资料。

重大国情国力普查由国务院统一领导，国务院和地方人民政府组织统计机构和有关部门共同实施。

**第十七条** 国家制定统一的统计标准，保障统计调查采用的指标含义、计算方法、分类目录、调查表式和统计编码等的标准化。

国家统计标准由国家统计局制定，或者由国家统计局和国务院标准化主管部门共同制定。

国务院有关部门可以制定补充性的部门统计标准，报国家统计局审批。部门统计标准不得与国家统计标准相抵触。

**第十八条** 县级以上人民政府统计机构根据统计任务的需要，可以在统计调查对象中推广使用计算机网络报送统计资料。

**第十九条** 县级以上人民政府应当将统计工作所需经费列入财政预算。

重大国情国力普查所需经费，由国务院和地方人民政府共同负担，列入相应年度的财政预算，按时拨付，确保到位。

### 第三章 统计资料的管理和公布

**第二十条** 县级以上人民政府统计机构和有关部门以及乡、镇人民政府，应当按照国家有关规定建立统计资料的保存、管理制度，建立健全统计信息共享机制。

**第二十一条** 国家机关、企业事业单位和其他组织等统计调查对象，应当按照国家有关规定设置原始记录、统计台账，建立健全统计资料的审核、签署、交接、归档等管理制度。

统计资料的审核、签署人员应当对其审核、签署的统计资料的真实性、准确性和完整性负责。

**第二十二条** 县级以上人民政府有关部门应当及时向本级人民政府统计机构提供统计所需的行政记录资料和国民经济核算所需的财务资料、财政资料及其他资料，并按照统计调查制度的规定及时向本级人民政府统计机构报送其组织实施统计调查取得的有关资料。

县级以上人民政府统计机构应当及时向本级人民政府有关部门提供有关统计资料。

**第二十三条** 县级以上人民政府统计机构按照国家有关规定，定期公布统计资料。

国家统计数据以国家统计局公布的数据为准。

**第二十四条** 县级以上人民政府有关部门统计调查取得的统计资料，由本部门按照国家有关规定公布。

**第二十五条** 统计调查中获得的能够识别或者推断单个统计调查对象身份的资料，任何单位和个人不得对外提供、泄露，不得用于统计以外的目的。

**第二十六条** 县级以上人民政府统计机构和有关部门统计调查取得的统计资料，除依法应当保密的外，应当及时公开，供社会公众查询。

### 第四章 统计机构和统计人员

**第二十七条** 国务院设立国家统计局，依法组织领导和协调全国的统计工作。

国家统计局根据工作需要设立的派出调查机构，承担国家统计局布置的统计调查等任务。

县级以上地方人民政府设立独立的统计机构，乡、镇人民政府设置统计工作岗位，配备专职或者兼职统计人员,依法管理、开展统计工作,实施统计调查。

第二十八条　县级以上人民政府有关部门根据统计任务的需要设立统计机构,或者在有关机构中设置统计人员,并指定统计负责人,依法组织、管理本部门职责范围内的统计工作,实施统计调查,在统计业务上受本级人民政府统计机构的指导。

第二十九条　统计机构、统计人员应当依法履行职责,如实搜集、报送统计资料,不得伪造、篡改统计资料,不得以任何方式要求任何单位和个人提供不真实的统计资料,不得有其他违反本法规定的行为。

统计人员应当坚持实事求是,恪守职业道德,对其负责搜集、审核、录入的统计资料与统计调查对象报送的统计资料的一致性负责。

第三十条　统计人员进行统计调查时,有权就与统计有关的问题询问有关人员,要求其如实提供有关情况、资料并改正不真实、不准确的资料。

统计人员进行统计调查时,应当出示县级以上人民政府统计机构或者有关部门颁发的工作证件;未出示的,统计调查对象有权拒绝调查。

第三十一条　国家实行统计专业技术职务资格考试、评聘制度,提高统计人员的专业素质,保障统计队伍的稳定性。

统计人员应当具备与其从事的统计工作相适应的专业知识和业务能力。

县级以上人民政府统计机构和有关部门应当加强对统计人员的专业培训和职业道德教育。

## 第五章　监督检查

第三十二条　县级以上人民政府及其监察机关对下级人民政府、本级人民政府统计机构和有关部门执行本法的情况,实施监督。

第三十三条　国家统计局组织管理全国统计工作的监督检查,查处重大统计违法行为。

县级以上地方人民政府统计机构依法查处本行政区域内发生的统计违法行为。但是,国家统计局派出的调查机构组织实施的统计调查活动中发生的统计违法行为,由组织实施该项统计调查的调查机构负责查处。

法律、行政法规对有关部门查处统计违法行为另有规定的,从其规定。

第三十四条　县级以上人民政府有关部门应当积极协助本级人民政府统计机构查处统计违法行为,及时向本级人民政府统计机构移送有关统计违法案件材料。

第三十五条　县级以上人民政府统计机构在调查统计违法行为或者核查统计数据时,有权采取下列措施:

(一)发出统计检查查询书,向检查对象查询有关事项;

(二)要求检查对象提供有关原始记录和凭证、统计台账、统计调查表、会计资料及其他相关证明和资料;

(三)就与检查有关的事项询问有关人员;

(四)进入检查对象的业务场所和统计数据处理信息系统进行检查、核对;

(五)经本机构负责人批准,登记保存检查对象的有关原始记录和凭证、统计台账、统计调查表、会计资料及其他相关证明和资料;

(六)对与检查事项有关的情况和资料进行记录、录音、录像、照相和复制。

县级以上人民政府统计机构进行监督检查时，监督检查人员不得少于二人，并应当出示执法证件；未出示的，有关单位和个人有权拒绝检查。

　　**第三十六条**　县级以上人民政府统计机构履行监督检查职责时，有关单位和个人应当如实反映情况，提供相关证明和资料，不得拒绝、阻碍检查，不得转移、隐匿、篡改、毁弃原始记录和凭证、统计台账、统计调查表、会计资料及其他相关证明和资料。

## 第六章　法律责任

　　**第三十七条**　地方人民政府、政府统计机构或者有关部门、单位的负责人有下列行为之一的，由任免机关或者监察机关依法给予处分，并由县级以上人民政府统计机构予以通报：

　　（一）自行修改统计资料、编造虚假统计数据的；

　　（二）要求统计机构、统计人员或者其他机构、人员伪造、篡改统计资料的；

　　（三）对依法履行职责或者拒绝、抵制统计违法行为的统计人员打击报复的；

　　（四）对本地方、本部门、本单位发生的严重统计违法行为失察的。

　　**第三十八条**　县级以上人民政府统计机构或者有关部门在组织实施统计调查活动中有下列行为之一的，由本级人民政府、上级人民政府统计机构或者本级人民政府统计机构责令改正，予以通报；对直接负责的主管人员和其他直接责任人员，由任免机关或者监察机关依法给予处分：

　　（一）未经批准擅自组织实施统计调查的；

　　（二）未经批准擅自变更统计调查制度的内容的；

　　（三）伪造、篡改统计资料的；

　　（四）要求统计调查对象或者其他机构、人员提供不真实的统计资料的；

　　（五）未按照统计调查制度的规定报送有关资料的。

　　统计人员有前款第三项至第五项所列行为之一的，责令改正，依法给予处分。

　　**第三十九条**　县级以上人民政府统计机构或者有关部门有下列行为之一的，对直接负责的主管人员和其他直接责任人员由任免机关或者监察机关依法给予处分：

　　（一）违法公布统计资料的；

　　（二）泄露统计调查对象的商业秘密、个人信息或者提供、泄露在统计调查中获得的能够识别或者推断单个统计调查对象身份的资料的；

　　（三）违反国家有关规定，造成统计资料毁损、灭失的。

　　统计人员有前款所列行为之一的，依法给予处分。

　　**第四十条**　统计机构、统计人员泄露国家秘密的，依法追究法律责任。

　　**第四十一条**　作为统计调查对象的国家机关、企业事业单位或者其他组织有下列行为之一的，由县级以上人民政府统计机构责令改正，给予警告，可以予以通报；其直接负责的主管人员和其他直接责任人员属于国家工作人员的，由任免机关或者监察机关依法给予处分：

　　（一）拒绝提供统计资料或者经催报后仍未按时提供统计资料的；

　　（二）提供不真实或者不完整的统计资料的；

　　（三）拒绝答复或者不如实答复统计检查查询书的；

　　（四）拒绝、阻碍统计调查、统计检查的；

　　（五）转移、隐匿、篡改、毁弃或者拒绝提供原始记录和凭证、统计台账、统计调查表及其他相关证明和资料的。

企业事业单位或者其他组织有前款所列行为之一的，可以并处五万元以下的罚款；情节严重的，并处五万元以上二十万元以下的罚款。

个体工商户有本条第一款所列行为之一的，由县级以上人民政府统计机构责令改正，给予警告，可以并处一万元以下的罚款。

第四十二条　作为统计调查对象的国家机关、企业事业单位或者其他组织迟报统计资料，或者未按照国家有关规定设置原始记录、统计台账的，由县级以上人民政府统计机构责令改正，给予警告。

企业事业单位或者其他组织有前款所列行为之一的，可以并处一万元以下的罚款。

个体工商户迟报统计资料的，由县级以上人民政府统计机构责令改正，给予警告，可以并处一千元以下的罚款。

第四十三条　县级以上人民政府统计机构查处统计违法行为时，认为对有关国家工作人员依法应当给予处分的，应当提出给予处分的建议；该国家工作人员的任免机关或者监察机关应当依法及时作出决定，并将结果书面通知县级以上人民政府统计机构。

第四十四条　作为统计调查对象的个人在重大国情国力普查活动中拒绝、阻碍统计调查，或者提供不真实或者不完整的普查资料的，由县级以上人民政府统计机构责令改正，予以批评教育。

第四十五条　违反本法规定，利用虚假统计资料骗取荣誉称号、物质利益或者职务晋升的，除对其编造虚假统计资料或者要求他人编造虚假统计资料的行为依法追究法律责任外，由作出有关决定的单位或者其上级单位、监察机关取消其荣誉称号，追缴获得的物质利益，撤销晋升的职务。

第四十六条　当事人对县级以上人民政府统计机构作出的行政处罚决定不服的，可以依法申请行政复议或者提起行政诉讼。其中，对国家统计局在省、自治区、直辖市派出的调查机构作出的行政处罚决定不服的，向国家统计局申请行政复议；对国家统计局派出的其他调查机构作出的行政处罚决定不服的，向国家统计局在该派出机构所在的省、自治区、直辖市派出的调查机构申请行政复议。

第四十七条　违反本法规定，构成犯罪的，依法追究刑事责任。

### 第七章　附　　则

第四十八条　本法所称县级以上人民政府统计机构，是指国家统计局及其派出的调查机构、县级以上地方人民政府统计机构。

第四十九条　民间统计调查活动的管理办法，由国务院制定。

中华人民共和国境外的组织、个人需要在中华人民共和国境内进行统计调查活动的，应当按照国务院的规定报请审批。

利用统计调查危害国家安全、损害社会公共利益或者进行欺诈活动的，依法追究法律责任。

第五十条　本法自 2010 年 1 月 1 日起施行。

# 附录 2
# 随机数字表

| 03 | 47 | 43 | 73 | 86 | 36 | 96 | 47 | 36 | 61 | 46 | 98 | 63 | 71 | 62 | 33 | 26 | 16 | 80 | 45 | 60 | 11 | 14 | 10 | 95 |
| 97 | 74 | 24 | 67 | 62 | 42 | 81 |    | 57 | 20 | 42 | 53 | 32 | 37 | 32 | 27 | 07 | 36 | 07 | 51 | 24 | 51 | 79 | 89 | 73 |
| 16 | 76 | 62 | 27 | 66 | 56 | 50 | 26 | 71 | 07 | 32 | 90 | 79 | 78 | 53 | 13 | 55 | 38 | 58 | 59 | 88 | 97 | 54 | 14 | 40 |
| 12 | 56 | 85 | 99 | 26 | 96 | 96 | 68 | 27 | 31 | 05 | 03 | 72 | 93 | 15 | 57 | 12 | 10 | 14 | 21 | 88 | 26 | 49 | 81 | 76 |
| 55 | 59 | 56 | 35 | 64 | 38 | 54 | 82 | 46 | 22 | 31 | 62 | 43 | 09 | 90 | 06 | 18 | 44 | 32 | 53 | 23 | 83 | 01 | 30 | 30 |
|    |    |    |    |    |    |    |    |    |    |    |    |    |    |    |    |    |    |    |    |    |    |    |    |    |
| 16 | 22 | 77 | 94 | 39 | 49 | 54 | 43 | 54 | 82 | 17 | 37 | 93 | 23 | 78 | 87 | 35 | 20 | 96 | 43 | 84 | 26 | 34 | 91 | 64 |
| 84 | 42 | 17 | 53 | 31 | 57 | 24 | 55 | 06 | 88 | 77 | 04 | 74 | 47 | 67 | 21 | 76 | 33 | 50 | 25 | 83 | 92 | 12 | 06 | 76 |
| 63 | 01 | 63 | 78 | 59 | 16 | 95 | 55 | 67 | 19 | 98 | 10 | 50 | 71 | 75 | 12 | 86 | 73 | 58 | 07 | 44 | 39 | 52 | 38 | 79 |
| 33 | 21 | 12 | 34 | 29 | 78 | 64 | 56 | 07 | 82 | 52 | 42 | 07 | 44 | 38 | 15 | 51 | 00 | 13 | 42 | 99 | 66 | 02 | 79 | 54 |
| 57 | 60 | 86 | 32 | 44 | 09 | 47 | 27 | 96 | 54 | 49 | 17 | 46 | 09 | 62 | 90 | 52 | 84 | 77 | 27 | 08 | 02 | 73 | 43 | 28 |
|    |    |    |    |    |    |    |    |    |    |    |    |    |    |    |    |    |    |    |    |    |    |    |    |    |
| 18 | 18 | 07 | 92 | 45 | 44 | 17 | 16 | 58 | 09 | 79 | 83 | 86 | 19 | 62 | 06 | 76 | 50 | 03 | 10 | 55 | 23 | 64 | 05 | 05 |
| 26 | 62 | 38 | 97 | 75 | 84 | 16 | 07 | 44 | 99 | 83 | 11 | 46 | 32 | 24 | 20 | 14 | 85 | 88 | 45 | 10 | 93 | 72 | 88 | 71 |
| 23 | 42 | 40 | 64 | 74 | 82 | 97 | 77 | 77 | 81 | 07 | 45 | 32 | 14 | 08 | 32 | 98 | 94 | 07 | 72 | 93 | 85 | 79 | 10 | 75 |
| 52 | 36 | 28 | 19 | 95 | 50 | 92 | 26 | 11 | 97 | 00 | 56 | 76 | 31 | 38 | 80 | 22 | 02 | 53 | 53 | 86 | 60 | 42 | 04 | 53 |
| 37 | 85 | 94 | 35 | 12 | 83 | 39 | 50 | 08 | 30 | 42 | 34 | 07 | 96 | 88 | 54 | 42 | 06 | 87 | 98 | 35 | 85 | 99 | 48 | 93 |
|    |    |    |    |    |    |    |    |    |    |    |    |    |    |    |    |    |    |    |    |    |    |    |    |    |
| 70 | 29 | 17 | 12 | 13 | 40 | 33 | 20 | 38 | 26 | 13 | 89 | 51 | 03 | 74 | 17 | 76 | 37 | 13 | 04 | 07 | 74 | 21 | 19 | 30 |
| 56 | 52 | 18 | 37 | 35 | 96 | 83 | 70 | 87 | 75 | 97 | 12 | 25 | 93 | 47 | 70 | 33 | 24 | 03 | 54 | 97 | 77 | 46 | 44 | 80 |
| 99 | 49 | 57 | 22 | 77 | 88 | 42 | 95 | 45 | 73 | 16 | 64 | 36 | 16 | 00 | 04 | 43 | 18 | 66 | 79 | 94 | 77 | 24 | 21 | 90 |
| 16 | 08 | 15 | 04 | 72 | 33 | 27 | 14 | 34 | 09 | 45 | 59 | 34 | 68 | 49 | 12 | 72 | 07 | 34 | 54 | 99 | 27 | 72 | 95 | 14 |
| 31 | 16 | 93 | 32 | 43 | 50 | 27 | 89 | 87 | 19 | 20 | 15 | 37 | 00 | 49 | 52 | 85 | 66 | 60 | 44 | 38 | 68 | 88 | 11 | 80 |

续　表

| | | | | | | | | | | | | | | | | | | | | | | | | |
|---|---|---|---|---|---|---|---|---|---|---|---|---|---|---|---|---|---|---|---|---|---|---|---|---|
| 68 | 34 | 30 | 13 | 70 | 55 | 74 | 30 | 77 | 40 | 44 | 22 | 78 | 84 | 26 | 04 | 33 | 46 | 09 | 52 | 68 | 07 | 97 | 06 | 57 |
| 74 | 57 | 25 | 65 | 74 | 59 | 29 | 97 | 68 | 60 | 71 | 91 | 38 | 67 | 54 | 13 | 58 | 18 | 24 | 76 | 15 | 54 | 55 | 95 | 52 |
| 27 | 42 | 37 | 86 | 53 | 48 | 55 | 90 | 65 | 72 | 96 | 57 | 69 | 36 | 10 | 96 | 46 | 92 | 42 | 45 | 97 | 60 | 49 | 04 | 91 |
| 00 | 39 | 68 | 29 | 61 | 66 | 37 | 32 | 20 | 30 | 77 | 84 | 57 | 03 | 29 | 10 | 45 | 65 | 04 | 26 | 11 | 04 | 96 | 67 | 24 |
| 29 | 94 | 98 | 94 | 24 | 68 | 49 | 69 | 10 | 82 | 53 | 75 | 91 | 93 | 30 | 34 | 55 | 20 | 57 | 27 | 40 | 48 | 73 | 51 | 92 |
| 16 | 90 | 82 | 66 | 59 | 83 | 62 | 64 | 11 | 12 | 67 | 19 | 00 | 71 | 74 | 60 | 47 | 21 | 29 | 63 | 02 | 02 | 37 | 03 | 31 |
| 11 | 27 | 94 | 75 | 06 | 06 | 09 | 19 | 74 | 66 | 02 | 94 | 37 | 34 | 02 | 76 | 70 | 90 | 30 | 86 | 38 | 45 | 94 | 30 | 38 |
| 35 | 24 | 10 | 16 | 20 | 33 | 32 | 51 | 20 | 38 | 79 | 78 | 45 | 04 | 91 | 16 | 92 | 53 | 59 | 16 | 02 | 75 | 50 | 95 | 98 |
| 33 | 23 | 16 | 36 | 38 | 42 | 38 | 97 | 01 | 50 | 87 | 75 | 66 | 81 | 41 | 40 | 10 | 74 | 91 | 62 | 48 | 51 | 84 | 08 | 32 |
| 31 | 96 | 25 | 91 | 47 | 96 | 44 | 33 | 49 | 13 | 34 | 86 | 82 | 53 | 91 | 00 | 52 | 48 | 48 | 82 | 27 | 55 | 26 | 89 | 62 |
| 66 | 67 | 40 | 67 | 14 | 64 | 05 | 71 | 95 | 86 | 11 | 05 | 65 | 09 | 68 | 76 | 83 | 20 | 37 | 90 | 57 | 16 | 00 | 11 | 66 |
| 14 | 90 | 84 | 45 | 11 | 75 | 73 | 88 | 05 | 90 | 52 | 27 | 41 | 14 | 86 | 22 | 98 | 12 | 22 | 08 | 07 | 52 | 74 | 95 | 80 |
| 68 | 05 | 51 | 18 | 00 | 33 | 96 | 02 | 75 | 19 | 07 | 60 | 62 | 93 | 55 | 59 | 33 | 82 | 43 | 90 | 49 | 37 | 38 | 44 | 59 |
| 20 | 46 | 78 | 73 | 90 | 97 | 51 | 40 | 14 | 02 | 04 | 02 | 33 | 31 | 08 | 39 | 54 | 16 | 49 | 36 | 47 | 95 | 93 | 13 | 30 |
| 64 | 19 | 58 | 97 | 79 | 15 | 06 | 15 | 93 | 20 | 01 | 90 | 10 | 75 | 06 | 40 | 78 | 78 | 89 | 62 | 02 | 67 | 74 | 17 | 33 |
| 05 | 26 | 93 | 70 | 60 | 22 | 35 | 85 | 15 | 13 | 92 | 03 | 51 | 59 | 77 | 59 | 56 | 78 | 06 | 83 | 51 | 91 | 05 | 70 | 74 |
| 07 | 97 | 10 | 88 | 23 | 09 | 98 | 42 | 99 | 64 | 61 | 71 | 62 | 99 | 15 | 60 | 51 | 29 | 16 | 93 | 58 | 05 | 77 | 09 | 51 |
| 68 | 71 | 86 | 85 | 85 | 54 | 87 | 66 | 47 | 54 | 73 | 32 | 08 | 11 | 12 | 44 | 95 | 92 | 63 | 16 | 29 | 56 | 24 | 29 | 48 |
| 26 | 99 | 61 | 65 | 53 | 58 | 37 | 78 | 80 | 70 | 42 | 10 | 50 | 67 | 42 | 32 | 17 | 55 | 85 | 74 | 94 | 44 | 67 | 16 | 94 |
| 14 | 65 | 52 | 68 | 75 | 87 | 59 | 36 | 22 | 41 | 26 | 78 | 68 | 06 | 55 | 13 | 08 | 27 | 01 | 50 | 15 | 29 | 39 | 39 | 43 |
| 17 | 53 | 77 | 58 | 71 | 71 | 41 | 61 | 50 | 72 | 12 | 41 | 94 | 96 | 26 | 44 | 95 | 27 | 36 | 99 | 02 | 96 | 74 | 30 | 33 |
| 90 | 26 | 59 | 21 | 19 | 23 | 52 | 23 | 33 | 12 | 96 | 93 | 02 | 18 | 39 | 07 | 02 | 18 | 36 | 07 | 25 | 99 | 32 | 70 | 23 |
| 41 | 23 | 52 | 55 | 99 | 31 | 04 | 49 | 69 | 96 | 10 | 47 | 48 | 45 | 88 | 13 | 41 | 43 | 89 | 20 | 97 | 17 | 14 | 49 | 17 |
| 60 | 20 | 50 | 81 | 69 | 30 | 99 | 73 | 68 | 68 | 35 | 81 | 33 | 03 | 76 | 24 | 30 | 12 | 48 | 60 | 18 | 99 | 10 | 72 | 34 |
| 91 | 25 | 38 | 05 | 90 | 94 | 58 | 28 | 41 | 36 | 45 | 37 | 59 | 03 | 09 | 13 | 35 | 57 | 29 | 12 | 82 | 62 | 54 | 65 | 60 |

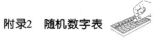

| | | | | | | | | | | | | | | | | | | | | | | | | |
|---|---|---|---|---|---|---|---|---|---|---|---|---|---|---|---|---|---|---|---|---|---|---|---|---|
| 54 | 50 | 57 | 74 | 37 | 98 | 80 | 33 | 00 | 91 | 09 | 77 | 93 | 19 | 82 | 74 | 94 | 80 | 04 | 04 | 45 | 07 | 31 | 66 | 49 |
| 85 | 22 | 04 | 39 | 43 | 73 | 81 | 53 | 94 | 79 | 33 | 62 | 46 | 86 | 28 | 08 | 31 | 54 | 46 | 31 | 53 | 94 | 13 | 38 | 47 |
| 09 | 79 | 13 | 77 | 48 | 73 | 82 | 97 | 22 | 21 | 05 | 03 | 27 | 24 | 83 | 72 | 89 | 44 | 05 | 60 | 35 | 80 | 39 | 94 | 88 |
| 88 | 75 | 80 | 18 | 14 | 22 | 95 | 75 | 42 | 49 | 39 | 32 | 82 | 22 | 49 | 02 | 48 | 07 | 70 | 37 | 16 | 04 | 61 | 67 | 87 |
| 90 | 96 | 23 | 70 | 00 | 39 | 00 | 03 | 06 | 90 | 55 | 85 | 78 | 38 | 36 | 94 | 37 | 30 | 69 | 32 | 90 | 89 | 00 | 76 | 33 |
| 53 | 74 | 23 | 99 | 67 | 61 | 32 | 28 | 69 | 84 | 94 | 62 | 67 | 86 | 24 | 98 | 33 | 41 | 19 | 65 | 47 | 53 | 53 | 38 | 09 |
| 63 | 38 | 06 | 86 | 54 | 99 | 00 | 65 | 26 | 94 | 02 | 82 | 90 | 23 | 07 | 79 | 62 | 67 | 80 | 60 | 75 | 91 | 12 | 81 | 19 |
| 35 | 30 | 58 | 21 | 46 | 06 | 72 | 17 | 10 | 94 | 25 | 21 | 31 | 75 | 96 | 49 | 28 | 24 | 00 | 49 | 35 | 65 | 79 | 78 | 07 |
| 63 | 43 | 36 | 82 | 69 | 65 | 51 | 18 | 37 | 88 | 61 | 38 | 44 | 12 | 45 | 32 | 92 | 85 | 88 | 65 | 54 | 34 | 81 | 85 | 35 |
| 98 | 25 | 07 | 55 | 26 | 01 | 91 | 82 | 81 | 46 | 74 | 71 | 12 | 94 | 97 | 24 | 02 | 71 | 37 | 07 | 03 | 92 | 18 | 66 | 75 |
| 02 | 63 | 21 | 17 | 69 | 71 | 50 | 80 | 89 | 56 | 38 | 15 | 70 | 11 | 48 | 43 | 40 | 45 | 86 | 98 | 00 | 83 | 26 | 91 | 03 |
| 64 | 55 | 22 | 21 | 82 | 48 | 22 | 28 | 06 | 00 | 61 | 54 | 13 | 43 | 91 | 82 | 78 | 12 | 23 | 29 | 06 | 66 | 25 | 12 | 27 |
| 85 | 07 | 26 | 13 | 89 | 01 | 10 | 07 | 82 | 04 | 59 | 63 | 69 | 36 | 03 | 69 | 11 | 15 | 83 | 80 | 13 | 29 | 54 | 19 | 28 |
| 58 | 54 | 16 | 24 | 15 | 51 | 54 | 44 | 82 | 00 | 62 | 61 | 65 | 04 | 69 | 38 | 18 | 65 | 18 | 97 | 85 | 72 | 13 | 49 | 21 |
| 34 | 85 | 27 | 84 | 87 | 61 | 48 | 64 | 56 | 26 | 90 | 18 | 48 | 13 | 26 | 37 | 70 | 15 | 42 | 57 | 65 | 65 | 80 | 39 | 07 |
| 03 | 92 | 18 | 27 | 46 | 57 | 99 | 16 | 96 | 56 | 30 | 33 | 72 | 85 | 22 | 84 | 64 | 38 | 56 | 93 | 99 | 01 | 30 | 98 | 64 |
| 62 | 93 | 30 | 27 | 59 | 37 | 75 | 41 | 66 | 48 | 86 | 97 | 80 | 61 | 45 | 23 | 53 | 04 | 01 | 63 | 45 | 76 | 08 | 64 | 27 |
| 08 | 45 | 93 | 15 | 22 | 60 | 21 | 75 | 46 | 91 | 98 | 77 | 27 | 85 | 42 | 28 | 88 | 61 | 08 | 84 | 69 | 62 | 03 | 42 | 73 |
| 07 | 08 | 55 | 18 | 40 | 45 | 44 | 75 | 13 | 90 | 24 | 94 | 96 | 61 | 02 | 57 | 55 | 66 | 83 | 15 | 73 | 42 | 37 | 11 | 71 |
| 01 | 85 | 89 | 95 | 66 | 51 | 10 | 19 | 34 | 88 | 15 | 84 | 97 | 19 | 75 | 12 | 76 | 39 | 45 | 78 | 64 | 63 | 91 | 08 | 25 |
| 72 | 84 | 71 | 14 | 35 | 19 | 11 | 58 | 49 | 26 | 50 | 11 | 17 | 17 | 76 | 86 | 31 | 57 | 20 | 18 | 95 | 60 | 78 | 46 | 75 |
| 88 | 78 | 28 | 16 | 84 | 13 | 52 | 53 | 94 | 53 | 75 | 45 | 69 | 30 | 96 | 73 | 89 | 65 | 70 | 31 | 99 | 17 | 43 | 48 | 76 |
| 45 | 17 | 75 | 65 | 57 | 28 | 40 | 19 | 72 | 12 | 25 | 12 | 74 | 75 | 67 | 60 | 40 | 60 | 81 | 19 | 24 | 62 | 01 | 61 | 16 |
| 96 | 76 | 28 | 12 | 54 | 22 | 01 | 11 | 94 | 25 | 71 | 96 | 16 | 16 | 88 | 68 | 64 | 36 | 74 | 45 | 19 | 59 | 50 | 88 | 92 |
| 43 | 31 | 67 | 72 | 30 | 24 | 02 | 94 | 08 | 63 | 38 | 32 | 36 | 66 | 02 | 69 | 36 | 38 | 25 | 39 | 48 | 03 | 45 | 15 | 22 |

续　表

| 50 44 66 44 21 | 66 06 58 05 62 | 69 15 54 35 02 | 42 35 48 96 32 | 14 52 41 52 48 |
|---|---|---|---|---|
| 22 66 22 15 86 | 26 63 75 41 99 | 58 42 36 72 24 | 58 37 52 18 51 | 03 37 18 39 11 |
| 96 24 40 14 51 | 23 22 30 88 57 | 95 67 47 29 83 | 94 69 40 06 07 | 18 16 36 78 86 |
| 31 73 91 61 19 | 60 20 72 93 48 | 98 57 07 23 69 | 65 95 39 69 58 | 56 80 30 19 44 |
| 78 60 73 99 84 | 43 89 94 36 45 | 56 69 47 07 12 | 90 22 91 07 12 | 18 35 34 08 72 |
| 84 37 90 61 56 | 70 10 23 98 05 | 85 11 34 76 60 | 76 48 54 34 60 | 01 64 18 39 96 |
| 36 67 10 08 23 | 98 93 35 08 86 | 99 29 76 29 81 | 33 34 91 58 93 | 63 14 52 32 52 |
| 07 28 59 07 48 | 89 64 58 89 75 | 83 85 62 27 89 | 30 14 78 56 27 | 86 63 59 80 02 |
| 10 15 83 87 60 | 79 24 31 66 56 | 21 48 24 06 93 | 91 98 94 05 49 | 01 47 59 38 00 |
| 55 19 68 97 65 | 03 73 52 16 56 | 00 53 55 90 27 | 33 42 29 38 87 | 22 13 88 83 34 |
| 53 81 29 13 39 | 35 01 20 71 34 | 62 33 74 82 14 | 53 73 19 09 03 | 56 54 29 56 93 |
| 51 86 32 68 72 | 33 98 74 66 99 | 40 14 71 94 58 | 45 94 19 38 81 | 14 44 99 81 07 |
| 35 91 70 29 13 | 80 03 54 07 27 | 96 94 78 32 66 | 50 95 52 74 33 | 13 80 55 62 54 |
| 37 71 67 95 13 | 20 02 44 95 94 | 64 85 04 05 72 | 01 32 90 76 14 | 53 89 74 60 41 |
| 93 66 13 83 27 | 92 79 64 64 72 | 28 54 96 53 84 | 48 14 52 98 94 | 56 07 93 89 30 |
| 02 96 08 45 65 | 13 05 00 41 84 | 93 07 54 72 59 | 21 45 57 09 77 | 19 18 56 27 44 |
| 49 83 43 48 55 | 82 88 33 69 96 | 72 36 04 19 76 | 47 45 15 18 60 | 82 11 08 95 97 |
| 84 60 71 62 46 | 40 80 81 30 37 | 34 39 23 05 38 | 25 15 35 71 30 | 88 12 57 21 77 |
| 18 17 30 88 71 | 44 91 14 88 47 | 89 23 30 63 15 | 56 34 20 47 89 | 99 82 93 24 98 |
| 79 69 10 61 78 | 71 32 76 95 62 | 87 00 22 58 40 | 92 54 01 75 25 | 43 11 71 99 31 |
| 75 93 36 57 83 | 56 20 14 82 11 | 74 21 97 90 65 | 96 42 68 63 86 | 74 54 13 26 94 |
| 38 30 92 29 03 | 06 28 81 39 38 | 62 25 06 84 63 | 61 29 08 93 67 | 04 32 92 08 09 |
| 51 29 50 10 34 | 31 57 75 95 80 | 51 97 02 74 77 | 76 15 48 49 44 | 18 55 63 77 09 |
| 21 31 38 86 24 | 37 79 81 53 74 | 73 24 16 10 33 | 52 83 90 94 76 | 70 47 14 54 36 |
| 29 01 23 87 88 | 58 02 39 37 67 | 42 10 14 20 92 | 16 55 23 42 45 | 54 96 09 11 06 |
| 95 33 95 22 00 | 18 74 72 00 16 | 38 79 58 69 32 | 81 76 80 26 92 | 82 80 84 25 39 |
| 90 84 60 79 80 | 24 36 59 87 38 | 82 07 53 89 35 | 96 35 23 79 18 | 05 98 90 07 35 |
| 46 40 62 98 82 | 54 97 20 56 95 | 15 74 80 08 32 | 16 46 70 50 80 | 67 72 16 42 79 |
| 20 31 89 03 43 | 38 46 82 68 72 | 32 14 82 99 70 | 80 60 47 18 97 | 63 49 30 21 30 |
| 71 59 73 05 50 | 08 22 23 71 77 | 91 01 93 20 49 | 82 96 59 26 94 | 66 39 67 98 60 |

# 附录 3

# 正态分布概率表

$$F(t) = P(|x - \bar{x}| / \sigma < z)$$

| $t$ | $F(t)$ | $t$ | $F(t)$ | $t$ | $F(t)$ | $t$ | $F(t)$ |
|------|---------|------|---------|------|---------|------|---------|
| 0.00 | 0.000 0 | 0.25 | 0.197 4 | 0.50 | 0.382 9 | 0.75 | 0.546 7 |
| 0.01 | 0.008 0 | 0.26 | 0.205 1 | 0.51 | 0.389 9 | 0.76 | 0.552 7 |
| 0.02 | 0.016 0 | 0.27 | 0.212 8 | 0.52 | 0.396 9 | 0.77 | 0.558 7 |
| 0.03 | 0.023 9 | 0.28 | 0.220 5 | 0.53 | 0.403 9 | 0.78 | 0.564 6 |
| 0.04 | 0.023 9 | 0.29 | 0.228 2 | 0.54 | 0.410 8 | 0.79 | 0.570 5 |
| 0.05 | 0.039 9 | 0.30 | 0.235 8 | 0.55 | 0.417 7 | 0.80 | 0.576 3 |
| 0.06 | 0.047 8 | 0.31 | 0.243 4 | 0.56 | 0.424 5 | 0.81 | 0.582 1 |
| 0.07 | 0.055 8 | 0.32 | 0.251 0 | 0.57 | 0.431 3 | 0.82 | 0.587 7 |
| 0.08 | 0.063 8 | 0.33 | 0.258 6 | 0.58 | 0.438 1 | 0.83 | 0.593 5 |
| 0.09 | 0.071 7 | 0.34 | 0.266 1 | 0.59 | 0.444 8 | 0.84 | 0.559 1 |
| 0.10 | 0.079 7 | 0.35 | 0.273 7 | 0.60 | 0.451 5 | 0.85 | 0.604 7 |
| 0.11 | 0.087 6 | 0.36 | 0.281 2 | 0.61 | 0.458 1 | 0.86 | 0.610 2 |
| 0.12 | 0.095 5 | 0.37 | 0.288 6 | 0.62 | 0.464 7 | 0.87 | 0.615 7 |
| 0.13 | 0.103 4 | 0.38 | 0.296 1 | 0.63 | 0.471 3 | 0.88 | 0.621 1 |
| 0.14 | 0.111 3 | 0.39 | 0.303 5 | 0.64 | 0.477 8 | 0.89 | 0.626 5 |
| 0.15 | 0.119 2 | 0.40 | 0.310 8 | 0.65 | 0.484 3 | 0.90 | 0.631 9 |
| 0.16 | 0.127 1 | 0.41 | 0.318 2 | 0.66 | 0.490 7 | 0.91 | 0.637 2 |
| 0.17 | 0.135 0 | 0.42 | 0.325 5 | 0.67 | 0.497 1 | 0.92 | 0.624 2 |
| 0.18 | 0.142 8 | 0.43 | 0.332 8 | 0.68 | 0.503 5 | 0.93 | 0.647 6 |
| 0.19 | 0.150 7 | 0.44 | 0.340 1 | 0.69 | 0.509 8 | 0.94 | 0.652 8 |
| 0.20 | 0.158 5 | 0.45 | 0.347 3 | 0.70 | 0.516 1 | 0.95 | 0.657 9 |
| 0.21 | 0.166 3 | 0.46 | 0.354 5 | 0.71 | 0.522 3 | 0.96 | 0.692 9 |
| 0.22 | 0.174 1 | 0.47 | 0.361 6 | 0.72 | 0.528 5 | 0.97 | 0.668 0 |
| 0.23 | 0.181 9 | 0.48 | 0.368 8 | 0.73 | 0.534 6 | 0.98 | 0.672 9 |
| 0.24 | 0.189 7 | 0.49 | 0.375 9 | 0.74 | 0.540 7 | 0.99 | 0.677 8 |

续 表

| $t$ | $F(t)$ | $t$ | $F(t)$ | $t$ | $F(t)$ | $t$ | $F(t)$ |
|---|---|---|---|---|---|---|---|
| 1.00 | 0.682 7 | 1.30 | 0.806 4 | 1.60 | 0.890 4 | 1.90 | 0.942 6 |
| 1.01 | 0.682 5 | 1.31 | 0.809 8 | 1.61 | 0.892 6 | 1.91 | 0.943 9 |
| 1.02 | 0.692 3 | 1.32 | 0.813 2 | 1.62 | 0.894 8 | 1.92 | 0.945 1 |
| 1.03 | 0.697 0 | 1.33 | 0.816 5 | 1.63 | 0.896 9 | 1.93 | 0.946 4 |
| 1.04 | 0.701 7 | 1.34 | 0.819 8 | 1.64 | 0.899 0 | 1.94 | 0.947 6 |
| 1.05 | 0.706 3 | 1.35 | 0.823 0 | 1.65 | 0.901 1 | 1.95 | 0.948 8 |
| 1.06 | 0.710 9 | 1.36 | 0.826 2 | 1.66 | 0.903 1 | 1.96 | 0.950 0 |
| 1.07 | 0.715 4 | 1.37 | 0.829 3 | 1.67 | 0.905 1 | 1.97 | 0.951 2 |
| 1.08 | 0.719 9 | 1.38 | 0.832 4 | 1.68 | 0.907 0 | 1.98 | 0.952 3 |
| 1.09 | 0.724 3 | 1.39 | 0.835 5 | 1.69 | 0.909 0 | 1.99 | 0.953 4 |
| 1.10 | 0.728 7 | 1.40 | 0.838 5 | 1.70 | 0.910 9 | 2.00 | 0.954 5 |
| 1.11 | 0.733 0 | 1.41 | 0.841 5 | 1.71 | 0.912 7 | 2.02 | 0.956 6 |
| 1.12 | 0.733 0 | 1.42 | 0.844 4 | 1.72 | 0.914 6 | 2.04 | 0.958 7 |
| 1.13 | 0.741 5 | 1.43 | 0.847 3 | 1.73 | 0.916 4 | 2.06 | 0.960 6 |
| 1.14 | 0.745 7 | 1.44 | 0.850 1 | 1.74 | 0.918 1 | 2.08 | 0.962 5 |
| 1.15 | 0.749 9 | 1.45 | 0.852 9 | 1.75 | 0.919 9 | 2.10 | 0.964 6 |
| 1.16 | 0.754 0 | 1.46 | 0.855 7 | 1.76 | 0.921 6 | 2.12 | 0.966 0 |
| 1.17 | 0.758 0 | 1.47 | 0.858 4 | 1.77 | 0.923 3 | 2.14 | 0.967 6 |
| 1.18 | 0.762 0 | 1.48 | 0.861 1 | 1.78 | 0.924 9 | 2.16 | 0.969 2 |
| 1.19 | 0.766 0 | 1.49 | 0.863 8 | 1.79 | 0.926 5 | 2.18 | 0.970 7 |
| 1.20 | 0.769 9 | 1.50 | 0.866 4 | 1.80 | 0.928 1 | 2.20 | 0.972 2 |
| 1.21 | 0.773 7 | 1.51 | 0.869 0 | 1.81 | 0.929 7 | 2.22 | 0.973 6 |
| 1.22 | 0.777 5 | 1.52 | 0.871 5 | 1.82 | 0.931 2 | 2.24 | 0.974 9 |
| 1.23 | 0.781 3 | 1.53 | 0.874 0 | 1.83 | 0.932 8 | 2.26 | 0.976 2 |
| 1.24 | 0.785 0 | 1.54 | 0.876 4 | 1.84 | 0.934 2 | 2.28 | 0.977 4 |
| 1.25 | 0.788 7 | 1.55 | 0.878 9 | 1.85 | 0.935 7 | 2.30 | 0.978 6 |
| 1.26 | 0.792 3 | 1.56 | 0.881 2 | 1.86 | 0.937 1 | 2.32 | 0.979 7 |
| 1.27 | 0.795 9 | 1.57 | 0.883 6 | 1.87 | 0.938 5 | 2.34 | 0.980 7 |
| 1.28 | 0.799 5 | 1.58 | 0.885 9 | 1.88 | 0.939 9 | 2.36 | 0.981 7 |
| 1.29 | 0.803 0 | 1.59 | 0.888 2 | 1.89 | 0.941 2 | 2.38 | 0.982 7 |

续　表

| $t$ | $F(t)$ | $t$ | $F(t)$ | $t$ | $F(t)$ | $t$ | $F(t)$ |
|---|---|---|---|---|---|---|---|
| 2.40 | 0.983 6 | 2.60 | 0.990 7 | 2.80 | 0.994 9 | 3.00 | 0.997 3 |
| 2.42 | 0.984 5 | 2.62 | 0.991 2 | 2.82 | 0.995 2 | 3.20 | 0.998 6 |
| 2.44 | 0.985 3 | 2.64 | 0.991 7 | 2.84 | 0.995 5 | 3.40 | 0.999 3 |
| 2.46 | 0.986 1 | 2.66 | 0.992 2 | 2.86 | 0.995 8 | 3.60 | 0.999 68 |
| 2.48 | 0.986 9 | 2.68 | 0.992 6 | 2.88 | 0.996 0 | 3.80 | 0.999 86 |
| 2.50 | 0.987 6 | 2.70 | 0.993 1 | 2.90 | 0.996 2 | 4.00 | 0.999 94 |
| 2.52 | 0.988 3 | 2.72 | 0.993 5 | 2.92 | 0.996 5 | 4.50 | 0.999 994 |
| 2.54 | 0.988 9 | 2.74 | 0.993 9 | 2.94 | 0.996 7 | 5.00 | 0.999 999 |
| 2.56 | 0.989 5 | 2.76 | 0.994 2 | 2.96 | 0.996 9 | | |
| 2.58 | 0.990 1 | 2.78 | 0.994 6 | 2.98 | 0.997 1 | | |

**图书在版编目(CIP)数据**

应用统计学 / 莫生红编著. —2 版. —杭州：浙
江大学出版社,2019.12(2023.5 重印)
ISBN 978-7-308-19964-3

Ⅰ.①应… Ⅱ.①莫… Ⅲ.①应用统计学—高等学校
—教材 Ⅳ.①C8

中国版本图书馆 CIP 数据核字(2019)第 295128 号

**应用统计学(第二版)**

莫生红 编著

---

| | | |
|---|---|---|
| **责任编辑** | 李 晨 | |
| **责任校对** | 高士吟 汪 潇 | |
| **封面设计** | 春天书装 | |
| **出版发行** | 浙江大学出版社 | |
| | (杭州市天目山路 148 号 邮政编码 310007) | |
| | (网址:http://www.zjupress.com) | |
| **排 版** | 杭州青翊图文设计有限公司 | |
| **印 刷** | 杭州高腾印务有限公司 | |
| **开 本** | 787mm×1092mm 1/16 | |
| **印 张** | 18.25 | |
| **字 数** | 480 千 | |
| **版 印 次** | 2019 年 12 月第 2 版 2023 年 5 月第 5 次印刷 | |
| **书 号** | ISBN 978-7-308-19964-3 | |
| **定 价** | 55.00 元 | |

---